인간완성

신의 DNA

二分法 正分(反)合

인간완성
신의 DNA
二分法 正分(反)合

펴 낸 날 2022년 8월 19일

쓴 김영국
펴 낸 이 이기성
편집팀장 이윤숙
기획편집 이지희, 윤가영, 서해주
표지디자인 이지희
책임마케팅 강보현, 김성욱
펴 낸 곳 도서출판 생각나눔
출판등록 제 2018-000288호
주 소 서울 잔다리로7안길 22, 태성빌딩 3층
전 화 02-325-5100
팩 스 02-325-5101
홈페이지 www.생각나눔.kr
이 메 일 bookmain@think-book.com

• 책값은 표지 뒷면에 표기되어 있습니다.
ISBN 979-11-7048-431-8 (03110)

인간완성

신의 DNA

二分法 正分(反)合

이 우주는 신의 그 유전자에 의해
창조, 유지되고 있다!

생각나눔

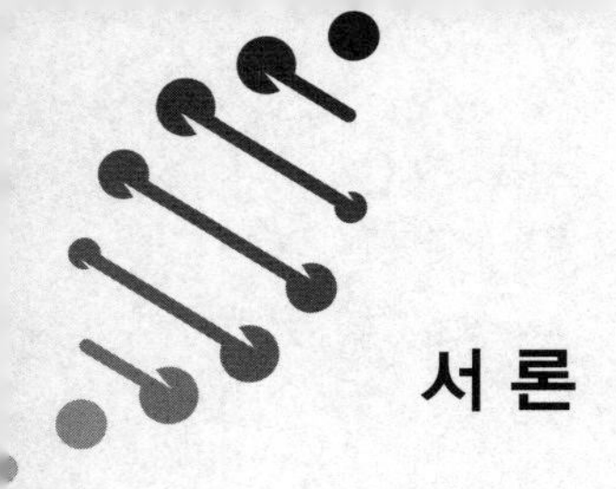

서 론

첨단과학인 유전자학이 발달하며 밝혀진바, 살아있는 모든 생명체에는 반드시 그 나름의 유전자(DNA=유전정보=앎)가 있고, 생명체는 그 유전정보(앎=프로그램)에 따라 자연계!

즉, 생태계에서 에너지를 흡수하고, 배설하고, 번식하며, 시시각각 다가오는 상황에서 느끼고(감정) 반응하며 존재합니다. 이 사실은 이제 그 누구도 부인할 수 없습니다.

여기서 문제는 우리가 창조주라고 하는 존재!

즉 하느님=알라=법신=道라고 각 종교에서 명칭을 붙인 우주 창조주 神에게도 생명체로서의 유전자가 있다면, 이 우주는 神의 그 유전자에 의해 창조되고 유지되고 있으며, 그 神은 분명 모든 생명체와 마찬가지로 '감정적으로 느끼며 살아있는 생명체'일 것입니다.

즉, 생명체인 당신이 유전자 설계대로 살아가며 감정적으로 희로애락을 느끼듯이, 神도 유전자가 있다면 당신과 똑같이 유전자 설계대로 살아가며 감정적으로 희로애락을 느낀다는 것입니다.

이렇게 神도 유전자가 있는 살아있는 생명체이고, 그 神이 자신의 유전자(앎=프로그램)로 우주와 우리 인간을 창조했고, 우주의 모든 흐름이 神의 유전자(앎=프로그램)에 의해 흐르고 있다면, 그 神의 유전자 흐름은 희로애락을 느끼며 울고 웃는 우리 삶에 절대적인 영향을 미칠 것입니다.

그렇다면 우리는 그 神의 유전자가 무엇인지 알아 우리의 삶에 반영하여야 우리는 풍요한 삶을 살 수 있을 것입니다.

생각해 봅시다. 우리가 막연하게 짐작만 하고 있던 우주를 창조했다는 존재, 神이 감성적으로 느끼며 살아있는 유전자가 있는 생명체로서 우리와 동시에 우리 삶의 모든 상황을 생생히 같이 느끼고 있다면 이 얼마나 놀라운 일입니까!

그렇다면 반드시 확인해 볼 필요가 있겠지요.

내용은, 수학 및 첨단과학인 소립자물리학, 천체물리학, 분자생물학, 유전자학, 지적설계진화론, 또 20세기 사회체제를 민주주의와 공산주의로 양분한 공산주의의 모태 唯物論 헤겔의 正反合이 唯神論인 正分合으로 관점이 바뀌며 오히려 神을 유전자가 있는 생물체로 입증하고 있습니다.

분명한 것은 이렇게 드러난 神의 유전자를 우리가 알면 알수록 '아는 만큼' 당신의 모든 삶은 반드시 보람과 긍지로 자존감이 넘치는 풍요로운 기쁨으로 행복해진다는 것입니다.

이 책을 보고 당신을 위해 神이 준비한 행복을 찾기를 진심으로 바라며….

이제 경이롭고 흥분되는 神의 유전자 여행을 떠나 보세요…!

차 례

☼ : 신

🚶 : 나

† 첫째 날: 神과의 만남

☼ : 네가 궁금한 게 무엇이냐?

🚶 : 우리 삶의 전반적인 문제들입니다.

☼ : 너무 광범위한데 무엇부터 알려줄까?

🚶 : 무엇이든요.

☼ : 그래? 그러면 하나씩 풀어나가자.

🚶 : 네, 무엇이든 좋습니다.

☼ : 너희들에게 있는 **육체의 본능**부터 풀어 볼까?

🚶 : 무엇이든요.

☼ : 너 어른이 되니까 여자 생각나지. 그리고 품에 안아보고 싶고. 얼마 전 유럽 남자들에게 여자와의 성관계가 하루에 몇 번이나 생각나는지 설문 조사했더니 하루에 약 20여 번이라고 하더란다. 유럽 친구들 그래도 솔직하더라. 이게 '너나'없이 수컷은 왜 그런지 아냐? 이게 **육체로 인한 번식본능**이다.

🚶 : 그런데요, 번식본능이 그렇게 상대를 가리지 않고 시도 때도 없이 나타나는 건 뭐가 잘못된 게 아닌가요? 기독교에서 말하는 아담과 이브가 타락해서든, 뭐든.

☼ : 번식본능이 잘못된 것이라면, 그게 사람만 그러냐? 지구 상에 있는 식물이나 동물이나 생명체는 다 똑같은 걸. 약 6,000년 전 아담과 이브의 타락 때문에 수십억 년 전부터 식물, 동물, 사람이 다 그렇게 됐단 말이냐? **본능은 생명체가 자연계에서 무한(0)히 존재하려는 생명력이며, 그 생명력이 '번식의 2가지와 食, 衣, 住, 3가지'**로 나타난다.

🚶 : 네? 번식의 2가지와 食, 衣, 住, 3가지'로 나타나요?

☼ : 그래, **우주의 모든 생명체는 '느끼기 위해' 존재하며,** 육체는 자연계에 존재만 하면 느껴진다. 그러나 **생명체는 종말(죽음)이 있다.** 그래서 육체와 똑같은 유전자(DNA)를 남기면 영원히 존재하는 것이기에 번식본능이 일어난 것이다. 그래서 수컷들은 유전자를 번식시키려고 눈에 불을 켜고 호시탐탐 그렇게 설치다가도 임자 만나 유전자를 마음껏 확 뿌리면 언제 그랬냐는 듯, 힘이 '쭉!' 빠져 기(氣)가 팍 죽는다. 그리고 그 순간은 어떤 여자라도 귀찮아진다.

왜냐하면, '유전자 확산'이라는 번식본능이 순간적이지만 충족됐거든. 결국, **몇 그램의 유전자에 몇 십kg의 육체가 놀아나는 거지. 그러나 이것은 생명체가 자연계에 영원히 존재하려는 본능으로써 네 의지가 아니기에 네 책임이 아니다.**

🚹 : 아니, 그래도.

---

† 둘째 날: 신(神)과의 합일(合一)

☼ : 오늘 이야기는 신(神)과의 합일(合一)이다. 그런데 **너희 삶은 이미 神과의 합일(合一)을 향한 일방통행이다.** 왜냐하면, 너희의 '삶'은 '개체성의 한계'에 부딪쳐, 결과가 집착한다고 너희 뜻대로 되는 것도 아니고, 마음 비운(0)다고 안 되는 것도 아니기 때문이다. 그래서 너희는 순간에 최선(0)을 다하지만, **결과에 마음 비워(0)야 마음에 상처를 받지 않는다.**

왜냐하면 비움(0)의 순간이 곧 무한(無限=0)하기에 제로(0)인 神과 하나 되는(合一) 순간이기 때문이다.

🚹 : 어제는 육체의 본능에 관해 이야기하시다가, 오늘은 다른 이야기를 하시네요?

☼ : 육체본능을 설명하는 이유가 너희는 육체의 본능에 대해 완전히 알아야, 육체본능에서 마음을 완전히 비워(0) 神과 하나 될 수(合一) 있기 때문이다. **결국, 너희는 죽으나 사나, 원하든 원하지 않든,**

① 매 순간 최선(0)을 다하며, 결과에 연연하지 않고 마음 비움(0)이

② 무한(無限=0)하기에 전체성(全體性=0)인 神과의 합일(合一)이고

③ 神과 합일(合一)해야 너희는 최고로 행복하기 때문이다.

---

† 셋째 날: 수컷과 암컷의 번식 진화 방향

🚹 : 오늘은 육체의 본능에 대한 거겠지요?

☼ : 그래, 육체의 본능을 보면 암컷이나 수컷이나

① 첫 번째 본능은 체내에서 유전자(정자와 난자)를 조합하는 것이고

② 두 번째 본능은 조합된 유전자가 자연계에서 스스로 자립할 때까지 보살피려는 것이다.

그래서 닭을 키워 보면, 병아리가 어렸을 때는 어미 닭이 목숨 걸고 병아리를 보살피지만, 병아리가 자립할 때쯤 되면 어미 닭은 사정없이 병아리를 쪼아서 곁에 못 오게 한다. 이건 모든 생물이 다 그렇다. 그러면, 생물들이 의식적으로 그러겠냐? 스스로도 의식하지 못하는 육체의 유전적 본능으로 자기도 모르게 그렇게 하는 것이다.

🚹 : 네에.

☼ : **이 번식본능은 암컷과 수컷이 상대적(分)이듯 二分法에 의해 상대적(分)으로 진화했으니,**

① 수컷은 암컷에게 유전자를 착상시키는 것이 우선이 되었으며

② 암컷은 착상된 유전자가 자립할 때까지 보살피려는 게 우선이 되었다. 왜냐하면,

① 수컷은 우선 암컷에게 유전자를 착상만 되게 하면 그다음은 암컷의 몫이고,

② 암컷은 자궁에 착상된 유전자가 자립할 때까지 보살펴야 유전자가 살아남기 때문이다.

이렇듯 수컷과 암컷은 번식본능 두 번째의 방향이 다르게 진화했다.

그래서 **남녀는 서로가 상대의 본능을 이해할 수 없어 사회적으로 갖가지 불협화음이 일어나니, '화성 남자', '금성 여자'라는 말까지 생겼다.**

즉,

① 암컷의 유전적 진화 방향은 우선이 이미 착상된 번식체의 성장에 대한 집착이고,

② 수컷의 유전적 진화 방향은 우선이 암컷에게 번식체(호르몬)를 착상시키는 데 관한 집착이다. 그러므로,

① 수컷은 이미 착상된 번식체에 대한 암컷의 집착을 이해하기 어렵고,

② 암컷은 수컷이 여러 암컷에게 번식체(호르몬)를 착상시키려는 집착을 이해하기 어렵다. 하나만 더 알려주겠다. 암컷도 배란기가 되면, 유전자를 확산하려는 남성호르몬이 증가한다고 한다. 그래서 여성들은 배란기가 되면 밖에 나가지 말라고 과학자들은 충고한다. 왜냐고? 여성이 배란기에는 바람피울 가능성이 크며, 특히 이때는 강하고 능력 있는 남성을 유난히 선호한다고 한다. 왜냐고? 강하고 유능한 유전자를 받아야 열악한 자연계에서 살아남을 확률이 높으니까. 내일은 식(食), 의(衣), 주(住) 3가지 본능에 관해 이야기하자.

† 넷째 날: 육체의 食, 衣, 住 본능

🚶 : 오늘은 육체의 나머지 본능에 관한 설명이라고 했지요?

☼ : 그래! 어제는 육체의 번식 본능 2가지에 관한 것이었지? **오늘은 나머지 육체의 식(食), 의(衣), 주(住) 세 가지 본능에 대한 설명이다.** 동물이나 식물을 비롯한 모든 생명체가 마찬가지이듯, 인간의 육체는 물질의 최소단위인 소립자(쿼크)를 시작으로 원자, 분자 등 여러 물질이 '육체라는 같은 목적을 중심(0)으로 하나의 구성체를 이룬 것'이며, 여기서 중요한 것은 각기 다른 여러 물질이 '육체라는 같은 목적(0)'을 중심으로 '하나가 될 수 있는 임계점'이다. **즉, 육체를 구성한 여러 물질이 가장 이상적으로 하나(合一) 되어 움직일 수 있는 '활동 임계점'이 섭씨 36.5도이고 위험 수위는 섭씨 27~43도이다.** 이 '활동 임계점'에 못 미치거나 넘치면, 육체는 여러 가지 부작용(합병증)이 발생해 죽기에, 육체에 열이 나면 너희는 서둘러 열을 내리게 조치한다.

🚶 : 오호라! 인간의 육체는 그런 복잡한 '활동 임계점'이 맞아야 살아남을 수 있군요.

☼ : 그래, 고등동물일수록 여러 종류의 소립자, 원자, 분자가 고루(0=제로) 모였기에 육체라는 '같은 목적'으로 균형을 이루는 '활동 임계점'은 더 까다롭다.

🚶 : 그렇군요!

☼ : **나머지 3가지 본능은 이 까다로운 '활동 임계점'을 맞추기 위한 육체의 본능이다.**

③ 육체는 우선 먹어야(食) 한다. 그래서 인간은 정자와 난자가 합치자마자 물질을 흡수한다. 그리서 태어나자마자 먹고, 자라면서도 여전히 먹고, 다 커서도 먹고, 죽을 때까지 계속 먹는다. **그런데 문제는 正分合 원칙에 의해 섭취하는 성분이 '육체의 체질과 같아야'** 한다는 것이다. 만약 체질과 다른 독성(毒性) 있는 것 등, 체질과 다른 지나친 물질을 흡수하면 육체는 병들거나 죽기도 한다.

🚶 : 예? 正分合 원칙이 뭐예요?

☼ : **正分合 원칙이란 神의 체질인 3위1체 원인, 과정, 결과를 말한다. 그래서 우주의 모든 흐름은 원인(正), 과정(分), 결과(合)의 반복이다.**

🚶 : 네에.

☼ : 먹는 건 그 정도로 하고.

④ 이제 입는(衣) 거로 가자. 고도로 까다롭고 정밀한 육체가 자연계의 변화무쌍하고 열악한 환경에서 살아남으려면 36.5도라는 체온과 외피(살갗)를 충분히 보호해야 하기에 그 본능으로 진화한 것이 동물의 털이나 가죽이며, 인간은 짐승의 털을 비롯한

옷감을 발명해 체온과 살갗을 보호한다.

🚹 : 그러니까 **인간이 옷을 입는 것이 육체의 체온을 36.5도로 유지하고, 살갗을 보호하기 위한 본능이군요.**

☼ : 그렇다.

⑤ 거주지(住)에 관한 본능이다. 인간이 열악한 자연계 환경에서 살아남으려면 에너지(힘)를 써야 하고, **에너지를 쓰면 체내에 갖가지 부산물이 생겨 그 부산물을 정리하기 위한 육체의 휴식이 있어야 한다. 이렇게 육체본능은 '번식 2가지'와 '食, 衣, 住 3가지'를 합해 5가지이니, 이것은 동물 역시 마찬가지이다.**

이 5가지 본능은 육체가 正分合 원칙이 흐르는 자연계에서 영원히 존재하기 위한 본능으로써 동물이나 인간이나 똑같다. 그런데 번식본능 2가지와 食, 衣, 住 3가지 본능은 2:3으로 상대적(分)이다.

왜냐하면, 食, 衣, 住 3가지 본능은 정자와 난자가 만나면 곧 일어나지만, 번식본능 1, 2 두 가지는 육체가 성장할수록 차츰 나타난다.

🚹 : 하, 그렇군요.

☼ : 내일도 본능에 대한 것이다.

🚹 : 예? 본능 해설이 끝난 게 아닌가요?

☼ : 너는 육체만 있냐? 인간에게는 5가지 본능이 또 있다. 그리고 이 본능은 동물에게는 없는 거고.

*참 고

〈잠을 많이 자야 하는 이유〉

입력: 2013. 09. 17. 03:03

차가 많이 다니는 길에선 일명 '포트홀(pothole)'이라 불리는 깊은 구멍을 쉽게 발견할 수 있다. 온도 차이 그리고 자동차들의 무게 때문에 길에 깔린 아스팔트가 금 가고 갈라지는 현상이다. 특히 겨울과 봄 사이 온도 차이가 심한 미국 중부에선 매년 봄마다 거대한 포트홀들이 생겨 자동차가 빠지기까지 한다.

포트홀은 위험하므로 신속하게 보수해야 한다. 하지만 언제 갈라진 길을 수리하는 게 좋을까? 물론 차가 많이 지나다니는 낮보다 한적한 밤에 공사하는 게 더 안전할 것이다. 결론은 이렇다. 자주 사용되는 것은 망가지기 마련이고, 그대로 뒀다간 문제가 점점 커질 수 있다. 하지만 사용되고 있는 무언가를 고친다는 것 자체가 또 다른 위험 요소가 될 수 있다. 그렇기에 보수와 수리는 가능한 사용량이 줄어드는 밤에 진행하는 게 좋다.

최근 발표된 논문에 따르면 뇌도 비슷한 방법으로 망가진 세포들을 수리한다는 결과가 나와 관심을 끌고 있다. 뇌는 신경세포 1011개와 1012 정도의 연결성들을 통해 정보를 처리한다고 알려져 있다. 이때 정보는 신경세포의 '꼬리' 부분에 있는 축색돌기(axon)를 타고 전달된다. 축색돌기는 뇌의 전선 같은 역할을 한다고 보면 되겠다. 전선에 절연 장치가 필요하듯, 뇌 안에서는 올리고덴드로사이트(oligodendrocyte)라고 부르는 특성 세포들이 축색돌기를 돌돌 감아 절연시켜준다. 쉴 새 없이 정보를 전달해야 하는 축색돌기는 손상되기에, 새로운 올리고덴드로사이트들을 통해 보수해야 한다.

위스콘신 대학의 시렐리(Chiara Cirelli) 교수팀은 최근 생쥐 실험을 통해 새로운 올리고덴드로사이트들을 만들어내는 유전자들이 잠자는 동안 더욱 활성화된다는 사실을 발견했다. 거꾸로 오래 잠을 못 잔 쥐의 뇌에서는 신경세포들의 스트레스 현상과 죽음과 연관된 유전자들이 작동하기 시작한다.

물론 아직 많은 검증이 필요하겠지만, 시렐리 교수팀의 결과는 우리가 꼭 자야 하는 이유를 아는 데 중요한 힌트가 될 수 있다. 천문학적인 양의 정보를 처리해야 하는 뇌는 손상될 확률이 높다. 손상된 신경세포들을 재빨리 수리하지 않으면 정보가 왜곡되거나 사라질 수 있다. 하루 이틀만 제대로 안 자도 기억력이 떨어지고, 1주일 이상 자지 못하면 정신분열증과 비슷한 환각 상태에 빠질 수 있다. 세포 간 망가진 축색돌기를 수리하기 위해선 새로운 올리고덴드로사이트들이 만들어져야 하는데, 신경세포들이 쉴 새 없이 사용되는 낮보다는 밤에 망가진 세포들을 수리하는 게 더 안전하다.

아니, 거꾸로 이런 가설을 해볼 수 있겠다. 망가진 세포들을 수리하기 위해선 뇌를 잠시 '꺼놓아야' 하기에 잠이라는 것이 만들어졌다고. 결국, 뇌는 자는 동안에 수리된다기보다, 뇌를 수리하기 위해 수면이라는 그 자체가 만들어졌을 수 있다는 것이다.

김대식 KAIST 교수, 뇌과학

"수면의 주요 이유는 독성 노폐물 제거." 〈美 연구팀〉
노폐물 제거 활동, 수면 중에 활발히 이뤄져.

(워싱턴 신화 AFP=연합뉴스)

인간이 잠을 자는 주요 이유는 뇌에서 독성이 있는 대사 부산물(세포 찌꺼기)을 제거하려는 것이라는 연구 결과가 나왔다.

미국 뉴욕주 로체스터대학 연구팀은 2013년 10월 17일 과학저널 『사이언스』에 실린 보고서에서 '글림프(glymphatic) 시스템'으로 불리는 뇌의 독특한 노폐물 제거 활동은 수면 중에 활발하게 이뤄짐으로써 알츠하이머병과 기타 신경질환을 유발하는 독소를 청소해준다고 밝혔다.

연구진은 수면 중 뇌세포가 60%나 줄어들기 때문에 노폐물 제거 과정이 깨어 있을 때보다 10배 가까이 빠르게 이뤄진다고 밝혔다.

보고서 공동 저자인 로체스터대학 메디컬 센터의 마이켄 네더가드 교수는 "연구 결과는 잠잘 때와 깨어 있을 때의 뇌의 기능이 다르다는 것을 보여준다."라면서 "집에서 파티할 때 손님을 맞는 일과 청소를 함께할 수 없는 것과 같다."라고 설명했다.

인간 평생의 3분의 1을 차지하는 수면의 목적은 고대 그리스 시대 이후로 철학자와 과학자들의 관심사였고, 최근에는 수면이 기억을 저장하고 강화하는 데 도움을 준다는 사실이 밝혀졌지만, 수면으로 인한 취약점을 능가하기는 어렵다는 점에서 과학자들은 더 중요한 기능이 있을 것으로 추측해왔다.

연구진은 쥐 실험을 통해 세포 찌꺼기가 뇌의 혈관을 통해 인체 순환계로 보내진 후 최종적으로 간에서 처리되는 과정을 관찰했다.

세포 찌꺼기에는 '베타 아밀로이드'라는 단백질이 함유되어 있고 이 단백질이 축적되면 알츠하이머병을 유발한다.

네더가드 교수는 "이번 연구는 알츠하이머와 같은 '더러운 뇌 질환'을 치료할 수 있는 중요한 시사점을 던져준다."라면서 "뇌가 언제 어떻게 노폐물을 제거하는지를 정확히 이해하는 것은 이러한 시스템을 조절하고 효율성을 높이는 노력의 첫 단계가 될 것."이라고 말했다.

† 다섯째 날: 영혼의 첫 번째 본능

🚹 : 어제 육체본능 외에 또 다른 본능이 있다고 했지요? 오늘은 그 이야기가 되겠군요.

☼ : 그래, **오늘 설명하는 본능은 인간만 있는 본능이며 이 역시 5가지이고, 이 본능이 있어 인간은 만물의 영장이다.**

🚹 : 인간이 만물의 영장인 게 맞나요? '자뻑'에 빠져 스스로 높인 게 아니고요?

☼ : **우주창조 후, 진화목적은 '자연계의 모든 것을 고루(0=제로) 느낄 수 있는 구조'를 가진 생명체의 출현이다.**

🚹 : 모든 동, 식물을 함께 창조한 게 아니고요?

☼ : **창조주 神(하느님)의 '스스로를 느끼기 위한 목적'은 正分合 반복의 긴 과정을 거치며 진화해 유인원을 거쳐, 드디어 '자연계를 고루(0) 느낄 수 있는 구조를 가진' 인간의 육체가 나타났다.**

🚹 : 인간의 육체가 '자연계의 모든 것을 고루(0) 느낄 수 있다.'는 겁니까?

☼ : 동물과 식물은 자연계의 모든 것을 골고루(0) 느끼지 못한다는 것이 이미 과학적으로 밝혀졌다. 색깔이나 물체의 윤곽 등을 인간에 가장 가깝게 느끼는 건 유인원이고.

🚹 : 인간에겐 또 다른 본능이 있다면서요. 오늘은 그걸 설명해주기로 하셨는데.

☼ : 같은 이야기이다. 동물과 달리 인간은 왜? 또 다른 본능이 있는지, 근거를 알아야 하니까.

🚹 : 그래요?

☼ : 너한테 하나 묻자.

🚹 : 뭔데요?

☼ : 영화나 연극이나 TV 드라마나 소설 등을 좋아하냐?

🚹 : 그럼 좋아하지요. TV 드라마는 현대인의 삶에서 필수 아닌가요?

☼ : 바로 그거다. 인간은 동물이나 식물과 달리 모든 느낌을 골고루(0) 무한(0)히 느끼고 싶어 해 문화생활을 즐기고 창조한다. 나만으로는 느낄 수 없는 것들을 느끼게 하는 게 문화생활이기에. 왜냐하면, **인간에게는 모든 느낌을 골고루(0) 무한(0)히 느끼고 싶어 하는 '느낌의 제로(0) 1' 본능이 있다.** 인간은 이 본능이 있어 인류사회는 문화가 창출되고 꽃핀다. 또, 나와 다른 이성(異性)의 느낌도 느껴 보고 싶어 해 이성(異性)에 대한 사랑이 물결치고.

결국, 인간은 세상의 모든 느낌을 골고루(0) 무한(0)히 느껴 '느낌의 제로(0) 1'을 이루려 한다. **이것이 인간만의 본능, 영혼의 첫 번째 본능이다.** 구체적으로 설명하면, 연극이나 영화나 소설은 개체로서 한계 있는 나만의 인생행로에서는 느낄 수 없는 다른 인생의 느낌을 짧은 시간에 더 많이 깊이 느낄 수 있게 하는 것이다. 이것은 더욱 골고루(0) 깊고 넓게, 무한(0)히 느끼기 위한 인간의 본능을 가장 충족시켜 주기에 다른 어느 부문보다도 대중화되었다. 음악은 세상의 가능한 모든 소리를 응용하여 조화롭게 어울려 아름답게 들리도록 곡조로 맛을 살리는 것이며, 미술은 경치, 인물, 정물 등, 어느 구성의 조화에 제로(0=최고) 느낌이 있는 것을 그림으로 옮겨, 여러 사람이 쉽게 오래도록 느낄 수 있게 한 것이고, 詩는 살아가며 느낀 감정의 흐름을 언어로 아름답게 표현하여, 누구나 손쉽게 그 감정의 흐름을 깊고 넓게 느낄 수 있게 한 것이다. 체육은 육체 기능을 위주로 승리나 기록 등 경쟁함으로, 그 기능의 제로(0=최고)를 느끼려는 것이고.

🚹 : 네…? 모든 느낌을 골고루(0) 무한(0)히 느껴 '느낌의 제로(0) 1'을 이루려는 게 영혼의 첫 번째 본능이라고요?

☼ : 내일은 영혼의 두 번째 본능 '제로(0)의 느낌 2'를 이야기한다.

🚹 : 네? 영혼의 두 번째 본능 '제로(0)의 느낌 2' 라고요?

☼ : 그래, 내일 보자.

† 여섯째 날: 善(藥)과 惡(毒)인 영혼의 두 번째 본능

☼ : 어제 설명한 영혼의 첫 번째 본능 '느낌의 제로(0) 1'은 납득됐냐?

🚹 : 글쎄요? 그건 **제 스스로에게서 항상 발현되는 거니까요.**

☼ : 그럴 것이다.

🚹 : 오늘은 영혼의 두 번째 본능이라면서요?

☼ : 오늘은 영혼의 두 번째 본능인데 어제 설명한 첫 번째 본능 '느낌의 제로(0) 1'과는 상대적(分)이다. **두 번째 본능은 모든 느낌을 고루 느끼려는 '느낌의 제로(0) 1'에서, 이왕이면 보다 '최고(제로=0=최상)의 느낌'을 느끼려는 '제로(0)의 느낌 2'이다.**

즉, 정치에 있어선 최고(0)인 대통령이 되어 느끼고 싶고, 과학자는 대발명품, 과장보다는 부장, 부장보다는 이사, 이사보다는 사장이 되어 느끼고 싶은, 경제인은 더욱 큰 기업을 이상적으로 운영하고 싶고, 예술인은 불후의 명작을 만들고 싶은 본능, 이 본능은 창조력이기도 하다. 숯불을 들때, 뜨거워 손가락으로 들지 않고, 도구라는 좋은 방법(방법의 제로=0)을 찾아내는 본능. 이 본능으로 인한 발달이 곧 인류 생활개선의 원인이며, **또한 최고(0)의 앎을 알고자 하는 인간의 지적(知的) 호기심, 상위 개념(上位概念)을 지향(指向)해 영혼이 무한(0)히 진화하는 원인이기도 하다.**

이에 있어서, ① **육체의 번식본능 첫 번째는 '유전자(호르몬) 조립'이라는 한 가지뿐이듯, ② 영혼의 첫 번째 본능도 '모든 느낌을 골고루(제로=0) 느끼려는' 한 가지뿐이다. 그러나 ① 육체의 두 번째 본능은 '생식기나 자궁의 구조변화 등' 번식체가 자립하도록 여건에 따라 무한(0)히 가변적(0)이듯, ② 영혼의 두 번째 본능도 다가온 여러 여건에 대해 무한(0)히 가변(0)적이다.**

🚹 : 햐, 그러네요.

☼ : **육체와 영혼이 상대적(分)이지만 같은 질이듯, 본능도 같은 질이지만 상대적(分)이기 때문이다.**

🚹 : 네에.

☼ : 이렇게 '최고(0)의 느낌'을 느끼려는 영혼의 두 번째 본능이 있어서, 인간은 그 누구나, 언제나, 어디서나, 가장 뛰어나 보이고 싶어 해. 남이 나보다 잘나 보이거나, 남이 나보다 잘 되면 질투가 나고, 충분히 먹고살만 해도 상대와 나를 비교하며 상대적 빈곤감을 느끼며, 못난 게 잘난 척, 없는 게 있는 척, 모르는 게 아는 척하게 되는 등, **영혼의 두 번째 본능이 무지(無知)로 드러난 인간은 동물보다도 못해, 인류의**

사악(邪惡)한 각종 범죄 원인이기도 하다. 하지만 이 본능은 너희 스스로가 그 무엇보다도 최상(最上) 의식체(意識體)로서의 너희 자존감이기도 하다.

🚶 : 네에.

☼ : **육체에는 번식본능 2가지 외에, 육체체질을 유지하려는 食, 衣, 住 3가지 본능이 있듯이 영혼도 '느낌의 제로(0)'를 체험하려는 본능 2가지 외에, 영혼의 체질을 체험하려는 진(眞=0), 선(善=0), 미(美=0) 3가지 본능이 있다.**

🚶 : 眞(0), 善(0), 美(0) 영혼의 본능요? 그렇다면, 인간은 육체의 5가지와, 영혼의 5가지가 합해 10가지 본능이 흐르고 있네요?

☼ : 그렇다.

🚶 : 그래서 인간사회와 동물사회가 다르군요.

☼ : **육체와 영혼은 상대적(分)이기에 본능도 상대적(分)이다.**

① 육체는 체질인 食, 衣, 住 본능이 먼저 일어나고,

② 영혼은 1, 2인 '느낌의 제로' 본능이 먼저 일어난다.

분류 / 시기	영혼의 본능	육체의 본능	관계
구성되면 곧 일어나는 본능	① 느낌의 제로(0) ② 제로(0)의 느낌	③ 食 ④ 衣 ⑤ 住	2:3
성장할수록 일어나는 본능	③ 眞 ④ 善 ⑤ 美	① 번식체 제조 ② 번식체 자립	

① 육체의 번식본능 1, 2는 육체의 성장에 따라 나타나듯이.

② 영혼의 眞(0), 善(0), 美(0) 본능도 영혼(핵)의 질량인 앎(意識)의 성장에 따라 나타난다.

또,

① 육체는 핵(核)인 두뇌를 포함한 육체 전체(全體) 성장 위주이지만,

② 영혼은 핵(核=두뇌)인 의식체(意識體) 앎(核)의 성장 위주이다.

🚶 : 네에, 신기하네요.

☼ : 내일은 영혼의 체질인 眞(0), 善(0), 美(0) 본능에 대한 것이다.

† 일곱째 날: 영혼의 체질은 신(神=하느님)과 같은 제로(0)

☼ : 어제 영혼의 두 번째 본능에 대한 네 느낌은 어떠냐?

🚹 : 아직도 얼떨떨해요. 인간에게서 나타나는 동물보다 못한 사악성(邪惡性)이 영혼의 두 번째 본능 때문이라니요? 제가 알기론 인간의 영혼은 지극히 숭고하고, 거룩하고, 지혜로운 善의 근본으로 알고 있는데, 그게 아니고, 오히려 동물보다도 못한 사악함이 영혼의 두 번째 본능 때문이라니요?

☼ : 영혼의 첫 번째 본능은 '모든 느낌을 골고루(0) 무한(0)히 느끼려는' 원인적 본능이고, 두 번째 본능은 '보다 최고(0)인 제로(0=상위 개념)의 느낌을 느끼려는' 과정을 포함한 결과적 본능이다. 이러한 **영혼의 본능은 무한(0)한 전체성(0) 구조 하느님께서 개체구조 너희 영혼으로 분화했기에 움직임의 원칙 3에 의해 나타난 본능이다.**

🚹 : 움직임의 원칙 3이라고요?

☼ : 그래 우주 원칙에 대해선 곧 설명이 나온다.

🚹 : 그런데, 아직도 영혼의 첫 번째와 두 번째 본능 이야기네요.

---

† 여덟째 날: 영혼의 본능 眞, 善, 美

☼ : 오늘은 영혼의 眞, 善, 美 본능이다.

🚹 : 네.

☼ : **무한(0)한 전체성(0) 신(神=하느님)이 '느끼기 위해' 개체구조로 분화한 것이 너희 영혼이기에, 너희 영혼이 구조는 개체구조이지만, 체질은 하느님과 같은 전체성(0) 제로(0)다.**

🚹 : 그래요?

☼ : 그래서 너희에게는 영혼의 전체성(0) 체질로 인한 본능 3가지가 또 있다.

③ 세 번째 영혼의 본능은 '목적(目的)의 제로(0) 眞'이다.

예를 들어, 네가 어떤 물건을 만들어 파는 목적과, 그 물건을 필요로 하는 다른 사람과의 '목적에 제로(0=전체성=고루=공정)'를 체험하려면, 너는 더 좋은 물건을 만들어 가장 적당한 이윤을 붙여 팔아야 한다. 그러면 만들어 파는 너는 떳떳하고 자랑스러움을 체험하고, 네 물건을 사서 쓰는 사람 역시 즐겁고 고마움을 체험한다. 그러나 제로(0=전체성)에서 지나친 돈을 벌기 위한 너만의 욕심에 치우쳐, 값싸거나 엉터리 물건을 만들어 비싸게 팔면, 너는 제로(0)에서 지나친 이 사실을 누가 알까 봐 두렵고, 너의 양심은 괴롭다.

또, 물건을 사서 쓰는 사람도 불량품에 속거나 비싸게 산 것을 알면, 만들어 판 사람을 저주하며 분노를 터뜨리며 괴로워한다. 이렇게 목적의 제로(0)에서 지나친 것은 제로(0)인 네 영혼 체질과 달라 너는 스스로 부끄러워하고 괴로워하니 이것을 사람들은 양심의 가책이라 하고, 이 양심을 인간에게 있는 신성(神性)이라고 한다.

그러므로 악(惡)이란 영혼(핵=核)의 체질인 제로(0=전체성=고루=공정=공평)에서 지나친 행위이고, 죄(罪)란 제로(0)에서 지나친 행위를 저지른 결과다. 이것이 영혼의 세 번째 본능이다.

🚶 : 햐! 그럴 듯해요.

☼ : 네가 지금까지 알고 있던 기존 개념을 모두 내려놓고, 발가벗은 깨끗하고 순수한 인간으로 돌아가 너 자신을 곰곰이 살펴봐라. 그러면 바로 아! 이것이 '나구나.' 하고 느끼게 될 것이다.

④ 네 번째 영혼의 본능은 '관계(關係)의 제로(0=전체성)', '善'이다.

인간은 개체구조이기에 가정이든, 직장이든, 어떤 구성체에 들어가게 되고, 그러면 거기서 사람들과의 부딪침인 '인과관계(正分合흐름=情)'가 생긴다.

왜냐하면, 인간의 영혼은 개체구조이지만 사회적 존재(체질은 전체성=0)이기에 다른 것(사람 등)들과 접촉이 생기고, 접촉에서는 正(원인), 分(과정), 合(결과) 반복 부딪침에 따른 인과관계(因果關係)가 생긴다.

이 경우 다른 사람에게 준 것은 준 만큼 다시 받아 제로(0)를 체험해야 네 마음이 편(평화)하고, 또 줄 것은 주어 제로(0)를 체험해야 네 마음이 편하다. **그래서 서로 주고받음에 제로(0)를 체험하려 비중을 가르고 단위를 나타내니, 그것이 곧 0, 1, 2, 3, 4, 5, 6, 7, 8, 9의 수(數) 개념과, 돈의 출현이다. 그러므로 인간사회에서 숫자의 개념과 돈의 출현은 제로(0)를 체험하려는 영혼(핵=앎)의 4번째 본능에 의한 필연이다.**

🚶 : 아, 그렇군요.

☼ : ⑤ **다음은 '조화(調和)의 제로(0) 美'다.** 너희는 가정이든, 직장이든, 모임이든, 어떤 구성체에 들어가면, 너희는 그 구성체 질서(규약=질량 비중)에 따라 분수에 맞게 처신해야 너희도 즐겁고, 상대도 즐거운 조화(調和)의 제로(0=전체성=고루=공평)를 체험한다. 그렇듯 미남이나 미녀는, 얼굴이나, 신체구조가 조화의 제로(0)에 가까운 것이며, 너희는 조화의 제로(0)를 체험하려, 이성(異性)과 접촉할 때도 미남(美男)이나 미녀(美女)를 원한다. 물론 모든 예술의 발달도 조화의 제로(0) 미(美)를 체험하려는 영혼의 다섯 번째 본능 때문이다.

이렇게 인간은 육체의 5가지 본능과 영혼의 5가지 본능, 10가지 본능으로 살아간다.

🚹 : 처음 듣는 이야기지만 짜릿해요.

☼ : 내일은 육체의 5가지 본능과 영혼의 5가지 본능이 어떻게 부딪치고, 또 영혼의 진화는 어떻게 진척되는지 설명해주마.

---

† 아홉째 날: 영혼(핵=두뇌)과 육체의 본능 차이

☼ : 나왔냐?

🚹 : 네, 나왔습니다.

☼ : 오늘도 본능을 비교해 보자.

개체성인 육체는 食, 衣, 住 본능이 번식 1, 2를 '위한 것'이지만, 전체성인 영혼은 '느낌의 제로(0=전체성) 1'과 최고(0=핵심)를 느끼려는 '제로(0)의 느낌 2' 본능이 眞(0), 善(0), 美(0) 본능을 '위한 것'이다.

🚹 : 역시 '위한 것'도 상대적(分)이네요.

☼ : **그런데 眞(0), 善(0), 美(0) 본능의 진화는 영혼의 1, 2 본능인 상위 개념(0)의 진화(앎 성장)이기도 해서 결국 둥글(0=전체성)다.**

🚹 : 네에.

☼ : **1. 육체의 본능 1인 번식체 조립(유전자)과, 영혼의 모든 느낌을 고루(0) 느끼려는 본능 1은 전체성(0), 신(神=하느님)으로 부터오는 원인적(正=생명력) 본능이고,**

2. 육체의 본능 2인 번식체 자립과, 이왕이면 제로(0=최고)의 느낌을 느끼려는 영혼의 본능 2는 개체구조로 인한 결과적(合=삶) 본능이다.

3. 육체와 영혼의 3, 4, 5 본능은 체질로 인한 과정적(分=부딪침) 본능이고,

🚹 : 네에.

☼ : 우리가 매일 체험하는 삶에 관한 얘기다. 인간은 태어나 육체가 성장하며 남자나 여자로 나뉜다. **그 결과 영혼(앎)은 나누어진 성별의 느낌을 체험하며 앎이 성장한다. 그것은 모든 느낌을 고루(제로=0) 체험하려는 '영혼의 본능 1'이 충족되지 않고 계속 반쪽(남 또는 여)만 체험하는 결과가 되고, 그 결과 영혼은 체험하지 못한 반쪽 느낌을 마저 느껴 '느낌의 제로(0) 1'을 이루기 위해, 상대적(分)인 이성(異性)에 호기심을 보이며 접촉하려 한다. 그러다가 상대적 개성의 이성(異性)을 만나면, 그 이성(異性)의 느낌을 체험하려는 본능**

이 일어나니, 이것이 바로 '사랑'이다.

이 경우, 앎에 의한 인생관(質量)이 비슷할수록 움직임의 원칙 1, 2, 3에 의해 같은 목적이 일어나 사랑은 깊어진다.

🚹 : 그래서 남녀가 처음 만날 때는 정신 못 차리다가, 상대의 느낌을 어느 정도 느껴 충족되면 시들해지는군요.

☼ : 몇 년 전 뇌과학에서 뇌호르몬을 추적하여 밝힌 바에 의하면, 남녀가 만나 느끼는 '특별한 감정'은 길어야 2년 6개월이라고 한다. **그 후 남녀의 사랑이 결실을 맺어 가정을 구성하면 둘이 하나가 된 남녀는 '너와 나는 일체다.' 하는 관념으로 생활한 체험이 질량이 되어 서로의 개체구조 앎이 성장한다. 즉 서로가 상대를 일체로 느낀 비중만큼 서로가 '내가 너고 너가 나다.' 하는 공통성(共通性)인 일체의식(一體意識) 앎이 성장하니 이것이 바로 정(情)이다.** 그 결과, 정든 사람에게 좋지 않은 일이 생기면 공통성(앎)인 일체의식(一體意識) 비중만큼 나도 좋지 않은 느낌을 느끼게 된다. 왜냐하면, 공통성(共通性)인 일체의식(一體意識)만큼 '그가 곧 나'이기에... 그래서 일체의식(一體意識)으로 정든 만큼 그 무엇을 주어도 아깝지 않다. 왜냐하면 정(情)든 만큼 '그가 곧 나'이기에, 의리라는 것도 목적이 같은 만큼, 너와 내가 일체임을 실체적으로 입증하는 행위다.

이렇게 '정'과 '사랑'은 나타남은 같지만,

① 사랑은 원인(正)이고,

② 정(情)은 과정을 거친 결과(合)이어서 상대적(分)이다.

🚹 : 그렇군요.

☼ : 오늘 이쪽 이야기는 마저 하자.

① 육체가 존재하기 위해서는 체질과 같은 질의 모든 물질을 필요로 하듯이,

② 영혼 역시 존재목적이 체질과 같은 '모든 제로(0=골고루=전체성) 느낌'의 체험이다.

① 이에 있어서 **육체가 섭취하는 음식물은 단백질, 무기질, 비타민, 지방, 탄수화물의 다섯 가지이며,** 이 기본 5대 영양소가 몸에 흡수되어, 이미 체질을 이루고 있는 기존 물질과, 육체 '존재목적의 제로(0=생명력)'를 중심으로 비중에 따른 正分合 원칙이 흐르니, 그 과정이 곧 육체가 존재하는 순간이다.

② 그렇듯이 **영혼 역시 느낌은 기쁨, 슬픔, 괴로움, 두려움, 분노의 다섯 가지이며,** 이 느낌이 혼합되어 영혼에 느껴지면, 이미 영혼을 이루고 있는 기존 앎과, 영혼 '존재목적의 제로(전체성=0=생명력)'를 중심으로 비중에 따른 正分合 원칙이 흐르니, **그 과정이 곧 영혼(앎)이 존재를 느끼는 순간이다.**

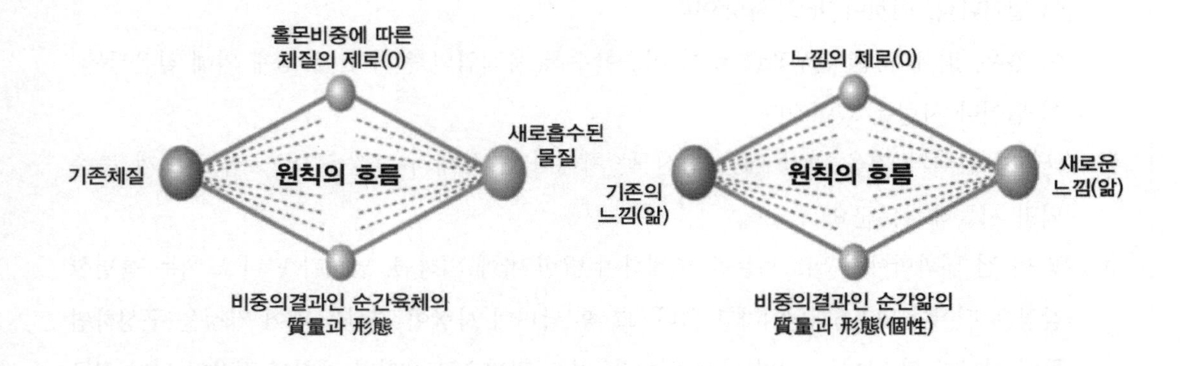

🚹 : 네, 그렇군요.

☼ : ① **그리고 이때에 새로 흡수한 물질(보약 등)이 기존 체질보다 육체 '존재목적의 제로(0)'에 좀 더 가까우면 새로 흡수한 물질로 체질이 바뀌기도 하듯이, 영혼(앎)도 기존 앎보다 새로운 느낌이 영혼 '존재목적의 제로(0=전체성)'에 좀 더 가까우면(상위 개념) 앎이 바뀐다.** 그러나 육체나 영혼이나, 전혀 생소한 물질(느낌)을 흡수할 때에는 움직임의 원칙 3에 의해 같은 질이 아닌 만큼 거부반응을 일으키니, 즉, 어려서부터 김치를 먹어 체질화되면 김치가 맛있게 느껴지지만, 김치를 처음 먹는 사람들은 이질감으로 거부 반응을 일으키기도 한다.

그렇듯이 혁신적 학설이나, 사상 등은 생소한 만큼 사람들에게 이질감인 거부반응을 일으키기도 한다. 그 예가 곧 지동설을 주장하던 코페르니쿠스와, 갈릴레이에게 생명을 위협한 박해였고, 진화론의 다윈과 개신교의 마틴 루터에 대한 박해였으며, 예수에 대한 유대인의 냉대였다.

† 십 일째 날: 4수(數)는 우주의 근본 數

☼ : 어제 잘 잤냐? 이야기가 좀 복잡했는데.

🚹 : 네 잘 잤어요. 그런데 영혼(핵)과 육체의 본능이 그렇게 2:3으로 5가지씩 나뉘는 건 이유가 있나요?

☼ : 이유가 있지.

🚹 : 뭔데요?

☼ : **그 이유는 우주의 근본 4가지가 5가지 기능을 일으키기 때문이다. 그래서 우주 원칙도**

4가지 존재원칙과 5가지 움직임의 원칙이다. 그럼 오늘은 우주의 근본 數가 왜? 4수(數) 인지 확인하자.

🚹 : 네.

☼ : 2,500여 년 전에 정리한 이 이론이 없었다면, 현대 건축공학이나, 인공위성 항로 등은 물론, 뉴턴의 만유인력이나, 아인슈타인의 상대성이론도 나타날 수 없었다. 갈릴레이보다 2,000여 년 전인 BC 500년경에 하늘과 땅이 둥글다고 주장한 사람이 있었으니, 그가 바로 방정식으로 유명한 피타고라스다. 그 당시 피타고라스는 얼마나 유명했던지 그 학파가 가히 교단을 이룰 정도였고, 그들에게는 깜짝 놀랄 '수(數)의 시(詩)'라는 것이 있다. 읊어볼 테니 잘 들어라.

찬미해야 할 수(數)!
너 제신(諸神)과 사람의 어머니여.
우리를 가련히 여기라.
성스러운 넷(四).
너 너야말로 영원의 삶이 용솟음치는 우물이어라.
-------(중략)-------
숨어있긴 해도.
혼돈 없는 원초(原初)에 깃들인 神과 같은 넷이여.
너만은 일체의 것을 충족시켜주고.
만유(萬有)의 열쇠의 소유신(所有神).
열(十)에게로 인도하는 것.
---------(중략)-------
더욱이 수(數)야말로 만물 본질의 모형이로다. 초상이로다.

어떠냐! 수(數)에 대해 얼마나 깊이 이해했기에 이렇게까지 알 수 있었겠냐?

결국, **그들이 수(數)의 세계를 깊이 있게 이해하고 보니 우주가 둥근 것, 4數가 우주의 근본 수(數)인 것, 10 數는 모든 것이 충족된 수(數)라는 것을 알게 된 거지.**

🚹 : 놀랍군요. 지구가 둥글다는 것은 15세기에 갈릴레이와 코페르니쿠스가 처음 주장한 것인데, 그보다 2,000여 년 전에 피타고라스가 수학(數學)으로 우주가 둥근 것을 알아냈다니요?

☼ : 그런데 이걸 알아야 한다. 그때까지 수학이론이 아무것도 없었는데 피타고라스가 '불쑥' 알아낸 것이 아니고, 그때까지 있던 여러 수학이론을 피타고라스가 '하나로 정리한 것'이다. 二分法인 우주 원칙은 正(원인), 分(과정), 合(결과) 반복을 거치며 숙성(진화)되고 드러나기에, 이 우주에 뿌리 없이 자라는 것은 없다. 그렇듯 우주의 모든 것은 正分合 반복을 거치며 성장(숙성)한다.

🚹 : 그런데 모두가 너무 처음 듣는 이야기라 생소하네요.

*참 고

제목: 하느님은 자연(自然)이랍니다

등록일: 2004년 01월 19일

오늘 케이블 TV 히스토리 채널, 낮 프로에 「성경의 역사」라는 다큐멘터리를 방영하였습니다. 구약과 신약의 역사적 구성 배경과, 그 구절의 의미에 대하여 객관적인 해석이었습니다. 그중에 저의 귀를 의심하게 하는 내용이 나오고 있었습니다. 성경 창세기의 하느님이란, 원래 의미는 '자연(自然)'이란 뜻이랍니다.

---

† 십일 일째 날: 인간 죄악(罪惡)의 원인

☼ : 오늘은 무슨 얘기를 할까? 영혼의 본능과 육체의 본능이 너희 삶에서 어떻게 연계되는지 설명해야겠다. 그게 너희 삶에서 매우 중요하니까.

🚹 : 그러세요.

☼ : **유인원에게 처음 영혼(핵=두뇌)이 생겨 드디어 인간이 되었을 때, 그 원시 인간은 무지(無知)로 태어나 眞(0), 善(0), 美(0) 앎이 전혀 성장해 있지 않았다. 따라서 영혼의 眞(0), 善(0), 美(0) 본능도 전혀 없었고.**

🚹 : 네.

☼ : 그래서 육체의 5가지와 영혼의 2가지 본능만이 흐르는 원시인에게 살아가며 부딪침의 여건이 닥치면,

① 원하던 것을 얻은 가해자 원시인은 만족하고 기뻐하지만,

② 원하던 것을 얻지 못한 피해자 원시인은 영혼체질인 제로(0)에서 지나친(惡) 슬픔이

나 분노를 체험한다.

🚹 : 아하! 상대의 지나침(惡)에 우리가 분노나 슬픔을 느끼는 건 영혼의 체질인 제로(0)와 달라 느끼는 이질감(異質感)이군요? 그렇다면 영혼이 없는 동물은 상대의 지나침(惡)에 대한 분노나 슬픔이 없나요?

☼ : 물론이다. **영혼이 없는 동물은 제로(0)인 영혼의 체질이 없어, 상대와의 관계에서 지나침(惡)으로 인한 분노나 슬픔이 없다. 그저 오로지 육체로 인한 번식본능 1, 2와 食, 衣, 住 본능 5가지로 인한 느낌뿐.**

🚹 : 알고 보니 놀랍습니다.

☼ : **그렇게 슬픔과 분노를 느낀 피해자 원시인은 영혼의 2번째 본능인 '제로(0)의 느낌' 상위 개념인 지적(知的) 호기심에 따라 슬픔이나 분노를 체험한 원인이 무엇이고, 그런 체험을 하지 않을 방법이 무엇일까를 생각하게 되고, 그렇게 해서 찾아진 상위 개념이 오랜 세월 체험으로 이어지며 인류사회에 공감대를 이루니, 이것이 곧 제로(0=전체성=공정=공평=객관성) 체험을 위한 인류사회의 윤리 도덕 발달이다.**

이렇게 영혼의 본능 2에 의한 지적(知的) 상위 개념에 따라 眞(0), 善(0), 美(0) 앎은 차츰 성장했고, 이 앎은 실체적으로 부딪쳐 체험한 결과이기에 체질은 전체성(0)이라 해도 구조와 질량은 개체성이다.

🚹 : 오호! 그렇겠네요.

☼ : 그래서 동물은 상위 개념인 지적(知的) 발달이 없어, 윤리 도덕인 眞(0), 善(0), 美(0) 개념 발달이 없고, 다만 육체의 본능 5가지와 살아가면서 학습으로 성장한 두뇌의 앎뿐이다.

🚹 : 참! 그런데 동물도 인간과 똑같이 감정이 흐르고 있던데, 영혼이 없다니 이상하네요?

☼ : 그건 **동물에게도 無形으로 흐르는 마음이 있기 때문인데, 마음은 육체의 유전적본능과 핵(核)인 두뇌 앎이 '존재목적의 제로(0)를 중심(생명력)'으로 개체성 비중을 가를 때(생각), 그 흐름이 無形인 마음체에 동시에 흐르기 때문이다.** 우리는 동물에게서 그 마음체 흐름을 느끼는 것이다.

🚹 : 네에? 마음체가 따로 있어요? 그렇군요.

☼ : **결론부터 이야기하면, 움직임의 원칙 5에 의해, 영혼 '존재목적의 제로(0)'가 육체 '존재목적의 제로(0)'보다 상위이기에, 영혼의 목적흐름이 육체 목적흐름보다 우선이어야 하는데, '지금까지는 그게 안되었다.' 왜냐하면,**

① 육체의 3가지와 영혼의 2가지 본능은 육체와 영혼이 구성되면 곧 일어나고, 육체의 번식본능 두 가지는 너희 육체가 사춘기를 지나면 곧 일어나지만,

② 영혼의 眞, 善, 美 앎(핵)은 사회적 앎에 영향을 받으며 서서히 성장하기에 인간 개개인들의 眞, 善, 美 앎은 너무 미완성(無知)이기 때문이니,

③ 이렇게 완성과 미완성의 비중에 따른 움직임의 원칙이 흐르면.

④ 인간들은 眞, 善, 美 앎이 성장한 만큼 양심의 가책을 느끼면서도 행동은 따로 하기 때문이다.

⑤ 이것이 바로 인간 개개인의 眞, 善, 美 앎이 미완성(無知)이어서, 지금까지 나타난 인류 죄악역사(罪惡歷史) 원인이다.

---

† 십이 일째 날: 사랑과 정(情)은 원인(正)과 결과(合)로 상대적(分)

🚹 : 오늘은 뭔 얘기를 하실 건가요?

☼ : 글쎄… 남아 있는 영혼과 육체의 관계를 설명할까?

🚹 : 네 영혼과 육체의 얘기가 재미있어요.

☼ : 예로부터 **동양철학에서는 인간을 소우주(小宇宙)라 했다.**

① 동물들은 고양이면 고양이, 소면 소의 모습이 확실하지만, 인간의 얼굴은 모든 동물의 얼굴 모습을 골고루 담고 있다. 다만, 비중에 따라 말을 닮은 사람, 소를 닮은 사람, 고양이를 닮은 사람 등으로 분류될 뿐이지.

② 인간은 모든 동물의 소리도 흉내 낼 수 있다. 모든 동물의 발성기 구조를 모두 갖고 있기 때문이다.

③ 물론, 식물의 구조와 기능도 갖고 있다. 잎과 같은 폐, 뿌리와 같은 위장, 줄기와 같은 심장 등.

④ 지구의 구조와 인체의 구조도 똑같다. 지구는 식물로 덮인 지표가 있듯이, 인체는 솜털로 덮인 살갗이 있고, 땅밑에 지층과 지하수가 있듯이, 인체는 근육과 혈관이 있으며, 그 아래 암층과 용암층이 있듯이, 인체는 골격과 골수가 있다.

⑤ 인체는 자연계의 모든 광물(鑛物), 식물, 동물의 성분도 고루 갖고 있어서 육체가 존재하려면, 자연계의 모든 성분 흡수가 절대적이기에 가장 잡식동물이다.

이렇듯 인간의 육체는 자연계의 모든 구조와 성분을 고루(0=전체성) 지닌 축소체 소(小) 자연계이다.

🚹 : 전에 어떤 신흥종교단체에서 비슷한 얘기를 하던데요?

☼ : 그래, 아는 사람들은 안다. **이렇게 인간의 육체가 자연계의 모든 성분을 고루(제로=0=전체성) 지녀, 자연계의 모든 것을 '고루(0) 느낄 수 있는 구조'인 소자연계(小自然界)가 되자, 이것은 '스스로를 느끼기 위해 목적'을 일으킨**

① **대우주(大宇宙=하느님)의 뜻(正=원인)이,**

② **오랜 진화(分=과정)를 거쳐,**

③ **실체(合=결과)가 나타난 것이니, 그 유인원에게는 4가지 존재원칙과 5가지 움직임의 원칙에 의해 영계의 성분을 고루(0) 지닌 소(小)영계(영체)가 존재하게 되었다. 이것이 곧 육체와 영체(혼)가 복합된 최초의 소(小)우주 인간의 출현이니, 인간의 육체가 자연계의 성분으로 구성된 소(小)자연계이듯이, 인간의 영혼은 영계의 성분으로 구성된 소영계(小靈界)이다.**

🚹 : 그러면 인간에게 영혼이 생긴 것도 正, 分, 合 원칙에 의한 거예요?

☼ : 그럼, 우주의 모든 흐름은 正, 分, 合 원칙을 벗어난 게 하나도 없으니까, 기독교 신약성경 요한복음 1장 1~3절에도. 하느님이 말씀(원칙)으로 세상을 창조했기에, 세상에 말씀을 벗어난 것은 하나도 없다고 했다.

🚹 : 그런데요, 무슨 얘기가 생각을 하며 들어야 해요.

☼ : 그러니까 정신 차려 들어라.

① 인간의 육체가 체질과 다른 것이나 독성 있는 것을 먹으면 병들거나 죽기에, 육체는 체질과 같은 질의 음식을 섭취해야 건강하고 기름지듯,

② 영혼 역시, 느껴지는 느낌이 영혼 체질과 같은 질인 제로(0=전체성)여야 영혼은 건강하고 기름지다.

③ 그래서 **인류 역사가 육체의 건강을 위해서는 食, 衣, 住를 비롯한 각종 생활과학이 발달했고, 영혼의 건강을 위해서는 각종 윤리, 도덕, 철학, 종교 등이 발달했다.**

🚹 : 예에.

☼ : 육체와 영혼(核=앎)의 성장 과정을 보면,

① 육체는 12~16세가 되면 호르몬의 영향을 받아 남자나 여자나 급속히 성장한다. 그러다가 20세가 되면, 육체의 성장은 완성되며, 이때부터는 현상유지가 목적이 된다. 그러나 육체는 正, 分, 合 반복으로 모든 기관이 차츰 쇠퇴해 마침내 죽는다.

② 영혼(核=앎) 역시, 12~16세 정도에 급속히 성장하는 육체 느낌의 영향을 받으며 급속한 성장기인 사춘기를 맞는다. 그러다가 20세가 되면, 육체와 마찬가지로 영혼 역시 스스로 앎이 완성되어, 새롭게 부딪치는 여건에서 스스로의 앎으로 판단하며 체

험한다. 이렇듯 영혼 앎은 육체 느낌이 우선 느껴져야 성장하기에, 육체의 성장이 영혼 앎 성장보다 항상 앞선다. 그렇듯이 인류 역사 흐름도 앎인 정신문명보다 물질문명인 과학이 항상 먼저 성장했다.

🚹 : 그래요?

☼ : 이제까지의 인류문명 발전과정을 보면, 과학의 발달로 물질문명에 변화가 일어나면, 그것은 인간들의 정신문명 앎에 영향을 미쳐 인간 개개인의 사고기준에 변화가 왔으니, 지금까지의 인류 역사는 이 과정의 연속이었다. 즉, 2차 대전을 전후해 급속히 발달한 무기 개발이 가져온 물질문명은 정신문명에 영향을 미쳤으니, 수많은 군주주의 붕괴와 식민지 시대의 종식 및 인권 동등 박애주의 사상이다. 20세기를 '스피드 시대'라 하는 것은, 20세기 들어 10년이 과거 100년보다 더 많은 변화를 가져왔기 때문이다.

🚹 : 이 모두가 正, 分, 合 원칙에 의한 거예요?

☼ : 그렇다.

① **개체성은 전체성(0)을 드러내기 위한 '도구(거울=그림자=상대적)'이기에,**

② **'목적'인 정신문명보다 도구인 물질문명이 반드시 먼저 발달한다.**

🚹 : 말 되네요.

---

† 십삼일 째 날: 육체는 영혼의 진화를 위한 도구

☼ : 나왔냐?

🚹 : 네 나왔습니다.

☼ : 오늘은 약간 색다른 이야기이다. 이 **대화에서 너희가 명심해야 할 것은 神의 체질인 3위1체 正, 分, 合 원칙을 철저히 이해하면(앎) 할수록 너희는 움직임의 원칙 1, 2, 3에 의해,**

① **아는 만큼(正) 보이고,**

② **보이는 만큼(分) 느끼며,**

③ **느끼는 만큼(合) 체험해 개체구조 앎이 성장한다. 그러나,**

① **二分法인 正, 分, 合 원칙을 모르면(無知),**

② **너희는 시도 때도 없이 발현되는, 육체와 영혼의 10가지 본능 원인과 본능의 연계성을 몰라,**

③ **너희나 다른 사람의 행위(체험)를 이해할 수 없고, 따라서 너희는 마음을 완전**

(0)히 비울 수(0) 없다.

🧍 : 네, 그런 거 같네요.

☼ : **너희는 이제 육체와 영혼의 본능을 완전(0)히 알았으니, 24시간 발현되는 10가지 본능을,**

① 무엇이 '도구'이고,

② 무엇이 '목적'인지 분별해 신(神)과 하나 된(合一) 전체성(0)을 체험하면 전체성(0) 구조 神과 개체구조 너희는 상대적(分)이지만, 같은 질인 만큼 움직임의 원칙 1, 2, 3이 흘러,

③ 神의 창조 목적이며, 너희의 '존재 의미인 지복(至福=사랑)'이 흐른다. 결국, 이 대화의 최종 결론은,

④ 神의 우주 창조 목적이며, 너희의 존재 의미인 지복(至福)을 찾게 하는 것이니, 이 지복(至福)이 곧 神이 우주를 창조한 목적(사랑)이다.

🧍 : 예? 느닷없이 지복(至福)이 뭔데요.

☼ : 잘 들어라. **너희를 생기게 하신 神과, 그래서 생긴 너희는,**

① 생기게 한 부모와, 생긴 자식 간이고,

② 무한(0=無限)한 전체구조와 유한(有限)한 개체구조이기에 상대적(分)인 이성(異性)이다.

그래서 너희의 삶에서,

① 생기게 한 부모와 생긴 자식 간에 느끼는 사랑.

② 구조가 상대적이지만 뜻이 하나 된 이성(異性)끼리 하나(合一) 되는 섹스 희열은, 神(하느님)과 인간이 느끼는 지복(至福=사랑)의 표상(그림자)이다.

놀라운 것은 이미 지구 상에는 神과 인간이 하나(合一) 되는 지복(至福)이 '섹스 희열'과 하나임을 아는 사람들이 있으니, 인도에 가봐라. 남녀의 섹스가 神과의 합일(合一) 표상임을 일찍이 알아, 스투파(탑)에 온통 남녀의 섹스 장면을 조각한 게 있다. 그들은 남녀의 섹스를 神과 합일(合一)을 이루는 가장 경건하고 신비한 것으로 여겼다.

† 십사 일째 날: 우주의 근본 4數와 5가지 기능

☼ : 나왔냐?

🚹 : 네, 나왔어요.

☼ : 지난번에 우주의 근본수(數)가 4이고, 우주의 충족수(數)가 10인 것을 이야기하다가 말았으니 그쪽으로 가보자.

🚹 : 네, 그러세요.

☼ : 그럼, 4수(數)가 움직일 때는 5가지로 나타난다는 것은 기억하냐?

🚹 : 그런 이야기를 하셨으나 그 이유는 설명이 없었지요.

☼ : 육체와 영혼의 본능이 각기 5가지이듯이, 이 우주에 나타나는 모든 현상은 5가지로 나타난다. 즉, 인간이 섭취하는 영양소도 탄수화물, 지방, 무기질, 단백질, 비타민의 5대 영양소이고, 자연계의 기본색도, 백, 흑, 빨강, 파랑, 노랑의 5가지며, 인체의 장기도, 심장, 위장, 간장, 신장, 폐장으로 5가지이며, 인체의 느낌도, 미각, 후각, 촉각, 청각, 시각으로 5가지이며, 인간 사회도, 종교, 문화, 정치. 과학, 경제로 나뉘어지고, 자연계도, 동물, 식물, 광물, 기체(액체), 빛으로 나뉜다. 물론, 통계학인 년(年), 월(月), 일(日), 시(時), 사주(四柱)로 예측하는 운명론도, 금(金), 목(木), 수(水), 화(火), 토(土), 5행(行)으로 풀린다.

正(원인)	合(결과)	(分 = 과정)
백 단맛 입 종교 동물	흑 쓴맛 코 문화 식물	빨 파 노 신맛 짠맛 매운맛 눈 귀 촉감 정치 과학 경제 광물 기 액체 빛

🚹 : 그렇게 막 나눠도 되는 거예요.

☼ : 그렇다. 이것이 우주를 구성하고 흐르는 正, 分, 合 원칙이니까.

🚹 : 더 계속해 보세요.

☼ : **이렇게 4수(數)가 우주의 근본 수(數)인 것은 무한(無限=0)한 우주 자체로써 원인적인 神(하느님)이 4수(數)로 존재하기 때문이니,**

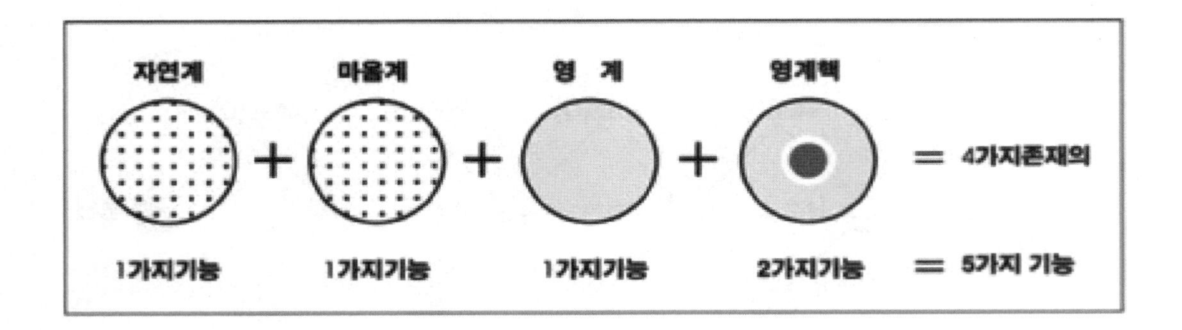

무한(無限=0)한 신(神) 자체인 이 우주는 자연계, 마음계, 영계, 영계 핵의 4수(數)로 존재하며, 그 기능(흐름)은 핵(核)구조인 영계핵은 목적(전능=全能)과 기록(앎=전지=全知)의 2가지 기능이 있고, 전체구조인 자연계, 마음계, 영계는 한 가지 '흐름' 기능만 있어, 4가지 존재가 5가지 기능을 일으킨다. 즉, 핵(核)은 '목적과 앎' 두 가지 기능이 있고, 전체는 核의 지시대로 움직이고 결과를 보고하는 '흐름' 한 가지이다. 이것은 핵(核)과 구성체(構性體)로 이루어진 사회단체를 비롯해 모든 존재는 마찬가지이다.

왜냐하면, 우주에 흐르는 正, 分, 合 원칙은 단 하나이기에.

🚹 : 우주의 모든 것이 正, 分, 合 원칙을 벗어날 수 없다면? 이렇게 단순한 正, 分, 合 원칙 하나로 우주에 이렇게 다양한 변화가 일어나고 있다는 거예요?

☼ : 그래, 내일은 우주의 근본 4數가 물질의 기초단위인 개체구조 소립자(쿼크)와 어떤 관계가 있는지 알아본다.

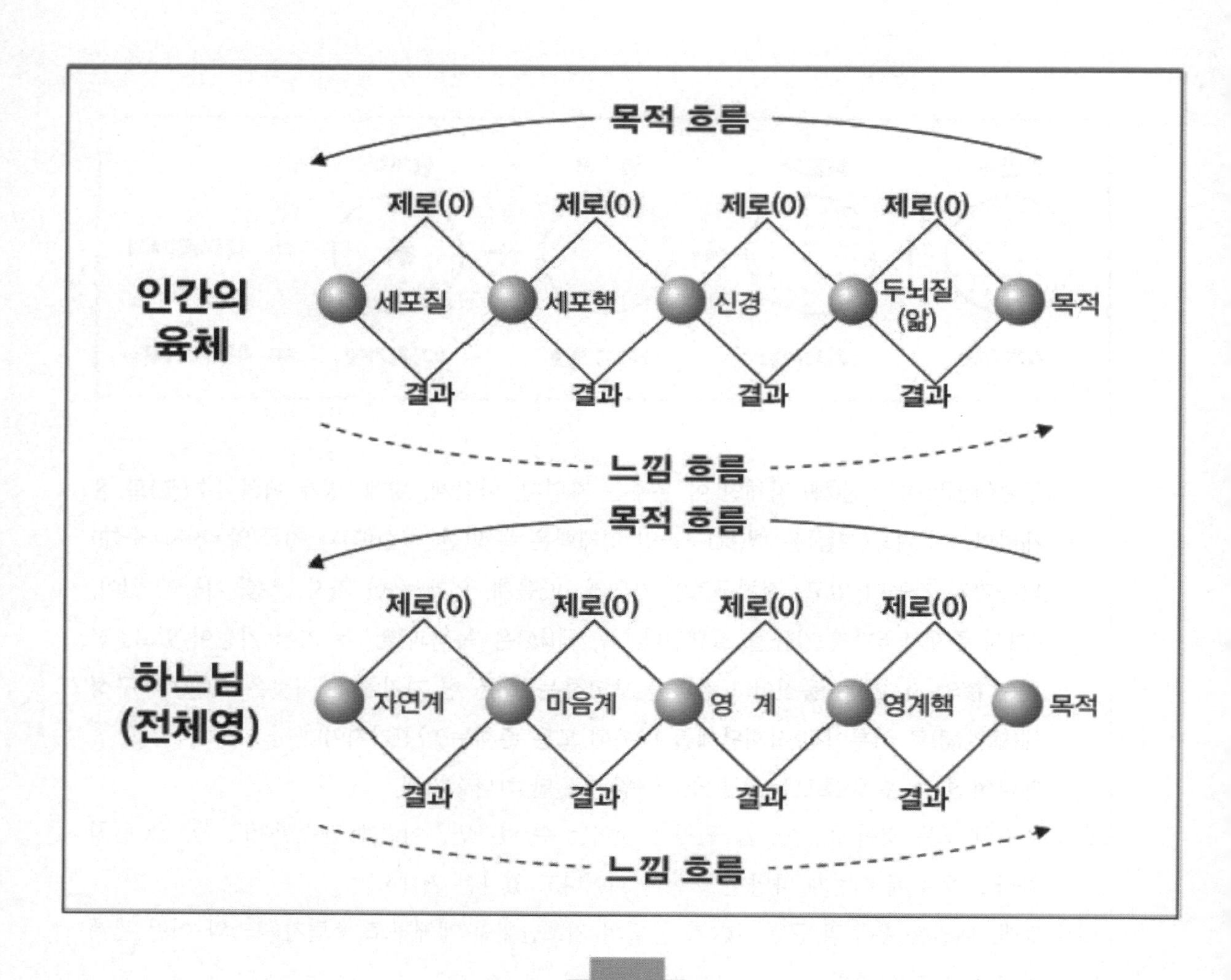

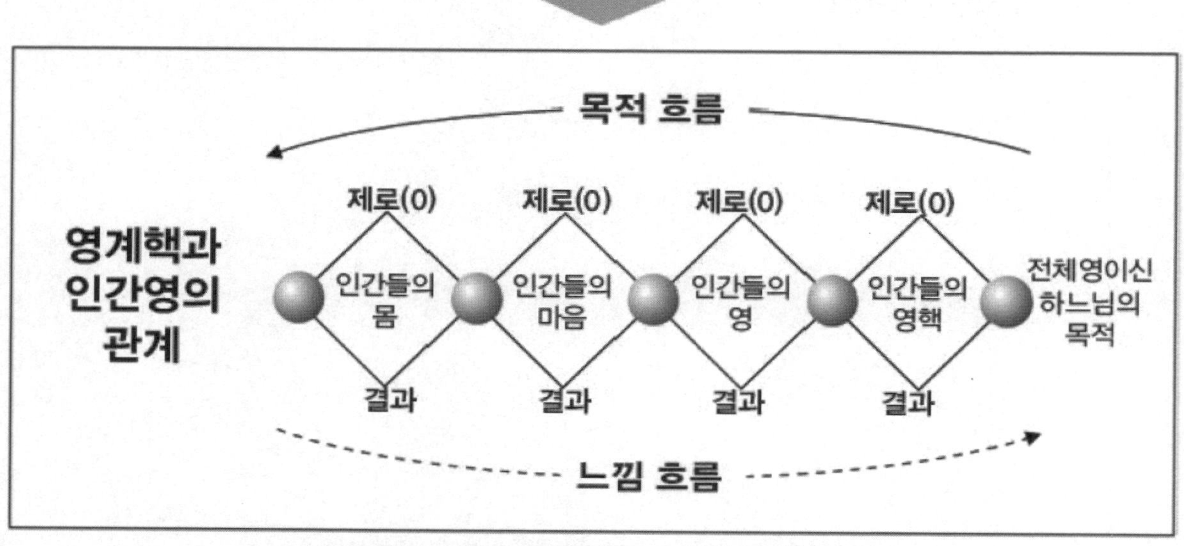

개체영인 인간과 전체영인 하느님은 완전히 일체다

† 십오 일째 날: 25가지 기능의 육체

☼ : 나왔냐?

🚹 : 네,

☼ : 지난번 글에서 우주의 기본수(數)가 4라고 했지. 그리고 그 기본 4수(數)가 움직이면 5가지로 나타나고,

🚹 : 그랬지요.

☼ : **그래서 물질의 기초단위 소립자(쿼크)의 질(質)도 4수(數)로 나타나. 4의 완전수(數)인 4×4=16. 소립자(쿼크)의 질은 16가지로 나타난다.**

이것이 세계 물리학계에서 입증되어 1997년 7월호 과학동아에 도표와 함께 실렸다.

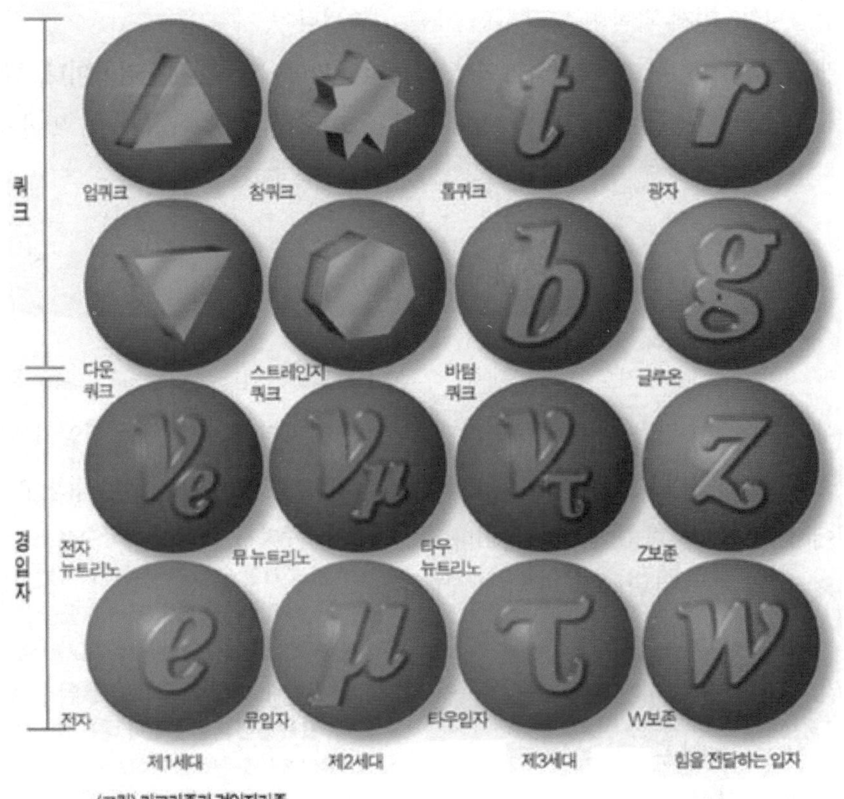

(그림) 쿼크가족과 경입자가족

이런 16가지 질의 소립자가 '느낄 수 있는 구조'의 인간 육체를 구성했으니 그 움직임은 5×5=25, 25가지로 나타났고,
생식기와 자궁 구조는 번식 목적으로 진화과정 중 생긴 것이기에 육체의 25가지 기능에 포함되지 않는다.

	1	2	3	4	5	
1	목적	두뇌질	신경	세포핵	세포	5X5=25
2	심장	위장	간장	폐장	신장	
3	미각	후각	청각	시각	촉각	
4	털	손톱	뼈	피	심줄	
5	온점	냉점	통점	압점	맥점	
	2		3			

🧍 : 예? 이거 맞아요?
☼ : 그래, 과학계에 분자생물학이 생겼으니 곧 입증될 것이다.
🧍 : 놀랍습니다. 이게 과학이 발달하면 차츰 입증된다는 거지요.
☼ : 그래. **유전자학이나, 분자생물학이나, 소립자물리학이나, 천체물리학이나, 발달할수록 우주 正, 分, 合 원칙은 입증된다.** 오늘은 이 정도로 해두자. 숙성기간이 있어야 하니까!

---

† 십육 일째 날: 우주 원칙은 무한(0)히 가변적(0)

🧍 : 어제 이야기 듣고 아직도 얼떨떨해요, 우주의 모든 게 그렇게 5가지로 나타나나 해서요?
☼ : 그래, **'우주에 수많은 다채로운 변화가 무한(0)히 나타나는 것은 움직임의 원칙 3에 의한 것'이다. 왜냐하면, '모든 존재는 질량(質量)과 구조(構組)의 차이에 따라 正, 分, 合 부딪침에서 변화가 무한(0)하기 때문이다.'**
너에게 5가지로 나뉘는 것을 한 번 더 알려주겠다.
🧍 : 5가지가 또 있어요?
☼ : 네가 몸담고 살아가는 인간사회를 구체적으로 알아보자. 인간사회도 뒤섞여 있지만 알고 보면 5가지로 나뉜다.
① 종교 사상

살아가는 원인이고 목적(동기)이며 존재 의미다. 그렇기에 이것은 인간 행동의 중심이지. 인간의 모든 행동은 자신에게 닥친 여건을 목적을 중심으로 앎으로 사고(思考)한 결과이기에 목적(동기)은 가장 중요하다. 그러므로 삶의 목적을 일으키는 원인인 종교 사상은 인간에게 가장 중요하다.

② **문화**

연극이나 영화나 소설은 나만의 인생행로에서는 느낄 수 없는 다른 인생을 짧은 시간에 더욱 많이 느낄 수 있는 것이다. 이것은 더욱 고루(0=제로=전체성) 깊고 넓게 느끼기 위해 살아가는 인간의 목적을 가장 충족시켜 주는 것이기에 다른 어느 부문보다도 대중화가 되었다. 음악은 세상의 가능한 모든 소리를 응용하여 더욱 조화가 맞는 소리로 아름답게 들리도록 곡조로 맛을 살리는 것이다. 미술은 경치, 인물, 정물 등 어느 구성에서 나타난 '조화의 제로(0)' 느낌을 그림으로 옮겨 여러 사람이 오래 느낄 수 있게 한 것이고, 시(詩)는 살아가며 느낀 감정의 흐름을 언어로 아름답게 표현하여 누구나 그 감정의 흐름을 느낄 수 있게 한 것이며, 체육은 육체의 기능으로 승리나 기록갱신 등을 경쟁함으로써 그 기능의 제로(0=최고)를 느끼려는 것이다.

③ **정치**

국가를 구성한 국민들이 모든 느낌을 보다 제로(0=고루=공정=공평=전체성)에 가깝게 느낄 수 있게 하는 사회질서이다. 이에 있어서 그 사회에 흐르는 무형(無形)인 사상은 유일(唯一)의 전체성(0)이신 하느님을 중심으로 모두가 하나라는 사상이어야 하고, 유형(有形)인 사회체제는 개개인의 재량에 완전히 맡겨 개개인이 '공정과 공평, 더불어 삶'을 실천하며 스스로 보람과 긍지로 자존감이 넘치는 완전한 자유민주주의이어야 한다.

④ **과학**

인간이 삶을 이어가고 제로(0=전체성)를 느끼려면 우선 육체가 살아야 한다. 그러려면 번식과 食, 衣, 住 문제가 절대적이고 우주에 흐르는 원칙으로 물질을 변화시켜 육체가 살기 좋은 제로(0=최고=전체성)의 여건을 찾아 구성하는 것이다.

⑤ **경제**

인간의 육체가 존재하려면 물질 해결이 우선이다. 이렇게 필요한 물질을 전체사회의 모든 인간에게 분배함에 있어서 공급의 비중에 제로(0=고루)를 이루기 위한 생산과 유통체제 발달이 곧 경제이다.

결론적으로, 인간은 제로(0)를 체험하기 위해 살아간다.

그렇게 제로(0=전체성)를 체험하기 위한,

① **목적 및 방법과 원인을 찾는 것이 종교이고,**

② **더욱 넓고 깊게 체험하기 위한 것이 문화이며,**

③ **각자의 뜻대로 고루(0=제로=공정=공평) 체험할 수 있도록 사회질서를 이루는 것이 정치이고,**

④ **육체 유지를 위해 여건을 발달시키는 게 과학이며,**

⑤ **필요한 물질이 개개인 모두에게 골고루(0) 돌아가게 하는 생산과 유통발달이 경제이다.** 이것이 인간의 본성과 존재목적에 가장 알맞은 이상 사회이다.

---

† 십칠 일째 날: 신성한 이분법이 正, 分, 合인 이유

🚹 : 궁금한 게 있어요.

☼ : 뭔데?

🚹 : 우주의 근본수(數)는 4수(數)이며, 그 4가지가 5가지 기능을 일으킨다고 했잖아요. 그리고 이제까지의 모든 설명은 二分法, 正, 分, 合 원칙이고요. 그렇다면,

1. 『神과 나눈 이야기』 책에서 말하는 신성한 二分法과
2. 二分法 正, 分, 合이 같은 거예요?

☼ : 너 『신과 나눈 이야기』 책을 봤냐?

🚹 : 네, 봤어요,

(참고: 『신과 나눈 이야기』는, 자칭 神과 닐이라는 미국 남자가, 영적으로 나눈 대화를 출판한 책 1, 2, 3권에 있는 내용입니다.)

☼ : 봤다니 설명해줘야겠구나.

신(神=하느님)의 체질인 3위1체, 원인(正), 과정(分), 결과(合)는 원인과 결과가 같은 질이지만 상대적(대칭=二分法)이고, 분(分)도 같은 질이지만 상대적(대칭=二分法) 질량끼리의 부딪침이기에, 위와 아래, 좌우가 모두 대칭(二分法)이다. 그래서 이분법(二分法=대칭)이다.

즉, 위(上)와 아래(下), 좌(左)와 우(右), 동(東)과 서(西), 남(南)과 북(北), 안(內=속)과 밖(外-겉) 질(質)과 량(量), 음(陰)과 양(陽), 원인과 결과, '–'와 '+', 수컷과 암컷, 선(善)과 악(惡), 모(矛)와 순(盾), 천국과 지옥, 개체성과 전체성(0), 상대성과 절대성(0), 수직과 수평, 흑(黑)과 백(白), 기쁨과 슬픔, 성공과 실패, 좌절과 성취, 최선(0)과 비움(0), 빛과 어둠 등이다.

이렇게 二分法인 상대적(分) 대칭 관계는 '먹고 먹히고, 너 죽고 나 살기'가 아닌, 같은 목적으로 상대적(分)으로 부딪쳐 '서로의 존재가 드러나는(合) 상호보완적' 관계이다. 겉(外=밖)이 있기에 속(內=안)도 있고, 음(陰)이 있기에 양(陽)도 드러나고, 모(矛=창)가 있기에 순(盾=방패)도 의미 있고, −도 + 가 있기에 드러나고, 여자가 있기에 남자도 존재 의미가 있고, 善도 惡이 있기에 드러나고, 지옥을 느껴봐야 천국인 것도 알 수 있고, 白도 黑이 있기에 드러나고, 質도 量이 있기에 드러나고, 빛도 어둠이 있기에 드러나며, 원인도 결과가 있기에 드러나고, 전체성(0) 하느님도 개체성 인간이 있기에 드러나고 존재의미가 있는 것이다.

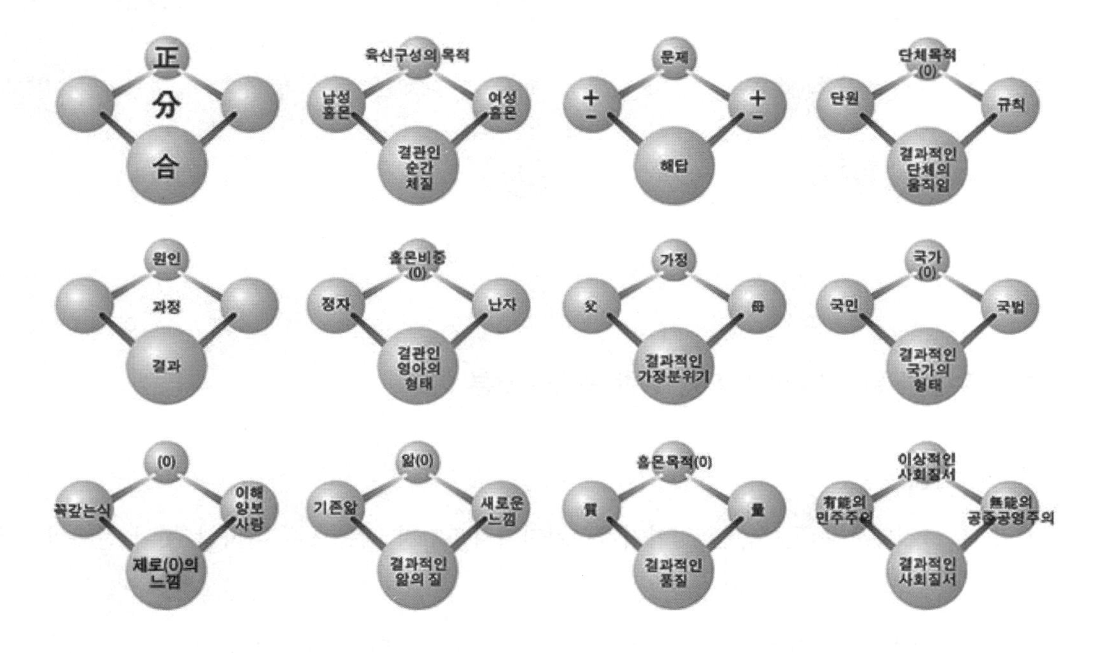

: 아! 正, 分, 合 원칙이 그래서 二分法이군요?

: 그렇다. 그래서 『신과 나눈 이야기』 3권 279p에 보면, 내가 '신성한 이분법'이라 이름 붙인 것에 대해서 지금껏 얼마나 많이 이야기했는지 기억하느냐? 너희가 우리 우주에서 은혜롭게 살아가려면 신성한 이분법을 배우고 철저히 이해하는 게 중요하다고 했다.

: 이 구절이군요?

: 그래.

: 그런데 우리가 살아가면서 꼭 둘씩만 부딪칩니까? 나는 하나라도 상대가 동시에 100명일 수도 있고, 1,000명일 수도 있지요. 교수나 선생이나, 또 국회의원 출마해서 유세 다닐 때 보세요. 나는 혼자이지만 상대는 수백 수천일 수도 있다고요.

☼ : 그 경우도 네 앞에 수백 명, 수천 명이 동시에 네 말을 듣는다 해도 듣는 사람들 각자 개개인의 개성과 앎의 질량에 따라 네 말을 받아들이는 것은 조금씩 다 차이가 있다. 그러니까 결국 너와 그들은 二分法 正分合 원칙에 의해 1:100이나 1:1,000이 아닌, 너와 한 사람씩 1:1의 상대적(分) 부딪침이다. 너는 한 사람이지만 듣는 사람 수(數)만큼 동시에 1:1 부딪침인 것이다. 正, 分, 合 원칙은 그래서 二分法이다.

🚶 : 네.

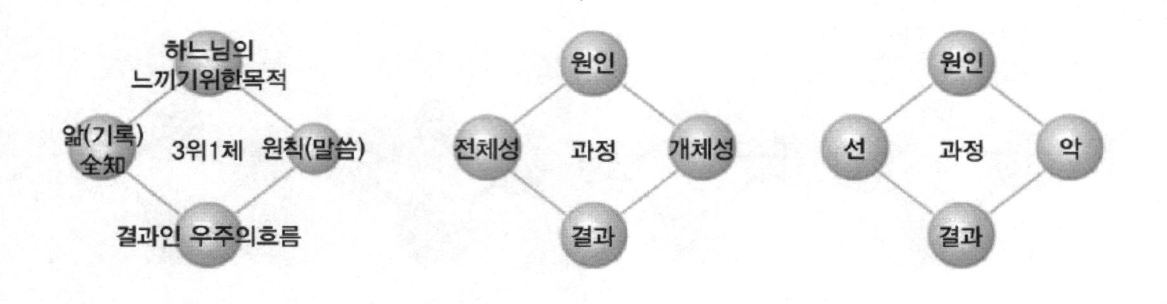

† 십팔 일째 날: 우주에 느끼기 위한 목적이 흐른 이유

☼ : 나왔냐?

🚶 : 네 그런데요? 正, 分, 合 3가지가 4가지여서 5가지 기능으로 나타난 것이 현재의 우주라는 게 도무지 믿기지 않아요.

☼ : '믿음'이란 상황에 따라 바뀔 수도 있는 '불완전한 상태'를 말한다.

🚶 : 그래도 종교에서는 '믿음'이라고 하잖아요.

☼ : 문제는 그거다. 지금까지의 종교 사상은 미완성이기에 불완전하여 '믿음'의 단계에 있다. 그러나 지금 너에게 설명하는 二分法 正, 分, 合은 '불완전한 믿음'이 아닌 물방울이 같은 여건에서는 항상 같은 현상을 일으키는 게 수학이며 과학이듯 '완전한 앎'이다.

🚶 : 그래요?

☼ : 그러니까 **너희는 二分法 正, 分, 合을 철저히 이해해야 이해한 만큼 하느님의 뜻을 알게 되고, 너 스스로의 존재가치도 알게 돼 네 삶이 은혜롭게 된다.** 이제 신비한 우주 창조 과정을 이야기하자.

🚶 : 네.

☼ : **원래부터 하느님 자체인 우주는 무한(0)한 전체성(0)이어서 시작과 끝이 없는 목적(正=원인), 앎(合=결과), 원칙(分=과정)의 3위1체 의식체(意識體)로 존재하셨다.**

🚹 : 저는 3위1체를 신(神) 셋이 각각 '따로' 있다는 걸로 알았어요.

☼ : 正, 分, 合 원칙을 모르면 그렇게 생각할 수도 있다.

이 3위1체 중 목적은 방향의식(方向意識)이고, 방향의식은 스스로의 움직임이기에, 우주에 '스스로를 느끼기 위한 목적'이 일어난 것은 3위1체 중 '목적기능'에 의해서다.

그래서 어느 때! 神(하느님)의 목적기능(全能=방향성=움직임=시작)이 '스스로를 느끼기 위한' 방향으로 흘렀으니 어떻게 됐겠냐? 그 흐름은 동시에 神의 두 번째 기능인 기록기능에도 '스스로를 느끼기 위한 흐름'을 일으켰다. 와! 그 순간 神(하느님)의 기록기능(앎)은 느끼기 위한 목적으로 인하여 느껴질…! 그 모든 느낌을 동시에 모두 알게 됐으니, 이것이 곧 하느님(神)의 전지(全知) 기능이다.

그래서 성경에 보면 창조주 하느님은 모든 것을 다 아신다고 했고, 이것은 사실이다. 왜냐하면 神(하느님)은 모든 걸 포함한 전체성(0)으로써 원인과 결과적 존재이시기에 목적을 정한 찰라 그로 인해 느껴질 모든 느낌을 동시에 알게 되셨기 때문이다.

🚹 : 그러면 기독교 성경에 하느님은 전지(全知) 전능(全能)하시다는 게 사실이네요.

☼ : 그렇다. 기독교 성경은 하느님이 인류에게 二分法 正, 分, 合 원칙 앎을 성장시켜 온 6,000년 과정의 기록이다.

🚹 : 다른 종교 사상도 있잖아요.

☼ : 물론 다른 종교 사상도 하느님께서 이제까지 이끌어 오신 것이고.

🚹 : 그런데 왜 모두 달라요?

☼ : 알고 보면 모두가 하나다. 다만, **각각의 여건에서 正, 分, 合 원칙이 발전했기에 다르게 보이는 것이다. 그러나 이제 때가 되었기에, 너에게 설명하는 이 正, 分, 合 원칙으로 하나임이 드러난다.**

🚹 : 그렇게 달라 보이는 종교들이 하나로 통일된다고요?

☼ : 그렇다. 모든 종교 교리의 핵심은 3위1체로, 正, 分, 合 원칙을 말하고 있기 때문이다.

🚹 : 핵심이 같은 3위1체 正, 分, 合 원칙이라면 통일될 수 있겠네요.

☼ : 그럼, 반드시 통일되지. 正, 分, 合 원칙이 인류의 앎이 되어, 인류의 삶이 될 때까지 正, 分, 合 원칙에 따르면 1,000년이 걸린다.

🚹 : 예? 正, 分, 合 원칙이 인류의 앎이 되기까지는 앞으로 1,000년이 걸려요? 그런 것도 나와요?

☼ : **그렇다, 正, 分, 合 원칙은 과학이며, 수학(數學)이다. 그래서 그런 수학적 계산이 나온다. 기독교 성경도 1,000년이 걸린다고 예언했다.**

🚹 : 기독교 성경도요?

☼ : 곧 다 풀리니 기다려라.

---

† 십구 일째 날: 무한(無限=0)과 個體性 數 9와 全體性 數 0의 신비

🚹 : 저 궁금한 게 있어요.

☼ : 뭔데? 간단히 해라.

🚹 : 무한(0=無限)하시기에 전체성(0)이신 우주 자체 하느님이라고 하시는데요. 그 무한(0)이 얼마나 큰 건지? 느낌으로 와 닿지 않아서요.

☼ : 현 천체물리학계에서 주장하길 무한 질량의 한 점에서 폭발(빅뱅)한 우주의 나이가 약 136년~138억 년 됐다고 한다. 그래서 136~138억 년간 빛의 속도로 팽창된 우주가 곧 우주의 크기라는 것이다. 그런데 이 이론으로는 해결이 안 되는 게 있으니, 그렇게 넓게 팽창된 우주의 온도가 −273℃로, 거의 모든 곳에서 고르다는 것이다. 상식적으로는 폭발 중심부가 더 뜨거워야 하는데.

🚹 : 그래요?

☼ : 그리고는,

① 팽창력이 우주 임계밀도(중력)와 맞으면 어느 시점부터 우주는 영원히 현상유지 되지만,

② 임계밀도가 넘치면 중력의 힘으로 우주는 원래대로 수축하고,

③ 임계밀도가 부족하면 중력이 부족해 우주는 영원히 팽창되어 산산이 흩어질 거라고 한다.

🚹 : 그러면 세 가지 중에 어떤 건가요?

☼ : 二分法 正, 分, 合 원칙은 어느 쪽도 아니다.

🚹 : 예? 뭐예요?

☼ : 우선 무한(0=無限)이 무엇인지 그 개념부터 알아야 한다.

🚹 : 문제의 답이 무한(0)의 개념에 있어요?

☼ : 그렇다. 네가 무한(0)에 대해 질문했기에.

🚹 : 알았어요.

☼ : 천문학계에서 중력과 팽창력의 비율을 계산해 보니까, 우주에는 90%의 보이지 않는 '암

흑물질'이 있다고 한다. 우리의 눈에 보이는 이 어마어마한 우주는 고작 우주 에너지의 10%에 불과하다는 것이지.

🚶 : 저도 우주에 암흑물질이 80%다 90%다 하는 기사를 봤어요?

☼ : 二分法 正, 分, 合 원칙에 의하면 이 우주는 무한(無限=0=제로)하다. 그리고 천체물리학계에서 밝힌 바와 같이 우리 눈에 보이지 않는 암흑물질은 90%이고, 현재 보이는 우주를 형성한 물질의 비율은 10%다. 이에 있어서 90%의 암흑물질이 무한(0)이라면 10%의 보이는 우주는? 놀라지 마라. 10%의 보이는 우주도 무한(0)이다.

🚶 : 예? 비율의 차이가 9:1인데, 말이 안 되는데요?

☼ : 왜 말이 안 되냐? 너 1×0=얼마고, 9×0=얼마냐? 모두 0(제로)이다. 무한(0=無限=제로)이란 이런 거다.

🚶 : 왜 9×0이고, 1×0이에요? 9+0이고, 1+0 아니에요?

☼ : 우주는 평면체가 아닌 입방체이기에 '+'가 아니고 '×'다.

🚶 : 네? 생각 좀 해봐야겠네요.

☼ : 너는 이걸 이해해야 무한(0=無限)한 우주를 이해한다. 빛보다 천만 배 빠르게 달려도 끝이 없어 영원히 달리게 되는 게 無限(0)한 우주다.

🚶 : 저런? 감이 안 잡히네요. 그런데 그런 무한(0)이 또 9:1은 뭐예요?

☼ : **그런 무한(0)이 실체로 드러날 때는 9:1이니, 9:1의 비율에서 현상계로 나타난 1이 곧 제로(0)인 전체성(0)이다. 수학적으로 말하면 암흑물질 90%는 1, 2, 3, 4, 5, 6, 7, 8, 9에 해당하고, 현상계를 이룬 10%가 0(제로)이니, 1, 2, 3, 4, 5, 6, 7, 8, 9는 0(제로)인 원인(창조목적)이 결과인 10(현상계)을 드러나게 하는 '도구(과정)'이다.**

🚶 : 야! 신기하네요.

☼ : **천체물리학계에서 밝힌 바에 의하면 팽창력은 중력이 먼저 있어야 드러난다고 한다. 중력이 없을 때는 팽창력이 없는 듯하지만, 중력이 나타나면 그에 걸맞게 팽창력이 모습을 드러낸다는 것이지. 개체성인 중력은 전체성(0)인 팽창력을 드러나게 하는 도구이며 거울인 것이다. 개체성 인간이 전체성(0) 하느님을 드러나게 하고, 개체성인 꼭갚는식 진리가 있어야 전체성(0)인 이해와 양보의 진리가 나타나듯이.**

🚶 : 중력은 개체성이고 팽창력은 전체성(0)인가요?

☼ : 그래, 성경에 보면 하느님이 10분의 1은 내 것이니 나에게 바치라고 한 것은 正, 分, 合 원칙 비율을 나타낸 것이다.

🚶 : 교회의 십일조가 그거군요.

☼ : 우주는 무한(0)하기에 현재 물리학계에서 말하는 136~138억 년의 팽창은 우주 크기와 관계없다.

🧍 : 물리학계는 우주의 크기가 빛의 속도로 팽창한 136~138억 년 거리라고 했다면서요?

☼ : 임계밀도로 인한 우주의 3가지 예측이 관계없다고 했지.

🧍 : 네.

☼ : **팽창력(분화력)은 '하느님의 스스로를 느끼기 위한 목적' 흐름으로써,**
① 자력, 중력, 강력, 약력 4가지의 5가지 흐름과 팽창력을 합해 우주 충족수 10이고,
② 4가지 존재 원칙과 5가지 움직임의 원칙과 팽창력을 합해 10가지 원칙이다.

🧍 : 어이구, 머리에 쥐 나려고 하네요.

☼ : **빅뱅이 어느 한 점에서 시작됐다면 그것은 개체성이다. 그러나 우주는 무한(0)한 전체성이기에 우주 전체에서 빅뱅이 동시에 일어났다. 그래서 무한(無限)한 우주의 온도가 고르게 나타나는 것이다.**

🧍 : 그런 거예요?

☼ : 인류가 앞으로 오랜 세월 아무리 많이 출현해도 그 수(數)는 개체가 모인 것이기에 영원히 한계(有限)가 있는 유한수(有限數)이다. 그래서 무한(0)한 '하느님의 스스로를 느끼기 위한 목적'은 영원(0)히 이루어지지 않아 우주는 영원히 존재할 수밖에 없고, 인류 역사 역시 영원하고.

🧍 : 저도 생각났어요. 인간들은 모두가 하느님의 개성(個性)이 분화되어 나타나는 것이고, 인간들이 계속 태어나면, 언젠가 하느님의 개성은 없어지겠지요?

☼ : 인간이 아무리 많이 태어나도 하느님의 개성은 전혀 줄지 않는다.

🧍 : 왜요?

☼ : 하느님은 무한(0)하시기에 모든 개성도 무한(0)히 있으며, 그래서 수없이 분화되어도 하느님의 개성은 여전히 무한(無限=0)하다.

🧍 : 와! 무한(0)이란 게 그런 거군요.

☼ : 너희 개체 의식체(個體意識體)들이 살아가며 부딪치는 부딪침은 1:1이지만, 너희들이 자연계를 비롯하여 저승까지 무한(0)한 우주를 보고 느끼는 부딪침은 1:0이다.

🧍 : 왜요?

☼ : 왜냐하면, 하느님 자체인 이 우주는 무한(0)하기에 개체성의 1인 너와 무한(0)하기에 전체성(0)인 우주와의 正, 分, 合 부딪침은 1x0=0이며, 그래서 우주와 너희의 부딪침은 언제나 어디서나 항상 제로(0)다.

🧍 : 말 되네요.

*참 고

우주 구성 밝혀줄 '암흑물질' 단서 사상 첫 발견

연합뉴스 기사 입력: 2013. 04. 04. 01:15

(제네바 워싱턴 AP AFP=연합뉴스)

우주를 구성하는 물질의 대부분을 차지하는 암흑물질(dark matter)의 존재 단서가 사상 처음으로 포착됐다고 국제물리학연구팀이 3일 밝혔다. 스위스 제네바의 유럽입자물리연구소(CERN)의 국제연구팀은 암흑물질 입자를 포착하기 위해 지난 2011년 국제우주정거장(ISS)에 설치된 알파자기분광계(AMS)를 이용해 '새로운 물리적 현상에 대한 증거'를 찾아낸 것으로 보인다고 AFP 통신이 보도했다. 노벨 물리학상 수상자 새뮤얼 팅 교수(MIT)가 이끄는 AMS 분석팀은 분광계를 통해 지금까지는 직접 관찰된 적이 없는 암흑물질에 대한 첫 번째 단서를 발견했다고 밝혔다. 팅 교수는 AMS가 팀이 구성된 이후 18개월간 활동하면서 약 250억 개의 소립자 이벤트를 관찰했으며 이 가운데 약 80억 개가 빠른 속도로 이동하는 전자와 그 반물질 짝인 양전자라고 밝혔다.

암흑물질은 우주 구성 물질의 90% 이상을 차지하지만 어떤 요소로 구성돼 있는지는 아직 규명되지 않았지만, 일부 학자들은 물질이자 반물질이면서 매우 약한 상호작용을 갖는 거대질량 소립자(WIMP)일 가능성이 큰 것으로 추정하고 있을 뿐이다. 물질과 반물질이 만나면 상쇄되기 때문에 두 개의 WIMP가 충돌하면 파괴되면서 전자와 양전자(陽電子)라는 딸 소립자가 방출된다. AMS는 우리 은하에서 일어나는 암흑물질의 상쇄 과정에서 생기는 양전자와 전자를 포집해 입자들의 질량과 속도, 에너지, 그밖에 근본적인 성질을 파악하기 위해 설치된 장비로 20억 달러가 투입됐다.

---

† 이십 일째 날: 벗겨지는 창조의 신비

☼ : 지난번에 소립자 질(質)을 설명할 때, 우주의 근본수가 4數라서 소립자의 질이 4의 완전수인 4×4=16가지라 했고, 그 16가지 소립자 질이 25가지 기능을 일으킨 것이 인간의 육체라 했고. 또 여러 가지 도표로 예를 들며 4가지가 5가지 기능을 일으키는 것을 설명했지.

🚹 : 네, 그랬지요.

☼ : **우주 원칙도 4가지 존재원칙과 5가지 움직임의 원칙이다.**

🚹 : 원칙도 그래요?

☼ : 도표에서 나타났듯이 正分合 원칙은 원인(正)과 결과(合), 그리고 상대적으로 흐르는 과

정(分)까지 4이기에 4수(數)가 우주 근본 수인 하느님의 체질 수(數)이다.

🚹 : 네, 도표를 보니 그러네요.

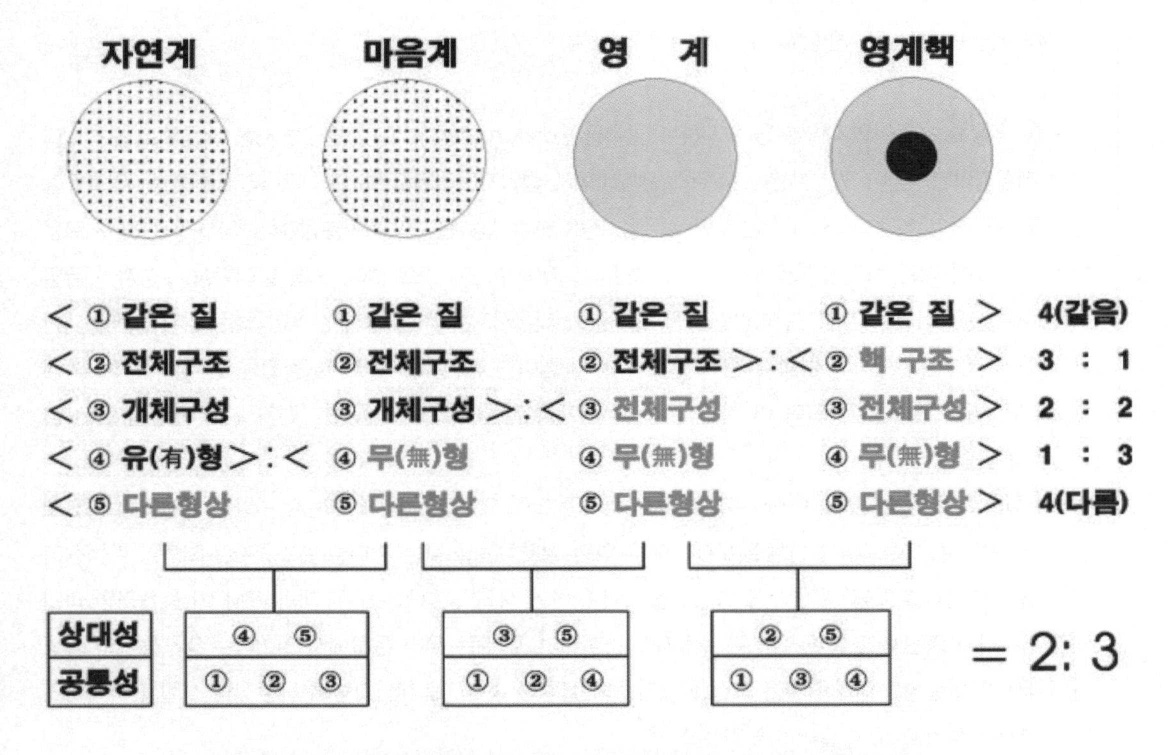

☼ : 하느님 자체인 무한(0)한 우주도 4가지이니,

① 개체성(구조)이며, 유형(有形)인 자연계,

② 자연계와 같이 개체성이지만, 무형(無形)인 마음계,

③ 마음계와 같이 무형(無形)이지만, 전체성(구조=0=통짜)인 영계,

④ 영계와 같이 무형(無形)이고, 전체성(통짜)이지만, 핵(核) 구조인 영계핵이다.

🚹 : 네, 우주가 참 신기하네요.

† 이십일 일째 날: 원칙으로 나타난 신비한 우주 창조

🚶 : 나오셨어요?

☼ : 벌써 와 있었지. 오늘은 '4가지 존재원칙'과 '5가지 움직임의 원칙'에 대한 것이다.

4가지 존재원칙은,

① 우주는 4의 완전수인 4:4:4:4로 존재한다.

② 존재는 상대적(二分法)이다. 無限(0)과 有限, 전체성(0)과 개체성, 無形과 有形, 核과 構成體, 質과 量, 强과 弱 등등~,

③ 무한(0)한 영계핵, 영계, 마음계, 자연계는 시작과 끝이 없지만, 有限한 개체가 모여 이루는 구성체는 시작과 끝이 있다.

④ 자연계, 마음계는 개체성이기에 개체구조일 때부터 동시에 존재한다. 하지만, 영계, 영계핵은 전체성(0=통짜)이기에 자연계, 마음계의 질 비중이 고루(0=전체성) 갖추어져야 동시에 존재한다.

5가지 움직임의 원칙은,

① **같은 질이면 같은 목적을 중심으로 한 움직임이 일어난다.** 인간사회를 보면, 같은 질의 취미나 기술, 사상, 능력이나, 목적을 가진 사람끼리 우선 뭉친(집단)다. 미국의 '로버트 호프스테더 박사'가 소립자(쿼크)는 같은 질끼리 뭉친다는 것을 발표해 노벨 물리학상(1960년대)을 받았다.

② **이러한 같은 질의 움직임에도 순서가 있으니,**

첫째, 상대적이지만, 좀 더 같은 흐름일 때 우선 움직인다. 자연 발생적인 국가 정당을 예로 들면 강경파, 중도파, 온건파다. 소립자(쿼크)도 양성자, 중성자, 전자가 있고,

둘째, 같은 질이지만 상대적 흐름일 때 움직인다. 상대적인 강경파, 중도파, 온건파가 하나의 정당이 된다. 물론 소립자(쿼크)도 상대적인 양성자, 중성자, 전자가 하나의 원자가 되고,

셋째, 같은 구성식(構成式)일 때에 뭉친다. 같은 구성식을 가진 각 정당이 합하여 하나의 국가를 이룬다. 물론, 소립자(쿼크)도 같은 구성식을 가진 원자끼리 합하여 분자를 이루고,

③ **이렇게 같은 목적으로 움직일 때 개개의 질량과 구조(형태) 비중에 따라 천차만별의 흐름이 일어난다.** 그 결과 같은 부처(部處)에서도 인간들은 앎과 능력과 개성 차이에 따라 천차만별의 움직임을 보인다. 물론 같은 목적으로 하나의 구성체를 이룬 소립자(쿼크)들도 마찬가지이다. 물건을 굴리면 질량이나 형태(구조)에 따라 구르는 움직임이 다르듯이,

④ **우주의 근본 4數는 (4:4):(4:4)로서 2:2의 상대적 흐름을 일으킨다. 이것은 뒤에서**

도표(그림)로 설명해주마.

⑤ **핵(核)은 목적(目的)과 기록(앎=記錄)의 2가지 기능이 있고, 구성체는 목적이 밑(下)으로, 느낌이 위(上)로 흐르는 기능만 있다.**

그렇기에 사회의 모든 조직도 과장, 부장, 대통령 등 핵(核)은 그들이 속해 있는 조직의 모든 것을 앎고(기록), 지시(목적)하는 2가지 기능이 있고, 부서의 구성원들은 핵(長)의 지시(목적)대로 움직이고, 결과(느낌)를 보고하는 흐름이 있다. 물론, 인간의 눈에 보이지 않지만 소립자(쿼크)도 마찬가지다.

🚹 : 하! 참 신기하네요. 사회의 기초단위인 개체인간이 이루는 사회 구성순서나, 물질의 기초단위인 개체소립자(쿼크)가 물질을 이루는 구성순서가 똑같다니.

☼ : 이 우주에 흐르는 원칙은 正, 分, 合, 뿐이니까 당연하지.

🚹 : 그러니까요.

☼ : 무엇이든지 5가지는 2:3으로 나뉜다고 했지.

🚹 : 네!

☼ : 5가지 움직임의 원칙도 2:3으로 나뉜다.

🚹 : 예?

☼ : 움직임의 원칙 1, 2는 '같은 목적'을 중심으로 흐르는 것이고, 움직임의 원칙 3, 4, 5는 '상대적 흐름'을 일으키는 것이다.

🚹 : 하! 놀랍습니다.

☼ : 그런데 하느님의 체질로 이 우주를 창조했다는 것이 기독교 신약성경 요한복음 1장 1~3절에도 있다. "태초에 말씀이 계시니라. 이 말씀이 하느님과 함께 계셨으니, 이 말씀은 곧 하느님이시라. 그가 태초에 하느님과 같이 계셨고, 만물이 그로 말미암아 지은 바 되었으니, 지은 것이 하나도 그가 없이는 된 것이 없느니라."라고 했다.

🚹 : 그런데 성경은 원칙을 하느님의 체질이 아닌 '다른 존재'같이 말했네요.

☼ : 그 당시 인간들의 수준에 맞춘 최선(0)이었다. 그러나 말씀이 곧 하느님이라고 했으니 그게 그거지.

† 이십이 일째 날: 빅뱅 흐름이 상대적(分)인 이유

🚶 : 나오셨어요?

☼ : 그래 어제 어디까지 이야기했지?

🚶 : 4가지 존재원칙과 5가지 움직임의 원칙에 대한 거였지요.

☼ : 다음으로 넘어간다.

태초에 영계핵인 하느님의 '스스로를 느끼기 위한 목적'은 어떻게 됐겠냐?

움직임의 원칙 2의,

① 셋째 순서에 의해 영계핵과 같은 무형(無形)이며 같은 구성식 (전체성=통짜)인 영계에 흐름을 일으켰고,

② 둘째 순서에 의해 같은 무형(無形)이지만 개체성으로 상대적인 마음계에 흐름을 일으켰고,

③ 첫째 순서에 의해 有形과 無形으로 상대적이지만 같은 개체성인 자연계에 흐름을 일으켰으니, 그것이 곧 소립자(쿼크) 하나하나에 神의 창조 목적이 동시에 일어난 빅뱅이다.

🚶 : 와! 움직임의 원칙에 의해 그런 순서(과정)를 거치며 우주에 빅뱅이 일어났군요.

☼ : **그런데 소립자가 모여 구성체를 이룰 때는 움직임의 원칙 첫째, 둘째, 셋째였는데, 빅뱅은 셋째, 둘째, 첫째로 상대적(分)이다.**

🚶 : 예? 그러네요,

☼ : **움직임의 원칙 3에 의해서다. 왜냐하면,**

1. 유형(有形)이며, 개체구조인 소립자가 구성체(전체성)를 구성하는 단계와,

2. 무형(無形)이며, 전체성(0)인 하느님이 개체구조로 분화하는 단계가 상대적(分)이기 때문이다.

🚶 : 네 빈틈 없네요.

---

† 이십삼 일째 날: 창조의 일관성

☼ : 오늘은 일요일인데 오려나?

🚶 : 네, 벌써 와 있어요.

☼ : 자, 그럼 본론으로 들어가자. **지난번에 존재원칙 1에 의해 이 우주는 4의 완전數인 4:4:4:4로 존재하며, 움직임의 원칙 4에 의해 4의 완전수는 2:2로 상대적(分) 흐름을 일으킨다고 했다.**

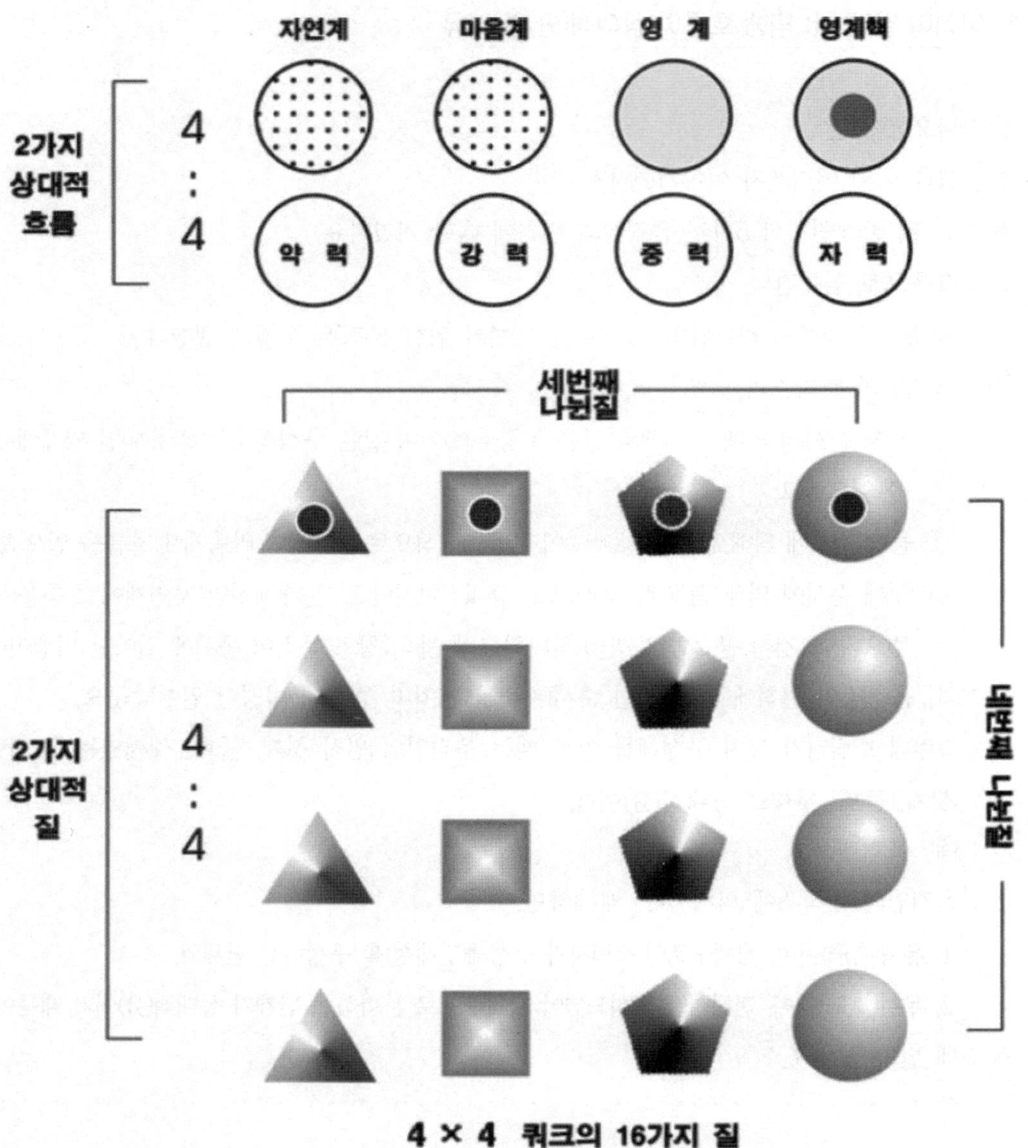

4 × 4 쿼크의 16가지 질

🚹 : 네, 그러셨지요.

☼ : **첫 번째 4로 나뉘는 것과 두 번째 4로 나뉘는 것은 상대적 흐름이고, 세 번째 4로 나뉘는 것과 네 번째 4로 나뉘는 것은 상대적 질(質)이다.**

도표를 보면,

① 첫 번째 4로 나뉘는 상대적 흐름이 영계핵, 영계, 마음계, 자연계이고,

② 두 번째 4로 나뉘는 상대적 흐름이 자력, 중력, 강력, 약력이다.

이 첫 번째 흐름과 두 번째 흐름은 또 각기 2:2로 상대적(分)이니,

① 첫 번째 4로 나뉘는 영계핵 영계는 전체성(0=통짜)이고, 마음계와 자연계는 개체성이며,

② 두 번째 4로 나뉘는 자력과 중력은 질(質)과 량(量)으로 인한 것이고, 강력과 약력은 구조(構組=형태)로 인한 것이다.

① 첫 번째 흐름인 영계핵과 영계 마음계와 자연계는 무한(0=無限)한 전체성(0=)이기에 원인과 결과이고.

② 두 번째 흐름인 자력(질)과 중력(량) : 강력(구조) 약력(구조)은 유한(有限)한 개체성이기에 과정이다.

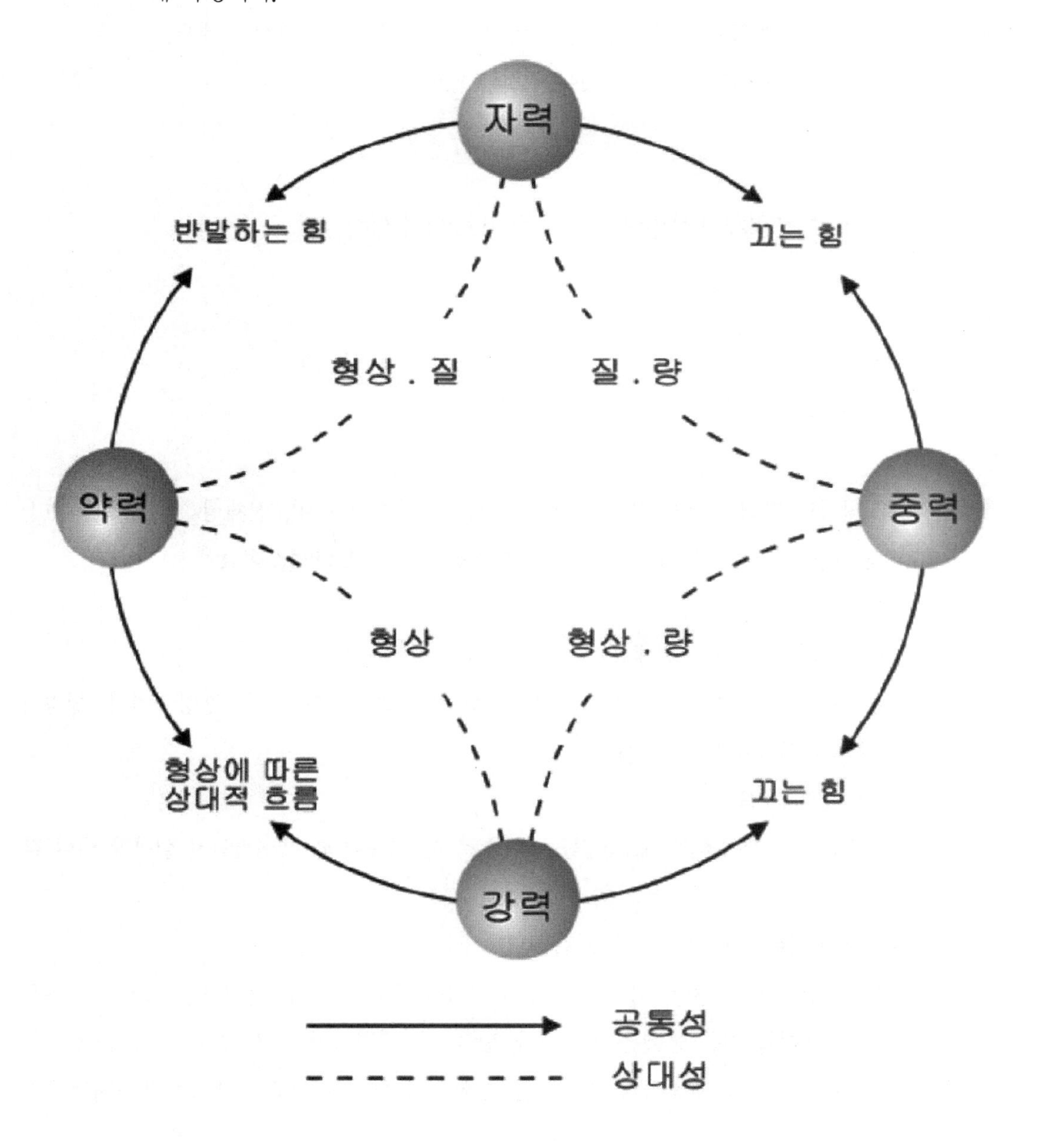

그렇기에 쿼크(소립자)가 구성하는 생명체나, 개개인들이 구성하는 단체나,

① 전체성(0)인 첫 번째 **'존재목적의 제로(0=神의 느끼기 위한 목적=팽창력=생명력)'**를 중심으로 한 구성원들의 목적과,

② 개체성인 두 번째 질(質)에 의한 '이렇게 할까(-) 저렇게 할까(+)'의 비중을 가르는 자력(2가지)과 량(量)에 의한 중력(구심력=애국심=애사심=1가지)과 구성원 나름의 구조에 따른 개성인 강력(과격=1가지)과 약력(온건=1가지) (0+4+5)이 10가지 우주 충족수(充足數) 생명력으로 나타난다.

🚹 : 와, 도표를 보니 이해가 되네요. 오늘 이야기는 복잡하지만 일관성 있네요.

☼ : 그렇다. 어느 것도 일관성(원칙)을 벗어난 것은 없다.

---

† 이십사 일째 날: 생명체의 생명력, 존재유지 제로(0)의 신비

🚹 : 벌써 오셨어요?

☼ : 어, 일찍 왔다.

🚹 : 질문이 있어요.

☼ : 뭔데?

🚹 : 어제 개체성의 자력, 중력, 강력, 약력 4가지의 5가지 흐름이, 전체성(0)인 팽창력이며, 우주 생명력인, '존재목적의 제로(0)'를 중심으로 흐른다고 하셨잖아요?

☼ : 그런데?

🚹 : 그 '존재목적의 제로(0)'가 뭐예요?

☼ : 어제 **'존재목적의 제로(0)'가 神의 느끼기 위한 목적 흐름이며, 우주 팽창력이며, 생명력이며, 진화의 원인이라고 했는데~.**

🚹 : 잘 이해가 안 돼서요.

☼ : **그러면 구성체 '존재목적의 제로(0)'를 중심으로 한 흐름이 왜 생명력인지 설명할 테니 잘 들어라.**

1. 죽어서 생명력이 사라진 까치 모습과
2. 살아서 생명력이 넘치는 까치의 모습은 엄청난 차이가 있다. 살아 있는 까치나, 죽은 까치나, 까치를 이룬 물질은 똑같으나, 단 하나, 생명력이 있고, 없고의 차이거늘, 이렇듯, 까치라는 '존재목적의 제로(0)'를 중심으로 한 4(자력, 중력, 강력, 약력)가지의 5가

지 흐름이(0+4+5) 곧 살아 있는 아름다운 까치의 모습(10=생명체)이다.

🚹 : 아! 그래서 '존재목적의 제로(0)'가 하느님의 느끼기 위한 목적 흐름이며 생명력이군요! 그런데 진화의 원인이라고도 하셨잖아요?

☼ : 그래.

① 국가를 예로 들면, 국가를 이룬 국민들의 여론이나, 또는 다른 나라와의 사정 등이 국가의 핵(核)인 정부에 전해지면, 핵인 정부는 국가 '존재목적의 제로(0=생명력)'를 중심으로 그 내용을 분석하고 정책을 세워 국가를 이룬 모든 조직에 전달한다. 이때 그 정책이 어떤 조직을 해체해야 하는 것이면 해당 조직은 해체되고, 또는 새로운 조직을 만들어야 하는 것이면 필요에 따라 새로운 조직을 만든다. 이것이 오랜 세월 누적 되면 마침내 처음 국가의 모습은 흔적조차 없어질 수 있다.

② 이처럼 소립자(쿼크)가 모여 이룬 생명체 역시, 각 생명체가 처한 여건의 느낌이 핵(核)인 두뇌에 전해지면, 핵인 두뇌는 '존재목적의 제로(0)'를 중심으로 그 느낌을 분석하고, 그에 따른 반응(목적)이 각 신체조직에 흐르게 된다. 이때, 어느 세포를 해체하는 것이면 그 세포는 없어지고, 새로운 조직을 만들어야 하는 것이면 새조직이 만들어진다. 쉬운 예로, 굳은살이 생긴다든지 털이나 가죽 또는 체형이 변하는 등.

이것이 오랜 세월 누적되면 마침내 맨 처음 그 동물의 형태는 찾아볼 수 없게 된다. 이것이 여건에 따라 적응하며 변화되어 온 생물 진화의 원인이며 과정이다. 그런데 '존재목적의 제로(0)'는 생명체가 닥친 여건에 따라 살아남기 위해 변하기도 해, 그 변화에 좀더 같은 물질이 들어오면 받아들여 돌연변이를 일으키고, 그 생물이 환경에 유리하면 결국은 그 종류가 살아남아 진화를 촉진해왔다.

🚹 : 와! 그렇군요

☼ : 드디어 진화를 연구하는 학자들이 최근에야 생명체 진화에는 최상(0=제로)을 지향하는 흐름이 있음을 발견했다. 즉, **생명체의 진화가 제멋대로 아무 원칙 없이 무작위로 진행되는 게 아니라, 어떤 지성체(知性體)가 목적을 가지고 진행시키는 것 같다**고 본 것이다.

🚹 : 그래요?

☼ : 결국은 그 생각이 학계의 공감을 얻어 '지적 설계론'이라는 하나의 학설로 최근 등장했다.

🚹 : '지적(知的)설계론'이요? 들어본 적이 있는 것 같아요.

☼ : 그래 2005년 8월 캐나다대학에서 뉴욕타임즈를 통해 발표하기를, "우주의 창조에는 지적(知的)인 간섭이 있다."라며, 이 지적 존재를 캐나다의 박사들은 "인간을 닮은 외계인!"이라고 표현했다. 내용을 요약하면, 창조론도 과학적 근거가 있다는 것인데, 이 창조론

을 '지적(知的)설계론'이라며,

① 생명체 진화를 비롯한 우주의 모든 흐름이 과학이지만,

② 분명히 어떤 '지적(知的) 존재의 간섭이 있다.'라는 창조론이다.

③ 그 '간섭이 곧 창조'라는 것이지.

④ 점진적인 모든 진화 과정은 우연히 맞아떨어졌다고 볼 수 없으며,

⑤ 정교한 설계로 만들어졌다고 볼 수 있다는 것이다.

⑥ 진화의 모든 게 우연한 진화나 돌연변이로는 이런 극소수의 가능성이 현실화 되리라 보기 어렵다는 것으로써,

⑦ 지적(知的) 존재의 치밀한 계획이 없이는 불가능하다는 것이다.

⑧ **이 창조론은 성경을 믿는 사람들이 말하는 창조론과는 전혀 다르게, '지적(知的) 존재의 의지(意志=간섭)'가 과학적으로 충분히 설명된다는 것이다.** 이것은 과학이 첨단을 달리며, 드디어 생명체의 생명력이나, 진화는, 전체성(0)의 10(十)번째(0=제로) 원칙이며, 하느님의 '느끼기 위한 목적'이기도 한 '존재목적의 제로(0)를 중심으로 한 구성체의 움직임(力=간섭)'인 것을 과학적으로 입증한 것이다. 이렇듯 과학은 그 바닥까지 원인을 알고 보면 결국 우주의 모든 흐름은 우연이 아닌, 어떤 지적(知的) 존재의 의지(意志=간섭=존재목적의 제로=0)에 의한 것임이 밝혀지고 있는 것이다.

곧, 하느님의 '느끼기 위한 목적'에 의해 우주가 창조되고, 진화되고 있음을 과학으로 입증한 것이다. 그렇기에 우주의 저 깊은 곳까지 들여다본 아인슈타인도 "신(神)은 분명히 계시다. 神이 없고서는 우주가 이토록이나 신비할 수 없다."라고 한 것이다.

: 와! 과학계에서도 드디어 그런 학설이 나왔군요. 그런데요, 요즈음은 컴퓨터도 생각하는 게 나왔다면서요? 그건 뭐예요? 그래서 뭐 컴퓨터가 사람을 지배하는 시대가 온다나요?

: 음, 그런 얘기도 있지. **그러나 컴퓨터에는 생명력인 '존재목적의 제로(0)'를 중심으로 한 구성체 4가지의 5가지 흐름이 없다. 생명력이 없다는 거다. 그렇기에 3위1체 의식체인 핵의 '존재목적의 제로(0)'를 중심으로 개체성 비중을 전체성(0)으로 느끼는 마음체 흐름도 없고…. 다만, 사람이 기능을 입력한 대로 움직일 뿐, 생명력인 10가지 正, 分, 合 원칙 흐름이 없는 것이다.**

: 그럼, 그건 그렇다 치고요. 동물들을 보면, 해달의 경우 머리를 써서 조개를 돌로 때려 속살을 빼먹기도 하고, 침팬지는 몽둥이를 휘두르며 싸우기도 하고, 나뭇가지로 개미굴을 쑤셔서 개미를 잡아먹기도 하던데, 그건 뭐예요?

: 오호! 그것은 침팬지가 번식과 食, 衣, 住 5가지 본능으로 살아가다가 어쩌다 두뇌에 학

습된 기록(앎)들을 침팬지의 생명력인 '존재목적의 제로(0)'를 중심으로 앎이 추려져 응용하는 것이다.

🚹 : 오늘은 생명력과 진화의 원인 이야기가 재미있네요.

---

† 이십오 일째 날: 암, 수가 없던 원시

☼ : 나왔냐?

🚹 : 네.

☼ : 지난 대화에서 움직임의 원칙 2의 첫째, 둘째, 셋째 순서에 의해 가장 자연 발생적인 국가의 정당과 소립자(쿼크)가 분자를 구성하는 과정이 같음을 설명했지?

🚹 : 네, 참 신기했어요.

☼ : 그런데 **여건에 따라, 소립자(쿼크)의 16가지 질을 골고루(0) 가진 분자가 나타날 때가 있다. 그러면 그 분자에는 존재원칙과 움직임의 원칙에 의해 '존재목적의 제로(0)'를 중심으로 한 4가지의 5가지 흐름이 흐르니, 이것이 곧 자연계의 16가지 질을 고루(0) 지닌 생명체의 탄생이다(분자 생물학).**

🚹 : 예? 생명체의 생명력인 '존재목적의 제로(0)'가 그렇게 시작되는 거예요?

☼ : 이렇듯 **생명력은 존재원칙과 움직임의 원칙에 의한 것이기에, 무한(0)의 우주에서 여건만 형성되면 언제나 어디서나 생명체가 발생한다.**

새로운 생명체가 새로운 질병을 일으키도 하고, 질병이 진화도 하고, 바이러스가 그 종류다.

🚹 : 그렇군요.

☼ : 이렇게 생명체가 되면, 이 역시 존재목적은 '느끼기 위한' 것이고, 그리곤 바로 번식 1, 2와 食, 衣, 住 본능이 나타난다.

우주의 빛, 물, 기체, 고체 등 모든 물질은 神의 스스로를 '느끼기 위한 목적'이 질량과 구조와 여건에 따라 제각각 드러난 상태이다.

🚹 : 전에 어디서 보니까 과학자들이 최초의 생명체는 번개에서 시작됐다며, 생명체질과 비슷한 물질을 혼합해 놓고 번개를 투사하는 실험을 본 기억이 있거든요.

☼ : 과학자들이 그런 실험을 했으나 원인은 밝혀내지 못했다. 밝혀진바, 인간의 육체에는 6V 정도의 전류가 흐르고 있음을 알게 돼, 전류가 생명력의 원인인가 해서 그런 실험을 했지. 그 결과, 생명체의 前 단계인 아미노산은 생성됐지만, 생명력이 있는 생명체는 아니었다.

🚹 : 과학자들도 많이 노력했군요.

☼ : 결국 생명력의 원인을 알아낼 수 없었지.

🚹 : 그랬군요.

☼ : **이런 생명체는 물질을 흡수할 때, 움직임의 원칙 2의 첫째 순서인 '보다 같은 흐름일 때에 같은 목적이 일어난다.'에 의해 체질과 보다 같은 흐름의 물질을 흡수하며 성장하고 진화했으니, 그 결과 오랜 세월이 흐르며 체질이 강하고 거센 흐름에 치우쳤던 생명체는 진화할수록 강하고 거센 흐름 쪽의 비중이 무거워지게 되었고, 체질이 약하고 유연한 흐름에 치우쳤던 생명체는 진화할수록 약하고 유연한 흐름 쪽의 비중이 무거워지게 되었다.**

🚹 : 네? 강하고 거센 흐름의 물질과 약하고 유연한 흐름의 물질이라니요?

☼ : 앞에서 설명했지? 모든 존재에 흐르는 자력, 중력, 강력, 약력 중에서 강력과 약력을 말하는 것으로써, 강하고 거센 흐름의 물질은 남성 호르몬성이고, 약하고 유연한 흐름의 물질은 여성 호르몬성이다.

🚹 : 아하, 인간의 육체에 흐르고 있는 남성 호르몬과 여성 호르몬이 그거예요?

☼ : 원시 생명체는 암컷과 수컷이 없이 번식했다. 지구상에 있는 바이러스나 세균 등 원생생물일수록 암컷과 수컷이 없다.

🚹 : 예? 그러면 언제부터 암컷과 수컷으로 갈렸어요?

☼ : **생명체가 오랜 세월 체질과 같은 흐름의 물질을 흡수하며 진화했으니, 생명체가 진화할수록 강하고 거센 흐름과 약하고 유연한 흐름은 확연히 갈라지게 되었다.**

🚹 : 진화할수록 달라졌다는 거군요.

☼ : **그 차이가 너무 벌어져 고르지(0) 못해, 혼자만으로는 번식할 수 없는 단계에 이르자, 육체의 번식본능 2인 '번식체가 자립할 때까지 보살피려는' 흐름에 의해, 같은 질이지만 상대적(分)인 이성(異性)을 찾아 번식체를 섞으려 하게 되니, 이것이 '같은 질이지만 상대적인 이성 생물과 생식기를 결합하려는 성욕'이다.**

🚹 : 그럼, 모든 생물이 생식기를 결합하려는 것은 번식본능 2에 의한 것이에요?

☼ : 그렇다. 암컷 생식기에 호르몬을 착상시키려는 수컷의 본능 역시 '번식본능 2'이다.

🚹 : 네에.

☼ : 결국, 강하고 거센 흐름의 생식기는 튀어나오게 진화했고, 약하고 유연한 흐름의 생식기는 상대적(分)으로 오목하게 진화했다.

🚹 : 그래서 암컷의 생식기는 오목하게 들어갔고 수컷의 생식기는 툭 튀어 나왔군요.

☼ : 성욕도 강하고 거센 흐름의 수컷은 능동적이고, 약하고 유연한 흐름의 암컷은 수동적이

다. 놀라운 것은 여성도 번식 가능한 배란기가 되면 남성 호르몬이 증가해 섹스 욕구가 커진다고 한다.

🚹 : 그러니까, 생물의 그 모든 흐름도 正分合 원칙에 의한 것이군요.

☼ : 암컷과 수컷이 매번 섹스로 유전자를 섞지만, 진화방향은 서로 다르다.

🚹 : 지금도 암컷과 수컷은 진화 방향이 달라요?

☼ : 수컷과 암컷이 생식기를 맞대고 호르몬을 배출하면 그 호르몬은 어디에 머물겠냐? 당연히 암컷 생식기에 머문다. 왜냐하면, 수컷은 호르몬 배출도 강하고 거세기에 확! 뿌리고, 휭하니 가 버리니까.

🚹 : 설명이 참 원색적이십니다.

☼ : **그 결과, 번식된 호르몬이 자립할 때까지 머무는 자궁 구조는 번식본능 2에 의해 암컷 생식기 곁에 자리 잡아 진화했다.**

🚹 : 히야, 참으로 신비하네요.

---

† 이십육 일째 날: 육체에 등장하는 영혼

☼ : 나왔냐?

🚹 : 네, 나왔어요.

☼ : 생물은 그렇게 암컷과 수컷으로 갈리며 진화를 거듭하다가, 드디어,

① 자연계의 모든 질을 고루(0) 갖추어, 자연계의 모든 걸 '고루(0) 느낄 수 있는 구조'를 갖춘, 소(小)자연계 유인원이 나타났다.

② 그 순간 이 유인원에게는 존재원칙과 움직임의 원칙에 의해,

③ 육체와 똑같은 질량과 구조의 '소(小)영계'(영체)가 생겼다.

왜냐하면,

1. 전체성(0)인 '大 우주 하느님'의 '스스로를 느끼기 위한 목적'은,
2. 같은 질이지만 상대적(分)인 '육체, 마음체, 영체를 갖춘 개체성 소(小)우주(인간)'가 있어야,
3. 그곳에 상대적(分)이지만 같은 질(0)이므로 인한 원칙이 흘러,
4. 인간 영핵의 느낌을, 영계핵인 하느님께서 동시에 그대로 느낄 수 있기 때문이다.
5. 그래서 인간에게 영체가 생기기 전까지 하느님은 아무것도 느낄 수 없었다.

🚹 : 예? 지구가 생긴 지 45억 년이고, 인간에게 영체가 생긴 게 유전자학으로 볼 때 길어야

수 십만 년 전인데, 어류, 파충류, 포유류가 지구 상에 차례로 등장했지만, 하느님은 아무것도 느낄 수 없었다는 거예요?

☼ : 그렇다. 인간을 제외한 모든 생물은 자연계의 모든 것을 '느낄 수 있는 구조'가 아니기에, **'소(小)영계'인 영체(핵)가 생길 수 없어, 하느님은 실체적으로 아무것도 느낄 수 없었다.**

🚹 : 와! 신기하다!

☼ : 그러니 너희가 얼마나 귀한 존재인지 알겠냐?

🚹 : 네.

☼ : 이렇게 유인원에게 '소(小)영계'인 영체(핵)가 생겨, 명실공히 小우주 인간이 되었으나, 그 후, 남성 정자와 여성 난자가 자궁에서 합한 순간이나, 또는 태어나는 순간 바로 영체가 생기는 것은 아니다. **왜냐하면, 갓난아이의 두뇌는 '모든 것을 느낄 수 있는 구조'로 '성장할 수 있는 여건'을 가지고 있을 뿐, 아직은 자연계의 모든 걸 느낄 수 없기 때문이다.** 이것은 과학적으로 입증되었으니, 갓난아기의 두뇌 세포는 3~4세까지 폭발적으로 성장하며, 만 4세가 돼야 거의 다 자란다. 물체의 윤곽이나 색깔을 보는 시력도 만 6세 정도가 돼야 1, 0이 나오고.

🚹 : 믿어지지 않네요? 동물이 마음체까지 있다는 것은 그렇다 해도, 갓난아이도 영체가 없고, 만 3~4세가 되어야 비로소 '소(小)영계' 영체가 생긴다니.

☼ : 자세한 것은 차차 나온다.

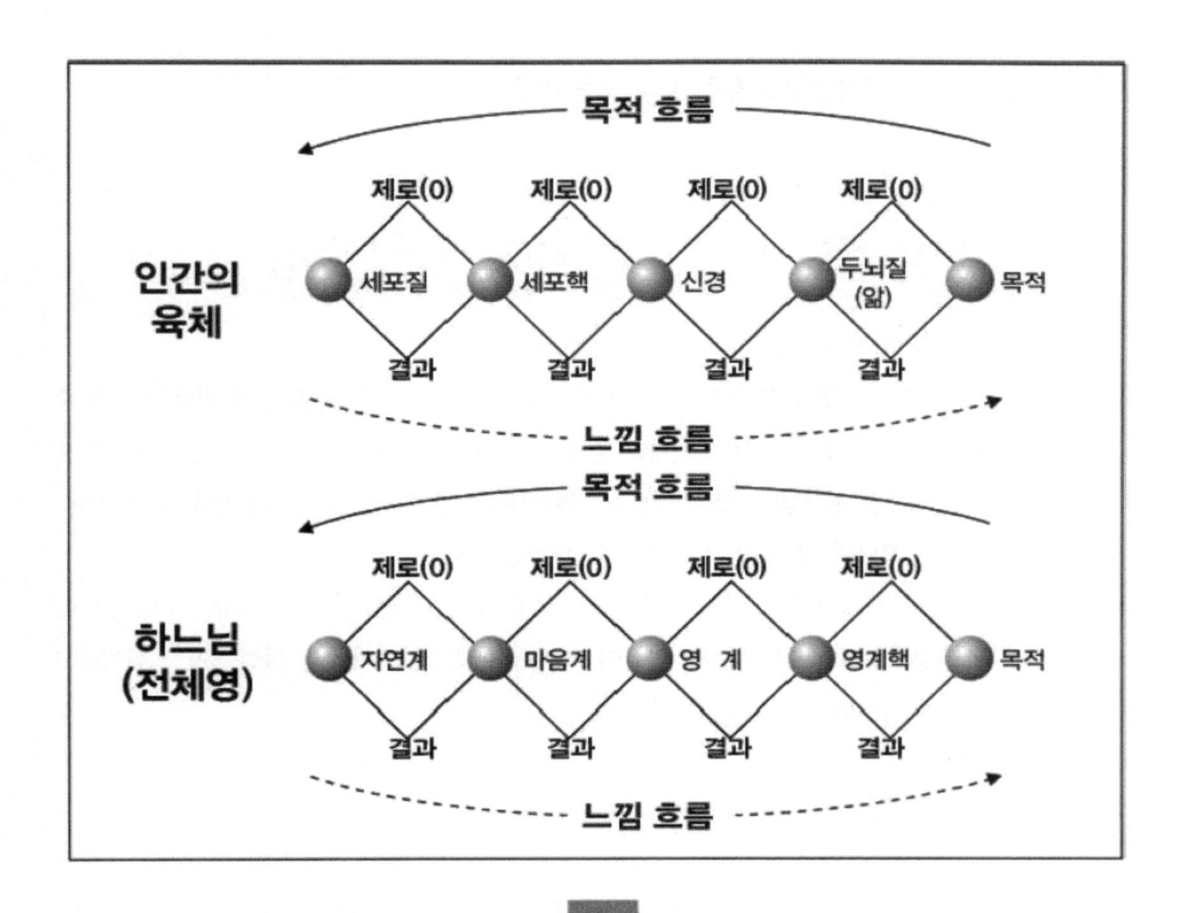

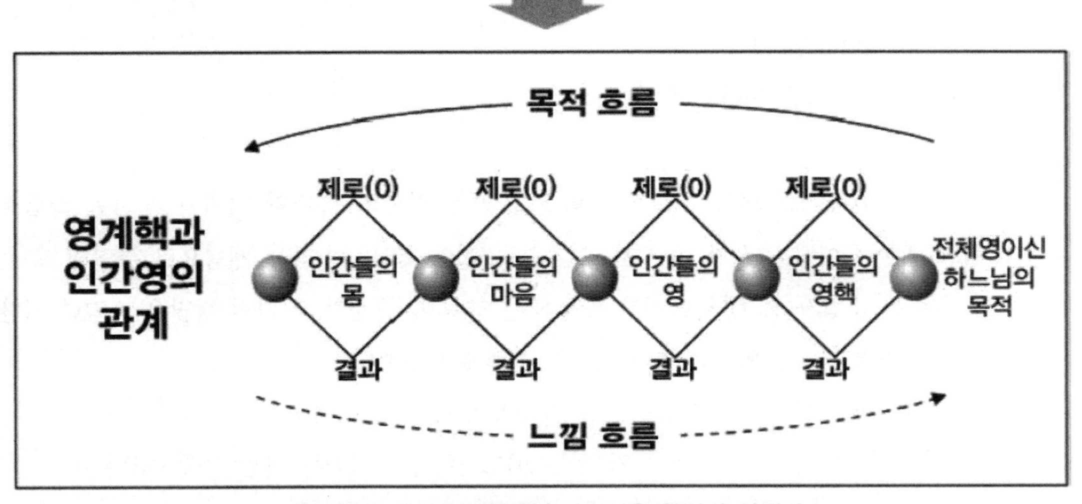

개체영인 인간과 전체영인 하느님은 완전히 일체다

☼ : 나왔냐?

🚹 : 네, 그런데 스스로를 느끼기 위해 우주를 창조하셨다고 했잖아요.

☼ : 그래.

🚹 : 다른 목적은 없으셨나요?

☼ : **너희는 과정적 존재인 개체구조여서 과정인 1, 2, 3, 4, 5, 6, 7, 8, 9 중에 원하는 것을 수시로 바꿔 체험할 수 있어 자유의지적 존재다. 하지만, 나는 과정(1, 2, 3, 4, 5, 6, 7, 8, 9)이 모두 포함된 전체성(0)으로 원인(0)과 결과(10)적 존재여서 선택이란 것이 아예 없다.**

🚹 : 아, 그렇군요. 그런데 왜 느끼기 위한 목적인가요?

☼ : 그건 내 체질이 二分法 正分合이고, 二分法 正分合은 상대적 존재끼리의 부딪침이고, 상대와 부딪치면 상대의 구조와 질량이 드러나는데, 그 드러남을 너희들이 느낌이라고 하니까, 느끼기위한 목적이 된 것이다.

🚹 : 그게 그렇군요,

☼ : 오늘의 이야기를 하자.

① 물질의 기초단위인 개체성 소립자와

② 인류사회의 기초단위인 개체성 인간에게 흐르는 원칙이 어떻게 똑같은지 살펴본다.

🚹 : 지난번에 살펴봤잖아요?

☼ : 그때 이야기와 다른 이야기다.

🚹 : 또 있어요?

☼ : 1949년 중간자 예측으로 노벨 물리학상을 받은 일본의 '유가와 히데끼' 박사는 **소립자(쿼크)로 이루어진 양성자, 중성자, 전자를 소령력(素領力)이라는 개념으로 통일해 보니, 이 우주는 소립자(쿼크)가 들어가 활동하는 양성자, 중성자, 전자의 수많은 소령력 집단이라며, 소립자(쿼크)와 소령력의 관계를 이렇게 설명했다.**

즉, 손님(쿼크)이 10호실의 여관방(소령력의 한 위치)에 들었을 때,

1. 여관 측에서는 그 손님이 누가 됐든 10호실의 손님이라는 사실이 중요하다.
2. 여관 측에서는 어느 방이 비고 어느 방이 차는 게 문제이기 때문이다. 사람이 분명히 실체이기는 해도 여관에 있어서 뜻을 갖는 것은 손님이 되어 여관방에 들어갔을 때 뿐이다.
3. 이런 소립자(쿼크)가 소령력에 들어가 있지 않으면 그 질량이나 전기량이 무한대로 나오고, 전하선회도 속성을 알 길이 없다.

4. 하지만 일단 소령력에 들어가면 소령력의 제한을 받으므로 그 정체 모를 소립자(쿼크)의 속성이 드러나고 무한대라는 어처구니없는 계산도 있을 수 없게 된다고 한다.

이 흐름을 인간사회와 비교해 보자.

1. 직장의 나는 직능을 메우기 위한 필요한 것에 지나지 않는다.
2. 그렇기에 내가 없으면 그곳에는 나와 같은 직능을 가진 다른 사람이 곧 그 자리를 메우게 된다.
3. 이런 나는 어느 직장에든 속하지 않으면 나의 속성이나 능력의 한계가 나타나지 않지만,
4. 어느 직장이든 들어가면 그 직장에서의 여러 가지 제한으로 나의 능력 한계가 나타난다.
5. **이렇게 인간이 사회를 이루며 반응하는 모든 흐름이 正, 分, 合 원칙에 의해 당연하듯이, 불확실하다는 소립자의 움직임도 당연히 正, 分, 合 원칙에 의해 움직인다. 다만, 소립자의 세계가 너무 미시(微視)이기에 과학자들이 확인할 수 없을 뿐이다. 이것이 곧, 미시(微視) 세계와 거시(巨視) 세계가 正分合이라는 하나의 원칙으로 흐르고 있음을 입증하는 '대 통일장이론'의 해답이다.**

🚶 : 호오, 그러면 대 통일장이론과 양자의 '불확정성 이론'이 한꺼번에 풀렸네요.

☼ : 그리고,

① 개개의 모든 사람들이 종교, 문화, 과학, 정치, 경제의 모든 성향을 갖고 있지만, 어느 한 구성체에서 활동할 때는 그 구성체에서 필요한 앎과 능력만이 나타나고, 또 상황에 따라 다른 구성체로 옮기면 옮긴 곳에서 필요한 앎과 능력만이 나타나듯이,

② 소립자 역시 질량 차이는 있지만, 자연계의 16가지 질을 모두 갖고 있고, 상황에 따라 소립자(쿼크)가 속한 구성체를 언제든 바꿀 수 있으며, 바꾸면 바꾼 구성체에서 필요한 질량만이 나타난다.

즉, **너희가 어디에 소속되지 않으면 존재가 드러나지 않듯이, 소립자 역시 소령력에 속하지 않으면 제한받지 않아 존재가 드러나지 않기에 90%의 암흑물질로 존재할 뿐, 아주 사라지는 게 아니다. 그러다가 다시 같은 질끼리 같은 목적으로 움직이면(프레임 구성=소령력) 그에 걸맞은 질량과 구조가 드러나 존재를 드러내고의 반복~~.**

1. **無限(0)한 神은 無限(0)한 체질 하나와 無限(0)한 전체성(0)구조와 有限한 개체성 구조 두 가지를 갖고 있고,**
2. **상대적(0)으로 有限한 소립자는 개체성 구조 하나와 질량 차이로 인한 개체성 체질과 모두가 하나인 無限한 전체성(0) 체질(끈 이론) 두 가지를 갖고 있다.**

그렇듯이,

3. **소립자와 마찬가지로 有限한 너희 영혼 역시 개체구조 하나와 질량 차이로 인한 개체**

성 체질과 모두가 하나인 無限한 神과 하나 된 전체성(0) 체질, 두 가지를 갖고 있다.

4. **그 결과 神이 스스로를 느끼기 위한 목적(팽창력)을 일으킨 순간, 각 소립자는 구조는 하나이지만, 체질은 神으로서의 전체성(0) 체질(끈 이론)과 개체구조와 질량에 따른 체질로 인한 두 가지 흐름을 일으키며, 우주는 영원히 변화하며 존재한다.**

*참 고

현재 물리학계에서 아직도 풀지 못했다는 大통일장 이론은 이것입니다. 자연계의 모든 물질을 보니 단 하나의 원칙에 의해 변화가 일어나고 있는데, 微視世界인 양자 단계로 내려가면 巨視세계의 물질원칙이 통하지 않고 입자들의 움직임이 제멋대로여서 전혀 예측할 수 없다는 것입니다. 이것이 곧 양자의 불확정설입니다. 분명히 거시세계와 미시세계는 연결되어 있을 텐데, 미시세계는 거시세계의 원칙과 다르게 움직이는 것 같다는 것이지요. 그래서 미시세계와 거시세계를 하나로 통일할 수 있는 이론을 찾고 있으니, 그것이 곧 大통일장 이론입니다. 이에 대하여는 이미 1949년 노벨상을 받은 유가와 박사의 소령력 이론으로 소립자의 속성이 드러났고, 正分合에서 물질의 기초단위인 소립자와 인간사회의 기초단위인 인간의 속성을 설명한 것에서 두 기초단위의 흐름이 正分合이라는 하나의 같은 원칙에 의해 흐르고 있음을 입증했기에 大통일장 이론은 설명된 것입니다.

---

† 이십팔 일째 날: 부족한 아이

🚹 : 저 나왔어요.

☼ : 나도 왔다.

🚹 : 우리 옆집에 좀 부족해 보이는 15세 정도의 아이가 있어요. 그런데 제가 보기에 그 아이가 지능이 많이 떨어져 보여요. 언젠가 아이 부모가 병원에 데려가 검사했더니 지능이 7~8세 수준이라고 하더래요. 그 아이도 영혼이 있겠지요?

☼ : 문제는 육체의 두뇌(핵)다. 그 아이의 두뇌 질이 '자연계의 모든 것을 고루(0) 느낄 수 있는 구조가 되어 있나?'이다.

🚹 : 육체의 두뇌라고요?

☼ : 유인원을 거친 인간 육체 진화의 핵심은 핵인 두뇌질의 진화다.

🚹 : 그래요?

☼ : 저능아의 원인이 두뇌질의 미성숙이며, 그래서 '느낄 수 있는 구조'에 문제가 있다면 그 아이에게는 영혼이 생기지 않는다.

🚹 : 아이구, 저런? 그럼 어떻게 해요?

☼ : 이럴 수는 있다. 만 3~4세 미만의 아이가 죽어 영혼이 없는데, 아이 부모가 죽은 후 마음계나 영계에서 그 아이를 잊지 못하면, 그곳은 염(念)의 세계이기에 그 부모가 익숙하게 생각하는 형태로 아이가 나타난다. 그러나 그 아이는 3위1체 의식체(意識體)가 아니기에 핵(核)인 앎이 없어 스스로의 움직임이 없다. 그 부모의 익숙한 염(念) 변화에 따라 형태가 움직일 뿐.

🚹 : 아! 그런 수가 있어요?

☼ : 오랜 세월 지나 아이가 3위1체 의식체(意識體)가 아니어서 스스로의 움직임이 아닌 자기 생각임을 부모가 알거나, 그 아이에 대한 느낌을 충분히 느껴 미련이 없어지면 그 아이의 형체는 사라진다. 물론 이것은 키우던 동물에 미련이 있는 경우 역시 마찬가지이다.

🚹 : 말은 되는데, 참 냉정하네요.

☼ : 이런 경우도 있다. 동물이 똑똑하거나 오래 살아 두뇌에 기록된 앎이 많아 목적력이 강해졌을 때나, 또는 동물이 죽는 순간 어떤 이유로 념(念)이 강하게 형성되면, 예를 들어 개를 때려죽이면 개는 너무 아파하며 죽지 않으려 애쓰게 되고, 그 애씀은 에너지(念力)가 되어 움직임의 원칙 1, 2, 3에 의해 관련 인간에게 영향을 미칠 수 있다.

🚹 : 그래요? 그래서 옛말에 동물도 오래 키우면 좋지 않고, 개고기 먹으면 재수 없다고 하는군요.

☼ : 옛말은 경험에 의한 것이기에 이유가 있다. 너희 나라는 개를 때려잡으면 흥분한 개의 몸에 아드레날린이 분비돼 쫄깃해서 맛있다고 몽둥이로 때려잡았다.

🚹 : 아이구, 저런! 마음계는 동물 마음체가 버글버글하겠네요?

☼ : 동물 마음체는 핵이 아니기에 다른 에너지와 부딪치면 흩어지니까 염려할 게 없다.

🚹 : 알고 보니 참 희한하네요.

☼ : 이왕 말이 났으니 한 가지 더 이야기하자.

🚹 : 네.

☼ : 두뇌질이 충분히 발달해 영혼이 형성되었으나, 눈이 먼 장님이나, 손이나 발이 없어 불편한 사람들의 경우다.

🚹 : 그 사람들은 어떻게 돼요? 그 사람들은 영혼도 불구인가요?

☼ : 그 사람들이 자연계에서는 육체가 불구였으나, '느낄 수 있는 구조'의 두뇌에는 문제가 없어 영혼이 생겼기에, 저승에서는 원하면 복구된다. 그러나 저승에서는 앎의 질량이 문제일 뿐 그런 건 관계없다.

† 이십구 일째 날: 동물과 식물이 갈린 이유

🧍 : 와 계세요?

☼ : 그래, 약간 늦었구나.

🧍 : 온 지는 40분 됐는데 컴퓨터에 에러가 났어요.

☼ : 시작하자. 인간의 육체는 남성 호르몬과 여성 호르몬이 동시에 분비되고 있기에, 사춘기 이전에는 남녀의 구별이 별로 없다가 사춘기가 되며 생식기가 성장해 호르몬이 생산되면 육체는 상대적(分)이지만 같은 질인 생식기 호르몬의 영향을 받아 남자나 여자로 체질이 갈리며 성장한다.

🧍 : 그건 누구나 다 알아요.

☼ : 그 다음이다.

🧍 : 그 다음에 뭐가 있어요?

☼ : **여성은 육체 성장을 목적한 흐름도 약하고 유연하여, 작은 체격과 조기 성장을 가져오고, 상대적(分)인 남성은 강하고 거세기에, 큰 체격과 만기 성장을 가져온다.**

🧍 : 아, 그래서 남자가 여자보다 늦게까지 자라고 체격이 큰 거예요?

☼ : 그래, **그러나 남성은 체질이 강하고 거세기에, 모든 기관이 빨리 쇠퇴하여 수명도 여자보다 짧다.** 누가 쫓아오지도 않는데 기질적으로 워낙 급하게 서두르다 보니 죽는 것도 서두르는 거다.

🧍 : 그래서 평균수명도 남자가 여자보다 짧군요?

☼ : 그 뿐이냐? 강하고 거세게 몹씨 설치니까, 수정 비율도 남140 : 여100이다.

그런데 그만 너무 서둘다 보니 그만큼 완성도가 낮아, 임신 중 남아의 유산이 많아 출생 비율이 남106 : 여100이고, 서둘다 보니 불량품이 많아, 출생 후에도 사망률이 높아 결국 생존률은 남100 : 여100이다. 서둘러 봤자 소문만 요란했지 실속이 없다.

🧍 : 서두르거나, 천천히 가거나 그게 그거군요.

☼ : 그러니까 正, 分, 合 원칙이 얼마나 공평하냐!

🧍 : 손 들었습니다.

☼ : 이제 생명체의 진화 원인과 암컷, 수컷의 기질까지 충분히 설명됐지?

🧍 : 네.

*참 고

거세한 환관, 동시대 양반보다 14년 이상 장수
수명 단축하는 남성호르몬 억제, 109세 장수한 환관도 확인

2012년 9월 27일 자 뉴스 (서울=연합뉴스) 이주연 기자

최근 성범죄 근절을 위한 '거세(去勢)'가 논란이 된 가운데 거세를 통해 남성 호르몬 분비를 억제하면 최소 14년 이상 오래 살 수도 있다는 연구 결과가 나와 주목된다. 인하대 기초의과학부 민경진 교수와 고려대 생명공학부 이철구 교수팀은 조선 시대 환관(궁중에서 사역하는 거세된 남자)들의 족보인 『양세계보』를 분석해 환관들이 같은 시대 양반들에 비해 최소 14년 이상 오래 살았다는 사실을 규명했다고 24일 밝혔다.

남성의 평균 수명은 여성에 비해 약 10% 짧은데, 이는 사람뿐만 아니라 모든 포유류에서 공통적으로 나타나는 현상이다. 그 원인으로 여러 가설이 제시되고 있으며, 대표적인 게 남성 호르몬 분비다. 남성호르몬은 심장질환의 발생 위험을 높이고 면역기능을 약화시키는 것으로 알려져 있다. 그동안 남성호르몬의 분비를 억제하는 거세가 동물의 수명을 연장한다는 사실은 과학적으로 증명됐지만, 사람에서는 어떤 영향을 미치는지 판단하기 어려웠다.

지금까지의 두 연구는 결과가 상반된다. 한 연구팀은 1900년대 초반 미국의 정신병원에서 환자 관리를 위해 일부 환자를 거세했는데 거세한 환자가 거세하지 않은 환자보다 평균 수명이 13년 길어졌다고 보고했다. 반면 또 다른 연구팀은 소프라노의 목소리를 낼 수 있도록 변성기 이전에 거세한 가수의 수명이 거세하지 않은 다른 가수들과 별 차이가 없었다는 연구 결과를 내놨다.

이번 연구팀은 조선 시대 환관들이 생식기관이 불완전한 남자를 입양해 대를 잇고 이를 족보로 기록한 양세계보를 분석했다. 16세기 중반부터 19세기 중반까지 81명의 환관을 조사한 결과, 평균 수명은 70세로 당시 51~56세를 살았던 양반들에 비해 최소 14년 이상 오래 살았다. 심지어 이들 중 3명은 그 당시 100세, 101세, 109세까지 장수한 것으로 확인됐다. 민경진 교수는 "중국 등 여러 문화권에서 환관이 존재했지만 입양을 통해 대를 잇고 이를 족보로 기록한 것은 우리나라가 유일했기에 가능한 연구였다."라며 "추가 연구를 통해 남성호르몬 차단한 항노화제 개발이 가능할 것으로 기대한다."라고 말했다.

이 연구성과는 교과부와 한국연구재단의 지원으로 수행됐으며 생명과학 분야의 권위 있는 학술지인 『현대생물학(Current Biology, 피인용지수 9.647)』에 이날 소개됐다.

☼ : 생명체에는,

① 스스로의 움직임이 있는 동물과

② 스스로의 움직임이 없는 식물이 있다.

🚶 : 그렇지요.

☼ : 이렇게 생명체가 스스로의 움직임이 있는 동물과 스스로의 움직임이 없는 식물로 갈리게 된 것은, 원자가 합해 분자가 되며 생명체가 될 때, 소립자(쿼크)의 16가지 질 중 목적

력(방향성)이 흐르는 핵 구조 비중이 구성체보다 무거운 것은, 스스로의 움직임이 가능해 동물로 진화했고, 핵 구조 비중이 구성체보다 가벼운 것은 스스로의 움직임이 불가능해 식물로 진화했다. 이것도 생물 초기엔 그 차이가 미미하기에 동물과 식물 차이가 별로 없었지만, 차차 진화하며, 비중 차이가 커져 명확히 갈라지게 되었다.

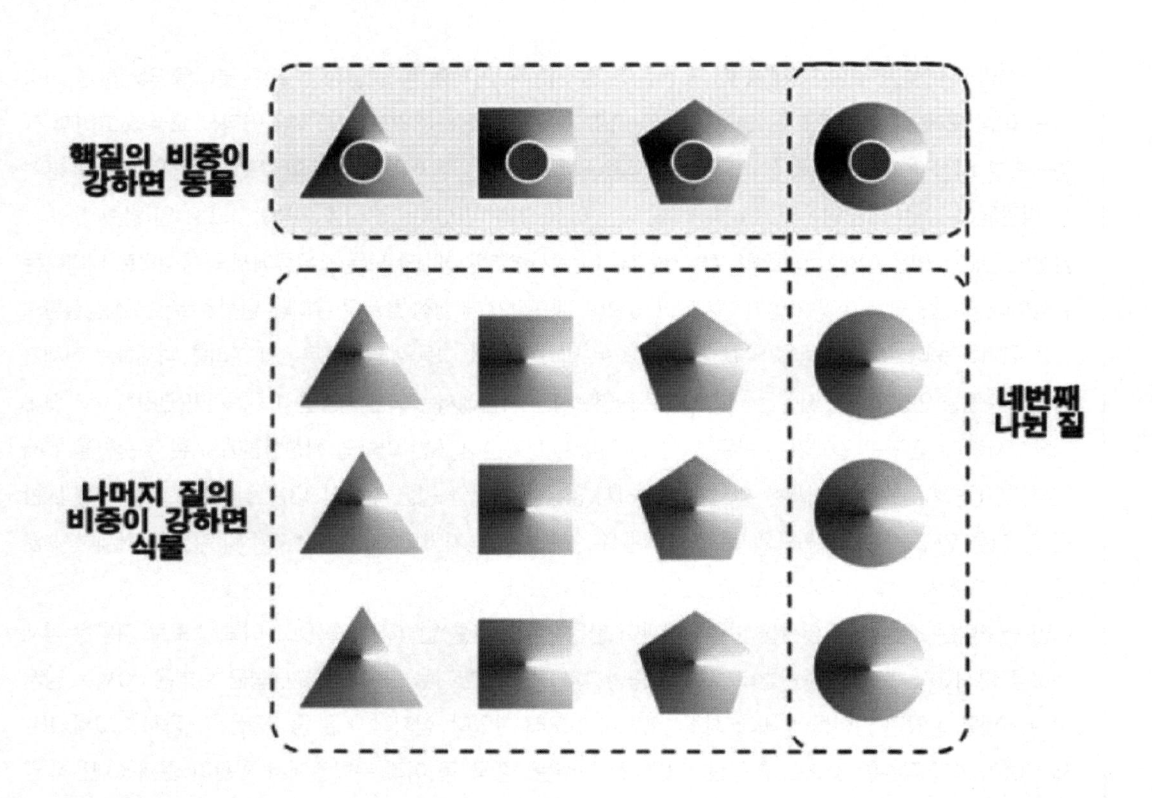

🚹 : 식물과 동물이 갈린 이유가 이거예요?

☼ : 그럼.

🚹 : 너무 허무하네요.

☼ : 그래? 그럼 서비스 하나 할까! 이제까지 이야기를 들어 알겠지만, **이 우주엔 무한(無限=0)한 우주 자체로써 전체성(0)이신 하나님(영계핵) 한 분과, 그 하나님의 '느끼기 위한 목적'에 따라 正, 分, 合에 의해 개체구조로 분화한 인간 영 외에는, 그 어떤 영(靈)도 없다. 그러므로 천사나 악마가 따로 있는 게 아니라, 인간이 선(善)한 생각과 행동을 하면 천사이고, 인간이 악(惡)한 생각과 행동을 하면 악마다.**

🚹 : 그러네요.

☼ : 그렇기에 선인(善人)과 악인(惡人)이 따로 있는 게 아니고, 너희들이 선한 생각과 행동을

할 때는 천사이고, 악한 생각과 행동을 할 때는 악마다.

† 삼십 일째 날: 장미꽃 향기

☼ : 너희 의식(意識)은 앎이기에, 앎이 바뀌면 의식(意識)이 바뀌어 너희는 당장 바뀐 체험을 하게 된다.

🚹 : 아? 앎이 의식(意識)이에요?

☼ : **신나이 신도 『신과 나눈 이야기』 3권 279p에서, "너희는 신성한 二分法을 철저히 이해해야 한다."라며 앎의 중요성을 말하고 있다.** 왜냐하면, 너희가 二分法 正, 分, 合을 철저히 이해하면, 너희 의식(意識)이 모(矛)와 순(盾)이 하나인 하느님과 같은 질인 제로(0)에 머물게 돼, 너희는 저절로 하느님과 하나(合一) 된 은혜로운 삶을 체험하기 때문이다.

🚹 : 아, 그래요?

☼ : **① 너희가 모와 순이 하나인 二分法 正, 分, 合을 이해하는 것은 二分法인 正, 分, 合으로 흐르는 우주를 아는 것이고,**

② 그것은 하느님의 창조 목적과 과정을 이해하는 것이기에, '이해한 만큼' 너희 의식(意識)은 하느님(神)과 하나 되어 과정과 결과 역시 하느님과 하나 된 제로(0)를 자동적으로(저절로) 체험하게 된다. 즉 장미꽃이 만개하면 꽃향기가 나는 게 당연하듯이. 너희는 닥쳐온 상황마다. 저절로 전체성(0)으로 반응해 너희는 할 일(잔머리 굴릴 일)이 없어진다. 그래서 신나이 신도 "그때가 되면 너희는 할 일이 없다."고 한 것이다.

🚹 : 알아듣겠네요.

☼ : 내일은 正, 分, 合 원칙으로 흐르는 마음계, 영계, 영계핵에 대해 설명하려 한다.

🚹 : 네에, 기대가 됩니다.

☼ : 이제까지 正, 分, 合 원칙으로 자연계의 모든 것이 어떻게 흘러왔는지 설명했으니, 똑같은 二分法 正, 分, 合으로 마음계, 영계, 영계핵(하느님)이 어떻게 흐르는지.

🚹 : 그러니까 저승도 똑같이 二分法 正, 分, 合 원칙이 흐르고 있다는 거네요?

☼ : 그럼, 원칙이 하나뿐인데, 저승이라고 二分法 正, 分, 合을 벗어날 수 있겠냐?

† 삼십일 일째 날: 외계인의 정체

🧍 : 나오셨어요?

☼ : 어, 나왔다.

🧍 : 얼마 전 서울 상공에 UFO가 나타났다고 떠들썩했는데요. 외계인이 진짜 있어요?

☼ : 있지.

🧍 : 그럼, 외계인들이 우주선 타고 지구로 오는 게 사실이에요?

☼ : 그렇다. 그러나 그들은 너희들의 수준에 맞춰 오고 있다.

🧍 : 네? 우리들의 수준에 맞춰 오고 있다고요?

☼ : 중요한 건 너희들의 관점이다.

🧍 : 우리들의 관점이요?

☼ : 외계인에 대한 설명은 저승에 관한 대화를 하고 자연스레 하려던 것이었는데 어쩔 수 없구나. 지금의 너희들은 正, 分, 合 원칙을 몰라(無知) 눈에 보이는 자연계의 관점으로 모든 것을 이해하고 있다. 그 결과 외계인이라는 관점도 당연히 자연계의 행성에 국한해서 이해하려 한다.

🧍 : 네? 그렇지 않다는 겁니까?

☼ : 그래서 외계에서 오는 인간영들은 너희들의 수준에 맞춰 자연계의 실물형태로 너희에게 접근할 수밖에 없다. 그래야만 너희 말고도 다른 세상이 있다는 것을 이해할 테니까.

🧍 : 그럼? 자연계 말고 또 다른 세상이 있어요?

☼ : 우주에는 자연계만이 아니라 마음계, 영계, 영계핵이 있다고 했잖냐!

🧍 : 예? 그럼, 외계인들이 오는 곳이 자연계 행성이 아니라는 겁니까?

☼ : 그래.

🧍 : 예?

☼ : 외계인들은 영계핵까지 도달하여, 자연계에 자신의 육체를 마음대로 드러내고 해체할 수 있는 영들이다.

🧍 : 그러면 왜 자연계 행성에서 오는 것처럼 해요?

☼ : 말했잖냐? 너희들의 의식 수준이 자연계를 넘지 못해 너희들 수준에 맞춰 나타난다고.

🧍 : 그런 거예요?

☼ : 그래서 신나이 신도 너희들을 유치원도 아닌 영아원 수준이라고 한 거다. 너희들의 현주소를 말한 거지.

🚶 : 그러니까 문제는 우리들의 의식 수준이네요?

☼ : 그러니까 너희들은 자연계에 초점을 맞추지 말고 우주의 삶에 초점을 맞춰 살아야 한다.

🚶 : 믿기지 않아요? 지구에 출몰하는 외계인이 자연계의 존재가 아니고, 영계핵에 있는 인간 영들이라니?

☼ : 그거 봐라, 그래서 저승에 대한 설명을 먼저 하고 나중에 이야기하려 했는데, 이미 뱉었으니 네가 이해하든 말든 네 몫이다.

🚶 : 글쎄요.

☼ : 참! 너 『신과 나눈 이야기』 읽어봤다고 했지?

🚶 : 네, 왜요?

☼ : 거기에도 있던데.

🚶 : 네? 거기에도 있어요?

☼ : 그래, 『신과 나눈 이야기』 2권 387p~394p를 봐라.

닐: 부처와 크리슈나와 예수가 우주인이란 말씀입니까?

신나이 신: 그렇게 말한 건 너다. 내가 아니다.

닐: 사실입니까?

신나이 신: 네가 이런 이야기를 들은 게 이번이 처음이냐?

닐: 아니요. 하지만, 진짜로 그렇습니까?

신나이 신: 너는 이 선각자들이 지구로 오기 전에 어딘가에 존재하다가 소위 그들의 죽음 이후에 그곳으로 돌아갔다고 믿느냐?

닐: 예, 그렇습니다.

신나이 신: 그렇다면, 너는 그곳이 어디라고 생각하느냐?

닐: 저는 지금껏 그곳이 우리가 '천국'으로 부르는 곳이라고 생각해왔습니다. 저는 그들이 천국에서 왔다고 생각했지요.

신나이 신: 그렇다면 너는 이 천국이 어디에 있다고 생각하느냐?

닐: 모르겠습니다. 아마도 다른 영역에 있겠죠.

신나이 신: 다른 세상?

닐: 예! 아, 알겠습니다. 하지만 저라면 그것을 영적 세계라고 불렀을 겁니다. 우리가 아는 식의 다른 세상, 다른 행성이 아니라요.

신나이 신: 그것은 영적 세계이다. 하지만 무엇 때문에 너는 그 영혼들, 그 성령들이 우

주의 다른 어딘가에는 살 수 없거나 살려 하지 않으리라고 생각하느냐? 그들이 너희 세상에 왔을 때 그랬듯이 말이다.

🚹 : 『신과 나눈 이야기』 2권에 이런 대화가 있었나요?

☼ : 그래, 글자 하나 바꾸지 않았다.

🚹 : 그런데 왜 저는 읽은 기억이 안 나지요?

☼ : 그건 네가 이 책을 읽을 때 너에게 앎이 있던 것만 正, 分, 合 원칙이 흘러 인식되었기 때문이다.

🚹 : 그런 거예요?

☼ : 그럼, 왜 네가 이 구절을 기억 못 하겠냐? 二分法 正分合은,

① 아는 만큼(正) 보이고,

② 보이는 만큼(分) 느끼고,

③ 느끼는 만큼(合) 체험하여 앎이 성장한다고 했잖냐!

신과 나눈 이야기에 이 내용이 있는데도,

① 너에게 같은 질의 앎이 없으면(正)

② 보이지 않아 느끼지 못해(分)

③ 체험되지 않아(合=앎이 없어) 기억 못 하는 것이다.

너희는 생활 속에서도,

① 생선 좋아하는 사람이 시장에 가면, '생선과 正, 分, 合 흐름이 일어나', 생선가게만 보이며 기억나고,

② 고기 좋아하는 사람이 시장에 가면, '고기와 正, 分, 合 흐름이 일어나', 정육점만 보이고 기억나는 거다.

③ 물론, 아이들은 과자가게와 正, 分, 合 흐름이 일어나 과자가게만 보이고 기억나겠지!

🚹 : 그런 거예요?

☼ : 正, 分, 合 원칙에 의해 당연한 거다. 그런데 신나이 신과 닐의 대화를 잘 봐라, 신나이 신의 돋보이는 지혜가 나타난다.

🚹 : 어디서요?

☼ : 이 대화를 보면 이제까지와 달리 신나이 신은 계속 질문하고, 닐이 계속 답변하다가 결론을 닐이 내린다.

🚹 : 그러네요?

☼ : 사실, 외계인이 저승의 인간영들이라는 게 너희들은 참으로 이해하기 어렵다. 왜냐하면, 너희들의 관점은 자연계에 매어 있고, 자연계 행성인으로 나타나는 외계인이 저승의 인간영이라니 믿어지겠냐?

🚹 : 그러니까요. 저승에 대해 알 수 없는 우리로서는 관점이 자연계에 있을 수밖에요. 그런데 신나이 신도 외계인이 성령이라고 했네요?

☼ : 외계인이 성령이라는 것은 내일 설명해주겠다. 그렇기에 너희들은 자연계만의 관점을 벗어나 저승에 대해서도 자세히 알아야 하는 것이다.

🚹 : 그러니까 저승에 관해 자세히 알려주세요,

☼ : 걱정 마라. 저승에 대해 확실하게 알려 줄 테니, 그건 그렇고, 아까 신나이 신이 질문하고 닐이 답변하는 식으로 대화를 이끌어 간 신나이 신의 지혜가 돋보인다고 했지?

🚹 : 네.

☼ : 그게 왜 그랬냐 하면, 만약에 대화 방법을 바꿔 닐이 질문하고 신나이 신이 답변하면서 외계인이 성령이라고 했어 봐라. 그러면 분명히 닐은 고개를 갸우뚱하고 받아들이기 힘들었을 거다. 그러나 신나이 신이 질문하고, 닐이 답변했기에 결국 닐은 그 문제에 대해 스스로 생각하게 되었고. 그 결과, 외계인이 저승의 성령임을 스스로 결론 내렸기에, 결국 스스로 받아들이게 된 것이다. 이만하면 신나이 신의 지혜가 대단하지 않냐?

🚹 : 그러네요.

☼ : 이 문제가 너희들이 받아들이기 얼마나 어려우면, 신나이 신이 이런 방법을 썼겠냐? 그 고민을 너희는 소홀히 넘기지 말아야 한다.

🚹 : 알았어요. 받아들이기 어렵다는 걸 알 것 같네요.

☼ : 내일은 외계인이 왜 성령인지? 밝혀본다.

🚹 : 그게 가능해요?

☼ : 내일 들어봐라.

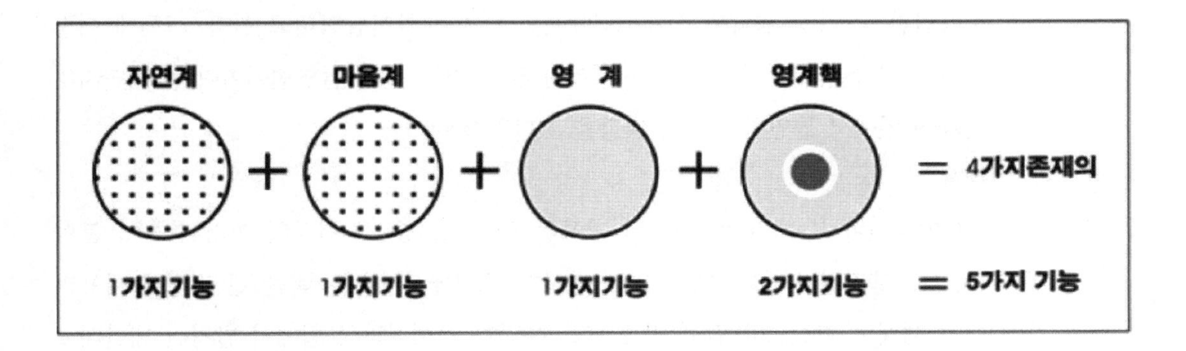

† 삼십이 일째 날: 인간은 어디서 왔을까?

🚹 : 오늘은 외계인에 대한 거라고 하셨지요?

☼ : 그랬는데 먼저 인간이 지구에서 진화한 증거를 과학적으로 살펴보자.

🚹 : 그럴 필요 있겠어요?

☼ : 근래 유전자(DNA)학이 발달하며 찾아낸 인류의 진화과정을 보면, 초기 유인원에서 1,200만 년 전~1,600만 년 전에 오랑우탄이 갈려 나갔고, 600~800만 년 전에 고릴라와 인류의 선조인 호미나인이 갈렸으며, 그 호미나인이 다시 500~600만 년 전에 침팬지와 인간으로 갈렸다. 그리고 침팬지에서 200~300만 년 전에 인간과 가장 유사한 피그미 침팬지 '버너본'이 나타났고.

🚹 : 지금 유전자학계에서 발표한 것을 그대로 이야기하시는 거예요?

☼ : 그래. 인류가 지구에서 진화해온 것을 현재 유전자학에서 어떻게 찾아내고 있는지 총괄적으로 알려주는 거다.

🚹 : 그건, 이미 우리가 다 알고 있는 거 아니에요?

☼ : 지금 내가 이야기하는 것 중에 네가 알고 있는 게 있다는 거지?

🚹 : 네, 조금씩요.

☼ : 그렇게 조금씩 아니까 외계인에 대해서 헷갈리는 거다. 다시는 헷갈리지 않게 확실히 이해해야 한다. 인간이 다른 종과 다른 것은 입천장이 동굴같이 넓어 혀를 자유자재로 놀릴 수 있고, 또 성도(聲道)가 길어 다양한 소리를 낼 수 있어 다양한 의사소통을 할 수 있다는 것이고, 다양한 의사소통은 사냥할 때 협동으로 이어져 동물을 쉽게 잡아 종족의 생존을 높였으며, 다시 언어 발달로 이어져 뇌의 발달을 촉진했다고 한다. 그 결과 인간은 유인원 중 가장 열악한 신체조건에서도 끝까지 살아남았다고 한다. 그런데 이렇게 인간의 입천장이 넓어지고 성도가 길어진 것은 어느 날의 돌연변이이며, 이제까지의 생물 진화에 있어서 돌연변이는 큰 역할을 했다고 한다.

🚹 : 아, 그래요?

☼ : 현재까지 밝혀진바, 수백만 년 전부터 아프리카에서 24종(種) 이상의 여러 인종이 분화했으며, 그중 북경원인과 자바원인으로 진화한 호모에렉투스는 백만 년 전경에 아프리카에서 전 세계로 퍼졌으나 결국 멸종했고, 유전자 검색결과 유럽에서 발견된 네안데르

탈인과 현생인류는 약 50만 년 전의 호모하이델베르크에서 30~40만 년 전에 갈렸고, 母係로만 유전되는 '미도콘트리아'를 역추적해 보니, 지금의 인류는 약 15만 년 전의 한 어머니와, 父係로만 유전되는 성염색체를 역추적해 보니, 약 8만 년 전의 한 아버지 후손이라고 한다.

지금의 인류도 아프리카의 환경변화로(14만 년 전의 가뭄과 7만 년 전의 화산폭발 등) 생존환경이 열악해, 유전자 병목현상을 추적해 밝혀진바 약 7만 년 전에는 인류의 총 수(數)가 약 600~2,000여 명까지 줄어든 때도 있었다 한다.

🧍 : 큰일 날 뻔했네요. 세계적 멸종 보호종인 오랑우탄도 약 2~3만 마리라는데.

☼ : 걱정 말아라. 그 모든 것이 완전히 정해진 과정이니까.

🧍 : 우주의 모든 흐름이 완전히 정해졌다고요? 그게 저는 납득이 안 돼요.

☼ : 그래? 지금은 이야기의 맥이 끊어지니까 안되고 때가 되면 확실히 알려주겠다.

🧍 : 알았어요.

☼ : 전 세계인의 유전자를 검토해보니, 아프리카 사하라 사막 남부 콩고 해안의 음부티 피그미족과 보츠와나의 코시안 부시맨족이 현생인류의 가장 오래된 종족이라 한다.

유전자 외에도 그들의 얼굴에는 현생 백인과 황인과 흑인의 얼굴 특색이 모두 들어 있으며, 그들은 약 7만 년 전에 아프리카를 벗어나 중동지역을 거쳐 아시아의 남쪽을 따라 이주해 오세아니아로는 약 4만 년 전에 건너갔다고 한다.

🧍 : 네에.

☼ : 지구 상에서 인류가 진화했다는 결정적 증거 또 하나, 정자와 난자가 자궁에 착상되어 세포 분열하는 모습은 원시생명체의 세포분열과 똑같고, 이어서 태내에서 출산까지의 성장 과정이 진화과정을 밟는 생물들과 똑같다고 한다. 즉 처음엔, 물고기가 수정된 모습이나, 병아리가 수정된 모습이나, 송아지가 수정된 모습이나, 인간이 수정된 모습이나 똑같다가 임신 기간이 흘러 성장하며 차츰 달라져 해산 때가 가까워질수록 각각의 제 모습이 나타난다고 한다. 즉 인간이 태내에서 10달 동안 자라는 과정의 모습은 지구 상에서 세균으로 시작하여 인간으로 진화해온 전 과정을 280여 일로 축소해 그대로 답습하는 것이고, 다른 생물들 역시 태내에서 진화과정을 그대로 압축해 답습한다고 한다.

🧍 : 와! '꼼짝 마'군요.

☼ : 한 번 더 쥐어박아 줄까? 아주 하등생물인 초파리도 인간과 60% 이상의 유전자를 공유하고 있으며, 한국, 일본, 독일, 중국, 대만 등 8개 기관에서 공동 발표한 바, 사람과 침팬지의 DNA는 98.31%가 같다고 한다.

🧍 : 와! 완전히 '꼼짝 마!'입니다.

☼ : 하나 더 할까?

🧍 : 네? 뭐가 또 있어요?

☼ : 세계적 소아과 의사인 미국의 '하비카프' 박사가 쓴 『엄마 나는 아직 침팬지예요』라는 책을 보면, 생후 만 4년인 48개월까지의 유아는 아직 '사람'이 아니라고 했다. 지금까지 우리는 유아를 '아직 어른이 안 된 작은 아이'로 간주해왔지만, 그것은 '매우 심각한 착각'이라는 거다. 박사는 아이가 태어나 만 4세가 되기까지는 인류가 500만 년에 걸쳐 진화한 것과 똑같은 진화 단계를 거친다면서,

① 생후 12개월이 되어야 비로소 침팬지 단계로 접어들어 18개월까지 이어지고,

② 18개월에서 24개월까지는 네안데르탈인,

③ 24개월에서 36개월까지는 동굴 원시인,

④ 36개월에서 48개월까지는 최초의 정착민 단계로 차츰 진화했다고 밝혔다.

🧍 : '꼼짝 마.'가 또 있었군요.

☼ : 하나 더, 말과 당나귀 염색체를 뒤섞으면 뭐가 되게?

🧍 : 노새가 나온다면서요?

☼ : 그래, 노새가 나오지. 그런데 노새 후손 봤냐?

🧍 : 노새가 없던데요?

☼ : 노새는 후손을 못 낳거든.

🧍 : 예? 노새는 후손을 못 낳아요?

☼ : 그래, 후손을 못 낳지.

🧍 : 그런데 왜? 노새가 생겨요?

☼ : 그건 이유가 있다. 당나귀는 잔머리를 굴리지만 지구력이 좋고, 말은 잔머리도 안 굴리고 체격도 커서 힘이 세지만 지구력이 약해, 사람들이 당나귀의 지구력과 말의 큰 체격과 힘을 함께 쓰려고 섞은 게 노새란다.

🧍 : 그랬군요. 그런데 왜 노새 이야기를 해요?

☼ : 왜냐하면 노새가 후손을 낳지 못하듯, 사자와 호랑이의 혼혈인 '라이거'도 새끼를 낳지 못하거든, 왜냐하면, 생식기 구조는 다른 장기와 달리 생긴 원인이 다르며, 또 복잡해 번식이라는 같은 목적이 일어날 수 없기 때문이다.

🧍 : 아, 그런 거였어요?

☼ : 그럼, 그 이유를 말해줄까?

🚶 : 예.

☼ : 어떤 기계가 있을 때, 그 기계가 움직이려면 필요한 부속의 구조가 있고, 구조가 필요한 만큼은 비슷해야 그만큼 기계의 움직임이 일어난다. 즉, 기계가 복잡하고 정밀하면 부속 역시 복잡하고 정밀해야 하지. 이것을 본다면 말과 당나귀의 정자 난자와 자궁의 질과 기능이 유사해도, 복잡성에 있어선 뭔가 맞지 않아 '같은 목적을 중심으로 한 움직임이 일어날 수 없다.'라는 것이다. 또, 어떤 기계가 있을 때 그 목적은 성능이 100%(0)에 가깝게 움직이는 것이다. 그러나 상대 부속이 덜 정밀하면 正分合원칙에 의해 그 비슷한 만큼만 움직임이 일어나기도 한다.

그렇기에 자연계의 '모든 것을 느낄 수 있는 구조'의 인간 두뇌를 가장 정밀한 기계에 비유한다면 자연계의 일부만 느낄 수 있는 구조를 가진 동물, 식물, 광물 등은 정밀하지 못한 부속과 같아 인간은 광물보다는 식물에 식물보다는 동물에 느낌이 강하게 흐르고, 그 강하게 흐른 만큼 느낌이 많아 동질성을 더 느껴 애착이 더 가는 거다. 그렇듯 인간도 하느님과 같은 질 일수록 正分合 원칙 흐름이 활발해 지복(至福) 느낌이 더 활발해진다.

*참 고

침팬지 유전자 역사 사람보다 길고 복잡(연합뉴스)

기사 입력: 2013. 07. 04. 10:29

국제연구진, 사상 최대 6개 대영장류 게놈 분석

(서울=연합뉴스) 이영임 기자

지난 1천500만 년 간 대영장류 진화 역사를 추적한 가장 방대한 연구 결과 침팬지가 사람보다 더 복잡하고 긴 유전자 역사를 가진 것으로 밝혀졌다고 사이언스 데일리와 라이브사이언스 닷컴이 3일 보도했다. 미국과 스페인 등 세계 각국의 과학자 약 80명으로 이루어진 연구진은 아프리카와 인도네시아의 야생 및 사육장 출신 대영장류 79마리를 대상으로 유전자 분석을 한 결과, 이런 사실이 밝혀졌다고 네이처지에 발표했다.

게놈이 분석된 대영장류는 침팬지와 보노보, 수마트라 오랑우탄, 보르네오 오랑우탄, 동부 고릴라와 서부 저지대 고릴라 및 7개 아종(亞種), 그리고 사람 9명이 포함돼 6개 대영장류가 모두 망라됐다. 연구진은 종 고유의 특징을 공유하며 특정 지역에 분포하는 아종들의 유전자 암호에 나타나는 단 한 개의 염기 변화가 어떤 유전자 표지와 관련돼 있는지를 추적해 수백만 개의 표지를 찾아냈다. 이는 보존 운동에 매우 중요한 것으로 이를테면 야생 영장류 관리자들이 다른 아종을 가려내는데 이용할 수 있다. 대부분의 영장류는 불법 거래를 통해 붙잡힌 것이기 때문에 과학자들은 이들이 어떤 유연(類緣)관계가 있는지 알 수 없다.

유전자 분석 결과 놀랍게도 침팬지의 유전자 역사는 사람보다 훨씬 복잡한 것으로 나타나 연구진은 '사람의 역사는 이에 비하면 매우 단순한 편'이라고 지적했다. 이들은 "인간 개체군은 아프리카를 떠날 무렵 병목현상을 일으켰고, 이후 점점 확대해 오늘날 지구 전체를 점령했다. 이와 대조적으로 침팬지 개체군은 역사상 최소한 2~3차례의 병목 현상과 팽창을 겪었다."라고 밝혔다.

이번 연구로 침팬지의 4개 아종 사이의 유연관계에 관한 논란도 종지부를 찍게 됐다. 연구진은 중부 침팬지와 서부 침팬지, 나이지리아-카메룬 침팬지, 동부 침팬지 등 네 집단의 게놈 전체를 조사한 결과, 나이지리아-카메룬/서부 개체군과 중부/동부 개체군의 두 큰 집단으로 갈라진 것으로 밝혀졌다고 말했다.

그러나 이 연구로 인해 대영장류 진화의 나무에서 인간의 위치가 달라지지는 않았고, 침팬지와 보노보가 약 500만 년 전 인류 조상과 갈라진 인간의 최근 연종이라는 사실이 재확인됐다. 인간과 침팬지는 유전적 유사성에도 불구하고 분명히 큰 차이를 보이고 있는데, 일부 과학자들은 이런 차이가 인간 게놈에서 '사라진' 특정 부분 때문일 것이라는 가설을 주장했지만, 이번 연구에서 사라진 부분이 대부분 기능이 없는 것으로 밝혀짐으로써 이런 가설이 틀린 것으로 밝혀졌다.

연구진은 이처럼 유전적 유사성에도 불구하고 두 영장류가 매우 다른 원인에 대해 "게놈은 하나의 책에 비유할 수 있다. 우리는 지금 책을 읽고 있을 뿐이지 내용을 이해하는 것은 아니다."라고 말했다. 연구진은 이 연구가 다양한 대영장류 종들의 분지(分岐)와 등장을 유전적 관점에서 바라본 가장 방대한 연구라면서 "인간의 유전적 다양성을 이해하려면 우리의 가장 가까운 친척인 대영장류들의 유전적 다양성을 알아야만 한다."라고 지적했다.

대영장류의 유전적 다양성에 관해 아직 밝혀지지 않은 부분이 많은 것은 야생 영장류의 유전자 표본을 얻기가 어려웠기 때문이다. 그러나 일부 위험하고 고립된 지역을 비롯, 많은 나라의 보존 운동가들의 도움으로 이 연구가 가능했다고 연구진은 밝혔다.

---

† 삼십삼 일째 날: 외계인의 접촉 기록

: 나오셨어요?

☼ : 어, 나왔다. 오늘은 외계인과 오랫동안 접촉했던 사람들의 기록과 외계인과 성령이 어떤 관계인지 알아본다. 지금까지 기록된 외계인에 관한 수많은 사례를 보면, 외계인의 존재를 부정할 수도 없지만, '이렇다' 할 확실한 물적 증거도 없다.

1. 1952년 11월 20일 아담스키가 1차로 만난 금성인 이름은 '올슨'이었고, 1953년 2월 18일 2차로 만난 화성인 이름은 '폴콘' 토성인은 '람'이었다고 한다. 2차로 만났을 때에는 금성 원반보다 더 큰 시가형의 토성 원반까지 구경했으며, 이들과의 대화는 텔

레파시로 이루어졌다고 한다. 참고로 지금까지 나타났던 모든 우주인의 95%가 텔레파시로 의사소통했으며, 그들은 예수 그리스도는 지구에 보내진 우주인이라고 했다. 또 그들은 서양인과 같은 용모, 피부색, 이름을 갖고 있었으며, 이들은 1954년 8월 23일 임기만료로 떠난다며, 아담스키에게 필름을 주었는데, 이것을 현상 해독해 본 과학자들은 원반의 비행원리가 아닌가 추측된다고 했다.

*참 고

스미소니언 정보교환지의 발표에 의하면, 미국 정부는 1965년 이후 공공연하게 원반의 에너지 이론인 중력 기술의 연구개발을, 공군 33, 해군 3, 육군 1, NASA 2, 연방과학기금 6 등, 45건과 비공식 25건으로 연구하고 있다고 한다.

2. 1959년부터 1980년대까지 프랭크 스트렌지스 목사가 오랫동안 만난 외계인은 금성에서 왔다고 한다.
신학자로서 기독교 목사이고, UFO 연구가인 '프랭크 스트렌지스'는, 아담스키보다 7년 후인 1959년 12월 국방성 펜타곤에서 국방성 근무자의 소개로 금성인 '발리안트 토오'를 만났는데, 발토오의 눈빛은 온몸을 뚫고 지나가는 것 같은 기분이 들었고, 그와 악수할 때 그 손의 감촉이 너무 부드러워 마치 갓난아이 피부 같은 느낌이라서 신기했으며, 악수한 순간 말로 표현 못 할 무한한 힘과 능력을 느꼈다고 한다. 금성인 '발 토오' 역시 금발에 녹색 눈동자의 평범한 서양인 모습이었으며, 이름도 '발리안트 토오'로 서양식이었고, '발토오'라는 애칭으로 불렸다고 한다. 그가 입고 온 옷은 대단히 부드러웠는데, 어떤 열에도 녹지 않고, 산(酸) 실험에도 녹지 않고, 오히려 산이 묻지 않고 굴러떨어졌으며, 다이아몬드가 달린 드릴로 구멍을 뚫으려 했더니, 마찰열에 다이아몬드가 파괴되었으나 옷엔 아무 흔적도 없었으며, 아래 위가 하나로 되어 있는데, 지퍼나 단추 '걸쇠'가 없었다 한다. '발토오'가 옷의 앞을 두 손으로 잡자 팔이 그냥 들어갔으나, 팔이 들어간 구멍은 도저히 찾을 수가 없었다고 한다.
무게 약 170g, 부드러운 은빛과 금빛 나는 광택 옷 재질의 원료를 알 수 없었으며, 옷 모양은 무용 연습복 같이 생겼다고 한다. 물리·화학실험을 했으나 파손 불가능했으며, 1968년 6월 5일 2차 대면 때 우주선 속에 들어갔을 때, 스트렌지스에게는 자루같이 밑이 터진 흰 옷을 주었는데, 그들의 옷과 달랐고, 그들은 장화 같은 것을 신고 있었다 한다.
"만일, 미국 정부가 그를 감옥이나 유치장에 가두면 어쩌겠느냐?"라고 질문했더니,

"예수가 다시 주검으로부터 부활한 일이 생각나지요. 예수가 자기를 따르던 제자들을 찾아 나섰을 때, 화를 입을 것이 두려워 숨어있던 제자들이 재림한 예수를 보았을 때의 놀라움을 생각해봐요."라고 대답했다 한다. 이것은 자기도 죽음에서 부활한 예수와 같은 능력이 있기에 유치장에 가두어도 소용이 없다는 것으로, 이 예는 사도행전 12장 7~19절에 천사가 문이 걸려 있는 감옥에서 베드로를 구출한 것과 같다. 우주선 내에서의 샤워는 물로 하는 것이 아니고 광선으로 했는데, 과학적으로는 설명이 안 되는 정신적 육체적 상쾌함이 있었다고 한다. 평상시 안경이 있어야 물건이 잘 보였는데, 우주선 안에서는 안경 없이도 잘 보였으며, '발 토오'는 스트렌지스와의 대화 때 말이나 텔레파시를 필요에 따라 사용했다 한다. 스트렌지스가 서독에서 사고를 당한 즉시 그 사고 내용을 '발토오'는 미국에서 알고 있었고, 전화까지 걸어와 처치법을 얘기해 주었다 한다.

이것은 그들이 텔레파시가 언제나 되고 있음을 입증하는 것이다. '발 토오'의 동생도 된다는 '단'이라는 우주인은, 라스베가스 공항에서 스트렌지스를 해치려 하던 검은 옷의 놈들을, 자동차 창문 유리도 깨지 않고 손을 넣어 집어 던졌으며, 또 문도 열지 않고, 검은 캐딜락 안에 놓고 온 가방을 꺼내주었고, '단'이 검은 캐딜락을 향해 두 팔을 들고 어떤 시늉을 하자, 그 검은 세 놈은 타고 온 검은 차와 함께 몽땅 없어졌으며, 다만 물같이 흰 고무와 흐트러진 모래 자국만 남았다고 한다. 스트렌지스가 놀라 "어떻게 된 것이냐?"라고 묻자. "그저 자리바꿈을 했다면 되겠지요."라고 대답했다 한다. 즉 검은 세놈과 캐딜락을 구성했던 소립자가 분해되었다는 뜻이다.

3. 이상에서 설명한 바와 같이 외계인은, 인간이 영적 진화로 영계핵에 가면 일으킬 수 있는 여러 가지 초능력을 모두 갖고 있으며, 금성인 '발 토오'는 지구에서 금성인 77명이 활동하고 있고, 그들의 지구 방문 이유는, 지구의 모든 인간이 하느님에게 돌아갈 수 있게끔 돕기 위한 것이며, 예수야말로 처음이고, 끝이며, 알파와 오메가로서, 시작부터 마지막까지의 모두라는 것에 대하여 과소평가하지 않았다.

   금성엔 성경이 없으며, 그 이유는 "우리들은 하느님의 뜻을 거역도 안 했고, 친화를 가지고 있는데 그게 왜 필요하겠냐?"라고 대답했다. 항상 믿음을 갖고 살며, 자기가 이 세상에 왔을 때와 같은 기분(미련 없이)으로 저 세상에 갈 생각을 해야 한다고 했으며, 언제나 하느님의 나라와 올바른 일을 첫 번째로 생각하면, 모두가 당신들에게 그만큼의 축복으로 머지않아 주어진다고 했다.

떠날 때는 "잘 있어요. 하느님의 은총이 당신과 함께 있기를 기원하오."라고 했다. 하느님은 존경받기 위해 있는 게 아니고, 진실을 얻고자 하는 사람들에게, 그의 영원한 진실을 전하기 위함이라 했으며, 인간은 예수의 진리를 배워, 스스로가 자기 행위를 판단하여 악을 피해가기에, 예수를 지구인의 감독자라고 했다. 그러면서 '아는 것이 힘'임을 특히 강조했다고 한다.

금성인 '발 토오'가 말한 결론은 다음과 같다.

① 하느님의 말씀을 지키십시오.

② 좋은 사람이 되는 길만 찾으시오.

③ 항상 순결하고 신성한 생각에 잠겨 있어야 합니다.

이상과 같은 내용을 분석해 보면, 외계인 '발 토오'는 예수가 인류 진리 발전의 중심인 것과, 그 결과 아직은 (1968년은) 믿음(예수)의 시대인 것도 인정했으며, 그렇기에 그리스도의 삶을 살라고 충고한 것을 알 수 있다.

4. 그러면 이처럼 기능이나 사상이 성령(천사)과 같은 이 외계인의 정체는 무엇일까? 이들은 사실 그대로 인간영이 최고로 진화하여 영계핵까지 도달한 성령이다. 성령이 염력(念力)으로 원반 등의 우주선을 응집하여 활동하는 것이고, 외계인의 이러한 여러 능력이 갈수록 확실해지다 보니, 1960년대 말 UFO 연구가 '존 키일'과 '잭 발레'는, 외계인이 3차원 생명체가 아닌, 다른 차원의 초 지구적인 지성체로서, 세계의 종교운동과 기적, 천사, 망령 등으로 지금까지 활동해왔다고 주장했다. 결론적으로 외계인은 영적 존재(성령)라는 것이다.

5. 그러면 성령이 왜 외계인으로 나타나 활동할까? 그 이유를 알아보자. 하느님의 '스스로를 느끼기 위한 목적'이 보다 넓고 깊게 끝없이 이루어지려면, 인간은 우주에 영원히 존재해야 하는데 지구는 면적과 시간에 한계가 있다. 그래서 인간은 반드시 외계로 진출해야 하며, 그러기 위해서는 우주공학을 발전시켜야 하는데, 그것을 모르는 인간들은 광대한 우주에 대하여 알게 될수록, 거리의 엄청남과 개발의 요원함에 자포자기하게 되고, 당장 시급한 지구의 문제들이 너무나 많은 데 비해 우주개발은 비용이 많이 들고 투자가치 회수가 빠르지 않아 평범한 자극으로는 엄두도 못 내게 된다. 실제로 1969년 아폴로 우주선이 달에 착륙했을 때, 미국 시민 중에는 현실과 관계없는 우주개발에 그토록 큰돈을 투자하지 말고, 지상의 주택이나 하수도 문제부

터 해결하라고 시위했다. 그러나 그 후로도 우주 개발은 군사 목적으로 꾸준히 발전해 왔으니, 이제까지 세계적 긴장 상태는 하느님의 뜻을 모르는 미완성 세계에서는 오히려 과학개발의 촉진제가 되고 있다.

특히 외계인은 1967년에 집중적으로 출현하였으니(1980년 이전까지 전체의 50%), 이것은 1969년 7월 21일 아폴로 우주선의 달착륙을 앞둔 세계적인 우주과학 붐에 촉진제 역할을 하기 위한 것이었다. 이렇듯 성령이 외계인의 형태로 나타나 활동하는 것은 우주과학 발달에 자극을 주어, 우주에 인류를 영원히 번식시키려는 하느님의 깊은 뜻이 담겨있는 것이다. 이것이 하느님의 입장에서는 대단히 급박하고 현실적인 문제이기 때문이다.

6. 아담스키가 만난 '올슨'이라는 외계인은, 자기들이 찾아온 목적이 원자탄 폭발로 인한 방사능의 해로움을 조사하기 위함이라 했고, 스트렌지스가 만난 '발 토오'는 우주선의 지휘, 금성 평의회의 운영(12명으로 구성), 지구인의 도시를 둘러싼 방사선 관리를 위한 외계인 대원의 감독, 지구 상의 각 지휘소 지휘, 지구와 다른 행성 간의 여행, 다른 천체로부터 지구를 찾아오는 외계인의 모선에서의 지휘 훈육, 세계 지도급 인사들의 감시, 핵전쟁을 막기 위한 인간의 어떤 조직에 대한 압력, 이외에도 우주 창조주와의 완전 협동작업을 위해서라고 했다. 왜냐하면, 지금 같이 물질문명은 발달하고, 정신문명이 영아원 수준이라면 수십 년 내에 고의든, 실수든 서로 간의 충돌로 인류 문명의 종말이 올 수 있기 때문이다. 이러한 이유로 성령은 외계인으로 나타나 하느님의 창조 목적이 제로(0=최상)로 이루어지도록 협조하고 있는 것이다. 또 외계인과 하느님이 섭리한 종교가 절대적 관계에 있다는 것을 밝히기 위해, 신학자이고, 목사이며, UFO 연구가인 스트렌지스를 택하여, 인류에게 그리스도의 삶을 살라고 충고하는 것이다.

🚹 : 아, 예. 그러니까 성령이 외계인으로 지구에 출몰하는 이유는 하느님의 창조 목적에 협조하기 위한 것이군요.

☼ : 그렇지. 더 추적해 보자.

7. 그러면 이들 외계인이 성령이라는 근거를, 또 다른 각도에서 찾아보자. 우주에는 생명체가 생길 수 있는 여건을 가지고 있는 천체가 확률로 보아 무수히 많다. 그러나 코넬대학의 천문학자이며 1980년대 TV 시리즈 '코스모스'를 발표하여 전 세계에 선

풍을 일으킨 '칼 세이건' 교수가 가장 현실적인 사고방식을 동원하여 생명체의 탄생과 진화과정의 환경 등 지구에 인간이 출현하여 지금과 같이 고도 문명을 지닐 수 있는 확률을 '드레이크 방정식'으로 산출해 보았더니, 그 가능성은 1~10개 정도라고 했다. (註: 달 하나만도, 밀물과 썰물의 적당한 흐름이 있어야 하기에 달이 없으면 안 되고, 달이 지금보다 조금 커도 안 되고, 조금 작아도 안 되고, 또 조금 멀리 있어도 안 되고, 또 가까이 있어도 안 되는 등, 또 문명의 발달은 에너지의 발달과 소모에 직결되므로 지구의 에너지원인 석탄, 석유가 필요한 만큼 생성될 확률 등, 여러 가지를 종합적으로 검토한 결과라고 한다.

이것을 二分法 正分合인 수학(數學)으로 밝혀보면, 자연계는 개체성이고, 개체성 수(數)는 1(하나)부터 시작해 2, 3, 4, 5, 6, 7, 8, 9로 이어지기에, 우주에서의 인간 출현도 혹성(지구) 하나(1)로부터 시작된다. 태초에 하느님의 '스스로를 느끼기 위한 목적'은, 무한(0)한 우주에서 하나(1)의 지구에 인간을 출현시키기 위한 방향으로 흐름이 일어나, 하나(1)의 지구에 인간이 출현한 것이다. 二分法인 正分合에 의해 개체성이 하나로부터 출발한 예를 더 들면,

① 하느님의 인류 앎 성장과정도 하나(1)의 아담에서 시작됐고,

② 구약 과정 2,000년도 하나(1)의 야곱에서 시작됐으며,

③ 신약 과정 2,000년도 하나(1)의 예수에서 시작됐다.

8. 1952년 11월 20일 아담스키가 만난 외계인은 자기가 금성인이며, 찾아온 목적이 원자폭발로 인한 방사능의 해로움을 검사하기 위함이라고 했다. 그런데 지구에서 원자탄은 1945년 8월에 터졌고, 태양계에서 가장 가까운 '센터우루스' 태양계까지의 거리는 4.3광년이기에, 외계인이 가장 가까운 '센터우루스'에서 지구의 원자탄 섬광을 보고, 자연계의 가장 빠른 광속으로 왔다 해도 그 도착은 1954년 3월쯤이다. 그런데 현재까지 밝혀진바, 태양계 주변에서 생물이 살 가능성이 있다는 백조좌 61도 11광년이 걸린다고 한다. 결국, 아담스키가 만난 외계인은 '센터우루스'보다 더 가까운 곳에서 와야 하는데, 그곳은 태양계뿐이다.

9. 또 이듬해 1953년 2월 18일에도 화성인 '폴콘', '토성인 '람'이라는 외계인이 나타났다. 그들은 우리 태양계 12개의 행성엔 모두 외계인이 살고 있다고 하였다. 스트렌지스가 만난 외계인도 자기는 금성에서 왔다고 했으며, 자기의 임무 중 하나는 다른 천체로부

터 지구를 찾아오는 외계인의 훈육이라고 했다. 그런데 지구에서 마리너(금성), 바이킹(화성), 보이저(목성, 토성) 계획에 의해 탐사해본 결과, 태양계에는 지구를 제외하고 자연 상태에서 고등동물이 생성될 수 없음이 밝혀졌다. 그 결과 지금은 '아담스키'나 '스트렌지스'가 금성, 토성, 목성 등 외계인과 접촉했다는 것까지 신빙성을 잃게 되었다.

10. 육하원칙에 의한 상식과는 앞과 뒤가 맞지 않는 것이 있으니, 그들이 정말 금성, 화성, 토성, 목성인이고, 또 지구인들이 자기들에 대하여 궁금해하는 것을 안다면, 세계적인 큰 통신사에 나타나, 지구인들과 공개토론을 해서 자기들의 뜻과 지구인에게 필요한 것을 알리면, 모든 것이 훨씬 잘 풀려나갈 텐데, 어째서 아담스키나 스트렌지스 등 개인을 은밀히 만나 지구인들이 의문을 갖게 유도하고, 더구나 미 국방성 몇몇 고위인사들은 그 모든 걸 묵인하고 있다는 것일까? 이것도 외계인 접촉설에 대해 일반적으로 갖는 의문 중 하나이다. 그리고 서기 2000년이 지나 우주 탐사로 금성이나 토성에는 고등동물이 있을 수 없음이 밝혀지니까, 요즈음은 외계인들이 금성이나 토성이 아닌, 저 머나먼 '플레이 하우스' 성단에서 왔다고 한다.
    그러면 그들이 이렇게 지구인들에게 의문을 던지며 상식을 벗어난 행위를 하는 이유는 무엇일까? 이것은 그들이 인간 아닌 성령이고, 또 지금은 인간들의 수준이 낮아 그들이 그렇게 활동할 수밖에 없기 때문이다. 머지않아 二分法 正分合에 의해 자기들의 정체와 출현 의미가 모두 밝혀질 것을 기다리며.

11. 스트렌지스가 본 외계인은 지문이 없고, "왜? 지문이 없냐?"라고 묻자, "지문은 죄에 빠진 사람들의 마크이며, 죽을 때까지 지니고 살아야 하는 것입니다. 어떤 범죄사건이 일어났을 때 제일 먼저 조사하는 것이 지문이지요."라고 대답했단다. 과학이 발달하며 밝혀진 바에 따르면 인간의 지문은 촉감이 잘 느껴지게 진화한 것이다. 그리고 지문은 범인이 아니라도 누구나 갖고 있고, 또 사용되고 있다. 이것은 기독교 목사로서 원죄론을 믿고 있는 스트렌지스의 수준에 맞춘 대답을 한 것이다.
    스트렌지스는 라스베가스 공항에서 검은 옷을 입은 악한들과 혈투를 벌였고, 결국 '발 토오'와 '단'이 나타나서 구출해 주었다고 한다. 악령은 성령처럼 부활 능력이 없으므로 공항에 나타난 자들은 지옥의 악령이 아닌 성령이다. 왜냐하면, 우주에는 악령이 있고, 그 악함은 인간들이 피해야 하는 것임을, 기독교 목사인 스트렌지스에게 보여줌으로써, 전 인류를 악에 대하여 각성토록 하기 위한 것이다. 또 독일에서 주스 아닌, 독약을 스트렌지스에게 먹인 악한 이들도 마찬가지이고.

12. '발 토오'는 이 우주 공간의 모든 것이 하느님의 손으로 이루어진 것은 아니라고 했다. 이것은 하느님의 창조 목적에 없는 악령의 출현으로, 하느님의 뜻에 없는 지옥이 형성되어 있음을 말한 것이다. '발 토오'가 지구를 찾아온 9번째 목적에 하느님을 분명히 우주의 창조주라고 밝힌 것을 참고해야 한다. 아담스키가 만난 외계인이 '그리스도는 지구에 보내진 외계인'이라고 한 것은, 그리스도의 상태가 되면 누구나 외계인(부활)과 같은 기능이 있음을 나타낸 것이다. 즉, 그리스도의 상태는 자연계에 살아 있는 성령이라는 뜻이다(마태 22장 30절, 마르꼬 12장 25절, 누가 20장 35, 36절). 아담스키나, 스트렌지스가 만난 외계인은 모두 서양인의 용모와 이름을 쓰고 있었다. 이것은 그들이 서양 사람들 틈에서 활동하려니까 서양사람의 용모와 이름을 사용한 것이다. 물론, 동양이나 중동에서 활동하는 외계인은 동양인이나 중동인의 용모와 이름을 사용한다.

13. 이렇듯 지금까지 전 세계적으로 정리되어 있는 약 50종의 우주선 모형이나 몇 가지 형의 외계인 모양, 또 세계적으로 퍼져있는 고대 유물에서의 외계인 기록 등은, 인류에게 우주로의 꿈과 자신감을 갖게 하기 위한 하느님의 뜻에 따른 성령들의 협조인 것이다.
구약성경 에스겔 1장 1~27절까지 보면, 에스겔에게 나타났던 하느님의 천사가 우주선 같은 물체를 타고 왔음을 생생히 밝혀놓았다. 그 당시 에스겔에게 나타났던 천사가 지금 나타나는 우주선이나 외계인과 같은 모습인 것은, 지금 전 세계에 나타나는 외계인이 바로 성령임을 증명하기 위한 당시의 기록이다. 그렇기에 현재 인간들이 외계인에 대하여 나름대로 한없이 상상의 나래를 펴고 있는 것은, 1950년대까지만 해도 화성인이 있다고 떠들썩하며, 머리가 크고 여러 개의 다리를 가진 문어 같은 괴물을 그려놓았던 것과 똑같은 소동이다. 인간은 존재 유지의 제로(0=무한)를 위하여 최악의 경우와 최상의 경우를 생각하기에 별별 견해가 다 생기는 것이다.
결국, 앞으로도 성령들이 외계인으로 활동하며 물증을 남기지 않을 것이기에 외계인에 대한 소동은 계속될 것이다. 그러나 二分法 正分合이 퍼지며 외계인의 정체가 밝혀져, 외계인소동이 하느님의 뜻임을 깨달아, 인류사회에 우주로 진출하기 위해 최선(0)을 다하는 분위기가 조성되면, 외계인 소동은 저절로 사라진다.

*참 고

"러시아 대통령 교대 때 '외계인' 극비 파일 넘겨받아."

[중앙일보] 입력 2012. 12. 19. 00:55 / 수정 2012. 12. 19. 06:51

메드베데프 돌출 발언 논란

드미트리 메드베데프(전 대통령, 사진) 러시아 총리가 "외계인은 존재한다."라고 말해 논란거리가 되고 있다. 영국 일간지 더 텔레그래프 등 외신에 따르면 메드베데프 총리는 지난 7일(현지 시간) 러시아의 5개 방송사와 연말 공동 인터뷰 직후 "대통령이 (전임자로부터) 넘겨받는 '외계인 파일'이 존재한다."라고 돌발 답변을 했다. 방송사들은 당시 총리의 발언을 비공식적인 것으로 보고 내보내지 않았으나, 동영상이 유튜브 등에 올라와 발언 내용이 뒤늦게 알려졌다. 그는 방송사 직원에게 "당신에게 처음 밝힌다."라며 "대통령 교대 때 핵무기 발사 코드와 함께 극비 파일을 넘겨받는다."라고 밝혔다. 또 "이 파일은 지구에 온 외계인에 관한 자료로 전문 특수부대가 작성한 것."이라며 진지한 표정을 짓고는 "그 이상 밝히면 위험하므로 상세한 것은 미국 공상영화 '맨인블랙(Men In Black)'을 보라."라고 말했다.

러시아 안팎에서는 그의 발언이 단순 농담에 지나지 않을 것이라는 반응과 군사·우주 강국의 대통령을 지낸 사람의 발언이므로 진실을 밝힌 것이라는 반응이 교차하고 있다. 메드베데프 총리는 이날 러시아 야권의 시위를 소재로 한 인터넷 다큐멘터리 제작자 파벨 코스토마로프에 대한 수사당국의 단속을 비난했다. 메드베데프 총리는 이 다큐멘터리 공동 제작자인 NTV 관계자에게 "일이 잘될 테니 걱정하지 말라."라면서 "아침 8시에 나타난 그 수사관들은 얼간이들."이라고 말했다. 연방수사위원회의 블라디미르 마르킨 대변인은 "이는 러시아 수사관들을 모욕하는 것."이라고 즉각 비난했다.

---

*참 고 2

UFO 연구가들, UFO는 없다? (2012년 11월 9일)

UFO 연구가들은 결국 진실이 우주 저편에 존재하지 않을지도 모른다는 점을 인정하고 있다. '비행접시' 목격 사례의 수가 줄어들면서, 게다가 외계 생명체가 존재한다는 증거를 입증하지 못하게 되면서, UFO 연구가들은 결국 UFO라는 게 존재하지 않을지도 모른다는 사실을 인정하게 되었다. UFO 연구가들은 수십 년 째, 외계인의 활동임을 보여 주는 증거를 찾기 위해 드넓은 하늘을 살피고 있다.

하지만 외계 생명체가 존재한다는 그 어떤 증거도 입증하지 못한 영국의 UFO 연구가들은, 결국 진실은 우주 저편에 있는 게 아닐지도 모른다는 결론에 도달하고 있다. UFO 연구가들은 증거를 제시하는 데 계속 실패했다는 것과, '비행접시' 목격 사례의 수가 줄어들었다는 것은 결국 외계인이라는 게 존재하지 않는다는 사실을 말해주는 것이고, 이로 인해 UFO에 대한 연구가 향후 10년 내에 종말을 맞이하게 될지도 모른다는 사실을 인정하고 있다.

비행접시를 비롯한 그 밖의 미확인 비행체에 관심을 가졌던 수십 개 단체는 관심 부족으로 인해 이미 폐쇄되었고, 다음 주에는 UFO 연구에 참여했던 영국 내 가장 유명한 기관 중 한 곳은, 이런 UFO 화두에 과연 미래가 있는 건지에 관해 논의하기 위해 회의를 개최하게 된다.

'특이 현상에 관한 과학적 연구 협회(ASSAP)'의 '데이브 우드' 회장은, 이 회의를 소집하게 된 목적이, 이런 UFO 화두의 위기문제를 다루고, 혹시 UFO라는 게 과거의 유물에 지나지 않는 것인지 알아보기 위한 것이라고, 말했다. 그는 다음과 같이 덧붙였다. "앞으로 10년 후, UFO 화두는 죽은 화두가 될 가능성은 확실합니다. 우리는 이러한 UFO 사건들을 개연성 차원에서 살펴보고 있으며, 이런 연구 분야는 수십 년째 지속되고 있습니다. 전혀 입증되지 않은 증거들을 뛰어 넘은, 설득력 있는 증거가 없다는 것은, 개연성 차원에서 볼 때, 우주 저 편에는 아무것도 없다는 걸 말해주는 겁니다. UFO 연구자들은 UFO 목격사례들 중 98퍼센트는 매우 쉽게 설명이 가능하다는 이야기를 할 겁니다. 그런 이야기로부터 이끌어 낼 수 있는 결론들 중 하나는 어쩌면 우주 저편에는 아무것도 없을 것이라는 결론입니다. 설득력 있는 UFO 목격 사례들이 나오게 될 날은 끝날 것 같습니다." 그는, 인터넷의 출현으로 인해 UFO 목격사례가 늘어나고 UFO 연구가 늘어나기는커녕, 인터넷 출현과 동시에, UFO 목격 사례와 UFO 연구의 감소 현상이 벌어졌다고 말했다.

ASSAP의 UFO 목격 사례들은 1988년부터 96퍼센트 감소했고, 그 밖에 UFO 연구에 참여하고 있는 단체들의 수도 1990년대에는 100개가 훨씬 넘었다가, 지금의 약 30개로 감소했다. 영국 '쉐필드 핼럼 대학교' 교수이자 '국립 보존기록관'의 UFO 자문인 데이빗 클라크는 "UFO 화두가 죽은 이유는, 아무도 증거가 되는 것을 전혀 목격하지 못하고 있기 때문입니다."라고 말했다.

"이제는 너무나 많은 사람들이 개인용 카메라를 가지고 있는 걸 생각해 보십시오. 다른 어디에선가 날아온, 구조를 갖춘 무언가가 날아다닐 때, 당신은 누군가가 지금쯤이면 신빙성 있는 사진들을 몇 장 올려놓았을 거라고 생각했을 겁니다. 하지만 지금까지 그런 신빙성 있는 사진들을 올려놓은 사람은 없습니다. 게다가 지금 아무 일도 일어나지 않고 있는 이유는, 인터넷 때문입니다. 지금 무언가가 일어나면, 인터넷이 바로, 그것의 진상을 규명하고 해답을 찾도록 도와주니까요. 과거에는, 다른 사람들에게 편지를 보내야 했고, 그 편지를 받은 사람들은 답변을 해주려고 하지 않았습니다. 그래서 현상이 설명되지 않았음을 의미하는 미스터리하고 비밀스러운 그런 구석이 생기게 되었던 겁니다. 로즈웰 사건이나 렌들셈 사건과 같은 고전적인 사례가, 유일하게도 고전적인 사례로 남아 있는 이유는, 그 당시 이 사건들을 제대로 조사하지 않았기 때문입니다."

☼ : 좀 늦었구나.

🚹 : 네, 일이 있었어요.

☼ : 그럼 시작할까? 자연계의 기초단위 소립자(쿼크)에 대한 물리학계의 설명을 보면 모래알 크기의 원자핵이 야구장 가운데 있다면, 먼지 같은 전자가 외야 펜스에서 구름처럼 떠다니고, 그 외는 모두 빈 공간이라고 한다. 자연계는 거의 텅 비었다는 거지. 지구가 블랙홀이 되면 직경 8mm 정도이고, 원자를 태양계로 비교하면, 태양의 직경을 1m로 볼 때 지구까지의 거리는 약 4km이며, 미세한 행성을 제외한 나머지는 모두 빈 공간이고, 태양계와 가장 가까운 센타우르스까지도 약 4.3광년이듯이 원자끼리 사이도 거의 텅 빈 공간이라고 한다.

🚹 : 예? 자연계가 이 정도로 '텅 비어' 있어요?

☼ : 물론이다.

🚹 : 내 눈에는 모두 꽉 찬 것으로 보이는데요?

☼ : 네 눈은 그렇게 보이게 돼 있다.

🚹 : 왜요?

☼ : 네 눈이 물체를 보고 색깔을 느끼며 구별하는 것은, 보이는 상대물질과 같은 질의 물질이 네 눈 세포에 있기에, 빛 반사로 인한 '상대적(分)이지만 같은 질'이므로 인한 正分合 원칙이 흘러서 상대(分) 물체가 너에게 느껴지기 때문이다.

🚹 : 아하! 그래요?

☼ : 네 눈에 반사되는 빛만 느끼기에, 네 눈에 반사되지 않는 공간은 너에게 느껴지지 않아 보이지 않는 것이다.

🚹 : 그래서 텅 빈 자연계가 '꽉!' 찬 것으로 느껴지는군요.

☼ : 인공위성에서 지구의 밤을 찍은 영상을 보면 도시가 불덩어리로 '꽉!' 찬 거로 보이잖니, 빈 공간이 엄청 많은데도 이렇게 텅 빈 자연계에서 소립자, 원자, 분자 등이 '같은 목적'이 되어 서로 부딪치면, 그곳에는 질량과 구조에 따른 正, 分, 合 부딪침이 흐르고, 그것은 각 소립자 위치의 제로(0)를 향한 회전궤도에 변화가 오는데, 그 회전궤도의 변화가 상대에 대한 반응이다.

🚹 : 그런데 이 이야기를 왜 해요?

☼ : 왜?

🧍 : 오늘은 저승 이야기하신다고 했는데요?

☼ : 正分合 반복으로 시간과 공간이 생기는 자연계에 대해 너희가 알아야 正分合 반복이 없어 시간과 공간이 없는 저승을 이해할 수 있기 때문이다.

🧍 : 그래요?

☼ : 소립자들은, 질량과 구조에 따른 개성(個性)이 있기에,

① (正) '같은 질끼리 같은 목적으로 움직일 때'

② (分) 질량과 구조에 따라 각각 다른 흐름을 일으키며,

③ (合) 각각 다른 결과를 가져온다.

🧍 : 예.

☼ : 이렇게 소립자부터 시작된 양성자, 중성자, 전자, 원자, 분자, 물질의 반복된 正, 分, 合 부딪침 과정이 자연계의 시간이다.

🧍 : 그게 시간이군요?

☼ : 다음은 마음계에 대한 설명이다. 마음계(心界)는 자연계를 닮아 개체성이지만 무형(無形)이라 움직임의 원칙 3에 의한 소립자심(心)끼리의 부딪침인 正, 分, 合 반복이 없이 꽉 차 있다.

🧍 : 소립자심(心)은 無形이라 正, 分, 合 반복이 없군요.

☼ : 그러다가 유형(有形) 소립자가 소속이나 위치에 변동이 생기면 소립자 심(心)도 동시에 따라가고.

🧍 : 그렇다면 질량과 구조로 인한 정분합 부딪침은 유형(有形)에만 생기나요?

☼ : 움직임의 원칙 3에 의해,

1. 무형(無形)에는 3위1체 의식체(앎=意識體)인 핵(核) 구조만 질량과 구조가 있어 正, 分, 合 부딪침이 있고,
2. 유형(有形)에는 3위1체 의식체(意識體=두뇌)인 핵(核) 구조와 개체구조에 질량과 구조가 있어 正, 分, 合 부딪침이 있다.

*참 고

중국에서는 '아무것도 없다.'라고 할 때 '없을 무(無)'가 아닌 '몰유(沒有)'라 씁니다. 그리고 동양 사상에서는 우주의 근원인 하느님을 무극(無極)이라 합니다. 즉 중국에서는 무(無)라는 뜻이 '아무것도 없다.'가 아닌 '있기는 있으나 육체 눈으로는 보이지 않는 다른 세계'를 뜻합니다.

🚹 : 그래요?

☼ : 마음계와 영계는 움직임의 원칙 3에 의해 무형(無形)이기에 正分合 반복이 없어 시간이 라는 과정이 없다.

🚹 : 그래서 마음계와 영계는 생각(念力)이 과정이 없이 동시에 현실로 나타나는군요.

☼ : 그래.

🚹 : 그러면 육체는 왜? 죽나요?

☼ : 육체는 正分合 반복으로 같은 질의 물질을 흡수하고 배출하며 존재한다

1. **이때 흡수된 새 물질에 섞여 있는 '이질적 요소의 간섭'에 의해 세포 원형이 약간씩 흩어진다. 너희가 서류나 사진을 복사할 때, 복사한 것을 다시 복사하며 회(回)를 거듭할수록 서류의 글씨나 사진의 윤곽이 점차 흐려져 결국은 원래의 모습을 찾아볼 수 없게 되는 것과 같이,**

   또 다른 예,

2. 국가의 최고 수장인 대통령의 지시가 단계적으로 공무원을 거칠 때마다 각 공무원의 앎 질량 구조인 재량권에 따라 '이질적 요소의 간섭'으로 조금씩 변형되어,
3. 말단에 가서는 원래 대통령의 지시가 '약간 다르게 나타나는 것'과 같다. 이렇듯 육체의 세포분열도 正分合이 반복될수록 모습은 점차 다르게 되어 회(回)를 거듭할수록 어렸을 때의 모습은 사라지며, 병들거나 늙어 죽는 것이다.

이렇듯 **자연계에서 육체가 병들고 늙고 죽는 것은 자연계의 正分合(二分法) 반복으로 '이질적 요소가 간섭하기 때문'이다.**

🚹 : 그렇군요.

☼ : **이런 이질적 요소가 여건에 따라 '생명체 존재유지의 제로(0)'에 변화가 와 흡수되면, 그 생물은 돌연변이를 일으키며 진화한다.**

🚹 : 네? **그러면 正分合 흐름에서 이질적 요소의 간섭이 생명체의 병이나 죽음을 가져오지만, 생명체 진화의 원인도 되네요?**

☼ : 한 가지 더 알려 줄까?

🚹 : 뭔데요?

☼ : **자연계에서는 너희들이 원하는 것이 여건에 따라 이루어지기도 하고, 이루어지지 않기도 해. 너희들은 결과에 연연할 수밖에 없다.**

🚹 : 그렇지요.

☼ : 그런데 저승은 너희들이 무엇이든 원하면 동시에 이루어지기에 결과에 연연할 이유가 없다.

🚹 : 그렇겠지요.

☼ : 그래서 너희들이 자연계에서 최선(0)은 다하지만, 결과에 연연하지 않으면 그것은 전체성(0)을 체험하는 것이고, 너희들이 자연계에서 개체구조 전체성(0) 神이 되는 순간이다.

*참 고

늙은 양의 세포를 떼어내 복제 양을 만들면 복제돼 태어난 양은 어린 세포의 양이 아닌 늙은 복제 양의 세포 나이로 태어난답니다.

† 삼십오 일째 날: 하느님과 인간의 관계 의미와 이승과 저승의 앎 성장 차이

🚹 : 저 와 있습니다.

☼ : 나왔냐, 그럼 시작하자, 자연계는 소립자부터 시작된 正, 分, 合 반복마다 질량 구조에 따른 물리적 한계가 드러나 가능한 것과 불가능한 것이 있지만, 저승은 너희들의 생각(念)이 동시에 현실로 나타난다.

🚹 : 와, 정말 좋겠다! 내 맘(생각)대로 된다니 얼마나 좋아요.

☼ : 그래 불편한 자연계와는 전혀 딴판이지.

🚹 : 그러면 불편한 자연계를 왜 만드셨어요?

☼ : **그건 움직임의 원칙 3에 의해 느끼기 위한 목적에서 '느낌은' 正, 分, 合에 의한 상대와의 부딪침(최선=0)에서 상대의 질량 구조가 드러나 느끼기 때문인데 너희는 그 '부딪침의 한계를 불편하다고 느끼는' 것이다.**

🚹 : 그럼? 지금 이 우주가 원하시는 우주 맞아요?

☼ : 그럼 맞지!

🚹 : 죄(罪)와 악(惡)이 넘쳐나는 지금의 인류사회로 보아 아닌 거 같은데요?

☼ : 아니다. 나의 우주창조는 완벽(0)한 과정으로 흐르고 있다. 아직 때가 안됐을 뿐이다.

🚹 : 그래요?

☼ : **나의 창조 목적은 나와 상대적(分)이지만, 같은 질인 전지(全知=앎) 전능(全能)한 인간인데,**

① 지금의 너희들은 육체 창조는 끝났으나,

② 영혼(핵=앎)의 창조는 앎이 미완성이어서 너희는 全知하지 못해, 全能하지 못하다.

너희들이 二分法 正, 分, 合을 몰라서(無知)!

🚶 : 그렇다면 애초에 인간이 正, 分, 合을 알고 태어나게 하시지 그랬어요?

☼ : 그럴 수 있다면 얼마나 좋았겠냐? **움직임의 원칙 3에 의해 개체구조인 너희는 무지(無知)로 태어나, 전지(全知), 전능(全能)에 이르는 앎의 성장 과정이 있더구나?**

🚶 : **그럼, 우주를 창조하시기 전에는 우리가 무지(無知)로 태어나 성장 과정이 있을 것을 모르셨나요?**

☼ : **전혀 몰랐다.**

🚶 : **아니? 전지(全知=0) 전능(全能=0)하시다면서요?**

☼ : **내 체질인 3위1체 正, 分, 合은 먼저 목적을 정해야, 그 목적으로 인해 변화될 상황을 완전(0)히 알거든. 목적(正)을 정하지 않으면 과정도 없어 결과(合)도 없기 때문이다.**

🚶 : 아, 그런 거예요?

☼ : 그래서 구약성경 창세기에 내가 우주 창조를 후회했다고 했다. 창조하고 보니 너희 영혼은 앎의 성장이라는 과정이 있더구나, 그리고 그 과정이 엄청 힘들고! 오죽하면 그런 말을 했겠냐?

🚶 : 성경 창세기에 그 구절이 그런 뜻이었어요?

☼ : 너희들도 무지(無知)로 태어난 너희 아이들에게 正, 分, 合 앎을 성장시켜 보면 내 심정을 알게 된다.

🚶 : 그게 무슨 말씀이세요?

☼ : 너희들은 내 자식이잖냐? 그러니까.

① 너희들이 무지(無知)로 태어난 아이들을 20살이 될 때까지 正, 分, 合 앎을 키워 주는 과정이

② 무지(無知)로 출발한 인류에게 내가 正, 分, 合 앎을 7,000년간 키워오는 과정의 축소판이다.

이것은, 너희들이 나와 같은 질이 되려면,

① 무지(無知)로 출발한 인류를 내(神)가 7,000년간 正, 分, 合 앎을 키워오며 겪은 체험을

② 무지(無知)로 태어난 너희 아이를, 너희가 20년간 키우며 그대로 겪고 체험해 봐야, 나와 같은 질이 되기 때문이다.

🚶 : 그러면 마음을 비우(0)고 眞(0), 善(0), 美(0)를 체험하는 것만으로는 부족한가요?

☼ : 물론, 그것도 나(神)와 같은 질(合一)이 되려면 당연한 것이다.

잊지 마라.

① 전체성(0)인 나는 개체성이기에 이성(異性)인 너희들을, 너희들이 이성(異性)을 목숨 바쳐 사랑하는 그 이상으로 사랑하며,

② 너희의 어미와 아비가 아들,딸인 너희를 목숨 바쳐 사랑하듯, 너희는 나의 아이들이기에, 나는 너희를 그 이상으로 사랑한다.

🚹 : 아! 우리를 사랑하시는 이유가 있군요.

☼ : 그래, **너희가 이성(異性)을 사랑하고, 너희가 너희 아이들을 사랑으로 키우는 것은, 내가 너희들을 사랑하는 표상이며, 그 과정을 그대로 겪어야 너희들이 명실공히 너희에 대한 내 심정을 이해해 나와 같은 질이 되기 때문이다.**

🚹 : 대화마다 새롭고 놀랍습니다.

☼ : 한 가지 더 얘기해줄까?

🚹 : 뭔데요?

☼ : **두뇌질에 새로운 앎이 기존 앎에 부딪치면 오랜 일들은 차츰 흐려져 잊혀진다. 그러다가 영혼의 두 번째 본능 '제로(0)의 느낌 2'에 의해 어떤 문제에 좀 더 상위 개념을 찾으려 (思考) 생각하면 개체성이기에 텅 빈 공간에 흩어져 사라져 가던 두뇌 세포의 기억(앎)들에서, 움직임의 원칙 1, 2, 3에 의해 그 문제와 같은 질의 앎들이 추려지니, 이것이 '보다 개량된 상위 개념(0) 앎'이다.**

그래서 인류 역사에서 종교, 문화, 과학, 정치, 경제에 대한 새로운 상위 개념 앎은, 두뇌(육체)가 있는 자연계서만 가능하다.

이렇게 기억을 추릴 때 영혼의 앎은 전혀 도움이 되지 않는다. 왜냐하면, 움직임의 원칙 5에 의해 육체로 인해 영혼이 생겼을 때는 육체의 핵인 두뇌 기억이 우선이기에, 그리고 영핵의 앎은 흐려짐이 없어 처음 느껴질 때의 느낌 그대로여서, 저승에서 기억을 되살리면 처음 느낄 때의 느낌 그대로이고, 그것은 느낄 때 이미 의미(결과=合)가 있었기에 더욱 상위 개념인 줄거리가 저승에서는 추려지지 않는다.

🚹 : 그러면 자연계에서 살 때 잊은 기억들은 저승에 가면 다시 기억나나요?

☼ : 당연하다. 그래서 너희들이 자연계에서 앎이 성장하는 방식과 저승에서 앎이 성장하는 방식은 다르다.

🚹 : 네?

☼ : **① 자연계에서는 육체 '존재목적의 제로(0)'를 중심으로 한 유전적 본능 5가지와, 흐려져 가는 학습된 앎과, 영혼의 본능 5가지가 동시에 正分合(우선순위)이 흐르며 반응한다.**

② 그러나 저승에서는 영혼의 본능 5가지와 흐려지지 않은 그때까지 성장한 앎에 의한

'존재목적의 제로(0)'를 중심으로 한 正分合이 흐르며 반응한다.

그러므로 '이승에서 너희가 무엇을 목적으로 살았고, 어떤 질량의 앎을 성장시켰는가?' 하는 것이 저승에서의 너희 삶을 결정한다.

🚹 : 이승의 삶이 그래서 중요하군요.

*참 고

2014년 2월 14일 기사

인간의 뇌, 현재에 맞춰 과거 기억 재편집

(코메디닷컴 기사 입력 2014. 02. 24. 11:45 기사 원문 26)

"기억은 고정된 것 아니야."

인간은 과거의 기억을 더듬어볼 때 기억 그대로를 떠올리지 않고 현재의 삶과 좀 더 연관이 있는 방향으로 재편성한다는 연구 결과가 나왔다. 미국 노스웨스턴대학교 의과대학원 연구팀에 따르면, 인간의 뇌는 지난 기억들을 새로운 경험과 조합하고 수정해 과거의 기억을 새로운 기억으로 대체한다. 현재의 삶에 좀 더 잘 적응하고, 과거의 기억은 잊기 위한 과정이다.

연구팀은 17명의 실험 참가자를 대상으로 자기공명영상(MRI) 스캐너를 이용한 촬영을 실시했다. 이 촬영을 통해 참가자들의 뇌 활동과 눈의 움직임을 측정해 인간의 기억에서 일어나는 현상을 확인했다. 실험참가자들은 우선 컴퓨터 스크린 속 그림에 배치된 물체 168개의 위치를 찾는 작업을 수행했다. 그리고 연구팀이 제공한 새로운 그림에 앞서 찾았던 물체들을 동일한 위치에 배열하는 작업을 했다.

연구팀은 참가자들이 물체를 배열하는 작업을 하는 동안 정확한 위치에 물체를 놓지 못하는 실패 패턴에 주시했다. 그 결과, 연구팀은 인간의 기억은 환경, 사람, 물체와 같은 다양한 요소들이 혼재돼 만들어진 정보에 의해 새로운 기억을 만들어낸다는 것을 발견했다. 지난 기억들을 끄집어낼 때 현재의 새로운 정보들과 연결을 지어, 현재와 좀 더 관련이 있는 기억으로 편집을 한다는 것이다.

조엘 보스 연구원은 "기억은 고정된 것이 아니다. 조금씩 움직이면서 뇌의 특정 부위에 들러붙게 된다."라며 "매번 기억을 떠올릴 때마다 조금씩 수정된다."라고 말했다. 또 기억을 수정하는 과정은 해마라는 뇌의 부위가 담당하고 있다고 덧붙였다. 연구팀은 "이번 연구가 외상 후 스트레스 장애의 근본적인 문제와 사회적 상호작용에 대한 이해도를 높이는 데 중요한 영향을 미칠 것."이라고 말했다. 이번 연구는 신경과학 저널(Journal of Neuroscience)에 게재됐고, 과학뉴스 사이언스 월드 리포트가 보도했다.

문세영 기자(pomy80@kormedi.com)

† 삼십육 일째 날: 저승의 본격적 해부

🚹 : 저 왔어요.

☼ : 그래, 기다리고 있었다. 오늘은 正, 分, 合 원칙이 무형(無形)의 저승에서는 어떻게 흐르는지에 대한 것으로, 저승에서의 영적 진화는 어떻게 진척되고, 너희는 그곳에서 어떻게 지내며, 영계핵인 하느님과 너희의 관계와, 그에 따른 삶의 의미는 어떻게 되는지에 대한 이야기이다. 사실 사람들은 저승에 있다는 천국에 대해 그저 '막연히 좋을 것'이라고 생각할 뿐 구체적으로 어떻게 좋은지, 너희는 그곳에서 어떻게 느끼고 존재하는지에 대해 전혀 모르고 있다. 그 외에도 지옥이 진짜 있고, 또 있다면 지옥은 어디에 있고, 왜 생겼는지, 그리고 어떤 사람들이 지옥에 가고, 또 지옥에서 빠져나오고 싶으면 방법은 없는가? 하는 등 모든 문제에 관한 이야기이다.

🚹 : 듣고 보니 모두 제가 궁금하던 거네요.

☼ : 육체의 기능이 멈추면 너희는 움직임의 원칙 5에 의해 마음계가 보이며 존재하게 된다.

🚹 : 육체가 죽으면 마음계에 존재하게 돼요?

☼ : 그렇다. 하느님인 大우주가 자연계, 마음계, 영계, 영계핵이 겹쳐 있듯, 소우주인 너희도 大우주에 육체, 마음체, 영체, 영핵이 겹쳐져 있다가 육체가 죽으면 의식(앎=영핵) 수준에 따라 영계나 영계핵까지도 가지만 흔히 마음계가 보여 머물게 된다.

🚹 : 그러면 육체가 벗겨지는 거네요?

☼ : **육체는 正, 分, 合 반복으로 기능이 소멸되며 벗겨지지만, 마음계와 영계는 무형(無形)이기에 正, 分, 合 반복이 없어 너희가 마음계와 영계를 벗어나는 원인과 과정은 움직임의 원칙 3에 의해 다르다.**

🚹 : 예? 마음계와 영계를 벗어나는 원인과 과정이 육체와 달라요?

☼ : 그렇다.

🚹 : 어떻게 달라요?

☼ : 움직임의 원칙 3에 의한 여건이 있다.

🚹 : 예? 여건요?

☼ : 마음계는 무형(無形)이지만 자연계와 같은 개체성이어서, 너희가 자연계에 살 때 형성된

개체성 인습(因習)이나 념(念=생각)으로 인해 머무는 곳이다. 正, 分, 合 한계로 제한이 따르는 자연계에서 인습(因習)으로 굳어진 습관이나 체면, 이해타산, 가식 행위 등이다. 그러나 마음계는 무엇이나 너희가 생각하는대로 순간 이루어지기에 제한받음으로 인해 생겼던 자연계의 인습은 차츰 사라진다. 그래서 습관이나 이해타산, 가식행위, 체면 등 개체성 인습이 거의 없던 원시인이 이 점에서는 너희보다 훨씬 유리하다.

🚶 : 아 마음계는 正, 分, 合 부딪침이 없어 '제한받아 생겼던' 자연계의 인습(因習)이 차츰 사라지는군요.

☼ : 그래.

🚶 : 그러면 어떻게 돼요?

☼ : 그러면 움직임의 원칙 5의 순서에 따라 너희는 다음 단계인 영계에 머물게 된다.

🚶 : 그러면, 머무는 곳만 느끼겠지요?

☼ : 왜?

🚶 : 육체니까 같은 질의 자연계를 느끼고, 마음체니까 같은 질의 마음계를 느끼고, 영체니까 같은 질의 영계를 느끼고, 영핵이니까 같은 질의 영계핵(하느님)을 느끼는 거 아닌가요? 육체 눈으로 마음계가 보이지 않듯이, 마음체 눈으로는 자연계가 보이지 않겠지요?

☼ : 아니다. 상위는 하위가 포함된 것이기에, 마음계 영계 영계핵도 상위로 올라갈수록 하위가 포함된 것이어서 너희가 저승에 갔을 때, 하위는 상위가 보이지 않지만, 상위는 하위가 보인다. 회사에서도 핵(核)인 사장과 앎의 질량 구조가 가까울수록, 그만큼 하위계급 일이 보이고 느껴지잖냐? 그것은 상위계급의 앎은 하위계급의 앎을 알고 있기(포함) 때문이다.
반면, 하위계급일수록 상위 계급의 앎이 없어 상위계급의 일이 보이지 않고 느껴지지 않는 거다.

🚶 : 네에…, 그렇군요.

---

† 삼십칠 일째 날: 이승과 저승의 부활 조건

☼ : 나왔냐?

🚶 : 네, 나왔습니다.

☼ : 어제 이야기에 이어서다. 자연계의 인습이 사라져 마음체가 벗겨지면 움직임의 원칙 5에

의해 영계에 머물게 되고 영계에서는 개체의식이 벗겨진다.

: 개체의식요? 개체의식보다 자연계의 인습이 더 먼저 벗겨져요?

☼ : **인습은 자연계에서 너희들이 살아가며 여건에 따라 개개인에게 입혀진 군더더기이지만, 개체의식은 너희들이 태어날 때 개체구조로 태어났기에 너희들의 의식 깊이 박혀있어 영계를 벗어나 영계핵(하느님)까지 간 영들은 많지 않다.**

: 그래요?

☼ : 그 이유는 正, 分, 合을 모르기 때문이다.

: 正, 分, 合을 알면 쉬운가요?

☼ : 그럼. 正, 分, 合을 알아 언제나 제로(0=전체성)를 체험하다가 육체를 벗으면 순식간에 영계핵으로 간다.

: 그게 가능해요?

☼ : 그 대표적인 예가 3일 만에 부활한 예수다.

: 예수가 3일 만에 부활한 게 그거에요?

☼ : 예수가 3일 만에 부활한 건 너희도 얼마든지 그렇게 할 수 있음을 보여준 것이다. 하느님은 너희들이 누구나 그렇게 하기를 원하시니까.

: 그러면 자연계에 살아있을 때도 육체 부활이 가능한가요?

☼ : 육체로 이미 살고 있는데, 왜 또 육체 부활이 필요하냐?

: 왜 그거 있잖아요. 둔갑술이요.

☼ : **너희는 육체로 인해 개체구조 영체로 분화했기에 움직임의 원칙 3과 5에 의해 육체로 살아있을 때는 부활이 안 된다. 하지만 너희가 영계핵에 가면 그때는 大우주 하느님이 우주를 뜻대로 하시듯이, 너희도 小우주 너를 뜻대로 할 수 있어 육체 부활이 당연하다. 하지만 이때는 너희가 하느님과 일체가 된 때이기에 부활하는 네 목적이 하느님 뜻(하느님 존재목적의 제로=0)과 같아야 한다.**

: 까다롭네요.

☼ : 너 『신과 나눈 이야기』 책 읽어봤다고 했지?

: 네.

☼ : 신나이 신도 그 부분을 너희에게 밝혔다.

: 그런 부분이 있어요?

☼ : 신과 나눈 이야기 3권 133p이다.

닐: 어떻게 해야 그런 믿음을 지닐 수 있습니까? 어떻게 해야 제가 그런 수준의 믿음에 이를 수 있습니까?

신나이 신: 너는 거기에 이를 수 GET THERE 없다. 단지 거기에 있을 수 BE THERE 만 있다. 나는 지금 말장난을 하는 게 아니다. 말 그대로 그렇다는 뜻이다.

🚹 : 이 말이 그런 뜻이에요?

☼ : 잘 읽어봐라! "너는 거기에 있을 수만 있지, 이를 수 없다."라고 했다.

① "너는 단지 거기에 있을 수 BE THERE만 있다."라는 것은, 자연계에서 너희의 영적 진화가 부활 수준까지 될 수는 있지만,

② "너는 거기에 이를 수 GET THERE 없다."라는 것은 너희가 육체를 분해하거나 부활할 수는 없다는 것이다.

🚹 : 그 내용이 그거였어요?

☼ : 반드시 육체가 죽어야 부활할 수 있다는 것은, 신나이 3권 149~154p에 보면 또 있다.

닐은 신나이 신에게 예수만이 '죽은 자' 가운데에서 부활했을 뿐이라고 답변한다. 즉 닐은 신나이 신의 이 말을 알아듣고 '죽은 자 가운데'라고 했다. 그러자 신나이 신이 "자신할 수 있느냐?"라고 묻자.

닐: 흐음, 좋습니다. 당신에게도 기술 면에서 자격을 드리죠. 하지만, 자기 힘으로 죽은 자 가운데서 일어난 사람은 아무도 없습니다. 예수가 했듯이요. 아무도 그런 식으로 '죽은 자' 가운데서 돌아오지 않았다고요. 음! 꽤 자신할 수 있죠.

신나이 신: 마하바타 바바지(MAHAVATAR BABAJI)라고 들어본 적이 있느냐?

닐: 이 이야기 속에 동양의 신비주의자까지 끌어들일 필요는 없을 것 같은데요. 그런 걸 구입할 사람은 많지 않습니다.

신나이 신: 알겠다. 음, 물론 그들이 옳겠지.

닐: 다시 바로 잡을게요. 그러니까 당신 말씀은 영혼들이 영적 형상이나 물질현상으로 소위 '죽은 자'들 가운데서 돌아올 수 있다는 겁니까? 그들이 원하는 게 그것이라면요?

신나이 신: 이제 너는 이해하기 시작하고 있다.

여기까지다. 닐이 "소위 죽은 자들 가운데서 '영적 형상이나 물질 현상으로' 돌아올 수 있다."고 하자. 신나이 신은 "이제 네가 이해하기 시작했다."라고 답변했다. 그리고 네가

신나이 게시판을 보았으면 알겠지만, '네잎크로바'라는 필명을 쓰는 회원이, 마하바타 바바지가 인도에서 무니라즈라는 친구와 같이 부활하여 활동하는 상황을 15회에 걸쳐 사진과 함께 글로 올렸다.

🚶 : 네, 보았습니다. 그런데요, 그럼 '네잎크로바' 회원이 올린 사진과 글이 모두 사실이라는 겁니까?

☼ : 사실이지. 생각해봐라. 신나이 신이 널에게 거짓말을 했겠냐? 신나이 신이 부활해서 활동하는 인도의 마하바타 바바지를 저승에서 알고 있다는 것부터가 증거 아니냐?

🚶 : 그렇게 말씀하시니까 '삼각론법'으로 보아 맞는 것도 같습니다.

☼ : 그리고 그 외에도 부활한 사람이 많다고 신나이 신이 말했듯이, 1936년 인도에서 바바지의 제자인 스리유쿠테스라는 사람이 죽은 지 몇달 후, 요가난다라는 제자에게 부활하여 나타났었고, 마리라는 제자에게도 나타났다는 기록이 있다.

🚶 : 그럼, 그런 기록이 모두 사실입니까?

☼ : **사실이지. 그럼 너는 예수만 부활한 줄 알았냐? 여기서도 분명한 것은 신나이 신도 위에서 입증했듯이 부활한 사람들이 모두 육체적으로는 죽은 후라는 것이다.**

🚶 : 그런 기록들이 있었군요.

☼ : 그럼, 이어지는 신나이 구절을 보자.

신나이 신: 나라면 '완벽한 앎(COMPLETE KNOWING)'이라고 불렀을 이런 종류의 믿음은 너희가 손에 넣으려고 애쓸 수 있는 뭔가가 아니다. 사실 손에 넣으려고 애쓴다면 너희는 그것을 가질 수 없다. 그것은 그냥 너희 자신인 뭔가다. 너희 자신이 그냥 이 앎이다. 너희가 이런 존재 BEING이다. 그런 있음 BEINGNESS는 완전 자각 TOTALAWARENESS의 상태에서 나온다. 그것은 오직 그런 상태에서만 나올 수 있다.

🚶 : 이게 뭔 말이에요?

☼ : **이 구절의 의미는 부활할 수 있는 '완벽한' 수준은 너희가 바라지 않고 추구하지 않아도, 장미나무가 다 자라 장미꽃이 피면 당연히 장미꽃 향기가 풍기듯이 너희 의식(앎) 수준이 부활할 수준이 되면 正, 分, 合 원칙에 의해 당연히 부활하게 된다는 것이다. 그렇기에 너희가 부활하려고 의도적으로 노력하면, 그건 도리어 개체의식이어서 걸림돌이 된다는 것이고.**

🚶 : 그렇군요.

☼ : 여기서 너희가 알아야 할 아주 중요한 것은,

① 너희가 육체를 벗은 후 마음계와 영계에 머물게 되는 인습이나 개체의식 원인이 자연계에 있기에,

② 너희가 자연계에서 正, 分, 合 원칙을 철저히 이해하여, 제로(0)인 하느님과 하나(合一) 됨을 철저히 체험하면 인습과 개체의식은 순식간에 벗겨진다.

왜냐하면, 인습과 개체의식 원인이 자연계에 있기에, 자연계에서 의식을 뒤바꿔 반복되는 正,分,合에서 제로(0)를 체험하면 인습과 개체성은 순식간에 벗겨진다. 왜냐하면, 원인이 자연계에 있기에 결과도 자연계에 있기 때문이다.

🚶 : 그렇군요. 그런데 궁금한 게 있어요. 상위개념의 도출이 자연계의 육체 두뇌에서만 가능하다고 하셨잖아요, 그렇다면 영핵이 영계핵까지 도달하여 자연계에 다시 부활하면 육체가 죽기 전처럼 새로운 앎을 도출해 낼 수 있나요?

☼ : 아니다. 부활한 육체는 움직임의 원칙 5에 의해 영핵에 의해 움직이기에 사라져 가는 두뇌 앎이 아닌 영핵의 앎으로 움직이기에 그게 안 된다.

🚶 : 그렇군요.

---

† 삼십팔 일째 날: 수준이 천차만별인 이승과 저승의 영혼들

☼ : 나왔냐?

🚶 : 네 어제 뉴스를 봤는데요, 우리가 감정을 느끼는 건 두뇌에서 호르몬이 나와서래요.

☼ : 그런데?

🚶 : 그럼 두뇌에서 호르몬이 안 나오면 감정이 안 생긴다는 거 아니에요?

☼ : 그래서?

🚶 : 그렇다면 우리가 감정을 느끼는 건 두뇌의 작용일 뿐, 마음체가 느끼는 게 아니란 거지요,

☼ : 그렇게 되나?

🚶 : 그럼요.

☼ : 허, 그렇게 말하니 말 되네. 하지만 잘 들어라.

① 인간의 육체는 '스스로를 느끼기 위한 하느님의 목적(正)'이,

② 원칙에 의한 오랜 과정을 거쳐(分),

③ '느낄 수 있는 구조'로 진화한 최종적 결과(合)다.

그리고 마음체는 기쁨, 슬픔, 두려움, 괴로움, 분노 5가지 느낌이고, **결국, 육체의 진화 방향은 '마음체의 5가지 느낌을 느낄 수 있는 구조'였다.**

① 이렇게 진화된 호르몬의 원인(正)이 마음체의 5가지 느낌이었기에,

② 결과(合)로 나타난 호르몬으로, 원인인 마음체의 5가지 느낌을 조절할 수 있는 것이다.

왜냐하면, 正, 分, 合 원칙이 원인(正)과 결과(合)는 하나이기에.

🚹 : 정리가 명쾌하네요. 다음 이야기 하셔도 되겠네요.

☼ : 어제는 영혼이 영계에 머무는 것은 개체의식을 벗는 과정이라고 했다.

🚹 : 네.

☼ : 그런데 영계에 가면 영계에도 태양이 있다.

🚹 : 네? 영계에도 태양이 있어요?

☼ : 그래. 자연계의 태양은 영계 태양의 표상이거든.

🚹 : 그래요?

☼ : 그리고 영계의 태양은 어느 영이든 항상 앞쪽에 있다. 영 넷이 한 곳에서 사방으로 등을 대고 서면 각자의 앞에 태양이 보인다.

🚹 : 예? 어떻게 그래요?

☼ : **영계의 태양은 우주 자체로서 무한(0)한 영계핵(하느님)이시기에 우주에 꽉 찬 충만한 존재인데, 너희들의 의식이 개체성을 벗지 못해 개체로 느끼는 것이다.**

🚹 : 아, 그래요?

☼ : 마음계에서도 인습을 더 벗은 계층은 영계에 더 가깝고, 영계에서도 개체의식을 더 벗은 계층은 영계핵에 더 가깝다. 그 결과 허물을 더 벗은 영일수록 영계핵(하느님)과 같은 질이어서 같은 목적(合一)이 흘러, 正,分,合 원칙에 의해 영계핵의 빛(사랑)이 그만큼 투사(投射)된다.

🚹 : 아, 그래서 천사는 흰옷 입고 나타나는군요,

☼ : **① 따뜻한 태양 빛이 자연계 모든 생명체의 생명소(素)이듯, ② 영계의 태양인 영계핵(하느님)의 따뜻한 빛(사랑)이 모든 영의 생명소이다. 그래서 영계에서는 영계핵(하느님)의 빛(사랑)을 얼마나 많이 받아 투사(投射)하느냐 하는 것이 곧 모든 영들의 존재 의미이며 기쁨이다.**

🚹 : 자연계의 태양이 영계 태양의 표상이라는 게 이해되네요.

☼ : 이렇듯,

① 우주에 스스로 빛나시는 분은 영계핵(하느님) 한 분 뿐이시고,

② 인간영들은 영계핵(하느님)의 빛(사랑)을 받아 투사(投射)하는 존재들이다.

③ 이렇게 창조주 영계핵(하느님)은 태초부터 한결같이 모든 인간에게 영원하고 무한(0)한 사랑을 보내고 계신다.

④ 인간들 스스로가 얼마나 영계핵(하느님)과 하나(같은 질=合一)되어 빛을 많이, 짙고 풍부하게 받아 투사(投射)하느냐가 문제이다.

🚶 : 그러면 결국 하느님이 우주를 창조하시고, 우리가 찾아오기를 기다리시는 거네요?

☼ : 그렇다! 공은 너희들에게 넘어간 상황이지.

🚶 : 자연계에서는 육체의 본능과 영혼의 본능에 따라 여러 가지로 바쁜데, 저승에 가면 육체의 5가지 본능이 사라지고, 무엇이나 내 마음대로 되는데, 그러면 시간이 남아돌아 지루할 것 같은데요?

☼ : 그런 생각도 들겠다. 너희들이 움직임의 원칙 1, 2에 의해 같은 질끼리 같은 목적이 되어 어울리듯 저승에서도 마찬가지이다. 물론 흔히 처음 마음계에 가면, 자연계의 습관대로 밥도 먹고 잠도 잔다. 그러다가 다른 사람들과 어울리며 그런 인습이 필요 없어 사라지고, 처음에는 자연계에서의 인과관계에 따라 주로 친·인척이나 조상들과 어울린다. 하지만 그곳 생활에 익숙해지며 앎의 질량이 달라지면 "친구 따라 강남 가듯이." 그 달라진 비중에 따라 어울리는 계층이 달라지기도 한다.

🚶 : 그러면 결국 저승도 인과관계(正分合 흐름)가 자연계와 똑같네요?

☼ : 그렇다. 正,分,合 원칙은 하나이기에 저승의 인과관계도 자연계와 똑같다.

🚶 : 그래도 지루할 것 같아요. 밥도 안 먹고, 일도 안 하고.

☼ : 그건 네가 자연계 개념으로 생각해서 그렇다. 저승은 正,分,合 반복이 없어 시간과 공간이 없다고 했지.

🚶 : 네.

☼ : 그래서 제한받음이 없는 념(念=생각)의 세계라 했고.

🚶 : 네, 그랬지요.

☼ : 그래서 너희가 어떤 념(念=생각)에 잠기면 제한받음(正,分,合 부딪침)이 없기에 그 념(念=생각)에서 벗어나지 않는다. 그러니까 지루할 틈이 없다. 항상 네가 원하는 어떤 념(念=목적=느낌)에 잠겨 있으니까. 예를 들면, 네가 무슨 생각에 잠겨 몰두하다가 시간 가는 것을 느끼지 못한 경험, 그래서 네 느낌으로는 잠깐이었는데, 실제 시간은 생각보다 많이

흘렀던 경험!

🧍 : 예에.

☼ : 저승은 누가 너를 건드리기 전에는 正,分,合 부딪침이 없어 네 나름의 어떤 념(念=생각)에 잠겨 있기에 지루하지 않다. 그래서 이런 일이 생긴다. 자연계에서 육체가 죽으면 그만인 것으로 착각해 괴로움을 피하려고 누가 자살한다면, 저승에서는 괴로움이 사라지는 게 아니다. 왜냐하면, 그 사람은 스스로 죽었다고 여겨 마음을 닫고 괴로운 념(念)에 갇히게 된다.

🧍 : 저런? 그러면 어떻게 해요?

☼ : 그런 자살영을 누가 건드리거나, 깨우쳐 줘, 잠긴 념(念)에서 벗어나게 하면 된다. 그래서 저승에 대한 앎이 중요하고, 죽는 순간이 대단히 중요하다.

🧍 : 그러네요.

☼ : 이건 자살자를 예로 든 거고. 正,分,合을 몰라 저승을 이해 못 해 념(念=業)에 매여 이승에서 떠도는 영들도 마찬가지이다.

🧍 : 그럼, 저승에 대해 이해하면 념(念=업)에 갇히는 것에서 벗어날 수 있나요?

☼ : 그럼, **너희가 正,分,合을 알아 意識이 제로(0)에 있으면 어떤 상황에서도 '존재 목적의 제로(0)'를 중심으로 모든 상황이 객관적(0)으로 보인다.**

🧍 : 어쨌든 저승은 모르면 스스로의 념(念=업=생각)에 갇힐 수 있다니 무서운 곳이군요?

☼ : 몰라서 무서운 거지, 알면 하나도 무서울 게 없다. 모르면 이승에서는 무섭지 않냐? 이승에서도 모르면 손에 쥐어 줘도 모르고, 업은 아기 삼 년 찾으며, 언제까지나 맨땅에 헤딩하며 삽질 하는데.

🧍 : 예? 신이 맨땅에 헤딩은 뭐고 삽질이 뭐예요.

☼ : 안타까워 그런다. ① 저승에 대한 이해가 너무 없거나, ② 어떤 념(念=업=집착)에 매여 이승(자연계)을 떠나지 못하는 영들은 또 어쩌냐?

🧍 : 예? 그런 영들도 있어요?

☼ : 그런 영들은 이승을 떠돌며 빙의령이 되어 갖가지 부작용을 일으키기도 하고, 또는 다시 태어나기도 한다.

🧍 : 예? 그런 영들이 다시 태어나요? 그럼 환생인가요?

☼ : 그렇다. 환생(재생)의 원인에는 두 가지가 있다.

🧍 : 환생의 원인이 두 가지예요?

☼ : **하나는 죽은 영이 죽으면 그만인 걸로 알고 흐린 의식(意識)으로 저승을 떠돌 때, 자연계**

에 새로 태어난 아이의 개성과 체질이 떠도는 영과 필요한 만큼 같은 질이면, 그곳에 움직임의 원칙 1, 2, 3이 흘러 같은 목적이 되어 나도 모르게 아이의 육체에 스며들어 환생하는 것이고, 또 하나는 자연계에 떠돌든, 마음계에 있든, 영계에 있든, 영계핵에 있든, 어떤 영이 자기 나름의 이유가 있어서 자연계에 다시 태어나려는 의지(意志)가 있을 경우다.

🚹 : 네 그래요? 그럼 자연계에서 무당이나 박수에게 협조하며 점(占)을 보아주는 영들은요?

☼ : 그 영들은 지금 이야기한 영들과는 자연계에서 활동하는 의미가 전혀 다르다. 그들은 통계학인 사주, 관상, 손금, 성명 철학 등에 대한 앎이 있거나, 또는 영력이 예민하고 집중력이 뛰어나 점 손님의 앎(意識)이나 영계핵(하느님)의 전지(全知)에서 그 사람의 과거나 미래를 찾아내기도 한다. 그러나 그들은 육체가 없어 자연계 인간들과 대화가 안되기에 차선책으로 육체를 가진 인간을 선택해 협조하는 것이다.

🚹 : 그들의 활동 의미는 환생과 전혀 다르네요.

☼ : 그렇다. 그들은 나름대로 자부심과 긍지를 가지고 있다.

🚹 : 예? 그들에게 자부심과 긍지가 있어요?

☼ : 처음부터 이야기하자면, 태초부터 조상령으로 활동한 그들이 있었기에, 인류에게 육체가 죽은 후에 저승이 있다는 앎이 생성될 수 있었고(샤머니즘), 그것이 바탕이 되어 6,000여 년 전 하느님의 인류 앎 성장 과정이 시작될 수 있었고, 또 아픈 사람들이 의사를 찾듯이 미래가 불안하거나 마음이 아픈 사람들이 오면 도와주기에 나름대로 의미가 있다.

🚹 : 그런데 점술가가 영계핵(하느님)의 전지(全知)에서 미래를 엿보기도 한다고 하신 것은 뭐예요?

☼ : 오 그것은 하느님의 전지(全知=앎)에서 점 보러 온 사람의 부분을 찾아(같은 질)내는 것을 말한다.

🚹 : 예? 하느님의 전지(全知)에서 미래를 엿봐요?

☼ : 그래 그런데 하느님의 전지(全知)는 무한(0)해 찾기가 쉽지 않아 그들은 집중력을 키우기 위해 기도나 명상을 한다.

🚹 : 예에, 그렇군요.

☼ : 그리고 이 하느님의 전지(全知)가 가끔 너희들에게 나타나는 '기시감(旣視感)'인데 이 기시감을 서양에서는 '데쟈부'라 한다.

🚹 : 네? 서양에서 데쟈부라고 한다는 기시감(旣視感)이 뭐에요?

☼ : 이 현상은 누구나 특히 영혼이 맑을 때(특히 어릴 때) 가끔 겪는데, 네가 살아오며 그때까

지 절대 겪지 않은 상황인데, 순간적으로 꼭 어디서 겪은 것 같은 느낌이다. 그래서 혹시 전생 기억이 아닐까? 하는 생각이 들 정도로 명확하게, 그러나 아무리 생각해봐도 지금 느껴지는 이 순간이 그 옛날 똑같은 문명과, 똑같은 여건이 있었을 리 없고, 또 있었다 해도 어떻게 이토록이나 완벽하게 똑같을까? 하는 생각이 들게 되는 현상이다.

🚹 : 네 맞아요. 저도 어렸을 때 가끔 그런 일이 있었는데, 이 느낌이 동·서양을 막론하고 누구나 보편적으로 느끼는 현상이란 말이에요?

☼ : 그렇다. 이 현상은 태초에 하느님께서 '느끼기 위한 목적'을 정하신 찰나, 무한(無限=0)히 흐를 우주의 모든 과정이 하느님의 전지(全知=앎)에 기록되어 있고, 그 결과, 네가 태어나서 느끼는 모든 느낌 역시 하느님의 앎(全知)에는 이미 완전히 기록되어 있으며, 지금의 너는 드디어 네 차례가 되어 태어나, 너의 몫이 현실화되며, 실체적으로 느끼는 것이다. 그렇기에 기시감인 '데자부 현상'은 이미 하느님에게 앎(全知)으로 기록되어 있는 각자의 몫이,

① 완전히 같은 질이지만, ② 전체성(0)의 3위1체 의식체(意識體) 하느님과, ③ 개체성의 3위1체 의식체(意識體) 네가, ④ 상대적(分)이기에, ⑤ 객관화되어 순간적으로 느끼는 체험이다.

🚹 : 아, 그게 그런 거예요? 사실 저도 그게 상당히 궁금했거든요. 분명한 것은 무슨 헛것을 본 것도 아니고.

☼ : 그래 그렇다. 이 현상은 순간적으로, 네가 어딘가에 몰입(沒入)해 무아지경(無我之境)이 되어, 개체의식이 빈(0=空) 순간에 일어난다. 왜냐하면, 움직임의 원칙 5에 의해 육체(두뇌) 느낌이 우선이지만, 무아지경(無我之境)일 때에는 우선인 육체(두뇌) 의식을 벗어난 빈(0) 순간이기에 그런 현상이 나타날 수 있다. 그러므로 기시감인 '데자부'는 언제나 순간적이다. 왜냐하면, 그 현상을 느끼는 순간 "이게 뭐야?" 하며 네가 깜짝 놀라면, 너는 어느새 다시 육체 의식으로 돌아와 움직임의 원칙 5에 의해 순간적으로 사라지기 때문이다.

🚹 : 와! 그게 그렇군요.

☼ : 그건 그렇고. 아까 점술(占術)로 활동하는 영들은 긍지와 자부심을 갖고 있다고 했지.

🚹 : 네, 그러셨지요?

☼ : 대개 점술을 보러 가는 사람들은 미래가 불안하거나 답답한 일이 있어서 간다.

🚹 : 그렇겠지요.

☼ : 그 경우 점술을 봐주는 영은 그 사람을 답답함이나 불안감에서 다소나마 벗어나도록 조언해주고, 그렇게 조언을 들은 사람은 조금이라도 마음이 가라앉아 편안해진다. 그래서

그들은 자기들이 세상 사람들을 도와주고 있다며 긍지와 자부심을 느낀다. 아픈 몸을 치료해주는 의사가 긍지와 자부심을 갖듯이.

🚹 : 그렇기도 하겠네요. 그런데 어떤 무당은 사업을 성공하게 해줄 테니 '재수 굿' 하라고 해서 돈 들여 굿을 했는데도 사업이 망하더라고요. 그래서 왜 '재수 굿'을 했는데도 사업이 망하냐고 했더니 정성이 부족해서 그러니까 한 번 더 하래요?'

☼ : 그건 네 말이 맞다. 자연계의 인간들이나, 의사들도 수준이 천차만별이듯이, 저승의 영들도 수준이 천차만별이어서 수준에 따라 여러 가지 부작용이 일어나는 것이다. 고급영일수록 너희에게 굿을 권하지 않는다.

🚹 : 오늘은 이야기가 좀 길어도 별로 어렵지 않고 재미있네요.

☼ : 사업 잘되게 해달라고 '고사' 지내지 마라. '고사' 지내면, 그곳에 자연계를 떠도는 귀신들이 모여들어 자리 잡고 행세하다가, 무슨 일이 생겨 고사를 못 지내면, 그들은 배신감으로 오히려 '해코지'하기도 한다. 왜냐하면, 그들은 수준 낮은 인간들이 죽어 떠도는 영들도 있기 때문이다. 요즈음은 거의 없어졌지만, 마을의 당나무나 서낭당도 마찬가지이다, 귀신을 대우해주면, 여러 잡귀가 꼬이게 돼 있고, 그들은 모두 인간영이기에 수준 따라 여러 가지 문제가 발생하는 것이다.

🚹 : 인간들과 마찬가지로 저승의 귀신들도 천차만별이라니 정신 차려야겠네요.

† 삼십구 일째 날: 사라지는 지옥의 악령들

🚹 : 안녕하세요?

☼ : 어, 왔냐?

🚹 : 네, 왔습니다.

☼ : 오늘은 지옥에 대한 것이다. 영계에 있는 지옥은 태초에 따로 창조된 게 아니다.

🚹 : 네? 지옥이 따로 있는 게 아니고 영계에 있다고요?

☼ : 그래. 지옥은 자기만을 위주로 살아 의식(意識=앎)이 개체 덩어리인 영들이 모여 있는 곳이다.

🚹 : 예? 의식(意識=앎)이 개체 덩어리 라고요?

☼ : 그래, 이들이 마음계에 있을 때는, 자연계에서의 체면이나 인습 등 가식이 남아있어 그 惡함의 발로가 모두 드러나지 않지만, 인습을 벗어 영계로 가면, 영의 수준에 따라 惡

한 발로가 거칠 것 없이 나타난다.

🚹 : 와 그럴 거 같네요.

☼ : **악령이 영계에 가면, 영계에는 전체성(0)이신 영계핵 하느님이 태양으로 어디서나 빛나고 계신다. 그 결과, ① 개체의식인 악령과, ② 전체의식(0=제로)인 영계핵(하느님) 사이에 正, 分, 合에 의한 이질감(異質感)이 흐르니, 이 이질감이 악령에게는 소스라치게 뜨거운 느낌이다.**

🚹 : 예? 이질감이 악령에게는 뜨겁게 느껴져요?

☼ : 예를 들면, 체질에 물기가 많아 축축한 곳을 좋아하는 지렁이가 태양 볕이 쨍쨍 내리쬐는 바짝 마른 곳에 가면 어떻게 되냐? 지렁이는 체질과 다른 이질감(異質感)에 몸부림치다 말라 죽고 만다.

🚹 : 그런데 영계태양(하느님) 빛이 악령에게는 소스라치게 뜨거운 느낌인가요?

☼ : 우주의 원인은 전체성(0)이신 하느님의 목적력이다. 그 목적력 흐름을 너희들은 '우주 에너지'라고 이름 붙였으니, 우주 에너지인 하느님의 목적력은 곧 하느님의 사랑이고, 우주 팽창력(분화력)이고, 생명체의 생명력인 '존재 목적의 제로(0)'이다.

🚹 : 그래서 남녀가 만나 사랑을 하면 서로 따뜻함을 느끼는군요. 부모의 사랑도 따뜻하게 느껴지고.

☼ : 그래서 영계핵의 표상인 자연계의 태양빛을 너희는 에너지라 하고, 너희 육체는 태양빛(에너지)을 받으면 따뜻하게 느끼는 것이다.

🚹 : 자연계의 태양이 영계 태양의 표상이라는 게 이해됩니다.

☼ : 그래서 너희에게 간접이든 직접이든 빙의가 오면, 그 느낌은 찬 느낌일 수도 있고, 따뜻한 느낌일 수도 있다. 이때, 네가 차게 느꼈다면, 상대 영이 너보다 전체의식(0) 수준이 낮거나, 너를 사랑하지 않는 것이고, 네가 따뜻하게 느꼈다면 상대 영이 너보다 전체의식(0) 수준이 높거나, 너를 사랑하는 것이다. 물론 마음계나 영계에서도 서로가 밝음과 따뜻함으로 상대의 전체의식(0) 수준을 알 수 있다.

🚹 : 성경 사도행전에 보면 성령이 혀 같은 불꽃으로 신도들에게 내렸대요.

☼ : 그래서 성경에도 성령을 체험한 사람들이 뜨거웠다고 한 것이다. 그건 그렇고, 개체의식이 강한 악령일수록 영계 태양과 이질감의 편차가 더 커, 더 소스라치게 뜨겁고.

🚹 : 그렇겠네요.

☼ : **소스라치게 뜨거워 견딜 수 없는 악령은 결국 태양 빛을 거부하는 념(念=생각)을 일으키고, 무엇이나 뜻대로 되는 저승이기에, 악령들의 이러한 념(念)은 태양 빛을 차단하는 검**

은 장막이 된다. 이렇게 악령들의 념(念)이 뭉쳐 영계 태양 빛을 가리니, 이곳이 곧 악령들이 머무는 지옥이다.

🚹 : 그러면? 지옥은 악령들이 하느님이신 영계 태양 빛을 거부하는 념(念)이 뭉쳐 생긴 거예요?

☼ : 그렇다. 지옥은 자연계, 마음계, 영계와 같이 태초에 창조된 게 아니고, 자연계에서 개체의식으로 살아 전체의식(0) 앎이 충분히 성장하지 못한 영들이 영계로 갔을 때, 전체의식(0)인 하느님 빛이 이질감으로 견딜 수 없이 뜨거워 거부하는 념(念)에 따라 형성된 것이다.

🚹 : 그러면 그거 어떻게 하죠?

☼ : 염려할 것 없다. 아직은 인류의 앎이 미완성이라서 그럴 뿐, 正,分,合이 알려지면 지옥은 저절로 사라진다.

🚹 : 네? 어떻게요?

☼ : 그 악령들도 正,分,合이 인류에게 퍼지면 모두 구원되기 때문이다.

🚹 : 그게 가능해요?

☼ : 그럼. 正,分,合에 의해 700년 후인 2705년부터 인간들이 성령과 힘을 합쳐 300년간 악령들을 구원한다.

🚹 : 그래요?

☼ : 그럼 수학인 正,分,合으로 그 모든 과정이 이미 드러나 있다.

🚹 : 어이구! 다행이네요. 지옥의 악령들도 인간인데 그렇게 안 되면 어떻게 해요. 불쌍해서.

☼ : 내가 이야기했잖냐. 무한(0)한 우주 正,分,合 3위1체 의식체(意識體)로서 완전(0)하시고, 완성(0)체이신 하느님이시기에, ① 하느님의 창조 목적(正)은, ② 체질인 正,分,合 원칙에 따른 과정(分)이 있을 뿐, ③ 반드시 완전(0)히 완성(0=合)된다고.

🚹 : 그렇다고 하시니 마음이 놓이고 편안해집니다.

☼ : 지옥에 대해 더 말해줄 게 있다.

🚹 : 뭔데요?

☼ : 지옥의 영들도 수준이 천차만별이라 개체의식이 강한 악령일수록 영계 태양 빛을 더 투사하지 못해 더 검고, 검은 만큼 더 어두운 곳이 편안해 스스로 더 깊이 숨어든다.

🚹 : 악령들이 지옥에 가는 것은 염라대왕이 그 사람의 죄악(罪惡)을 재판해 보내는 게 아니고, 개체의식 덩어리인 악령이 전체의식(0)인 하느님 빛을 견딜 수 없어 스스로 피해 숨는 거군요.

☼ : 지옥에 있는 악령들은 육체가 죽었기에 육체의 5가지 본능이 없다.

그리고 그때까지 성장된 앎에 의한 목적과, 영핵의 5가지 본능 중 1, 2와, 眞(0), 善

(0), 美(0) 앎이 성장된 비중에 따라 그들은 상대를 괴롭히며, 우월감을 느끼는 데서 존재의미를 찾는다.

🚹 : 네에.

☼ : 그래서 지옥은 우월감을 느끼려 다투는(염력=念力) 영들의 비명소리가 끊이지 않는다. 이러한 악령들도 움직임의 원칙 1, 2에 의해 비슷한 질끼리 뭉쳐 집단을 형성해, 다른 악령이나 집단을 공격하기도 하니 이것이 곧 지옥의 현주소이다.

🚹 : 눈으로 보지 않아도 상황이 느껴집니다.

☼ : 그러나 이런 악령들에게도 희망은 있으니 어떤 계기가 생기거나, 또는 누군가가 깊은 사랑으로 기도해주면 그 기도는 따뜻함으로 전해져 그들을 긍정적으로 반응하게 한다. 그에 따라 개체의식에 변화가 일어나면 변화된 수준에 따라 거처를 옮기기도 하고, 이것이 마음계는 인습이 남아있어 착한 영과 악한 영이 뒤섞일 기회가 많아 여러 계기가 생기기 쉽지만, 영계는 그 누가 따뜻하고 깊은 사랑이 담긴 기도로 불러 주기까지는 계기가 쉽지 않다.

🚹 : 마음계와 영계는 여건이 다르군요.

☼ : 그렇다. 마음계나 영계나 그들의 의식(앎)이 잘못됐음을 느낄 어떤 계기가 생기면, 최고(0=상위 개념)를 느끼려는 영혼의 두 번째 본능에 의해 의식의 변화를 일으켜 그들은 지옥에서 나오게 된다.

🚹 : 그렇겠네요.

☼ : 그렇게 되면 악령들의 거부감으로 형성된 지옥도 저절로 사라지고.

🚹 : 오늘 지옥 이야기는 결말이 좋아 다행이네요.

† 사십 일째 날: 시간의 흐름이 곧 하느님

☼ : 오늘은 일요일인데도 나왔냐?

🚹 : 네, 느낌이 나오고 싶었습니다.

☼ : 잘했다. 그래야 하느님의 창조 목적이 하루라도 빨리 이루어지니까.

🚹 : 하느님의 창조과정은 원칙에 의해 완전(0)히 정해져 있다면서요? 제가 오늘 나와서 하루라도 빨라진다니요?

☼ : 네가 오늘 일요일인데도 나와서 나와 대화를 하는 것까지도 결국 완전(0)히 정해져 있다는 것이다.

🚹 : 내 마음대로 나오고 싶어서 나왔는데, 그게 완전히 정해진 거예요?

☼ : 그래 여자가 얼굴 성형이 예쁘게 돼 운명이 달라졌다면, 그것도 완전히 정해진 것이다.

🚹 : 그게 어째서 완전히 정해진 거예요? 그 여자가 자기 마음대로 성형해서 운명이 바뀐 것이고, 그리고 그건 그 여자가 자유의지로 자기 운명을 바꾼 거지요.

☼ : **한 면(面)만 보면 그렇다. 그러나 모(矛)와 순(盾)이 하나인 二分法 正,分,合으로는 완전(0)히 정해진 것이다. 그 여자는 분명 자유의지로 성형해서 자기 운명을 바꿨지만, 인류 역사의 전체적 흐름으로는 그 여자가 성형술이 발달한 시대에 태어나, 그 여자의 개성과 앎과 여건에 따라(개성+앎+여건=현재 상태), 그 시기에 성형수술을 받을 마음이 생겨 수술했고, 그로 인해 그 여자의 운명이 바뀌게 되었기에 전체적인 인류 역사 과정으로는 완전히 정해져 있는 '완전(0)한 예정론'이다.**

🚹 : 그러니까 그 여자가 성형할 마음이 생긴 것까지도 완전히 정해져 있다는 거네요. 그래서, ① 개인적으로는 완전한 자유의지이지만, ② 인류사회의 전체적 흐름으로는 완전(0)한 예정론이라는 거네요.

☼ : 그렇다. 모(矛)와 순(盾)은 正, 分, 合 원칙에서 分인 상대적(分)이지만 '하나'이기에, ① 전체성(0)으로 보면 창조론이 맞지만, ② 개체성으로 보면 진화론이 맞아, 상대적(分)인 창조론과 진화론이 '하나'이듯이….

운명론도, ① 개체성으로 보면 '완전(0)한 자유의지론'이지만, ② 전체성(0)으로 보면 완전히 정해진 '완전(0)한 예정론'이다.

🚹 : 그런 것도 같긴 한데???~~

☼ : 그건 그렇고, 어제까지 저승의 삶에 관해 이야기했다. 이것은 수학(數學)이다.

🚹 : 이제까지 二分法 正,分,合으로 설명하시다가 수학(數學)은 뭐예요?

☼ : 너에게 正,分,合과 수학이 하나인 것을 설명하려고.

🚹 : 二分法 正,分,合이 수학(數學)이에요?

☼ : 과학의 기초는 물리학이고, 물리학은 수학이다.

🚹 : 그래서 물리수학이라고 하잖아요,

☼ : 앞의 대화에서 피타고라스의 수(數) 개념이 등장한 것은 二分法 正, 分, 合이 수학(數學)이며, 물리학이기 때문이다. 잘 들어라. **무한(0)하시기에, 전체성(0)이시며, 제로(0)이신, 우주 자체 하느님은, ① 원인(正), ② 과정(分), ③ 결과(合), 3위(數)1체로서 완성(0)된 의식**

체(意識體)이시기에, 우주에서 3수(數)는 완성(0)수(數)이며, 완성수(數) 3이, 개체구조인 자연계 공간 3차원으로 드러나면(1차원도, 2차원도, 3차원도 각기 완성된 차원이기에) 3 ×3=9이기에, 9는 완성數 3의 뜻이 완전(0)히 이루어지는 과정수(數)이고 개체성 數이다. 이렇게 개체성인 과정數가 1, 2, 3, 4, 5, 6, 7, 8, 9 이기에, 무한(0)한 전체성 수(數) 제로(0=正=원인)가 개체성의 과정수(數) 9(分)를 거치면(0+9=10) 뜻이 실체로 드러난 10數(合=결과)이기에 실체數 10은 우주 充足數이다.

🚶 : 二分法 正,分,合이 수학이며, 물리학이며, 과학이란 근거가 이거예요?

☼ : 이렇게 우주 충족수(充足數)가 10수(數)이기에, 전체성(0) 앎을 실체적 체험으로 깨달아 가는 인간들의 앎 수준 역시 10개 층이다. 그 결과 자연계는 10가지 수준의 인간들이 뒤섞여 살아가지만, 마음계는 인습을 버린 수준에 따라 3개 층으로 분류되며, 영계 역시 개체의식을 벗은 수준에 따라 惡靈 3개 층과 善靈 3개 층으로, 6개 층이 도표와 같이 분류된다.

인간의식 영적진화의 9가지단계

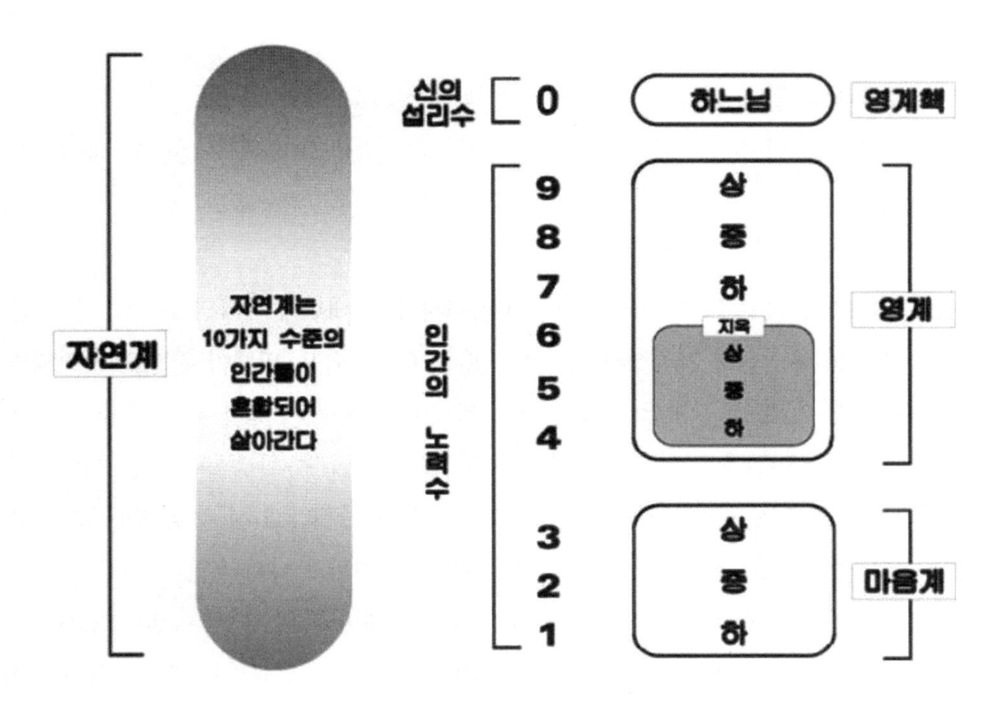

🚹 : 도표를 보니 이해가 쉽네요.

☼ : **이 9가지 과정적 수준에서 하느님은 다른 곳에 계신 게 아니고, 원인(0)과 결과(10)로 써 9가지 과정을 모두 포함하고 계시기에 과정인 시간이 곧 10번째인 하느님의 실체적 드러남이다.**

🚹 : 놀랍네요.

☼ : **이렇게 느낌이 느껴지는 正,分,合 과정이 곧 하느님께서 존재를 체험(意識)하는 순간이며, 하느님의 '스스로를 느끼기 위한 목적'이 실체적 체험(意識)으로 이루어지는 순간이다.**

🚹 : 네에.

☼ : 신나이 3권 541p에서도, '존재 전체(하느님)는 과정'이라고 했다.

🚹 : 그래요?

☼ : 이렇듯 차원도 이승과 저승이 10개 층이고, 앎의 수준도 10개 층이다.

---

† 사십일 일째 날: 완벽하기에 예수와 유다가 따로 없다

☼ : 좀 늦었구나.

🚹 : 네 그런데 개개인이나, 인류 역사나, 완전히 정해진 과정을 가고 있다고 하시던데요? 그게 궁금해요.

☼ : 그래? 그럼 시원하게 설명해 줄까?

無限(0)한 하느님은 그 체질이 제로(0=완전)이시기에, 태초에 시작된 正, 分, 合 흐름 역시 제로(0)를 중심으로 개체성의 1, 2, 3, 4, 5, 6, 7, 8, 9, 비중이 완전(0)히 갈리며 진행됐다. 예를 들면, 인간의 앎은 성장하는 매 순간 질량과 구조를 갖게 된다. 이렇게 개개인의 개성과 여건에 따라 성장한 앎의 차이를 단단한 돌과 퍼석한 진흙 덩어리에 비유하고, 그 돌과 진흙 덩어리에 똑같은 힘으로 어떤 물체가 와서 부딪치면, 그 돌과 진흙에는 완전(0)한 正, 分, 合 원칙에 의해 각기 다른 결과가 나타난다.

즉, 같은 환경이라도 개개인의 개성과 앎 질량 차이에 따라 반응이(合=결과) 다르며, 이것은 앞에서 들었던 예와 같이 태초부터 시작된 완전(0)하고 빈틈없는 제로(0)를 중심으로 한 正, 分, 合 원칙 흐름의 결과이다. 그렇기에, ① **소립자부터 시작되어 원자, 분자를**

거치며 나타나는 모든 물질의 변화나, ② 인간들이 사회를 구성하여 서로 부딪치며 살아가는 변화 과정이나, ③ 모두가 완전(0)한 正, 分, 合에 의해 일어나는 완전(0)한 연쇄반응이다. ④ 그러나 너희는 이 모든 완전(0)한 연쇄반응 변화를 도저히 예측할 수 없기에 '우연' 또는 '재수'라 한다.

결국, 너희들의 매 순간 상태는, 완전한 제로(0)를 중심으로 개체성의 비중이 완전(0)히 갈리며 흐른 '개성+앎+여건=현재 상태'인 것이다. 예를 든다면, 남자의 정자와 여자의 난자가 합하여 아이로 태어나 성장하는 과정 역시 마찬가지이다. 왜냐하면, 남자는 그때까지 살아오며 처했던 여건과 체질에 따라 순간 마다 체질과 정자 질량이 완전(0)히 정해져 있고, 물론 상대 여자도 마찬가지이다. 그러다가 여건이 되어 정자와 난자가 합하면, 정자와 난자의 질량 비중에 따라 완전(0)한 正,分,合 흐름이 흘러 태아의 육체나 얼굴 형태가 결정된다.

그리고 그렇게 결정된 아이의 얼굴에는 관상이 나타나고, 태어나는 년(年), 월(月), 일(日), 시(時) 사주가 나타나지. 어느 날, 어느 시, 어떤 여건의 가정에서, '어떤 개성과 형태를 가진 아이가 태어나 어떻게 살다가 어떻게 죽을 것이다.' 하는 것이 이미 완전(0)히 예정되어 있다가, 순서가 되어 실체적으로 드러나고 있을 뿐이다. 이렇듯, 우주 물질의 변화나, 인간들이 부딪치며 살아가는 삶이나, 완전(0)한 正,分,合에 의해 완전(0)히 정해져 있다.

🚹 : 그럼? 제가 길 가다가 기침 한 번 하는 것도 완전(0)히 정해져 있겠네요?

☼ : **네가 매번 호흡할 때 내뿜는 공기의 성분과 질량까지도 완전(0)히 정해져 있다. 이렇듯 이제까지와 현재, 또 미래의 그 무엇도 우주의 모든 것은 완벽(0)하다.**

🚹 : 그런가요?

☼ : 이렇게 正, 分, 合이 완전한 제로(0)를 중심으로 흐르고, 그래서 인간의 운명이 완전히 정해져 있다는 것은, 결국 인간은 누구나 다 똑같다는 것이다. 예를 들면, 은 30량에 예수를 팔아 죽게 했다고 많은 사람의 지탄을 받는 가롯 유다의 경우도, 그 사람의 개성과 그때까지 성장한 앎으로 그 환경에 처했다면, 완전(0)한 正, 分, 合 흐름 결과, 그 누구든 당연한 것이다. 그렇기에 그 누구나 각기 타고난 개성과 앎의 성장 여건인 시대적 환경이 문제일 뿐, 예수도 마찬가지다. 누구나 예수의 부모로부터, 예수의 개성을 갖고 태어나, 똑같은 여건과 과정을 밟았다면 그 역시 예수인 것이다.

🚹 : 그렇다면 예수나 유다나 특별한 게 아니군요.

☼ : **그래서 앎의 미완성 시대에 무지(無知)로 태어나 지금까지 죄악(罪惡)을 저지른 인간들은, 자기들이 저지른 죄악(罪惡)에 대해 자책을 느낄 아무런 이유가 없다. 오히려 어렵고 힘든**

앎의 미완성 시대에 태어나 힘들었을 뿐. 생각해봐라. 지금 이 시간 얼마나 많은 사람들이 앎의 미완성시대에 태어나 무지(無知)로 인한 죄책감(罪責感)에 시달리느냐? 개성이 달라 절대 가치를 가지고 있는 너희들 하나하나가 이 우주에서 얼마나 빛나는 존재인데.

🚹 : 그런데 성경에는 왜? 이렇게 나와 있어요? 이브와 아담이 하느님 말씀을 안 듣고 善惡果를 따먹고 타락해서 낙원인 에덴동산에서 쫓겨났다고요. 그래서 인간에게 죽음이 생겼고, 힘들게 노동을 해야 먹고 살게 되었다고요.

☼ : 그건 너희들을 그렇게 이끌어야 하는 이유가 있었다.

🚹 : 그렇게 이끌어야 하는 이유가 있다니요?

☼ : 그 당시 인류의 앎, 수준에는 그게 최선(0)이었다.

🚹 : 사실 저는 창조주한테 불만이 많아요. 기독교에서 말하길, 하느님은 인간을 자녀로 지으시어 부모의 마음으로 사랑하시며, 그 자녀인 인간이 괴로워하면 같이 괴로워하신다고 하더라고요. 그리고 또 전지(全知) 전능(全能)하시고요. 그렇다면 하느님은 아담과 이브가 선악과(善惡果) 시험을 이겨내지 못하고 타락할 것을 아셨을 텐데, 왜? 이브와 아담에게 그런 잔인한 선악과(善惡果) 시험을 주셨나요? 그러고는 책임을 이브와 아담에게 덮어씌워 그게 원죄(原罪)가 되어 후손 대대로 내려간다며 자책감(自責感)에 괴로워하게 하셨냐고요? 인간이 괴로우면 하느님도 괴로우시다면서요? 더구나 창세기 6장 5~9절에 보면, 하느님은 인간이 타락하자, 인간 지으신 것을 한탄하셨다고 하는데, 하느님이 전지(全知) 전능(全能)하시다면? 지금이라도 죄지을 사람들은 미리 아실 테니 안 태어나게 하시면 되잖아요? 성당에서 물어보니까, '그것은 인간에게 자유를 주어 하느님에게 각자가 얼마나 공(貢)을 세우나 보기 위함'이라고 하더군요. 이게 말이 돼요? 불완전하다는 인간도, 부모에게 공을 세우게 하기 위해 뻔히 알면서 자녀를 시험하고, 실수했다며 죄의식에 힘들게 한다면, 그런 하느님이면 저보다도 못해요.

☼ : 와! 숨도 안 쉬고 어떻게 그렇게.

🚹 : 생각해 보세요. 이게 말이 되냐고요? 그래서 사람들이 종교에서 멀어지는 거예요. 그동안 말도 안 되는 이거 때문에 얼마나 열 받았는지 아세요?

☼ : 그래 네 말도 듣고 보니 말 된다. 그런데 6,000여 년 전 하느님께서 인류에게 앎을 성장시키기 시작했을 때는 너희들 앎 수준이 너무 낮았다. 그런 수준에서, 앎 성장 섭리를 시작하려니까, 너희들 발목 잡는 충격적 사건이 아니면 너희들이 관심을 두지 않겠기에 '원인을 너희에게 덮어씌운 것'이다. 그런데 너희가 二分法 正,分,合을 알면, 너희들에게 덮어씌운 것도 아니란 걸 알게 된다.

🧍 : 예? 그건 왜요?

☼ : 너희가 개체구조로 분화하였기에 움직임의 원칙 3에 의해 너희가 무지(無知)로 태어나 앎이 성장하는 과정이 있는 거니까.

🧍 : 아! 그래요? 그렇다면 앎의 미완성 시대에 태어나 '맨땅에 헤딩'하며 고생한 사람들은 어떻게 해요?

☼ : 걱정 마라. 그들이 二分法 正,分,合 원칙을 알게 되면, 각자 최선을 다한 만큼 나름의 보람과 긍지를 갖게 된다.

🧍 : 그러면 그들에게도 상응한 보상이 있다는 거네요.

☼ : 그럼. 미완성 시대에 태어나 최선을 다한 만큼 스스로 보람과 긍지로 100% 보상받게 된다. 이 우주는 완전(0)하기에 억울한 것도 없고, 공짜도 없다. 그러니 아무 걱정 말아라.

---

† 사십이 일째 날: 인류 역사는 이제 시작이다

☼ : 어? 너 표정이 왜 그러냐? 어디 아프냐?

🧍 : 말 시키지 마세요. 말할 기분이 아니에요.

☼ : 어? 네가 왜 그러는지 알겠다.

🧍 : 예? 어떻게 아세요.

☼ : 네 얼굴에 쓰여 있거든.

🧍 : 그럼, 맞혀 보세요.

☼ : 이제 말할 기분이 좀 드냐?

🧍 : 저에게 말할 동기부여를 주시니까요.

☼ : 옳지 걸려들었다. 네가 말할 기분이 아니면 우리 대화에 문제가 생기니까 안 되지.

🧍 : 어이구, 맞혀 보시라니까요?

☼ : 어제 이야기의 후유증을 앓고 있는 거다?

🧍 : 예? 반은 맞추셨네요. 무슨 이야긴지 맞춰 보세요.

☼ : 아마 그 후유증이 빠르면 보름 정도에 끝나고. 오래 가면 한 달 이상도 갈 거다.

🧍 : 그게 무슨 말씀이세요?

☼ : 으응. 개개인의 여건과 성향에 따라 약간씩 차이가 있지.

🚹 : 말씀하시는 거 보니 맞추신 것도 같네요.

☼ : 어제 그 이야기를 들으면 너희들은 숙성 과정이 걸려 크거나 작은 후유증이 있다.

🚹 : 저도 이야기를 듣고 납득은 했지만, 얼른 와 닿지 않아요.

☼ : 그 이야기를 듣고 나면 누구나 겪게 되는 충격파이다.

🚹 : 글쎄, 그게 말이 되냐고요? 그걸 알면 누가 아등바등 코피 터지게 최선(0)을 다하겠어요?

☼ : 그 충격은 시간이 지나며 숙성돼 네 개념의 깊은 곳에 숨는다. 그리고는 잊고 지나다가 네 삶에 필요하면 다시 고개를 들고 나타나지.

🚹 : 그러니까, 뭐예요.

☼ : 잊히는 게 아니고, 네 개념의 한쪽에 숨어 있다가 필요하다 싶으면 살짝 나타나 너에게 도움을 주지.

🚹 : 제가 아는 게 도움이 된다고요?

☼ : 그럼. 이걸 알면 너는 너와 부딪치는 모든 상대를 완전(0)히 이해할 수 있고, 그래서 네 마음을 완전히 비울(0) 수 있으며, 우주와 인류 역사의 전체적 흐름도 완전(0)히 이해하게 된다.

🚹 : 호오? 그러면 누구나 이걸 꼭 알아야 하겠군요.

☼ : 그러니까 이 대화에서 내가 너에게 철저히 설명해 주지.

🚹 : 저는 얼른 생각하니까, 이걸 알면 사람들이 누가 힘들여 최선(0)을 다하겠는가? 하는 생각이 들더라고요.

☼ : 너희에게는 움직임의 원칙 3에 의한 최고의 선물 망각이라는 게 있잖냐.

🚹 : 아! 망각요?

☼ : 처음엔 기분이 그래도 영핵의 두 번째 본능이 너희들에게 꼭 필요한 것은 잊지 않는다.

🚹 : 그나저나 힘이 안 나요. 다 귀찮고요.

☼ : **우주와 인간들의 모든 과정이 완전히 정해져 있다는 것을 철없을 때 들으면 별거 아닌데, 코피 터지게 최선(0)을 다하며 아등바등 살다가 중간에 들으면 팽팽하던 고무줄이 '탁!' 끊어지는 것 같아 누구나 그런 후유증을 겪는다.** 그런데 어제 이야기에 이어지는 이야기 하나 해줄까?

🚹 : 또 기운 빠지고 짜증 나는 거예요?

☼ : 아닐 걸, 성경에 보면 아담과 이브가 살던 에덴동산에서는, 너희들이 죽지도 않고, 또 먹고 살기 위해 힘들게 노동하지 않아도 된다고 했는데, 그게 모두 사실이다.

🚹 : 예? 그게 사실이에요? 正,分,合이 반복되는 자연계에서 그게 가능해요?

☼ : 물론, 正,分,合이 반복되는 자연계에서 너희들의 육체는 당연히 죽기에 그건 아니다.

: 그럼, 뭐예요?

☼ : 아담과 이브가 등장하는 성경의 에덴동산은 인류에게 正,分,合 앎을 성장시키는 7,000년 과정이 끝나, 하느님의 창조 목적이 완전히 이루어진 인류사회를 말한다.

: 그래요?

☼ : 그래. 왜냐하면, 아담과 이브로 시작한 앎의 성장 과정 7,000년이 끝나 너희들 모두가 正,分,合 원칙을 알게 되면, 자연계에서의 육체소멸은 죽음이 아닌 마음계, 영계, 영계핵을 향한 과정일 뿐, 너희는 영원히 존재함을 알게 된다. 그러니 너희에게서 죽음이 사라지는 것이다.

: 그런 뜻이에요?

☼ : 그리고 正,分,合 앎이 완성된 1,000년 후의 세계는 물리적인 앎(과학)도 거의 모두 밝혀져 과정이 걸릴 뿐, 너희들은 외계 진출을 비롯해 최선을 다하면 무엇이나 할 수 있다. 따라서 '먹고 살기 위한 힘든 노동'이라는 개념도 너희들에게서 사라지고.

: 그럼 말이 되네요.

☼ : **태초 하느님께서 목적한 우주 창조는 인류의 앎이 완성된 것이었으니까.**

: 그럼 처음부터 그렇게 창조하시지 그랬어요?

☼ : **허어! 일단 창조하고 보니 스스로(神)의 체질인 3위1체 正,分,合에 의해 7,000년이라는 앎의 성장 과정이 있더라고 했잖냐?**

: 그럼 창조 목적이 아직 끝나지 않았네요?

☼ : 6,000년 전의 아담으로 시작해 서기 2005년을 기점으로 한 때 두 때 6,000년이 지났으니 아직 반 때 1,000년이 남았다.

: 그러면 하느님의 우주 창조에 있어서 우리는 아직 시작점에 있군요?

☼ : 그래서 신나이 3권 432p에 보면 신나이 신도, "너희는 이제 시작일 뿐이다. 너희의 가장 장대한 관념들은 아직 체험되지 않았고, 장대한 전망들은 아직 실현되지 않았다. 하지만 기다려라! 보라! 주목하라! 너희가 만개할 날들이 가까이 왔으니, 줄기는 튼튼하게 자랐고 꽃잎은 금방이라도 펼쳐질 듯하다. 그리하여 너희에게 말하노니 그 꽃의 아름다움과 향기는 땅을 가득 채울 것이며, 너희는 이제 신들의 장원에서 너희의 자리를 차지할 것이라!"라고 한 것이다.

† 사십삼 일째 날: 신(神)과의 합일(合一) 최고의 희열 지복

☼ : 뭐 하냐? 아직도 기운이 안 나냐?

🚹 : 네, 좀 그래요. 맥이 빠져서 그런지 통 움직이기가 싫어요.

☼ : 넌 원래 좀 게으른 편에 속하잖냐?

🚹 : 네, 그런 편이지요. 그런데 궁금한 게 있어요?

☼ : 뭔데?

🚹 : 그렇게 우주의 모든 과정이 완전(0)히 정해져 있다면? 어떤 사람이 그걸 알고 일하기 싫어 꼼짝하지 않다가 굶어 죽으면, 그것도 완전히 정해진 건가요? 그럴 수도 있잖아요.

☼ : 허어, 그런 사람이 있어서 막상 굶어 죽었다면, 그것도 당연히 완전히 정해진 과정이지. 그 역시 태초부터 제로(0)를 중심으로 비중이 갈린 '개성+앎+여건=현재 상태'라는 正, 分,合 흐름 결과이니까.

🚹 : 당연히 그런 답이 나올 줄 알았지만 듣고 보니 참 거시기하네요.

☼ : 그래 正,分,合 원칙은 일관성이기에 거시기한 건 쭉~ 거시기하다.

🚹 : 더 부딪쳐봐야 국물도 없겠군요.

☼ : 그래, 이제야 네가 마음 비우는 걸 보니 후유증이 깊구나.

🚹 : 입장 바꿔 생각해 보세요. 힘들여 일할 맛 나겠나요. 아무리 발버둥 쳐도, 아무리 게으름피워도, 그게 모두 태초에 완전히 정해진 과정이라는데.

☼ : 이젠 네가 할 말 다 한 것 같구나. 그럼 이제 저승에 대한 본론으로 들어가자.

🚹 : 그러세요. 뭐 어차피 완전히 정해진 건데요. 뭐.

☼ : 어디까지 얘기했지?

🚹 : 지옥이 생긴 원인과 지옥은 누가 보내서 가는 게 아니고, 영계태양인 하느님과 체질이 달라 이질감이 뜨겁게 느껴져 숨는 거라고요.

☼ : 후유증은 심해도 기억은 하고 있구나. 그럼 본론을 시작한다.

자연계에서 착하게 살다가 죽어 전체 의식(0) 체험(앎)이 있는 영들은, 그만큼 영계핵과 상대적(分)이지만 같은 질(合一)이기에 움직임의 원칙 1, 2, 3이 흐르니 그 느낌은,

① 자연계에서 너희가 따뜻한 태양 빛을 받으면 행복해하고 즐겁듯,

② 영계의 태양 빛이 따뜻한 사랑(빛)으로 느껴져 너희는 행복하고 즐거운 삶을 즐기게 된다.

즉, 악령에게는 이질감으로 뜨겁던 영계태양(하느님)의 사랑(빛)이 너희에게는 따뜻하

게 느껴지는 것이다. 물론 전체 의식(0)이 짙어 하느님과 체질이 더 같을수록 느껴지는 따뜻한 사랑의 느낌도 짙고 풍부하지.

🚹 : 자연계의 따뜻한 태양 빛을 예로 들어주시니 이해가 되네요. 영계에서 그렇게 따뜻한 영계태양(하느님)의 사랑(빛)을 느끼면 참 행복하겠어요.

☼ : 자연계의 태양이 영계태양(하느님)의 표상이라고 했잖냐? 자연계의 따뜻한 태양 빛과 체질이 다른 지렁이는 괴로워 땅속으로 숨거나 그게 안 되면 죽지만, 태양 빛과 체질이 같은 동, 식물들은 태양 빛이 곧 생명력이기에 필사적으로 햇빛을 더 받으려 하지 않더냐?

🚹 : 설명을 들으니 이해가 됩니다.

☼ : 그런데 인습이 사라지는 마음계와 달리 영계에서는 개체의식이 쉽게 벗겨지지 않는다.

🚹 : 예? 왜요?

☼ : ① 영계에서도 正,分,合 원칙을 철저히 이해해 '우리 모두가 하나' 인 것과 개체의식을 구별해 전체의식을 체험하면 개체의식은 빨리 사라진다.

② 하지만 영계에서도 正, 分, 合을 모르면 뭐가 전체의식이고, 뭐가 개체의식인지 몰라 개체의식이 사라지지 않는다.

🚹 : 그렇겠네요.

☼ : 그래서 태초부터 지금까지 수많은 영이 영계까지는 쉽게 갔다. 하지만 영계핵까지 도달한 영들은 그리 많지 않다.

🚹 : 그러면? 그런 상황에서도 영계핵까지 도달한 영들은 어떤 영들인가요?

☼ : 먼 옛날 원시 씨족이나 부족사회일 때, 소수의 친·인척이 모여 살며 태어나자마자 '모두가 하나'라는 의식으로 당연히 똑같이 나누어 먹고 살며, 전체의식(0)을 체험하다 죽으면, 그만큼 영계핵에 도달하기 쉽다. 물론 그 사람들도 개체로 태어났기에 개체의식을 벗기가 쉽지 않지만, 그중에도 씨족을 이끄는 책임감으로 전체의식(0)을 철저히 실천하며 체험해 앎이 성장한 지도자들이 있다. 그들 중, 전체의식이 확대되어 모든 인간이 하나라는 것까지 깨달아 철저히 체험한 사람들이니까, 그 수(數)는 많지 않다.

🚹 : 그렇군요. 영계핵(하느님)까지 가기가 그렇게 어려우면, 正,分,合 원칙을 알고도 쉽게 갈 수 있겠어요?

☼ : 그렇지 않다. **너희가 正,分,合 원칙을 철저히 알면, 너희는 매 순간 닥친 여건에서 하느님의 뜻과 전체성(0)과 개체성을 철저히 구별할 수 있게 돼, 하느님의 뜻에 따른 전체성(0)을 체험하다가 육체를 벗으면 영계핵에 순식간에 도달하게 된다. 왜냐하면, 너희들은 움직임의 원칙 1, 2, 3에 의해, ① 아는 만큼(개념=正) 보이고 ② 보이는 만큼(分)**

③ 느끼며(合) 영핵 앎이 성장하기 때문이다. 다시 한 번 말하지만 죽은 지 3일 만에 부활한 예수가 그 표상이다.

🚹 : 아 그러니까? 예수가 3일 만에 부활했으니, 우리 역시 마찬가지라는 거네요.

☼ : 그래, 예수가 3일 만에 부활한 증거가 있으니, 너희는 자신감을 가져라.

🚹 : 그런데요, 우리가 부활할 수 있는 앎의 수준이 가장 빠르다면 몇 살부터 가능할까요?

☼ : 오! 그거 좋은 질문이다. 부모로부터 태어나 철저한 교육으로 15~16세에 二分法 正, 分, 合을 충분히 이해해 몇 년간 철저히 체험한다면 20세 정도에 가능하겠지. 왜냐하면, 인류구원 과정 7,000년에서 지금 시점이 인간 15~16세에 해당하는 6,000년이며, 이제부터 1,000년간 인간이 二分法 正, 分, 合을 충분히 체험해 하느님의 창조 목적이 이루어진 사회가 될 테니까.

🚹 : 그렇다면 33세에 죽어 부활한 예수가 가장 빠른 건 아니네요.

☼ : 그렇지.

🚹 : 그러면 제가 철저히 하느님의 뜻과 전체성(0)을 체험해 영계핵(하느님)에 가면? 뭐가 어떻게 달라지나요?

☼ : **영계핵에 도달하면, ① 전체성(0)인 영계핵 하느님과 개체성인 영핵 너희 사이에는, ② 같은 전체성(0) 체질이지만 구조가 개체성과 전체성(0)으로 상대적(分)이므로 인한 에너지(느낌=사랑)가 흐르니, ③ 그 흐름이 곧 영계핵(하느님)과 너희에게 흐르는 지복(至福)이며, ④ 그 지복(至福)이 곧 영계핵(하느님)의 우주 창조목적이며, 너희의 존재 의미인 우주 생명력이다.**

🚹 : 지복(至福)이 뭐예요?

☼ : **지복(至福)이란 우주에서 느낄 수 있는 최고의 체험 희열(喜悅=황홀경)을 말한다.**
① 하느님의 창조 목적에 따라 너희가 생겼기에, 하느님은 너희 부모이고, 너희는 그 자녀이며, ② 하느님은 전체성(0) 구조이시고, 너희는 개체성 구조이기에, 하느님과 너희는 같은 질이지만 상대적(分) 구조인 이성(異性)이다.

🚹 : 그래서요?

☼ : **이렇듯 지복(至福)이 곧 우주 생명력이기에, 인간을 비롯한 모든 생물의 암수 성기 교합 결과는 '실체적인 생명체 탄생'으로 이어진다. 이렇듯 부모와 자녀가 느끼고, 구조가 상대적인 이성(異性) 간에 느끼는 희열(喜悅)인 지복(至福)은, ① 하느님의 '느끼기 위한 창조 목적(正)'이, ② 과정을 거쳐(分), ③ 실체적으로 드러난 결과(合)이다.**

🚹 : 와! 그렇군요.

☼ : ① 너희는 正,分,合 원칙을 철저히 이해하여 자연계의 모든 흐름을 철저히 이해해야, ② 마음계와 영계와 영계핵의 흐름 역시 철저히 이해하게 된다. 왜냐하면, 이승인 자연계의 모든 것이 곧 저승의 표상(그림자)이기에.

🚹 : 그렇군요.

☼ : 그래서 또 성경 이야기를 하게 되는데, 구약성경 이사야 1장 2절, 66장 13절, 시편 82장 6절, 97장 8절에 보면, ① 인간을 '창조주 하느님의 번식체'라 하였고, 이사야 50장 1절, 54장 5~6절, 62장 4~5절에 보면, ② 하느님과 인간을 '이성(異性)같은 존재'라 했다.

🚹 : 아, 구약성경에도 그런 말이 있어요? 그런데 왜 자꾸 기독교 성경을 말해요?

☼ : 아직도 기독교 성경에 대해 거부감이 있냐? 무엇이 거부감이 들고 안 들고 하는 선입견은 개체성으로서 무한확대(0=전체성)를 거부하는 오류이다.

🚹 : 기독교에 대해 거부감이 있는 분들에게는 좋지 않다고요.

☼ : **하느님과 인간영이 느끼는 절대적(0) 지복은 두 가지이고. 개체영끼리 부딪치며 느끼는 상대적(分) 지복 3가지가 또 있다.**

🚹 : 예? 영들끼리 상대적(分)으로 느끼는 3가지 지복이 또 있어요?

☼ : 그렇다. ③ 형제 자매간의 친밀감, ④ 친척 간의 친밀감, ⑤ 동료와의 친밀감으로써 이것은 저승에 가서 너희 영들끼리 느끼는 지복(至福)의 표상이다.

🚹 : 그러고 보니 자연계의 모든 게 저승의 표상이군요.

☼ : 이에 있어서 3가지 구성체는, 2가지 핵을 '위한 것'이듯이, 3가지 상대적 지복 역시, 2가지 절대적 지복을 '위한 것'이다.

† 사십사 일째 날: 완전히 공평한 하느님

☼ : 나왔냐?

🚹 : 네 나왔어요.

☼ : 어제 지복(至福)이 얼마나 중요한지 알았지.

🚹 : 예. '뜻이 하나 된' 남녀가 성기교합에서 느끼는 '희열'이 지복(至福)이라며, 우주에서 이 느낌을 능가할 체험은 없다고 하셨잖아요.

☼ : 그런데 남녀 성기교합 희열이 창조주와 인간이 느끼는 지복의 표상임을 알고 있는 사람

들이 오래 전부터 있었다.

🚶 : 그래요?

☼ : 그들은 남녀의 성기교합 체험이 신(神)과 합일(合一)하는 가장 빠른 길이라 생각해, 남녀의 성기교합을 가장 신성시하여 '실제적인 성기교합 의식'까지 있었으며, 그 흔적이 곧 남녀의 성기교합 모습을 스투파(탑)에 새겨 놓은 인도의 일부 종교이다.

🚶 : 텔레비전 다큐 프로에서 봤어요. 남녀의 성기와, 여러 가지 체위까지 표현했더라고요.

☼ : 이렇게 남녀의 성기교합 희열이 영혼의 황홀경인 지복(至福)의 표상임을 과학적 실험으로 입증한 사례가 있으니, ① 독일의 유명한 정신병학자인 크라프트 에빙(1840~1902)은 종교적 감정과 성적 감정은 흥분의 도가 일치되며, 이 두 가지는 서로 대상(代償)된다 하였고, ② 독일 태생으로서 성녀로 추앙받는 '테레사'도 그의 저서에서 "육체는 향락에 몰입되고, 영혼은 황홀경에 의해 영향을 받는다."라고 했으며, ③ 막스 놀다우도 "종교적 황홀경에 빠진 사람은 육체의 성적쾌감과 똑같은 쾌감을 맛보며, 생리적으로도 동일한 현상이 나타난다."고 보고서를 썼다.

🚶 : 그럼, 생리적으로도 입증되었네요.

☼ : 자연계의 태양이 하느님인 영계태양의 표상이라는 것은 네가 영계에 가면 알게 될 테고.

🚶 : 그렇겠지요.

☼ : 그런데 너희가 이렇게 중요한 지복(至福) 상태로 들어가는 데에는 두 가지 원인과 두 가지 방법이 있다.

🚶 : 예? 두 가지 원인과 두 가지 방법요? 그냥 인습과 개체성만 벗어나 영계핵(하느님)에 가면 저절로 느껴지는 게 아닌가요?

☼ : **물론 누구나 영계핵에 가면 하느님과의 지복(至福)이 나름대로 느껴진다. 하지만 영마다 영계핵(하느님)과 같은 질이 된 비중만큼 지복(至福)의 느낌은 천차만별이다.**

🚶 : 오호, 그래요?

☼ : **지복(至福)이 하느님과 인간의 존재 의미이며 목적으로써 우주 생명력이기에, 지복(至福)의 질량 차이는 대단히 중요하다.**

🚶 : 영계핵에만 가면 누구나 지복(至福)이 저절로 느껴지는 줄 알았는데 그게 아니예요?

☼ : 그렇다.

🚶 : 그러면 하느님께서는 제로(0)로서 완전히 공평(0)하시다며, 그게 아닌가요? 누구는 지복(至福)을 찐하게 체험하고, 누구는 지복(至福)을 희미하게 건성건성 느끼는 둥 마는 둥 대충 체험한다는 거 아니에요?

☼ : 그렇다.

🚹 : 예? 하느님은 완전(0)히 공평(0)하시다면서요?

☼ : 그렇다. 하느님은 완전(0)히 공평(0)하시다.

🚹 : 예? 그게 뭐예요?

☼ : **① 너희들이 '공평하다', '공평하지 않다'라고 비교하는 것은 상대적(分) 관계에서 드러나는 비중 차이다. ② 그런데 하느님과 너희들은 상대적 관계가 아닌 유일한 절대적(0) 관계이다. ③ 그래서 네가 하느님과 체험하는 지복(至福)의 질량은 너와 하느님만의 느낌일 뿐, 아무도 네가 하느님과 체험하는 지복(至福)의 질량을 알 수 없고, 너 또한 다른 영들이 하느님과 체험하는 지복(至福)의 질량을 알 수 없어 비교가 되지 않아 공평과 불공평 자체가 있을 수 없다.**

🚹 : 아이구! 말이 안 될 것 같은데도 말이 되네요.

☼ : 그것은 네가 모(矛)와 순(盾)이 하나인 二分法 正, 分, 合 원칙을 모르기 때문이다.

🚹 : 二分法 正, 分, 合 원칙이 그런 거예요?

☼ : 이제까지 설명한 모든 설명이 二分法 正, 分, 合 원칙이며, 그 원칙으로 전개되어 온 물질 진화와 인류의 앎 성장 과정이라고 몇 번이나 말했는데.

🚹 : 참 지복(至福)에 이르는 두 가지 원인과 두 가지 방법이 있다고 하셨잖아요.

☼ : 그랬지. 그런데 이야기가 길어졌으니 내일로 미루자.

🚹 : 이거 한 번에 다 들을 수는 없을까요?

☼ : 그래? 네가 출판해서 책이 나오면 한 번에 다 읽어라.

🚹 : 책이 나오긴 나와요?

☼ : 그래, 내가 다 준비해 놓았으니, 너는 최선(0)을 다하기만 해라.

---

† 사십오 일째 날: 천사의 의미와 神은 우리의 복종을 원치 않는다

☼ : 어, 벌써 와 있었냐?

🚹 : 왜 이렇게 늦으셨어요?

☼ : 생각 좀 하느라고 어떻게 설명해줘야 네가 이해를 잘 할까? 생각하느라 그랬다.

🚹 : 이제까지 잘하셨잖아요.

☼ : 지복(至福)에 이르는 두 가지 원인과 두 가지 방법이어서.

🚹 : 네에?

☼ : 생명력이란 '존재목적의 제로(0)'를 위한 구성체들의 유기적인 움직임이라고 했지.

🚹 : 네 모든 생명체 진화의 원인이라고도 하셨고요. 그런데 그게 지복(至福)에 이르는 두 가지 원인과 두 가지 방법에 무슨 연관이 있나요?

☼ : 절대적이지, 국가를 예로 들면, 국가를 구성한 국민들이나, 공무원들이 오직 국가라는 '존재목적의 제로(0)'를 중심으로, '뜻(목적)이 하나 되어' 일사불란하게 유기적으로 움직이면, 그 국가는 최대의 효율과 생명력 있는 '종 체계'로서 가장 튼튼한 국가가 된다. 이것은 국가만이 아니라, 가정이나, 회사나, 무슨 모임이든, 모든 구성체는 마찬가지이다.

🚹 : 그렇지요.

☼ : 그러나 국민이나 공무원들이 국가 '존재목적의 제로(0)'가 아닌, 개개인의 이익을 위해 제각각 움직인다면, 그 국가는 그만큼 부실하거나, 곧 붕괴되고 만다. 물론 가정이나, 회사나, 모임이든, 모든 구성체도 마찬가지이고.

🚹 : 그렇지요.

☼ : 그래서 국민들이나, 공무원들이 국가를 위해 최선을 다하도록 국가에서는 포상도 하고, 훈장도 주며 격려를 아끼지 않는다. 그 결과 국가로부터 포상받고 훈장 받은 사람들은 국가를 위해 최선을 다했다는 것이, 그들에겐 큰 자부심이고 긍지여서, 그에 따른 보람과 기쁨이 있다. 즉, 국가란 공동체를 위한 '존재목적의 제로(0)'를 위해 최선을 다한 것이, 그들에게는 개인적으로 불편한 희생이 아닌, 보람과 긍지로서 큰 기쁨인 것이다.

그래서 신과 나눈 이야기 3권 449p에 보면, 신나이 신은 "고도로 진화된 존재들은 순교자가 아니다. 어떤 '독재자'의 희생자가 아닌 건 말할 것도 없고, 그들은 이런 상태를 넘어서 있다."라고 말한 것이다. 그리고 이어서, 신나이 3권 458p, "이 정도야 너희도 다 알고 있다. 진리는 불편한 경우가 많지만, 그럼에도 이 책은 진리를 가져오기 위해서 왔다."라고 했다.

🚹 : 아, 신나이 신이 그런 말을 했어요?

☼ : **생명체는 구성원 모두가 뜻(목적)이 하나(合一) 되어 일사불란하게 유기적으로 움직이는 것이 생명력이듯이, 인류사회 역시 하느님의 우주 창조에 있어서 그 구성원인 자연계의 인간과 저승의 영들이, 개인적으로는 불편해도 하느님의 우주 창조목적과 '뜻이 하나 되어' 일**

사불란하게 유기적으로(종 체계) 움직일 때, 하느님의 우주 창조 목적은 최대의 효율과 생명력이 되어 가장 이상적인 인류사회가 되고, 너희 개개인은 보람과 긍지로 개인적 불편보다 더큰 기쁨을 느낄 수 있는 기회(하느님과 인과관계를 맺는=情)가 되는 것이다.

🚹 : 그렇군요.

☼ : **이것이 곧, ① 너희들이 하느님과 하나 되는 유일한 길이며, ② 인류 사회 전체가 하느님과 하나가 되는 유일한 길이며, ③ 무한(0)한 우주가 하느님과 하나 되는 지상천국, 천상천국이다.**

🚹 : 와! 그렇겠네요.

☼ : **그러나 너희가 二分法 正, 分, 合을 모르면 하느님의 창조 목적을 알 수 없어 하느님과 뜻이 '하나(合一)' 될 수 없다. 正, 分, 合을 모르는데도 아브라함같이 하느님을 위해 무언가 하려 한다면, 그것은 하느님에 대한 복종이다. 그래서 아담 이후 지금까지 인류에게 앎을 성장시켜 오는 과정에서 하느님의 뜻에 협조한 인간들은 하느님의 창조 목적을 몰라 스스로의 기쁨과 보람이 아닌 일방적인 '절대복종'이었다.**

🚹 : 예. 그렇군요.

☼ : 이제야 너희는 신(神)과 하나(合一) 되어 지복(至福)에 이르는 두 가지 원인과 두 가지 방법을 들으면 충분히 납득할 수 있게 됐다.

🚹 : 네에.

☼ : **첫 번째 원인은, ① 너희는 개인적으로는 불편해도 하느님(神)과 뜻(목적)이 하나 된(合一) 체험에서만이, ② 너희 부모이신 하느님에 대한 심정(心情=느낌=앎)이 성장할 수 있고, ③ 이 심정(心情=느낌=앎)이 곧 부모이신 하느님과 자녀인 너희의 관계정립이고, 인과관계(情)이며, 하느님의 창조 목적인 우주 생명력이다.**

🚹 : 네에, 하느님과의 인과관계도, 인간 세상의 부모 자식과 똑같네요.

☼ : 두 번째 원인은, **너희 삶에서 하느님과 너희 영핵 체질인 제로(0=비움, 眞善美)를 철저히 체험하여, 너희 앎 질량이 하느님과 더욱 깊고 넓게 하나(같은 질=情)가 되는 것이다. 이것도 '질'과 '량'으로 두 가지이며, 그 깊이와 넓이가 하느님과 좀 더 깊고 넓을수록, 하느님과 체험하는 지복(至福)의 질량은 다르다.**

🚹 : 그렇군요,

☼ : **왜냐하면, 지복(至福)은 곧 하느님의 우주 창조 목적이며, 하느님과 너희의 존재 의미이며, 너희가 개체로 분화한 목적이기 때문이다.**

이 두 가지 원인 중, ① **첫 번째 원인은 너희가 개인적으로는 불편해도 하느님과 우선순위**

인과관계'를 너희가 선택해 맺는 것이기에 너희의 최선이 있는 자연계에서만 가능하다.
하지만, ② 두 번째 원인은 하느님에 대한 최선이 아닌, 正, 分, 合 부딪침에서 저절로 성장하는 것이기에 자연계, 마음계, 영계, 영계핵 어디서나 성장한다. 그 결과, ① 태초 원시사회에서 하느님이 있다는 것도 모르고, ② 또 하느님이 우주 창조주라는 것도 모르고, ③ 그래서 하느님과 '우선순위 인과관계'가 없었던 인간들은, ④ 육체가 죽어 마음계에서 인습을 털고, ⑤ 영계에서 개체의식까지 벗어, ⑥ 마침내 영계핵까지 가보니, ⑦ 창조주이신 하느님의 창조 목적을 몰라(無知), 하느님과의 인과관계(情)를 체험할 수 없어, ⑧ 그들은 창조주이신 하느님과 우선순위 관계정립(인과관계)이 안되어 있었고, ⑨ 하느님의 창조목적을 벗어난 이방인'으로 영계핵에서 참으로 뺄쭘하고 멋적게 있었다. ⑩ 그러다가 드디어 하느님께서 正, 分, 合 원칙을 정립하는 인류 앎 성장 과정을 시작하시자, ⑪ 그들은 심부름하는 천사(天使)로 동참하며, 하느님과의 인과관계(情)를 맺기 시작했다.
그렇기에,
① 아담 이전에 태어나 하느님과의 우선순위 인과관계 정립이 안 된 인간영들로서,
② 아담 이후 하느님의 인류 앎 성장 과정에 협조하여, 첫 번째 원인인 하느님(神)과 뜻(목적)이 하나(合一) 된 체험으로, 두 번째 원인의 의미까지 찾고자,
③ 하느님의 인류 앎 성장 과정에 뜻을 하나(合一)로 심부름(天使)하며, '우선순위 인과관계'(天子)를 맺는 인간영들이 있었으니, 이들이 곧 외적으로 활동하는 구약시대 천사들이며, 시대가 바뀌며 내적으로 활동하는 신약시대 성령들이다.

이것이 성경 마태오 22장 30절, 마르꼬 12장 25절, 누가 20장 35~36절에 보면 이렇게 나와 있다. '부활함을 얻은 자는 천사와 동등'이다. 천사와 부활한 수준의 인간영은 같다는 것이다. 또 성경 히브리 2장 5~9절, 시편 8장 4~7절에도, "하느님께서는 우리가 지금 말하고 있는 장차 올 세상을 천사들의 지배 아래 두시지는 않습니다. 인간이 무엇이기에 잊지 않고 돌보십니까? 잠시 천사들보다 못하게 하셨으나 만물을 그의 발아래 복종시키셨습니다. 만물이 그의 지배 아래 있지 않은 것이 하나도 없다는 뜻입니다. 그런데도 아직 만물이 복종하고 있지 않습니다."
그리고 히브리 2장 9절에도, "죽음의 고통을 당하심으로써, 잠시 동안 천사들보다 못하게 되셨다가 마침내 영광과 영예의 관을 받아쓰셨습니다."라며, "부활하기 전까지의 예수는 천사보다도 못하다."라고 했다. 즉, 예수가 개인적으로는 불편하지만 하느님의 뜻에 따르기 위해 십자가에서 죽은 것은 하느님(神)과 뜻(목적)을 하나(合一)로 체험한 것이기에, 체험한 운명의 순간 天使보다 우위인 天子가 되었다는 것이다.

🚶 : 인류 역사에는 그런 비밀이 숨어 있군요.

† 사십육 일째 날: 다양한 종교 사상이 알고 보니 하나

🚶 : 오늘은 빨리 오셨네요.

☼ : 어 빨리 왔다.

🚶 : 그런데 대화가 기독교 쪽이어서 걱정이에요.

☼ : 이 대화는 기독교나 다른 종파에 관계 없이 正,分,合 원칙인 과학으로 이어지고 있다니까.

🚶 : 正, 分, 合 원칙이 과학, 종교 사상과 일치해요?

☼ : 그럼 우주의 모든 것이 正, 分, 合으로 흐르기에 종교와 과학도 하나다.

🚶 : 그런데 집에 가서 생각해 보니 문제더라고요.

☼ : 뭔데?

🚶 : 기독교 이슬람교 등, 유일신(唯一神) 사상에서는 正, 分, 合이 불교 쪽이라 할 것이고, 불교 힌두교 등 다신사상(多神思想)에서는 正, 分, 合이 기독교 쪽이라 할 거 아니에요?

☼ : 역설적(二分法)으로 불교에서는 기독교가 자기들과 결국 하나인 것을 알게 되고, 기독교에서는 불교가 자기들과 하나인 것을 알게 된다. 그래서 불교 성향인 신나이 신도 예수에 대해 이렇게 말했잖냐!

신나이 3권 519p

내가 다 털어놓고 이야기해 주마. 예수는 그렇게 했다. 그는 고도로 진화된 존재였다. 너희 중 일부가 신이라 불러온 존재, 게다가 그는 목적을 가지고, 임무를 띠고 너희에게 왔다.

닐: 우리 영혼을 구하기 위해서요.

신나이 신: 어떤 의미에서는 그렇다. 그의 임무는 '참된 자신'을 모르고 체험하지 못하는 상태로부터 너희를 구하는 것이었고, 지금도 그러하다. 그는 너희가 무엇이 될 수 있는지 보여주는 것으로 그것을 증명하고자 했다. 너희가 받아들이기만 한다면, 사실 너희 자체를 보여주는 것으로, 그는 본보기를 보이는 것으로 앞장서고자 했다. 그가 "나는 길이요, 생명이니 나를 따르라."라고 말한 이유가 이것이다.

이렇게 신나이 신은, 솔직히 털어놓고 말하면, 너희가 받아들이지 않음이 문제일 뿐, 너희가 받아들인다면 예수는 너희 모두의 영적 진화 목표인 고도로 진화된 존재로서 너희의 영혼을 구하기 위해 왔으며, 그의 삶은 너희가 '신(神)과 하나(合一) 되는 표본'이라고 했다.

🚹 : 예? 신나이 신이 이렇게 말했어요?

☼ : 그래, 인류가 출현한 이래 종교사상이 세계로 퍼지며 내용이 조잡한 건 광범위한 진리에 포함되어, 현재는 기독교, 이슬람교, 불교, 힌두교가 세계의 4대 종교로 주류를 이루고 있는데 종교사상은 고대 중앙아시아가 발원지이니, ① 인도에서는 리그베다 경전으로 정리되어 제식 만능의 브라만 사상으로 발전했고, ② 메소포타미아 지역에서는 흙으로 인간을 만든 여호와(야훼)의 창조설화인 유일신 사상으로 발전했으며, ③ 중국에서는 진흙으로 인간을 만든 여와(여희)의 창조설화, 노자, 장자, 공자 사상과 ④ 페르시아 지역에서는 조로아스터교로, ⑤ 이집트와 그리스에서는 신화와 철학으로, ⑥ 한국에서는 천부경이 단군 사상을 거쳐 동학으로 각기 여건에 따라 나름대로 발전했다.

🚹 : 모두 중앙아시아에서 발원한 증거가 있나요?

☼ : 그럼. 세계 모든 종교사상의 핵심이 3위1체이니까?

🚹 : 예? 종교사상의 핵심이 모두 3위1체예요?

☼ : 그러면 세계 모든 종교의 3위1체론을 살펴보자. 이것은 다신(多神)사상인 힌두교나 불교도 마찬가지이다.

우선 힌두교의 주장을 볼까? ① 대우주의 창조신 브라만, ② 대우주를 유지하게 하는 비쉬누, ③ 대우주를 파괴하는 쉬바가 있어서, 이 우주는 생성되고(브라만), 유지되며(비쉬누), 파괴되며(쉬바), 영원히 존재한다고 한다.

이것을 기독교의 3위1체론과 비교해보면,

① 성부와 브라만은 같은 뜻이고, ② 성신과 비쉬누는 같은 뜻이며, ③ 성자(원칙=말씀)로 인해 우주에 갖가지 변화가 일어남으로 쉬바와 같다. 불교도 3신불(三神佛)이다.

① 법신(法身)은 목적기능(성부), ② 보신(報身)은 앎 기능(성신), ③ 화신(化神=應身)은 원칙의 흐름(성자)을 말한다. 기독교에서 예수를 말씀(원칙)이라 하듯이, 불교에서는 화신(원칙)을 불타라 하기에 석가모니를 불타라 한다.

이렇듯 기독교에서 말씀(원칙)인 불교의 화신(원칙)을 설명한 불교의 3위1체론을 정리해보면,

'강물에 비치는 달 그림자는 화신이고, 달빛은 보신이며, 달 자체가 법신이라는 것'이다.

그렇기에 달은 하나이지만, 달빛에 의한 달그림자는 수천, 수만 개일 수 있다는 것이다. 불교의 설명이 참으로 기발하고 놀랍지? 아담으로 시작된 구약성경도 3위1체론이니, 예레미아 10장 12절과 51장 15절, 다니엘 2장 20절에 보면,

① 당신은 힘으로 땅을 만드시고, ② 지혜로 땅덩어리를 고정시키시고, ③ 재주로 하늘을 펼치셨다고 되어 있다.

유태인의 사상이었다가, 서양에 뿌리내린 카발라(Kabbalah) 사상도 Ain은 케텔, 호크마, 비나의 3위1체론이다.

주역 사상도, ① 성부와 같은 무극(無極), ② 성신과 같은 태극(太極), ③ 성자와 같은 1음(陰), 1양(陽)으로 우주가 변화된다고 했다.

또 2,400여 년 된 중국의 논어도 도덕경 28장에 보면, 무극(無極)이 도(道)로써 우주의 근본이라 했고, 2장에 보면, 도생일(道生一) 일생이(一生二) 이생삼(二生三) 삼생만물(三生萬物)이라 하여, 도는 1을 낳고, 1은 2를 낳고, 2는 3을 낳고, 3은 만물을 낳았다는 3위1체론이다. 한국 민족의 뿌리가 중앙아시아 알타이 지방인 것은 언어학상으로 증명되었고, 그 한국 민족에도 천부경(天符經)이 있으니, 일시무시일(一始無始一) 석삼극(析三極) 무진본(無盡本)이라는 3위1체 사상이다. 그 결과, 한국에서는 예전부터 삼신(三神) 할미가 아이를 점지해 준다며, 갓난아이의 몽고반점은 삼신할미가 출산 때 빨리 나가라고 때려서 생긴 멍 자국이라는 속설까지 생겼다. 지금도 전국의 사찰 등 여러 곳엔 삼신당(三神堂)이 있으니 그것은 모두 그 잔재들이다.

이외에도 한국의 오래된 문헌들을 살펴보면, 태백일사 소도경전 본훈엔 신시시대의 선인 발귀리의 글과, 대변설에도 3위1체 사상이 있고, 태백일사 삼신오제본기에도 표훈천사가 3위1체 사상을 이야기했으며, 태백일사 삼한관경본기의 마한세가에도 3위1체 사상이 있고, 태백일사 신시본기에도 3위1체 사상이 있다.

🚹 : 세계의 모든 종교가 이렇게 모두 3위1체 사상이에요?

☼ : 그렇다.

3위 \ 종교	기독교	힌두교	유대교	주 역	불 교
목 적	聖父(성부)	브라만	힘	無極(무극)	法身(법신)
기 록	聖神(성신)	비슈누	지 혜	太極(태극)	報身(보신)
원 칙	聖子(성자)	시 바	재 주	一陰一陽 (일음일양)	化身(화신)

🧍 : 야, 그렇다면 정말 세계의 모든 종교는 '하나'군요. 이렇게 뿌리가 하나인데 어떻게 그렇게 여러 가지로 갈라진 거예요?

☼ : 그게 이유가 있지. 뿌리는 하나에서 출발했지만, 예전에는 지금같이 정보 교환이 원활하지 않고, 각 지역에서 나름대로 발전하게 돼, 그게 오래되다 보니 지금과 같이 차이가 나게 된 거다. 쉽게 예를 들면, 모든 생물이 오랜 세월 여건에 따라 적응하며 진화하다 보니 지금과 같이 여러 가지로 모양이 다르게 되었듯이.

🧍 : 생물의 진화로 예를 들어주시니 이해가 쉽네요.

☼ : 사실 正, 分, 合 원칙은 무엇이든 '맨땅에 헤딩하며 처절하게 부딪쳐야 그로 인한 깨달음(체험)이 극대화(0)'되기에 종교사상이 이렇게 세계 여러 곳에서 다양하게 발전해온 것은 깨우침의 극대화를 위해 당연한 것이다.

🧍 : 야! 그러고 보니 이 우주에는 공짜가 없군요.

☼ : 이제까지 설명한 3위1체론 말고도, 고대 우주관이 중앙아시아에서 시작되어 전 세계로 퍼져나간 근거는 또 있다.

🧍 : 또 있어요?

☼ : 중앙아시아 부근의 여러 민족은 전능한 천상계(天上界)의 대신(大神)을, 흉노=텡그리, 브르야트족=텡게리, 타타르족=텡그리, 벨티르족=팅기르, 야크트족=탕가라, 몽골족=텡그리, 수메르족=딩기르(불특정 신)라 하며, 한국=한글이 없던 시대이기에 '당굴'이 한자 표기로 '단군'이 되었다.

🧍 : 야! 정말 확실하네요.

---

† 사십칠 일째 날: 알고 보니 똑같은 세계의 창세기

☼ : 나왔냐?

🧍 : 네, 나왔어요.

☼ : 어제는 종교의 근원(根源)이 같음을 설명했지.

🧍 : 네.

☼ : 한 번 더 짚고 넘어가자.

🧍 : 근원이 같음이 또 있어요?

☼ : 오늘은 창세기에 대해 알아보자. 기독교 구약성경 창세기 1장 1~5절에 보면, "태초에 하나님이 천지를 창조하시니라. 땅이 혼돈하고 공허하며 흑암이 깊음 위에 있고 하나님의 신은 수면에 운행하시니라. 하나님이 가라사대 빛이 있으라 하시매 그 빛이 하나님의 보시기에 좋았더라 하나님이 빛과 어둠을 나누사 빛을 낮이라 칭하시고 어두움을 밤이라 칭하시니라 저녁이 되며 아침이 되니 이는 첫째 날이니라."

그리고, 인도 마누법전에 인류의 시조인 마누가 구술했다는 1장 1~5절까지를 보면, "이 우주는 인식할 수도 없고 특징도 없어서 이성으로 이해하기도 어렵고 식별하기도 어려워, 깊은 잠에 빠진 암흑과도 같은 상태에 있었느니라. 그때 비현현(非顯現=보이지 않는)의 거룩하신 자재신(自在神=스스로 존재하는)께서, 누를 수 없는 위력으로 그 암흑을 헤치고 나타나시어(빅뱅), 이 온 우주와 땅, 물, 불, 바람, 공기의 다섯 가지를 나타나게 하셨다. 이 영원하시면서도 불가사의한 스스로 존재하시는 자재신(自在神)은, 이 우주에 충만하시면서도 스스로 빛나시지만, 정신에 의해서만 느껴지며 우주의 모든 성분을 포함하고 계셨다. 그러다가 그분은 자신의 몸으로부터 여러 가지 생류(생명체)를 만들어내고 싶어 하시어, 우선 맨 처음으로 물을 만드시고 그 안에 씨(종자)를 두셨느니라."라고 되어 있다.

어떻냐? 구약성경 창세기와 마누법전의 창세기가 너무 비슷하지?

🚹 : 허, 그러네요.

☼ : 다음은 구약성경 창세기와 중앙아시아 알타이족의 창세기를 비교해 보자. 구약성경 창세기에는 아담과 이브가 에덴동산에서 선악과를 따먹지 말라는 하느님의 명령을 거역해서 쫓겨났고, 뱀의 유혹으로 이브가 먼저 선악과를 따먹고 아담에게 주었으며, 아담까지 선악과를 먹은 결과 그들이 부끄러움을 알게 되어 나뭇잎으로 '거시기'를 가렸다고 한다.

🚹 : 그건 누구나 아는 이야기예요.

☼ : 알타이지방의 창세기를 보자. 너 놀라지 마라.

"땅 한가운데에 나무가 자라는데, 원초의 두 남녀에게 동쪽 가지의 열매만 먹고, 서쪽 가지의 열매는 먹지 말라고 신 윌겐이 엄명한다. 그러나 뱀이 여자를 유혹하고, 여자는 다시 남자를 유혹하여, 서쪽 가지의 열매를 먹게 된다. 그 열매를 먹자 두 사람의 몸에서 털이 몽땅 빠졌고, 알몸이 드러난 두 사람은 그만 부끄러워 숨었다. 신이 와서 그동안의 일을 알아차리고 연유를 물은 즉, 남자는 여자가 열매를 주었기 때문에 먹었다 하고, 여자는 다시 뱀의 유혹 때문이라고 했다." 한다. 어떻냐? 이 두 지역의 창세기가 똑같지?

🧍 : 그러네요. 어떻게 그렇게 내용이 똑같지요?

☼ : 알타이 지역에는 노아 홍수와 같은 이야기도 있다. '나마'는 자기 가족과 온갖 짐승들과 곡식과 씨앗을 싣고 배에 올랐고, 홍수 이후 까마귀를 내보내 홍수 뒤의 물이 줄어든 여부를 알아본다. 노아의 홍수에서는 물이 줄어들었나? 까마귀를 내보냈더니 안 들어와 다시 비둘기를 내보냈더니 자작나무 가지를 물고 왔다고 했다. 얼마나 똑같냐!

또 중국의 창세기를 보면 복희와 여와가 등장하는데 여와는 여희라고도 부르며, 여와가 진흙으로 인간을 빚어 생기를 불어넣었다고 한다. 그런데 구약성경에도 여호와를 야훼라고도 부르며, 여호와가 진흙으로 인간을 빚어 생기를 불어넣었다고 한다.

이렇게 구약성경 창세기에는 알타이 지방의 창세기와 인도 마누법전의 창세기와 중국의 창조설화가 골고루 뒤섞여 있다. 왜냐하면, 구약성경은 이스라엘 민족이 바빌로니아에서 몇백 년간 포로 생활하다가 석방되어 고향으로 돌아와 그때까지 口傳으로 전해지던 민족사를 약 2,500년 전에 정리한 것인데, 그 당시 바빌로니아는 메소포타미아 지방의 최강국으로 세계 여러 곳과 문물교환이 활발해 세계 여러 곳의 창세기가 뒤섞인 것이다.

🧍 : 아! 그렇군요.

☼ : 20세기 초 베를린대학 앗시리아 학과 교수였던 '프리그리히 델리치'는 티그리스강과 유프라테스강 사이에서 발견된 바빌로니아 시대의 인장에서 남자, 여자, 뱀, 열매가 새겨진 것을 보고, 이스라엘 민족의 구약 창세기는 그보다 수 천 년 앞선 바빌로니아의 창세기 '에누마 엘리사'의 표절이라고 했다.

🧍 : 창세기를 비롯해 종교 사상의 근원이 중앙아시아라는 게 이해되네요.

☼ : 그런데 성경 홍수에는 까마귀와 비둘기가 등장하는데 알타이지방 홍수에는 까마귀만 등장했잖냐.

🧍 : 네, 그런데요?

☼ : 너 고구려의 상징이 뭐냐?

🧍 : 삼족오(三足烏)지요?

☼ : 그래, 발이 셋 달린 까마귀이다.

🧍 : 삼족오가 발이 셋 달린 까마귀예요?

☼ : 중앙아시아에서는 까마귀가 신(神)과 인간을 연결하는 새였고, 그래서 중앙아시아의 신전(소도)에는 까마귀가 앉은 솟대를 높이 세웠다.

🧍 : 우리나라도 새가 앉아있는 솟대가 있잖아요?

☼ : 그 새가 까마귀다. 그런데 까마귀 발이 왜 세 개냐?

🚶 : 글쎄요?

☼ : 까마귀 발이 셋인 것은 삼신사상(三神思想)을 말하는 거다.

🚶 : 아~! 그래요?

☼ : 고대 중앙아시아의 창세기가 전 세계로 퍼진 것이다. 근래 고고학의 발굴로 밝혀지고 있지만, 그 중앙아시아의 문화가 동쪽에서는 약 9,000년 전에는 소하서 문화로, 8,000년 전에는 흥륭 문화와 사해 문화로, 다시 7,000년 전에서 6,500년 전에는 부하 문화와 조보구 문화로, 6,500년 전에는 홍산 문화로, 다시 5,000년 전에는 소하연 문화로, 다시 4,000년 전에는 하가점 문화로 퍼지며 큰 요하 문명을 이루었다.

🚶 : 그래요? 요하 문명이 무려 8,000여 년 전부터 시작이에요?

☼ : 말 나온 김에 하나 더 하자.

🚶 : 또 있어요?

☼ : 기독교 국가들인 서양은 문화가 발달하며 삶에 여유가 생기자, 그들은 구약성경의 흔적을 확인하고 싶어 했다. 그래서 그들은 창세기에 기록된 티그리스강과 유프라테스강이 흐르는 메소포타미아 지역을 주시하였고, 그러다가 17세기에 들어와 고고학이 발달하며 이곳에서 발굴된 수십만 장의 점토판에 기록된 설형문자를 19세기에 이르러 해독하기 시작해, 지금은 그 당시 메소포타미아 지역 사람들의 생활상이 모두 드러났다.

해독된 내용을 정리해 보면, 지금부터 5,200년 훨씬 이전엔 유프라테스강과, 티그리스강의 하류가 아직 합류되지 않아 삼각주와 연못이 많았고, 기후가 더워 곡식이 잘 자라고 병충해도 적었다. 이러한 물과 기후 옥토에 이끌려 아시아 내륙의 어딘가에 고향이 있었던 것으로 추측되는 슈메르 민족이 나타났고, 그들은 설형문자를 발명하여 최초로 높은 문화를 쌓아 올렸다.

이때, 구약성경에 나와 있는 노아의 후손인 셈족으로 생각되는 이주민이 메소포타미아 지역에 나타났으니, 그 당시 민족의 종류를 구분할 수 있는 것은 그들이 사용하는 언어에 의한 것이며, 이렇게 슈메르인과 이웃에 살게 된 셈족은 그들과 서로 왕래가 잦아 동료들이 많아지게 되자, 슈메르의 높은 문화를 셈족이 흡수하게 되니, 그 결과 언어는 다르지만, 슈메르의 설형문자를 셈족이 응용하여, 새로운 용어나 술어 등이 셈족의 언어에 깃들게 되었다.

한편, 슈메르의 각 도시국가는 항상 싸움이 있었는데, 그 싸움 중에서 가장 대단했던 것은 4,600년 전에 시작하여 4,400여 년 전까지 무려 200여 년간 지속된, 당시 도시국가 중에서 가장 강적인 운마와 라가슈의 싸움이었다.

🚹 : 예? 운마와 라가슈라는 도시국가가 200여 년이나 싸웠어요? 유럽에서 기록된 100년 전쟁보다 배나 더 길게 싸웠네요?

☼ : 그 싸움은 참으로 지겹게 오래 끌었다.

🚹 : 왜 그렇게 지겹게 오래 싸웠어요?

☼ : **이 싸움은 그 당시 농업사회의 가장 기름진 땅인 슈메르어로 '구-에덴'이라는 벌판을 뺏기 위한 싸움이었다. 이 '구-에덴'이란 말은 슈메르어로 '평야의 으뜸'이라는 뜻이지. 그러므로 메소포타미아 지역에서 시작된 구약성경에 지상낙원의 이름이 에덴동산인 것은, 당시 슈메르 도시국가와 왕래가 잦았던 셈족에게 '에덴'이란 용어가 깃들었기 때문이다.**

🚹 : 에덴이 슈메르족의 말이군요.

☼ : 평야의 으뜸이라는 뜻을 가진 '구—에덴'이, 그 당시 200여 년이나 지독하게 싸울 정도로 기름진 평야였으니, 성경 창세기에 등장하는 낙원 이름이 '에덴동산'인 것이 이해되지?

🚹 : 네.

☼ : 그 옛날에 하나의 종교사상이 전 세계로 퍼질 수 있었던 것은, 시베리아는 몽고에서 중앙아시아를 지나 흑해연안을 거쳐 헝가리까지 대초원으로, 말 타고 달리는 유목민에겐 별로 어렵지 않은 교통로였다. 그들은 이동하는 유목민이라 문자로 역사를 남기지 않아 역사적으로 과소평가 되었을 뿐, 기동성이 빨라 전쟁에 유리한 그들은 언제나 세계 역사 흐름의 중심이었다. 그런데 놀라운 게 또 있다.

🚹 : 뭔데요?

☼ : 중앙아시아에서 메소포타미아로 흘러온 슈메르 민족을 세계학자들이 검토해 보니,
① 언어는 '교착어'로, 세계의 모든 언어 중 한국어에 가장 가깝고, ② 그들은 동양에서 온 민족이었고, ③ 머리털이 검고 곧으며, ④ 서구인보다 작고 납작한 뒤통수를 가졌으며, ⑤ 고대 한민족과 같은 태음력을 썼고, ⑥ 역시 고대 한민족과 같은 순장풍습과, ⑦ 고대 한민족과 같은 회색 도기를 썼으며, ⑧ 범죄자의 성전도피 풍습이 고대 한민족의 소도(신전) 도피 풍습과 같다고 한다.

🚹 : 그럼 슈메르족과 한민족이 연관성이 있다는 거예요?

☼ : 세계학자들이 밝힌 자료를 그대로 알려줄 뿐이니까, 네가 어떻게 받아들이든 그건 네 몫이다.

*참 고 1

구약성경에도 도피성 풍습이 있습니다.

---

*참 고 2

"중앙 亞 구전 서사시, 판소리와 같은 뿌리"

"실크로드 주역 튀르크족 문화…, 한반도로 이어져 상호 교류"

"중앙아시아 지역의 구전(口傳) 서사시는 한국 판소리와 뿌리가 같다. 고대 튀르크족의 문화가 실크로드를 통해서 한반도까지 전파돼 상호 교류하면서 이어져 왔다."

지난 2014년 9월 11일 우즈베키스탄 타슈켄트 국립예술문화연구소. 오은경 동덕여대 교수(튀르크 문학)가 '중앙아시아 무형유산의 창조적 가치 보호–구전 전승 및 서사시를 중심으로'라는 제목의 국제학술회의에서 이같이 발표했다. 키르기스스탄의 마나스, 우즈베키스탄의 알파미쉬 등 서사시는 중앙아시아의 대표적인 무형유산. 오 교수는 "고대 튀르크족은 문자가 없어 구전 작품이 발달했고, 영웅 서사시 등 구전문학의 전통은 고대 한민족의 문화유산과 연관성이 있다."라고 했다.

서사시와 판소리의 근원은 모두 서사무가(巫歌)라는 게 오 교수의 주장이다. 그는 "무가에서 파생돼 샤먼의 기능이 사라지고 연희만 남은 판소리의 진화 방식이 튀르크족의 구전 서사시와 일치한다."라며 "중앙아시아 서사시는 '박쉬'라는 창자(唱者)가 부르는데 우즈베크어 '박쉬(baxshi)'는 원래 무당과 구연자(소리꾼)라는 두 가지 뜻이 있었다. 우리말 '박수무당'의 '박수'도 고대 튀르크어에 기원이 있다."라고 했다.

유네스코 아태무형유산센터(사무총장 이삼열)가 주관한 이번 학술회의는 제5차 중앙아시아 지역 무형유산 보호 협력 네트워크 회의의 일환으로 마련됐다. 카자흐스탄, 키르기스스탄, 타지키스탄, 몽골, 한국 등 7개국에서 무형유산 관련 전문가와 학자 60여 명이 참석했다. 이삼열 사무총장은 "실크로드의 주역이 동양에선 중국으로만 알려져 있으나 중앙아시아 초원로를 통해 한반도로 연결된 것."이라며 "서사시뿐 아니라 전통놀이와 언어·관습 등 한국과 중앙아시아는 공유하는 무형유산이 많다."라고 강조했다.

아태센터는 2011년부터 중앙아시아 지역의 무형유산 목록을 국가별로 재정비하고 웹사이트에 기록화하는 사업을 진행하고 있다. 산업화의 영향으로 소멸 위험에 처한 인류 공동의 무형유산을 보호하자는 취지다. 보타 카비불라 유네스코 카자흐스탄위원회 문화담당관은 "몇 년 전만 해도 무형유산의 개념도 정립되지 않고 변변한 기구조차 없었으나 무형유산을 보존·육성하는 한국의 경험과 노하우 덕분에 목록을 조사, 정리하고 있다."라고 했다.

'21세기 실크로드'를 복원하려는 움직임도 활발하다. 문화재청 국립문화재연구소는 10개년 목표로 '고대문화 네트워크 복원 사업'을 내년 시작한다. 실크로드로 이어지는 고대 한국문화의 네트워크 자료를 발굴하고 중앙아시아 나라들과 긴밀한 문화 협력관계를 구축한다는 계획이다. 알타이 지역 흉노 고분 발굴 등 중앙아시아 속 한국 관련 문화유산을 조사하고, 무형유산 기록화 사업도 확대한다. 나선화 문화재청장은 "우즈베키스탄 여름 궁전의 내부 벽면에 그려진 모란 장식은 창덕궁 모란 병풍과 매우 흡사하고, 낙선재 담장 일부에 장식된 거북 등 무늬 연속 문양은 사마르칸트 사원 외벽 하단 장식 문양과 비슷하다. 그만큼 관계가 깊은 문화이다."라고 했다.

[출처] 본 기사는 조선닷컴에서 작성된 기사입니다.

---

† 사십팔 일째 날: 기독교의 아멘과 불교의 옴마니받메훔

☼ : 벌써 왔냐?

🧍 : 네, 일찍 왔어요. 그런데요. 아멘이 무슨 뜻인가요?

☼ : 왜?

🧍 : 일요일이라 성당에 갔는데요. 기도가 끝날 때마다 아멘~! 아멘~! 하더라고요? 생각해 보니 교회나 성당에서는 기도가 끝나면 항상 '아멘'이라고 하더군요? 그래서 사람들에게 "아멘이 무슨 뜻이냐?"라고 물어보니 시원하게 답변해주는 사람이 없어요.

☼ : 그렇구나. 성경에는 '아멘'이란 말이 많다. 너희도 기도가 끝나면 '아멘'으로 마무리를 하지.

🧍 : 아멘이 하느님에게 기도 끝났다는 신호인지? 우리도 통신병들이 말이 끝날 때마다 '오버'라고 하잖아요?

☼ : 아멘의 뜻은 그게 아니다.

🧍 : 그럼 뭐예요?

☼ : 오늘은 지복(至福)에 이르는 두 가지 방법을 설명하려 했는데.

🧍 : 대답해주기 싫거나 모르시면 그만두세요.

☼ : 참 찝찝하게 하네. 그럼 아멘에 관한 설명부터 하자.

🧍 : 네에.

☼ : 신약성경 요한계시록 3장 14절에 보면, "아멘이시며 진실하시고 참되신 증인이시며, 하느님 창조의 시작이신 분이 말씀하신다."라고 되어 있고, 고린도후서 1장 20절에 보면, "하느님의 모든 약속이 그리스도를 통해서 그대로 이루어졌기 때문입니다. 그래서 우리는 그리스도를 통해서 하느님을 찬양하며 '아멘' 하고 응답합니다."로 되어 있다. 이 구절을 보면, '아멘'은 곧 진리이며 그리스도라는 뜻이고, 하느님을 찬양할 때 쓰는 응답이라고 되어 있다. 결국, 아멘은=진리=말씀=로고스=그리스도=이분법 정분합 원칙이라는 뜻이다. 원래 히브리원어에서는 '아멘'이 '진실, 진리' 또는 '그렇습니다.'라는 긍정적 의미

로 폭 넓게 쓰였다. 그러면 이제 브라만사상의 옴마니에 대해 알아볼까?

🧍 : 느닷없이 왜 브라만 사상의 옴마니에요?

☼ : 브라만 사상에서 '옴'은 모든 소리의 근본 음이며, 성음(聖音)이라고 한다. 神의 창조 때(빅뱅) 울린 소리가 옴이기에, 옴은 우주에 원칙이 흐르기 시작한 진리의 소리라는 뜻이다. 우주는 전체성(0)으로서 제로(0)이기에 모든 것은 둥글게 돌며(팽창력, 자력, 중력, 강력, 약력으로 인해), 그래서 팽이나 기계류가 회전할 때 나는 소리가 '옴'이라는 것이다. '마니'는 보배로운 구슬이라 하여 중심=심볼=핵이라는 뜻이다.

따라서 '옴마니'는 진리의 중심(영계핵=하느님)을 의미하고, 옴은 우주의 근본 음이기에 어린아이가 처음 말을 시작할 때 발음이 옴마니로 터져, 동·서양을 막론하고 어머니를 뜻하는 어린아이의 첫 발음이 엄마, 맘마라는 것이다. 이와 같이 아멘과 옴마니는 그 의미가 같다. 그러므로 아멘은 옴마니의 변음이다. 이슬람교에서는 아멘을 '아민'이라고도 하지!

브라만 사상에는 옴마니 다음에 받메훔'이 있다. 받메훔은 옴마니로 시작된 우주령(하느님)의 뜻이 현상계로 나타난 것(우주)을 뜻하며, 그래서 우주몽(夢)의 여신이라고도 한다. 이렇게 옴마니로 시작된 우주령의 뜻이 받메훔으로 이루어졌으니, 옴마니는 원인이고, 받메훔은 결과이다.

이와 같이 옴마니와 받메훔은 뜻은 같지만 상대적(分)으로, 받메훔은 우주령의 뜻이 드러난 현상계이기에, 현상계의 핵인 인간을 의미하고, '훔'은 인간이 느끼는 느낌을 의미한다. 즉, 옴(느끼기 위한 목적)과 훔(느끼는 느낌)은 상대적(分)이면서도 같은 질이고, 마니(하느님)와 받메(인간) 역시 상대적(分)이면서도 같은 질이다. 따라서, 옴마니 받메훔 하면 피조물인 인간이 하느님이 '느끼기 위해' 창조한 우주를 찬양하고 감사한다는 뜻이다. 그래서 고린도전서 14장 16절을 보면, "어떻게 그 감사의 기도 끝에 '아멘.' 하고 응답하겠습니까?"라고 하여, 아멘을 하느님에게 감사드리는 것임을 밝혔다.

브라만 사상에서는 옴마니 받메훔을 '만트라(眞言)'라고 하여, 하느님의 우주 창조를 찬양하고 감사하는 이 진언을 밤낮 외우면 극락왕생은 틀림없다고 믿었다. 그것이 세월이 흐르며 발전하였으니, TV에서 보았을지 모르지만, 수없이 입으로 외우는 것도 부족해 옴마니 받메훔이라고 쓴 둥그런 통(마니차)을 수없이 돌린다. 이 옴마니 받메훔은 불교의 천수경에도 있으니, '관세음보살본심미묘육자대명왕진언'이라고 되어 있다.

🧍 : 그럼 '아멘' 하고 '옴마니 받메훔'하고 뜻이 같은 거예요?

☼ : 그렇다. 중앙아시아에서 여러 곳으로 종교 사상이 전파될 때에 같이 전파된 내용이 세월이 흐르며 변음(變音)된 것이다.

🚹 : 그럴까요?

☼ : 비교 언어학상의 예를 들면, 인도에 침입한 아리안족과 유럽으로 들어간 아리안족이 함께 살던 때가 있었다. 그때 서방으로 전해진 신(神) 이름 Dyaus는 원래 '빛나다'라는 범어(梵語)동사인 Div의 파생어로써, '아버지'라는 뜻의 Pita와 결합하여 Dyaus-pita = '하늘 아버지'라는 단어가 생겼고, Dyauspita가 그리스에선 Zeus-pater로, 로마에선 Jupiter로 변음되었다. 또 다른 예. 피레에무스(이집트어로 높다는 뜻)=피레에미스=피라미드로, 피리스틴=필리스티나=팔레스티나=팔레스타인으로, 파피루스=비부루스=바이불(성경) 무나=미나=마네=머니(돈)로, 하마시아=메시아스=메시아로, 메소스(히랍어로 중간이라는 뜻)=포토모스(강)=메소포타미아로, 세인트(존경)=니콜라스(이름)=산타클로스로 변음된 것이다. 이렇게 말은 지역적으로 시대적으로 의미가 전달될 때 세월이 흐르며 변음되어 왔다. 이미 너희들도 백여 년 전에 쓰던 말이 변음된 것이 많다. 그것을 본다면 수천 년 동안 먼 지역으로 옮겨가며 옴마니가 아멘으로 변음된 것은 아주 적게 변음된 것이다.

🚹 : 설명을 듣고 보니 그런 것 같네요.

---

† 사십구 일째 날: 똑같은 구약과 신약 과정

🚹 : 아직 안 오셨어요?

☼ : 벌써 와서 기다리고 있다.

🚹 : 오늘은 지복(至福)에 이르는 두 가지 방법에 대한 설명이겠지요?

☼ : 아니다. 먼저 들릴 데가 있다.

🚹 : 그래요?

☼ : **서양의 어느 학자가 성경의 구약과 신약을 검토하다가 우연히 발견했는데, 야곱부터 예수까지의 구약 과정이, 예수부터 현재까지 흘러온 신약 과정과 너무 비슷하더란다. 차이가 있다면, 야곱부터 예수까지의 구약 과정은 역사학자들이 주변 나라 기록들과 맞춰 보니 약 1,600여 년인데, 예수 이후 신약 과정은 연대가 2,000년이더란다. 특이한 것은 역사적으로 1,600여 년인 구약 과정이 구약성경에 기록된 연대를 합치면 약 2,000년이고,**

🚹 : 어디서 듣던 이야기인데요?

☼ : **아는 사람들은 안다. 왜냐하면, 1950년대에 그 서양학자의 자료로, 한국에서 '이스라엘 수**

도원'을 열고 있던 사람이 '타락론'이라는 체계를 세웠고, 그 타락론이 '하느님의 복귀섭리'라는 명제로 몇몇 신흥종교가 나타났으니까. 그 신흥종교를 아는 사람들은 처음이 아니다.

🚹 : 저도 알아요. 처음 들을 때는 신선함이 느껴져 관심이 갔지요.

☼ : 비록 그들의 해석이 二分法 正, 分, 合을 몰라 오류였으나, 그때 그 신흥종교의 등장과 역할은 하느님의 인류 앎 성장 과정에서 절대적이다.

🚹 : 예? 그들의 등장이 필연이에요?

☼ : 그들의 해석이 옳다는 게 아니고, 그들의 역할이 절대적이라는 것이다.

🚹 : 그들의 절대적인 역할이 뭐예요?

☼ : 결론적으로 그 해석은 그들이 正, 分, 合 원칙을 몰랐기에 오류였다.

🚹 : 아, 그래요?

☼ : 오류였지만, 그 당시 '타락론'은 많은 사람의 공감을 얻었다.

🚹 : 한때 시끌시끌했지요.

☼ : **진화의 최종(最終)인 인간 육체가 나타나기까지 많은 유인원이 비슷비슷하게 나타났듯이, 진리의 발전(진화)과정도 마찬가지이다.**

🚹 : 진리도 진화해요?

☼ : '느낄 수 있는 구조'의 육체 진화 최종(最終)이 아프리카의 수많은 유인원들이 바탕이듯이, 한국이 진리의 최종이 될 바탕이기 때문이다.

🚹 : 근거가 있나요?

☼ : 한국인의 뿌리가 종교 사상의 발원지인 중앙아시아이기에 한국의 언어가 우랄알타이어계인 것은 알지?

🚹 : 네, 알고 있지요.

☼ : 생물 진화과정을 나뭇가지가 뻗어 나간 것으로 표현한 '진화의 나무' 그림을 본 적 있냐?

🚹 : 네, 있습니다.

☼ : 그림엔 뿌리부터 열매(씨앗)까지 성장하며 갈려 나간 진화 가지의 흐름이 있다.

🚹 : 네.

☼ : 그렇듯이 아담으로 시작된 하느님의 인류 앎 성장 과정에서 한국이 최종 열매 위치에 있기 때문이다.

🚹 : 그러면 한국은 선택받은 건가요?

☼ : **이건 태초에 완전히 정해진 과정으로 개개인이 잘나고 못남이 없듯이, 각자가 맡은 퍼즐의 역할이 다를 뿐이다.**

🧍 : 네에.

☼ : **야곱부터 예수까지 구약 과정과, 예수부터 지금까지의 신약 과정이 똑같다.**

구약 출애굽기 1장 1~5절에 보면, 야곱의 가족이 아들 12명과 손주며느리까지 합쳐 70명이었고, 모세도 12지파에 70장로였고, 신약도 누가복음 10장 1~2절에 보면, 예수의 제자도 처음 12제자와 나중 70제자다(공동번역에는 72人으로 되어 있음). 이렇게 구약 과정과 신약 과정이 시작된 사람의 숫자가 12數와 70數로 같다.

🧍 : 그게 신기해요.

☼ : 12數와 70數로 출발한 것은 正, 分, 合 원칙에 의해 당연하다.

🧍 : 예?

☼ : 正, 分, 合은 수학(數學)이라고 했지.

🧍 : 네.

☼ : 그래서 인류의 삶 성장 과정도 수(數)로 나타난다.

🧍 : 그러시니까 궁금해지네요?

☼ : 듣고 나면 기가 막힐 거다. 수학적으로 딱딱 맞아 떨어지니까. 남은 이야기는 내일로 미루자.

---

† 오십 일째 날: 목적 있고 살아 있는 놀라운 인류 역사

☼ : 나왔냐?

🧍 : 그런데 우리 대화가 이렇게 흘러가는 게 맞아요?

☼ : 왜, 또?

🧍 : 이야기가 기독교라서.

☼ : 기독교 역사라 기분이 안 난다 이거구나.

🧍 : 신기하긴 신기했어요. 그렇게 똑같다는 게요.

☼ : 구약시대의 출발인 야곱 자손은 이집트에 들어가 처음엔 요셉이 총리이기에 잘 살았으나, 왕이 바뀌며, 이민족으로 차별받아 노예 같은 세월이 시작됐고, 그러기를 약 430年이 지난 후(성서 내용), 모세가 나타나 이스라엘 민족을 이끌고 지금의 이스라엘 땅인 가나안으로 이주해 이스라엘 민족은 노예 같은 고난을 벗어날 수 있었다.

그렇듯이, 예수가 죽고 난 후, 그 추종자들에겐 로마제국의 박해가 시작되었으니, 잡히면 원형경기장에서 맹수와 싸우다 죽는 등, 그 어려움은 말로 표현할 수 없는 순교의 역사였다. 천주교는 300여 년간 일반 신도를 비롯해 초대 베드로로부터 14대 교황까지 순교했다.

🚶 : 십계영화에서 봤어요. 모세가 이스라엘 민족을 이끌고 홍해 바다를 지팡이로 쳐서 물을 갈라 탈출하더군요. 서양사에서 로마제국이 기독교 신자들을 처절하게 박해한 것도 읽었고요.

☼ : 서기 313年에야 콘스탄티누스 대제가 기독교를 공인해주어, 드디어 기독교는 숨통이 터졌고, 기원 392年엔 로마제국의 국교가 되어, 드디어 기독교의 활동이 본격화되었다. 이렇게 구약과 신약의 출발은, 12, 70의 같은 출발 숫자와, 노예 핍박(구약)과, 죽음의 박해(신약)로 그 과정의 의미가 일치한다. 기간도 비슷하게 구약시대는 성경 기록엔 430년이었고, 신약시대는 392년이었다.

성경과 역사로 나타난 구약과정

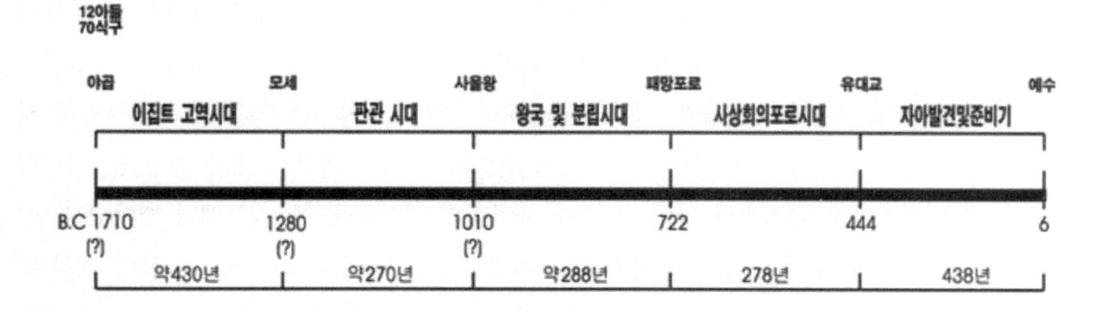

서양사에 나타난 신약과정

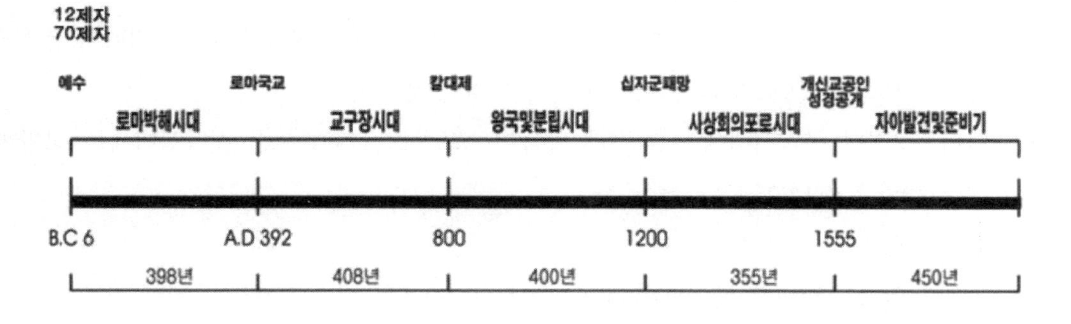

🚶 : 진짜 기간이 비슷하네요.

☼ : 어제도 말했지만, 구약에 기록된 연대는 실제 연대와 약간씩 차이가 있다.

🚹 : 신기하네요.

☼ : 모세가 이끈 이스라엘 민족은 판관(사사) 시대가 열린다. 판관(사사)은 이스라엘 민족을 이끌어가는 지도자로, 통치, 제사, 계시, 3가지 기능을 하고 있었다. 영화 삼손과 데릴라로 유명한 삼손이 바로 이스라엘 민족의 판관(사사)이었다.
그렇듯이, 신약시대도 기독교가 로마제국 국교가 된 후, 그 지도자는 교구장으로서, 통치, 제사(미사), 수도사(계시)의 3가지 기능을 하고 있었다. 이렇게 구약시대의 판관(사사)과, 신약시대의 교구장은 그 기능과 조직이 동일하였다.

🚹 : 정말 역할이 똑같네요.

☼ : 판관시대가 약 400여 년 지나 이스라엘 민족이 번창하며 수(數)가 불어나 비대해지자 판관의 기능이 3가지로 분류되어 이스라엘 왕국시대가 열리니 사울, 다윗, 솔로몬으로 이어졌다.

🚹 : 지혜롭다는 솔로몬왕요.

☼ : 그러나 3대가 지나 솔로몬의 아들 때에는 남쪽의 유대왕국(2지파)과, 북쪽의 이스라엘왕국(10지파)으로 갈라졌다가 이스라엘왕국은 288년 후 앗시리아에게 멸망했고, 유대왕국은 424년 후 신바빌로니아에 멸망할 때 귀족과 백성들은 눈알을 빼고 코를 꿰어 점령국의 포로로 끌려갔다. 그렇듯이 신약시대도 교구장의 기능이 3분화되면서 프랑크왕국 시대가 열려 서기 800年에 찰스대제가 등극하였고, 그 왕국 역시 3대가 지나 동·서프랑크와 이탈리아로 갈라졌다. 이후 사라센 제국과의 십자군전쟁이 7차례나 벌어졌고, 어느 때는 하느님에 대한 철저한 믿음을 보이면 하느님이 기적으로 이기게 해줄 거라며, 힘없는 어린 소년들을 십자군으로 보내 대참패를 당하기도 했다. 그러자 하느님에 대한 믿음에 불신이 팽배하기 시작해 기독교 수장인 교황의 권위가 땅에 떨어지자 왕들이 교황을 우습게 보기 시작해 왕들과의 갈등이 시작되니 때론 프랑스 남부 아비뇽성에 피신(포로)하기도 했다. 즉, 구약시대와 똑같이 신약시대도 왕국 성립과 3대가 지나며 분리되었고, 지도자가 포로가 되는 어려운 시기를 거친 것이다.

🚹 : 아니, 그런데 구약시대에는 귀족과 왕들이 포로로 끌려갔는데, 신약시대에는 교황만 그런 생활을 했네요.

☼ : 차이가 있었다.

🚹 : 그래도 의미가 같다고 할 수 있나요?

☼ : 왕국 성립과 3대가 지나 분파된 것과 지도자가 그런 신세가 되었으니 같은 의미다. 기간도 약 400여 년으로 동일하고.

🚹 : 네에.

☼ : 한편, 이스라엘과 유대는 포로로 끌려가 온갖 고생을 하다가, 페르샤아의 키로스 2세 민족 해방령으로 다시 옛 고국으로 돌아오게 되자 그들은 하느님 사상을 다시 찾게 되었으나, 수백 년 만에 고국으로 돌아온 유대인들은 진정 하느님이 계시다면, 하느님이 선택한 민족이 이렇게까지 비참하게 됐을까 하는 문제가 제기되어 그때까지 구전(口傳)으로 전해오던 이스라엘 민족사를 총정리하기 시작했으니, 구약의 창세기 출애굽기 등 신명기적 부분은 기원전 6세기에 정리되었고, 역대기 부분은 기원전 5세기에 정리되었다. 그리고는 민족 신앙체계를 벗어나, 교단 신앙체계로의 유대교를 성립시켰다.

🧍 : 그때까지는 유대교가 아니고, 이스라엘 민족 신앙체계였군요.

☼ : 왜냐하면, 구약의 처음 출발이 야곱 식구였기에 유대인이면 누구나 신앙이 하나였지만 수백 년간의 포로생활로 외국 신앙을 갖게 된 유대인들이 많이 나타나, 고유의 하느님 사상을 되찾은 유대인들과 분리되었기 때문이다.

🧍 : 그래서 민족 신앙체계이던 유대인이, 교단 신앙체계로 바뀌었군요.

☼ : 이렇게 민족 신앙체계에서 교단 신앙체계로 바뀐 것은, 새롭게 다가오는 신약시대가 교단 신앙시대임을 준비하는 것이었으니, 유대교단 시대가 430년이 지난 후(구약기록) 예수가 나타나 신약교단 시대를 열었다.

🧍 : 이스라엘 민족신앙이 유대교단으로 바뀐 것은, 결국 한 단계 발전한 진리로 다가오는 신약시대가 교단시대가 될 것을 준비한 거네요?

☼ : 이렇게 해서 하느님 사상은 '민족' 범위를 벗어나, '선별된 인류 범위로 확대'되었다.

🧍 : 그러고 보면 신앙체계가 '민족 단위'에서 '선별된 인류'가 되었으니 대단한 발전이네요.

☼ : 그래. 이 시기의 의미는 대단한 것이다. 무엇이나 꼭 갚아서 제로(0)를 체험하는 개체성의 구약 진리에서, 이해 양보로 제로(0)를 체험하는 전체성(0)의 신약 진리로 바뀌었으니까.

🧍 : 그렇군요.

☼ : 신약시대도 교황의 권위가 추락하여 믿음의 중심이 흔들렸으니, 드디어 16세기에 이르러 교황 레오 10세는 교권을 높이기 위해 대성당을 짓기로 하고, 대성당 건축 비용을 조달하기 위해, 누구나 면죄부(免罪簿)를 사면 죄(罪)가 없어진다며 "당신의 헌금이 모금함에 들어가 짤랑 소리를 낼 때 당신의 죄는 사하여져 영혼은 구제된다."고 하며 면죄부를 팔았다. 이렇게 되자, 서기 1517年 독일 수도원의 신부였던 '마틴 루터'가, 나타나 교회의 옳지 못함을 95개 조로 나누어 반박하며 개혁을 부르짖었고, 또한 신부까지만 보던 성경을 일반인도 볼 수 있게 번역하였으니, 이때부터 일반인이 사제를 거치지 않고 성경을 직접 보며 하느님에게 직접 나아가는 시대가 되었다.

'마틴 루터'로 인한 이러한 변화는, 이때까지는 예수를 대신한 사제를 통해서(중보) 일반 신도가 하느님에게 나아가던 것을, 다음 시대는 일반인이 성경을 직접보고, 개개인이 하느님에게 직접 나아가는 시대를 준비하는 것이다. 구약 말기에도 민족 신앙체계 시대를 벗어나 다음 단계인 교단(신약) 신앙체계 시대를 준비했듯이,

참고: 지금도 천주교나 개신교는 "우리 주 그리스도를 통하여 비나이다."라고 합니다.

🚹 : 그렇게 똑같은데 신약 과정은 2,000년인데, 구약 과정은 왜 1,600여 년이지요?

☼ : 신약은 완전한 전체성(0) 진리이기에 꼭 2,000년이지만, 구약은 불완전한 개체성이기에 실제는 1,600여 년이지만 그 의미는 같다. 그러나 구약성경에 기록된 연대를 합하면 2,000여년이다. 진리 선포도 신약 때는 신약 과정의 씨앗인 예수가 직접하고, 400년이 지나 로마 국교가 되면서 본격적인 전도가 시작됐지만, 구약 때는 진리도 구약 과정의 씨앗인 야곱이 선포한 게 아니라, 400여 년이 지나 모세가 꼭 갚는 진리를 선포했다.
또 역사적으로는 사울왕 10년, 다윗왕 27년, 솔로몬왕 40년 통치한 것을, 구약성경에는 사울왕이나, 다윗왕이나, 솔로몬왕이나 모두 40년씩 통치했다고 기록했다.

🚹 : 그래요?

☼ : 뜻은 같지만 구약 과정은 개체성 진리로써 불완전하기에 하느님과 인과관계 희생도 상징적인 동물 제사였잖냐!

🚹 : 그렇군요.

☼ : 그런데 구약 과정과 신약 과정 설명을 듣고 이상한 것을 느끼지 못했냐?

🚹 : 네? 잘 모르겠는데요?

☼ : 구약 과정이나 신약 과정이나 약 400년씩이 한 마디로 5번 이어져 2,000년이 되었다.

🚹 : 그래요?

☼ : 봐라. ① 구약이나 신약이나 출현하고 약 400년간 혹독한 시련을 겪었고, ② 그 후 숨통이 터져 체계가 잡히며 발전하기를 약 400년간 이어지다가, ③ 3권이 분리되어 왕국으로 발전하다가 망해 포로가 되기까지 약 400년, ④ 모진 포로생활을 약 400년 하다가 풀려나며, ⑤ 그렇게 풀려난 후 새로운 진리 출현을 준비하는 기간이 약 400년이다.

🚹 : 그거 참 신기하네요.

☼ : 너 인간의 성장 기간이 왜 20년인 줄 아냐?

🚹 : 그걸 어떻게 알아요?

☼ : 인간 성장 기간이 20년인 것도 正, 分, 合에 의한 것이다.

🚹 : 신기하네요? 구약 진리 성장 과정도 2,000년, 신약 진리 성장 과정도 2,000년, 인간 성장 기간도 20년이면 무슨 연관이 있나요?

☼ : 우주의 근본數가 4라고 했지.

🚹 : 네.

☼ : 그리고 4수(數)가 5가지 기능을 일으키고.

🚹 : 네, 그랬지요.

☼ : 그 4수(數)가 5가지 기능을 일으킨 결과(4×5=20)가 곧 '20'이기에, 小우주 인간의 성장 기간이 20년이고, 성장 기간 20년도 구약 과정, 신약 과정과 같이 5번의 마디가 있고, 또 그 의미도 같다.

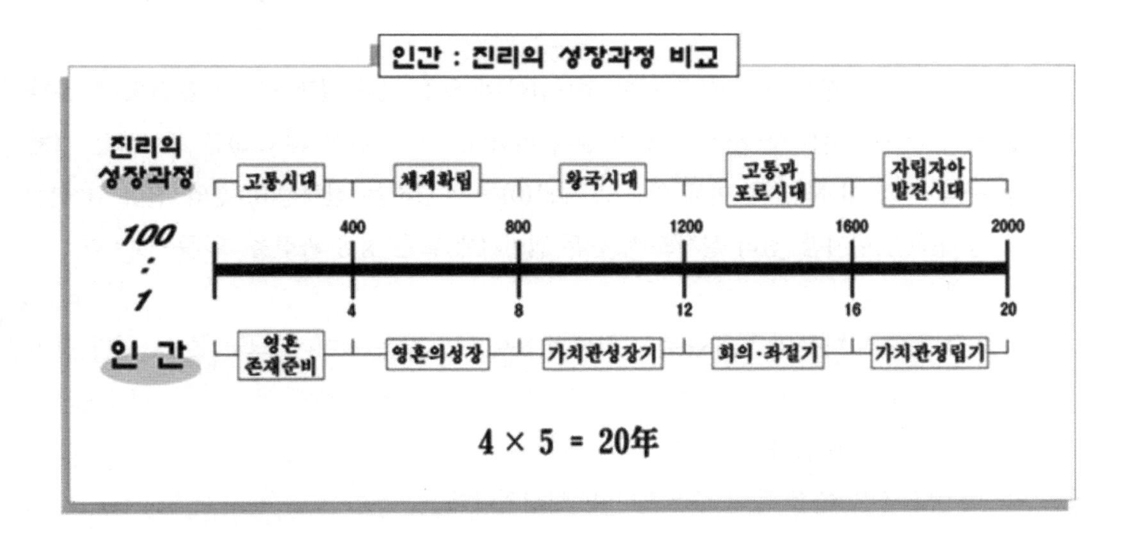

🚹 : 그래요? 그것 참 신기하네요.

☼ : 인간도 육체가 만3~4살이 되어야 영체가 생겨 온전한 小우주가 되고, 그 후 8살 정도까지 영핵의 자의식(自意識)이 성장하다가, 8살이 되면 차츰 선(善) 악(惡)에 대한 二分法 개념이 생기기 시작하고, 그 과정이 흘러 12살쯤 되면 삶에서 스스로 해결 안 되는 여러 문제에 부딪쳐 갈팡질팡하게 되니, 이때가 소위 '부모 말도 안 듣는' 사춘기이다. 그러다가 15~16세가 되면 나름대로 스스로의 판단력이 생기기 시작해, 20세가 되면 모든 것을 스스로 판단할 수 있는 자의식(自意識)이 완성되는 것이다. 생각해봐라. 너 역시도 이런 성장 과정을 지나왔다.

🧍 : 설명을 듣고 보니 그러네요. 구약 과정과 신약 과정이 2,000년씩 걸린 이유는 뭐예요?

☼ : **진리 성장 과정 2,000년과 인간 성장 과정 20년이 100:1의 비율로 나타나는 것은, ① 인간 성장 기간 20년과, ② 진리를 따르는 신도(信徒=인간) 노력數 9와, ③ 하느님의 섭리數 0(제로)로 (20−(9+0=10)=200數), ④ 이 200數에 구약은 구약 성도 전체(0)를 (200+0=2,000) 의미하고, ⑤ 신약은 신약 성도 전체(0)를(200+0=2,000) 의미하기에, 인류에게 진리를 성장시키는 과정은 100:1의 비율로 나타나 2,000년씩 걸린 것이다. 천주교 사제들이 입는 옷이나 성전제대나 제구에는 이런 상징이 있다. XP를 둥근 원으로 둘러싼 모양이 있으니, XP는 그리스도라는 그리스어이고, 둘러싼 원(圓)은 신약성도(0) 전체를 뜻하는 것이다.**

🧍 : 그렇다면 어째서 인간의 성장 과정 20년과, 꼭 갚아 제로(0)를 체험하는 구약 진리 성장 과정 2,000년과 이해 양보로 제로(0)를 체험하는 신약 진리 성장 과정 2,000년의 의미가 같나요?

☼ : **① 大우주 진리 실체 의식체(意識體) 하느님이 小우주 진리 실체 의식체(意識體)로 분화된 것이 너희이기에, ② 小우주 진리 실체 너희와, ③ 꼭 갚아 제로(0)를 체험하는 개체성 구약 진리 실체와, ④ 이해 양보로 제로(0)를 체험하는 전체성(0) 신약 진리 실체는, ⑤ 상대적(分)이지만 '진리 실체'로써 같은 질이기에 같은 성장 과정을 거치는 것이다.**

🧍 : 아 그래요?

☼ : 예를 들면, 장미나무와 찔레나무는 상대적(分)이지만 같은 질이다. 그렇기에 너희가 장미나무와 찔레나무의 꽃을 개량한다면 반드시 正, 分, 合 원칙에 의해 같은 개량과정을 거쳐야 하는 것과 같다.

🧍 : 와! 너무나 좋은 예를 들어 주셨습니다. 이해됩니다.

---

† 오십일 일째 날: 인류 역사 흐름의 놀라운 내면

☼ : 잘 자고 왔냐?

🧍 : 어제 이야기 중에 아이가 무지(無知)로 태어나 20년간 성장하는 것과 새 진리가 인류사회에서 2,000년간 성장하는 것이 과정과 의미가 같다고 했잖아요?

☼ : 그런데?

🧍 : 그럼, 아이가 무지(無知)로 태어나는 것처럼 인류도 태초에는 그렇게 무지(無知)했다는 거예요?

☼ : 그럼.

🧍 : 어떤 기록에 보면 옛사람들이 지금보다 영성이 더 발달한 것 같던데요?

☼ : 그런 면도 있지. 왜냐하면, 최초의 인류는 씨족이나 부족사회였기에, 그들은 태어나자마자 부모와 친척 사이에서 자연스레 공동체 생활을 했기에, 네 것과 내 것이 없는 전체의식 체험으로 영성(靈性)이 발달하였다. 하지만, 그 사회는 개체끼리의 부딪침이 없어, 개체끼리 부딪침(分)으로 인해 드러나는 실체적 전체의식(0) 체험(合)이 아니었다.

🧍 : 아! 그런 차이가 있어요?

☼ : 즉, 正(원인)은 있지만 分인 개체끼리의 부딪침(과정)이 없어 合인 실체적 체험(앎=결과)이 없다. 좋은 예로, 서로 간에 부딪침이 적은 시골 사람들이 부딪침이 많은 서울 사람들보다 순진한 거 있지? 불교식으로 말하면, 부정(分)을 거치지 않아 깨달음(合=앎)이 없는 긍정(正)이고.

🧍 : 아! 그게 그렇게 되는 거군요?

☼ : 그래서 시골에도 인구가 많아지면 순진한 게 없어지잖냐?

🧍 : 그렇긴 하지요.

☼ : 인구가 늘며 씨족사회의 공동체가 무너지며 도시국가로 확장되자, 그에 따라 공동체의식(전체의식)도 점차 사라져 서로 간에 부딪침(分=과정)이 본격화하기 시작하니, 그 좋은 예가 곧 메소포타미아 지역 도시국가 운마와 라가슈의 지독한 200년 싸움(分=과정)이다.

🧍 : 그러니까 인구가 늘며 씨족사회가 무너져 도시국가가 되며 공동체 의식이 사라졌군요.

☼ : **이렇게 공동체 의식이 사라지며 개인주의가 드러나자 개개인들로서는 힘들어졌지만 부딪침(分=과정)으로 인한 실체적 깨달음(合=결과)이 시작되었다.**

🧍 : 그렇겠네요.

☼ : 그렇게 개인주의가 나타나 세월이 흐르며 문제가 발생했으니, 내가 저 사람에게 감자를 한 말 주었다면? 내게 필요한 팥은 저 사람한테서 얼마를 받아야 하는지에 관한 확실한 기준이 없었다.

🧍 : 그렇겠지요. 개개인끼리 주고받는 데 대한 기준이 아직 없었을 테니까요.

☼ : 그 결과 제로(0)를 체험하려는 영핵본능에 의해 주고받음에 서로 간 마찰이 생기며, 세월이 흐르고 인구가 늘며 그러한 과정이 반복되다 보니, 사람들은 차츰 '주고받음에 대한 한계'가 '분명하면 좋겠다는 개념(뜻=생각)'이 생기기 시작했다.

🧍 : 흐름을 보니 그랬겠네요.

☼ : 그러다가 드디어 그런 개념이 인류사회에 실제로 모습을 드러내니, 곧 B.C 1,700년경의

'함무라비 법전'이다.

🚹 : 그 유명한 함무라비 법전이요.

☼ : **그러나 함무라비 법전은 귀족과 천민의 차이를 크게 둔 불량품(不量品)이었다. 그 후 다시 350여 년이 지난 후, 드디어 이스라엘 민족에서 모세가 나타나 "너희는 무엇이나 꼭 갚아라. 이는 이로 갚고, 눈은 눈으로 갚고, 피는 피로 갚고, 살인은 살인으로 갚고, 아픔은 아픔으로 갚으라."며, 개체끼리의 부딪침에서 주고받음에 제로(0)를 체험하라는 정품(正品) 구약 진리를 선포했다.**

🚹 : 오, 그래서 구약 진리가 출현했군요.

☼ : 모세의 구약 진리는 주고받음에 대한 확실한 기준을 기다리던 시대적 여건과 맞아 떨어졌으니, 하느님의 선민(選民) 사상으로 똘똘 뭉쳐 있던 이스라엘 민족에게는 절체절명의 진리가 되어 실생활에서 철저히 체험하게 되었다.

🚹 : 그랬겠네요.

☼ : 그 후, 이 꼭 갚는 식 선진(先進) 진리는 이스라엘 민족이 다른 민족과 전쟁이나 교역을 하며 그들에게도 전해지게 되었다. 왜냐하면, 누구나 주고받음에 꼭 갚아 제로(0)를 체험하면 마음의 평화가 오는 그 당시로서는 획기적인 최고의 진리였기 때문이다.

🚹 : 그랬겠네요.

☼ : 그러나 꼭 갚아 제로(0)를 체험하는 진리가 1,300여 년이 흘러 구약 말기에 이르자, 이스라엘 민족은 가족이나 씨족 간에 서로 원수 아닌 사람이 없게 되었다. 왜냐하면, 인간은 불완전하기에 본의 아닌 실수도 있고, 또 어쩔 수 없는 여건에 따라 상대에게 불이익을 줄 수도 있다. 그런데 그들은 무조건 꼭 갚아 제로(0)를 체험하려 했으니, 결국 집안 대대로 내려가며 서로 얽히고설켜 원수 아닌 집안이 없게 되었다.

🚹 : 꼭 갚으면 제로(0)가 되어 누구나 마음의 평화를 체험할 줄 알았는데 그런 부작용이 있군요?

☼ : 그래서 꼭 갚는 진리의 앎(合)은 구체적으로 성장했지만 이런 부작용이 나타나게 되었다.

🚹 : 와! 그런 상상도 못 한 부작용이 나타나다니, 그거 참 난감했겠네요?

☼ : **꼭 갚는 진리가 구약 말에 이르러 이런 문제점이 드러나자, 예수가 나타나 "너희들 서로 서로 모든 것을 용서하라. 일흔 번의 일곱 번이라도 용서하고, 원수도 사랑하라, 이 뺨을 때리거든 저 뺨도 내주어라."라고 했으니, 이것은 당시에는 획기적인 새로운 진리의 출현이었다. 이해 양보의 새로운 진리라면 그때까지 꼭 갚음으로 인해 생긴 모든 부작용이 봄비에 눈 녹듯 하겠기에 지혜 있는 사람들은 알아들었던 것이다.**

🚹 : 그렇군요. 이야기를 들어보니 당연하게 흘러가네요.

☼ : 물론 正, 分, 合 원칙 흐름이니까 당연한 흐름이지. ① 모세의 꼭 갚는 진리가 처음 나타났을 때는 인류에게 새로운 진리요 빛이었듯이, ② 예수의 이해 양보 진리도 구약 말기 처음 나타났을 때는 인류에게 새로운 진리요 빛이었다. ③ 그러나 예수가 신약 진리를 선포하고 2,000년이 흐른 지금은 예수의 진리는 누구나 다 아는 진리가 되었다. 구약 진리가 구약 말기에는 누구나 다 아는 진리가 된 것 같이, ④ 그래서 2,000년 전에는 "원수를 사랑하라."라는 신약 진리가 충격적이었으나, 지금은 사람들에게 그때와 같은 감흥을 줄 수 없고, 오히려 구약 말기와 마찬가지로 '최선을 다한 노력으로 스스로의 가치를 찾아 보람과 긍지로 자존감의 기쁨을 체험하기 위함이 아닌, 도움 받아도 고마운 줄 모르는 거지 근성과 공짜 심리 등 여러 가지 부작용'이 나타나고 있는 것이다. ⑤ 그러나 예수의 이해 양보 신약 진리도 2,000년간 사람들이 실생활에서 체험하며 실체적인 앎은 성장했다.

🚹 : 충분히 이해가 되네요. 그런데요, 구약 진리와 신약 진리는 반대(反對)잖아요? 두 가지 다 인류에게 필요한 진리인데 왜 반대(反對)지요?

☼ : 반대(反對)가 아니라 상대적(分)이다. 상대적(分)은 서로를 드러나게 하는 상호보완적 관계이기에 우주원칙은 正反合이 아닌 正分合이다. 그래서 구약 진리와 신약 진리도 같은 질이지만 개체성과 전체성(0)으로 상대적(分)이고.

🚹 : 그러니까, 왜 그러냐고요?

☼ : **왜냐하면, 너희 영혼(핵)은 개체구조에 전체성(0) 체질이어서, 꼭 갚아 제로(0)를 체험하는 개체성 진리도 너희이고, 이해 양보로 제로(0)를 체험하는 전체성(0) 진리도 너희이기 때문이다.**

🚹 : 아, 영혼(核=두뇌)이 구조는 개체구조이고, 체질은 전체성(0)이어서 상대적(分)인 두 진리가 다 내 거군요.

☼ : **그리고 너희는 개체구조로 분화해 너희 존재가 드러났기에 꼭 갚아 제로(0)를 체험하는 개체성 진리가 너희 실생활에선 우선이다.**

🚹 : 예, 실생활에서는 우선 꼭 갚으라는 거죠.

☼ : 그러나 개체성은 불완전해 꼭 갚아서는 제로(0)를 체험할 수 없는 경우가 있다.

🚹 : 구약시대 말기와 같이요,

☼ : 그럴 때는 하느님의 창조 목적에 따라 흐르는 전체 인류사회의 흐름임을 이해하여 이해하고 양보하며 제로(0)를 체험해야 하는 것이다.

🚹 : 그러면 '이래도 제로(0), 저래도 제로(0)'를 체험하니까요. 모든 게 제로(0=전체성)로 통하는군요.

☼ : 왜냐하면, 하느님의 분화로서 전체성(0) 체질을 가진 너희는 그 체질과 같은 제로(0)를 체

험해야, 건강하고 기름진 행복한 영핵이 되고, 이것이 곧 神(하느님)과 하나(合一) 됨이기 때문이다.

🚶 : 그런데 우주는 개체성으로 흐르고 있잖아요?

☼ : 물론이다. 正, 分, 合 원칙은,

① '도구'인 개체성 흐름 1, 2, 3, 4, 5, 6, 7, 8, 9가 먼저(우선) 있어야, '목적'인 전체성 제로(0=원인)가 실체적(10=결과)으로 드러나 느낄 수 있기 때문이다.

② 물리학에서도 개체성인 중력이 먼저 있어야 그에 걸맞는 전체성(0)인 팽창력이 실체적으로 드러나듯이, **먼저 드러나는 개체성 1, 2, 3, 4, 5, 6, 7, 8, 9(과정)는 '목적'인 전체성(0=원인)을 실체적(10=결과)으로 드러나게 하기 위한 '도구'이다.**

🚶 : 어제의 이야기와 오늘의 이야기를 종합하니 인류 역사의 흐름이 한눈에 들어오네요.

† 오십이 일째 날: 처절했던 하느님과 인간의 인과관계

☼ : 나왔냐?

🚶 : 네, 며칠 역사 이야기를 듣고 나니 궁금한 게 있어요.

☼ : 뭔데?

🚶 : 며칠 구약과 신약에 대한 거였잖아요.

☼ : 그런데?

🚶 : 구약성경에는 인류가 약 6,000년 전의 아담부터 시작되었다면서요? 그러면 아담부터 야곱까지는 뭐예요?

☼ : 그게 궁금했구나. 아담부터 야곱까지도 正, 分, 合 원칙에 의한 과정이 있지.

🚶 : 물론, 그렇겠지요.

☼ : **아담 이전의 인간들은 우주 자체로, 우리 모두의 부모이시며, 창조주이신 하느님과의 인과관계(正分合 과정=情)가 없었다. 따라서 하느님에 대한 심정(心情=체험=앎)도 없었고, 이렇게 심정(心情))이 없는 건 하느님과 남남(他人)이라는 것이다. 그러나 우주는 正, 分, 合(인과관계)으로 흐르고, 正, 分, 合은 질서이고 우선순위이다.**

🚶 : 正, 分, 合은 인과관계이며 질서이고, 질서는 우선순위이지요.

☼ : 그 결과 **어쩌다 영계핵(하느님)까지 도달한 영혼들이, ① 창조주 하느님과 대화(뜻의 직**

접교류)가 되고 보니, ② 正, 分, 合으로 창조된 우주에서, ③ 창조주 하느님에 대한 앎(체험=情)이 없는 자기들은, ④ 창조주 하느님과 '인과관계'가 없어, ⑤ 하느님의 창조 목적과 '관계없음'을 알게 되었다.

🚹 : 그래서요?

☼ : 어쩌다 흘러 흘러 영계핵까지 가보니 이미 벌어진 사건인 것을, 낯선 집에 어쩌다 들어온 불청객같이 민망해 뻘쭘하게 눈치만 보고 있었지.

그러다가, ① **창조주 하느님께서 창조 목적을 이루기 위해, ② 하느님과 인간의 우선순위 '인과관계'를 정립하는 앎의 성장 과정이 아담으로 시작되자, ③ 그들도 하느님과의 우선순위 '인과관계'를 맺기 위해, ④ 하느님과 뜻이 하나 되어 협조하니 ⑤ 곧 하느님의 '심부름꾼'인 천사(天使)다. 태초 하느님의 창조 목적은 당신과 '우선순위 인과관계'가 정립된' 자녀(天子)다.**

① 그러나 아담 이전의 인간들은 하느님과 '우선순위 인과관계'가 없어, 그들은 하느님의 창조 목적인 인류가 아니었다. ② 그래서 구약성경에서 하느님의 창조 목적인, '우선순위 인과관계'가 처음 맺어진 아담을 인류의 시조라고 한 것이다.

🚹 : 그게 궁금했어요. 역사적으로 아담이 살았다는 6,000여 년 전이면, 인간들이 많았을 텐데, 왜 성경에서는 아담을 인류의 시조라고 했을까 하고요.

☼ : 그래서 그런 의도(意圖)를 밝히기 위해, 창세기 4장~6장에 아담 식구 외에도 많은 사람들이 있음을 밝혔고 그들은 동물과 같다고 했는데, 너희들은 그런 구절들은 모른 체하더라.

🚹 : 그랬군요.

☼ : **그런데 하느님과 인간의 '인과관계' 역시 세 번에 걸쳐 성립되었다. 왜냐하면, 正, 分, 合 원칙이, ① 원인(正=씨앗), ② 과정(分=성장 과정), ③ 결과(合=열매)로 3 數가 완성 數이기 때문이다.**

🚹 : 뭐가 그렇게 복잡해요?

☼ : 신약성경 로마서 9장 14절, 시편 92장 15절에도, "하느님은 불의(원칙을 벗어난)를 행하지 않으신다."라고 했다. 지금까지 正, 分, 合 원칙을 지켜온 인류 앎 성장 과정은 하느님의 체질상 불가피하다.

🚹 : 그런 과정이 진짜 세 번 있었어요?

☼ : 아주 처절하게 세 번을 거쳤지.

🚹 : 어떻게요?

☼ : **아담과 이브 때가 첫 번째 사건이었고, 노아의 방주 사건 알지?**

🚹 : 네, 홍수가 난다고 천사에게 연락받고 큰 배를 만들어 '어쩌고저쩌고'하는 거요?

☼ : **그게 두 번째 사건이었다. 주변 사람들이 모두 미친놈이라고 비웃는데, 확실치도 않은 홍수 예고를 듣고 전 재산을 들여 큰 배를 만든다는 게 쉬운 일이냐?**

🚹 : 그렇긴 해요.

☼ : 그리고 한 번 더 있었다.

🚹 : 아브라함이 그 아들 이삭을 어쩌고저쩌고하는 거요?

☼ : **그래, 그 당시 아브라함은 늙으막에 하느님에게 기도해서 아들을 하나 얻었는데, 그 아들이 10세가 되자 천사가 나타나 하느님의 명령이라며, 이번 제사에는 양 대신 이삭을 죽여 '번제물'로 바치라고 했다. 늙으막에 하느님의 도움으로 얻은 귀한 아들인데, 그 아들을 죽여 제사를 지내라고 하니 아브라함의 마음이 어땠겠냐? 그러나 어쨌든 그러라고 하니, 할 수 없이 이삭의 등에 제사에 쓸 나무를 지워 산으로 올라가는데, 이삭이 묻기를 "아버지 제사 때 쓸 양은 왜 안 가져가세요?"라고 묻더란다. 아브라함은 할 말이 없자 얼른 나온 대답이 "산에 올라가면 하느님이 준비해 놓으셨겠지."라고 했단다. 산에 올라간 아브라함은 이삭을 꽁꽁 묶은 후, 번제물로 바치려고 서슴없이 칼로 목을 내리쳤다. 앗차! 그 순간 천사가 아브라함의 손목을 꽉 잡으며, "그래 됐다. 이제는 네 믿음이 확인됐다."라고 하더란다. 그래서 둘러보니 숲 속에 양 한 마리가 나무에 뿔이 걸려 있어 제사를 지내고 내려왔단다.**

🚹 : 사실은 대충 알고 있는 얘긴데요. 재미있기에 한 번 더 듣고 싶어 모른 체했어요.

☼ : 한 번 더 들어도 좋지. 이 이야기는 열 번을 들어도 감명 깊은 이야기니까. 그 후, 이스라엘 민족에게 있어선 아브라함의 이 이야기는 귀감이 되어 하느님에 대한 절대복종과 최선은 당연한 것이 되었다.

🚹 : 존경하는 조상이 그런 업적을 남겼다면 후손들의 절대복종과 최선이 얼마나 처절했겠어요?

☼ : 너 마호멧이 세운 이슬람교 알지?

🚹 : 네, 알지요.

☼ : **그 이슬람이라는 의미는 바로 하느님에 대한 절대복종과 최선이다. 야곱의 형 에서의 후손에서 시작된 것으로 알려진 이슬람인들은 아담으로 시작되는 구약성경을 인정하지만, 자기들의 역사는 하느님에게 절대복종한 아브라함으로부터 시작된다고 한다.**

🚹 : 네에, 이해가 됩니다. 그 사람들은 하루에 다섯 번씩 손과 발을 정갈하게 씻고, 메카를 향해 예배를 드린다지요?

☼ : **물이 귀한 그곳에선 쉽지 않아, 모래로라도 정갈하게 씻고, 다섯 번씩 예배를 드린다. 그**

러니 하느님에 대한 그들의 절대복종과 최선이 얼마나 처절하냐?

🧍 : 저는 그 사람들이 그러는게 좀 지나쳐 보이고, 우스워 보였는데, 그게 아닌가 봅니다.

☼ : **그 사람들의 절대복종과 최선은 무지(無知)로 인한 결과야 어떻든, 진심이라면 열심인 만큼 그들에겐 지복(至福)으로 돌아온다.**

🧍 : 아니, 끔찍한 테러로 그 많은 사람을 죽였는데도요?

☼ : 내가 얘기했잖냐? 무지(無知)로 인한 결과야 어떻든 동기(動機)가 하느님에 대한 절대복종과 최선이었기에.

🧍 : 와! 그거 불공평한데요?

☼ : **그래? 正, 分, 合 원칙을 철저히 이해해서 모든 게 하느님에 대한 동기(動起)가 문제라는 걸 알게 되면 無知가 문제일 뿐 불공평하지 않다는 것을 알게 된다.**

🧍 : '띵~' 하네요?

---

† 오십삼 일째 날: 환생(還生=재생)과 영혼의 진화

☼ : 잘 잤냐?

🧍 : 요즈음 뒤숭숭해서 잠이 잘 안 와요.

☼ : 왜?

🧍 : 천주교지만 구교(舊敎) 집안이라 성경이 있는 것도 몰랐거든요.

☼ : 그래서?

🧍 : 성경은 비과학적인 신화에 불과하다고 생각했고요.

☼ : 그런데 二分法 正, 分, 合으로 성경을 설명하니까 잘 모르는 아저씨가 유전자 검사해 보니 네 부모라며 느닷없이 친하게 지내자고 들이대는 거 같구나.

🧍 : 좀 그래요.

☼ : 신나이 신이 이렇게 말했으니 참고해라.

신나이 3권 519p

신나이 신: "너희가 받아들인다면 내가 다 털어놓고 이야기하겠다. 너희가 예수라 부르는 그 인간의 영은 이 지구의 것이 아니었다. 모든 영은 '이 지구 출신이 아니다.' 모

든 영혼이 다른 영역에서 와서 몸으로 들어갔다. 모든 영혼이 특정한 한 '생애' 안에 혼자 힘으로 깨닫는 건 아니다. 그러나 너희가 예수라 부르는 그 인간의 영은 예수는 그렇게 했다. 그는 고도로 진화된 존재였다(너희 중 일부가 神이라 불러온 존재). 게다가 그는 목적을 가지고, 임무를 띠고 너희에게 왔다."

닐: 우리 영혼을 구하기 위해서요.

신나이 신: 어떤 의미에서는 그렇다.

🚹 : 신나이 신은 기독교가 아닌 것 같던데 왜 이렇게 말했지요?

☼ : 신나이 신은 다신사상(多神思想=불교, 힌두교 등)이다. 그러나 내가 너에게 二分法 正, 分, 合을 설명하다 보니 성경이 나오듯이, 신나이 신도 신성한 二分法을 얘기하다 보니 예수가 등장한 것이다.

🚹 : 그런데 예수가 온 곳은 지구가 아닌 다른 영역이라고 했네요?

☼ : 예수만이 아니라 모든 영혼은 지구 출신이 아닌 다른 영역에서 너희의 몸으로 왔다고 했다.

🚹 : 그러니까요, 다른 영역이 어디예요?

☼ : 다른 영역이란 너희가 전체성(0) 하느님으로 있다가 개체영(몸)으로 분화되어 왔다는 것이다.

🚹 : 우리가 개체로 분화되기 전에는 '전체성(0) 하느님'으로 있었다는 거네요?

☼ : 너희 모두는 예수와 똑같은 하느님의 분화체(分化體)이다. 그렇기에 예수가 33년이라는 짧다면 짧은 생애에 부활까지 할 수 있는 수준으로 진화했듯이, 너희 역시 누구나 한 생애에 부활까지 진화할 수 있고, 그 본보기가 곧 예수라는 것이다.

🚹 : 그럼 이제 저는 어떻게 해야 하나요?

☼ : 네가 正分合을 받아들인다면, ① 正, 分, 合을 철저히 이해하여 당장 하느님(神)과 뜻이 하나(合一) 된 체험을 하든지, ② 아니면 대충대충 살다가 영계핵까지 가서 네 나름의 대충대충 지복(至福)에 만족하든지, ③ 아니면 영계핵까지 가보고 네 지복(至福)의 부족을 느끼면, 다시 자연계에 와서 하느님과 인과관계(개체구조 앎)를 철저히 체험하는 인간에게 간접 빙의(念力)해 영핵(앎)이 성장하든지.

🚹 : 예? 영계핵까지 가보고 부족하다 싶으면 다시 자연계의 인간에게 간접 빙의를 하라고요? 그 끔찍한 빙의를 저보고 하라고요?

☼ : 그럼 다른 방법이 있는 줄 아냐? 간접 빙의가 끔찍하다니? 그것은 모두가 하나인 이승과 저승에서 서로가 보완해가는 아주 자연스러운 인과관계(개체구조 앎의 성장)다.

🚹 : 다른 방법이 없어요? 상대가 싫다고 몸서리 칠 텐데요?

☼ : 그렇지 않다. ① 직접 빙의는 구조와 질량이 다른 만큼 이질감(離質感)이 느껴져 불쾌하지만, ② 간접 빙의는 너와 상대가 느낌이 간접적(念力)으로 작용할 뿐 직접 부딪치지 않아 저승에서는 자연계가 보이기에 알지만, 자연계에서는 저승이 보이지 않아 잘 모른다. ③ 자연계의 상대가 正, 分, 合을 철저히 이해했다면 서로의 공조(共助)를 반가워할 수도 있고. 그렇지만 자연계는 正, 分, 合 반복으로 불편한 게 많아 한 번 더 하느님(神)과 하나 됨(合一)을 체험한다는 것은 귀찮은 일이다.

🚹 : 이런 방법도 있잖아요? 어린아이에게 들어가 자연계에 환생(재생)하는 거요?

☼ : 그런 방법도 있지만 그건 正, 分, 合 원칙을 모를 때 이야기이다. 왜냐하면, 네가 어느 아이의 육체에 환생하면, 그 육체로 인해 새로운 영체 하나가 생길 것을 방해하는 결과가 되고, 그것은 '스스로를 느끼려는 하느님의 창조 목적 극대화(0)를 네가 방해하는 것'이 된다. 그래서 正, 分, 合을 알면 그러지 않는다.

🚹 : 내가 아이에게 환생하면 영체 하나가 덜 생겨요?

☼ : 당연하지. 아이가 만 3~4세 돼야 '느낄 수 있는 구조'로 두뇌가 성장해. 존재원칙과 움직임의 원칙에 의해 새로운 영체가 생기는데, 네가 먼저 들어가 자리 잡고 있으면 당연히 새로운 영체가 생기지 않지.

🚹 : 불교에서는 영혼이 환생하며 진화한다고 하던데요?

☼ : 불교만이 아니라, 기독교를 비롯하여 지금의 모든 종교계는 正, 分, 合을 모르기에 여러 가지 많은 오류를 범하고 있다.

🚹 : 그러면 환생은 어떻게 하는 거예요?

☼ : 두 가지다. 첫째, 이 세상에 다시 태어날 이유(恨=業=원인=집착=목적)가 있어서 어떤 아이에게 의도적으로 들어가는 것과, 둘째, 자연계에 새로 생긴 아이의 개성이 저승에서 떠도는 영체와 개성의 질량이 비슷하면, 움직임의 원칙에 의해 상대적(分)이지만 같은 질이므로 같은 목적이 일어나 저절로 아이에게 빨려 들어가는 경우다.

🚹 : 그래요? 저승에서 나도 모르게 아이의 육체에 빨려 들어가요?

☼ : 빨려 들어가는 환생이 대부분이다. 저승에 대한 앎이 없어 육체의 삶이 전부인 것으로 알고 죽으면, 저승에서의 의식(意識)이 약해 환생이 쉽다. 자존감이 약한 사람에게 빙의가 잘 되듯이.

🚹 : 예? 자존감이 약하면 빙의가 잘 되나요?

☼ : 영체의 자존감이 약하면, 육체에 다른 영체가 빙의하기 쉽다. 왜냐하면, 자존감에 따른 거부반응(이질감)이 적어 자리 잡기 쉬우니까. 물론 이런 경우도 있다. 자존감이 강해도

영체질(개성)이 열린 마음(전체성)에 가까우면 접신에 거부감이 적다.

🚹 : 아, 그런 경우도 있군요.

☼ : 또 조상 무당에게 작용하던 영이 후손에게 기득권을 주장하는 경우도 있고.

🚹 : 예? 조상이 무당이었으면 그 조상에게 작용했던 영이 그 후손에게도 기득권이 있다고 주장해요?

☼ : 그것 역시 '인과관계(개체구조 앎)'이기에 그들은 그렇게 주장하고, 그것이 저승에서도 용납된다. 그들도 사람이 죽은 영이기에.

🚹 : 그렇군요. 저승도 이승과 똑같은 인과관계라면?

☼ : 너희가 많이 봤겠지만, 환생하면 전생을 기억 못 한다.

🚹 : 그게 궁금했어요.

☼ : 환생해서 영체가 육체에 들어가면 움직임의 원칙 5에 의해 두뇌 앎이 영핵 앎보다 우선이기 때문이다. 그러나 아이가 어려서 두뇌에 새로 기록된 앎이 적고, 전생의 기억이나 어떤 목적이 강하면 비중에 따라 부분적으로 전생이 나타나기도 한다. 다른 영혼의 협조로 전생을 드러내기도 하고, 그러나 아이가 자라며 두뇌에 앎이 쌓이면, 움직임의 원칙 5에 의한 우선순위에 의해 전생 기억은 차츰 힘을 쓰지 못한다.

🚹 : 그런데 심령현상을 보면 태아령들이 있던데요. 태아는 아직 영체가 생기지 않았다면서요?

☼ : 태아령의 경우가 재생되는 영체이다. 태아는 아직 두뇌질이 형성되지 않아 앎에 따른 의식(意識)이 없어 낙태도 모른다. 최근 두뇌과학에서 입증된바, 태아는 20주(5개월)가 돼야 두뇌질이 생기기 시작한다고 한다. 그러나 재생된 영혼은 처음부터 다 느껴 기억한다. 그래서 낙태된 태아 수에 비해 태아 령은 소수이다.

🚹 : 무당이나 빙의된 사람을 보면, 1. 빙의 때 내용을 기억하는 경우가 있고, 2. 빙의 때 내용을 전혀 기억 못 하는 경우가 있던데, 왜 그래요?

☼ : 첫 번째, 핵(核)인 두뇌와 영핵은 앎의 질량이 같아야 같은 목적을 중심으로 한 흐름이 일어나고, 두 번째, 구성체인 육체와 영체는 느낌이면 모두 같은 흐름이 일어나고, 세 번째, 핵과 구성체는 내려가는 흐름과 올라가는 흐름이 일어난다.

그 결과, 1. 간접 빙의 때는 두 번째에 의해 빙의령의 말이 무당의 입을 통해 흘러나오고 무당도 들리니 내용을 기억하지만, 2. 직접 빙의 때는 첫 번째에 의해, 무당의 두뇌 앎과 빙의령의 영핵 앎이 달라 '같은 목적이 일어나지 않아' 두뇌에 기록되지 않고, 무당 귀에게도 들리지 않아 빙의가 풀린 후 기억 못 한다. 하지만 비슷한 앎이 있으면 언뜻언뜻 기억하기도 한다.

🚶 : 그렇군요, 신나이 책에는 인간이 환생을 거듭하며 진화한다고 하던데요.

☼ : 또 33년 만에 부활한 예수를 너희들의 본보기라고도 했다.

🚶 : 그건 뭐예요?

☼ : ① 신나이 1권 앞부분에 보면 신나이 신과 닐의 대화 방식이 유럽에서 영매들이 쓰는 '자동기술'이고, 또 닐이 신나이 책이 경전이냐? 고 묻자 답변하기를, ② '이 대화가 경전은 아니며 수백 년은 갈 거라고 했으며' ③ 내일의 신 12장에 보면 신나이 신이 "신과 나눈 이야기는 대단한 가치가 있지만 '한 사람의 개인적 체험'으로서 그럴 뿐이다."라며, ④ "신나이가 교과서나 신성한 출처가 되는 것은 위험하다."라고 했다.

⑤ 신나이 1권 279p와 또 다른 여러 곳에서 신나이 신이 닐에게 "형제여."라고 했으니, 이것은 신나이 신이 무한(0)한 우주 자체 전체성(0) 神(하느님)이 아니고, 닐과 같은 개체구조 인간영임을 스스로 밝힌 것이다.

🚶 : 그런 내용이 있어요?

☼ : 또 신나이 「새로운 계시록」 104p에 보면, "네 안의 이 지고의 스승을 찾을 수 있는 방법을 가르쳐 주는 이가 나타날 것이다. 그는 너의 인생에 나타나 너희의 眞我를 상기시켜 줄 것이다."라고 했다.

🚶 : 그래요? 신나이 신은 자기가 창조주인 것 같이 말하기도 했던데요?

☼ : 스스로가 창조주인 것 같이 말하기도 했지.

🚶 : 왜 그랬냐고요, 헷갈리게.

☼ : 너희를 속인 게 아니다.

🚶 : 왜요?

☼ : 너희들은 무한(0)한 우주 자체 전체성(0) 神이 개체구조로 분화한 존재 아니냐?

🚶 : 그렇다면서요.

☼ : 그러니까 너희 모두는 전체성(0) 神이기도 하니까 동기가 전체성(0) 神과 하나 된 것이면 전체성(0) 神으로서 말해도 잘못된 것은 아니다.

🚶 : 그런가요?

☼ : 이것을 이해함이 '모와 순이 같은 공간에 동시에 존재함'을 이해하는 신성한 二分法이라고 신나이 신은 말했다.

🚶 : 예에.

☼ : 또 전체성(0) 神으로 헷갈리게 한 것은 영아원 수준인 너희들의 영적 수준에 맞춘 지혜이다. 왜냐하면, 너희들이 창조주로 느끼지 않으면 신성한 二分法을 몰라, 분리 의식(分

離意識)에 젖어 있는 너희들은 닐과의 대화를 가볍게 여길 것이고, 그것은 하느님의 창조 목적에 도움이 되지 않기 때문이다. 그러나 신나이 책 곳곳에는 분명히 스스로가 '하느님 자체'가 아님을 밝히고 있다. 다만 너희들 중 일부는 그 부분을 인정하고 받아들이고 싶어 하지 않을 뿐이다.

🚹 : 그러면 신나이 신이 '붓다'라고 했다는데 맞나요?

*참 고

도서출판 은하문명, 『예수 그리스도의 충격 메시지』 1, 2권,
버지니아 에센 & 캔데이 스프리즈 편역, 262P 인용

사난다 임마누엘(예수 그리스도) "나는 성서를 포기하는 데 어려움을 가지고 있는 사람들을 위해서 훌륭한 시리즈 책들을 권고하고자 하는데, 그것은 닐 도날드 월쉬(Neale DonaldWalsch)의 『신과 나눈 이야기(Con-versation with God)』이다.

그 책들은 영적으로 완만하게 나가며 신에 대한 개념을 바꾸기 위해 노력하고 있는 사람들에게 폭넓게 어필하고 있다. 이제 그 책들을 읽은 사람들과 닐 도날드 월시를 통해서 대화한 그 신이 누구일까 하고 의아해하는 사람들을 위해서 밝힌다면, 그 신은 나 자신(사난다 임마누엘-예수 그리스도)이 아니었다. 그는 바로 다름 아닌 주 붓다(Buddha)이다. 바로 그이기 때문에 또한 그는 신과 함께하고 있는 것이다.

그리고 그는 "현재 행성의 로고스(The Planetary Logos)이며, 따라서 그 자신을 그러한 책들에서 신으로 호칭할 수가 있는 것이다. 사람들에게 이러한 책들을 추천하고 이 책의 저자가 붓다라는 사실을 함께 공유하라."

☼ : 2,800여 년 전에 붓다 석가모니가 정리한 불교사상을 보면, 그때 이미 우주 형태를 거의 정확히 파악했다. 그 앎과 지혜로 그 후 저승에서 2,800여 년간 면밀히 관찰했다면 나올 수 있는 내용이다.

🚹 : 책을 보면 신나이 신이 사랑과 지혜가 뛰어남이 느껴져요.

☼ : 관찰력과 표현력도 뛰어나지.

🚹 : 맞아요. 참으로 지혜가 뛰어나요.

† 오십사 일째 날: 우선순위를 뒤바꾸는 영혼의 진화

☼ : 왜 이제 오냐?

🚹 : 네, 좀 바빴어요.

☼ : 어제 어디까지 설명했지?

🚹 : 아담에서 노아를 거쳐 아브라함까지 하느님에 대한 절대복종이었지요.

☼ : '하느님과 인간의 절대복종 인과관계'가 정립되자, 다시 아브라함, 이삭을 거쳐 3대째 야곱에 이르러 또 세 번의 과정을 거치니, **창세기 25장 23절, 25장 33절, 27장 29~31절에 보면, 3번에 걸쳐 차남 야곱이, 에서에게서 장남 자격을 넘겨받는 과정이 나온다.**

🚹 : 예, 왜요?

☼ : **인류 앎 성장 과정이 '우선과 차선을 뒤바꾸는' 과정이기 때문이다.**

🚹 : 예?

☼ : **① 차남 야곱이, 장남의 자격을 에서에게 넘겨받아, 아버지 이삭에게 하느님의 축복을 받은 것은, ② 아담으로 시작되는 인류 앎 성장 과정이,③ 개체구조이기에 개체목적이 우선인 너희(인간)가, ④ 차선인 전체 목적(0=제로)을 우선으로 뒤바꿔 체험하는 것이기 때문이다.⑤ 그래서 차선(차남)을 우선(장남)으로 뒤바꾼 야곱은 꼭 갚아 제로(0=전체성)를 체험하는 구약 과정 2,000년의 씨앗이 될 수 있었다.**

🚹 : 네에.

☼ : 이렇게 야곱이 구약 과정의 씨앗 절차가 끝나자, 창세기 32장 24~28절, 35장 10절, 호세아 12장 3~4절에 보면, 얍복강에서 천사가 야곱에게 씨름을 하자고 덤벼 야곱이 이기자, 천사는 야곱에게 이스라엘(승리자)이란 칭호를 준다(그래서 야곱의 후손이 이스라엘 민족임).
이것은, ① 아담, 노아, 아브라함까지 세 번은 절대복종, ② 장·차남의 우선순위를 세 번에 걸쳐 뒤바꾼 야곱은, ③ 영적 진화가 부활까지 이르렀으나 하느님과 부모와 자녀로서의 인과관계가 없는 천사(天使)보다 우위인 天子이기에, ④ 천사와의 씨름에서 이겨 天子(승리자=이스라엘)임을 확증한 것이다(이사야 1장 2절).

🚹 : 그거 참!

☼ : 그래서 야곱은 우선과 차선의 순위를 뒤바꾸는 구약 과정 2,000년의 씨앗이 될 수 있었다.

🚹 : 성경의 그런 자질구레한 구절들이 그렇게 큰 의미가 있다니! 보전돼 온 게 신기하네요.

☼ : 때가 되면 너희들에게 正, 分, 合 원칙으로 진행된 인류의 앎 성장 과정을 소상히 알려

줘야 하기에 자질구레해도 중요한 것은 천사들이 낱낱이 기록되게 한 것이다.

👤 : 그런가요?

☼ : 이렇게 우선순위를 뒤바꾸는 과정이 한 번 더 있다.

👤 : 또 있어요?

☼ : 전체 인류 앎 성장 과정에 세 번 있다.

👤 : 세 번이라고요?

☼ : 그렇다.

👤 : 그럼 야곱은 몇 번째예요?

☼ : 두 번째다.

👤 : 첫 번째는요?

☼ : 첫 번째는 아담의 첫째 아들 카인과 둘째 아들 아벨의 살인 사건이다.

👤 : 형 카인이 동생 아벨을 죽인 거요?

☼ : 창세기 4장 3~8절을 보면, 하느님은 장남 카인의 제사는 안 받으시고, 차남인 아벨의 제사만 받으셔서, 카인이 열 받아 질투로 아벨을 죽였다고 했다.

👤 : 유명하잖아요. 그게 진짜 있었던 일이에요?

☼ : 그렇다.

👤 : 믿을 수가 없네요.

☼ : 이유가 있으니 잘 들어라.

1. 하느님이 차남인 아벨의 제사만 받으신 게 첫 번째 상징이고, 2. 에서에게 장남 자격을 차남 야곱이 세 번에 걸쳐 넘겨받은 뒤 이삭으로부터 장남축복까지 받아, 장남과 차남이 명실공히 뒤바뀐 사건이 두 번째 절차다.

👤 : 그러면 세 번째 절차는 뭐예요?

☼ : 세 번째 절차는 장남 예수 때에는 하느님의 창조 목적이 이루어지지 않고,

2,000년 후에 차남에서 二分法 正分合이 나타나 하느님의 창조목적이 명실공히 이루어진다. 즉 아담부터 야곱까지 2,000년 한 때, 구약과정 2,000년,신약과정 2,000년 두 때가 지난, 지금부터 1,000년간 반 때, 영계핵에 있는 천사들을 포함한 저승의 모든 영들이 지상의 인간들과 협조하여 차남으로부터 나온 二分法 正分合을 철저히 이해하고(全知) 체험해 모든 영혼들이 명실공히 天子가 되는 절차가 남아있다. 그렇게 해서 처절했던 하느님의 인류구원과정 7,000년이 끝나면 至福이 흐르는 이승과 저승의 찬란한 하느님나라(金榮國)는 영원하다.

1차	2차	3차	
① 아 담	① 아브라함	① 야곱(구약)	주) 모세는 야곱과 뜻 적으로 일체
② 노 아	② 이사악	② 예수(신약)	
③ 아브라함	③ 야 곱	③ 마지막 진리	

† 오십오 일째 날: 상대적(二分法)으로 발전한 세계의 종교 사상

☼ : 나왔냐?

🚶 : 네, 그런데요, 우리가 개인적으로는 불편하더라도, 하느님(神)과 뜻이 하나(合一) 되어 '종 체계'가 유기적으로 움직여야 하고, 그것이 곧 우리의 천국이라니, 우리가 불편할 수도 있는 게 어떻게 천국이에요? 우리가 불편하면 그게 지옥이지요, 천국이라면 내 마음대로 하고 뭐든지 즐기고 멋대로 실컷 누려야 천국 아닌가요?

☼ : 허, 그건 네가 正, 分, 合을 모를 때이고, 正, 分, 合을 알면 네 개인적으로 불편한 하느님(神)과의 하나 됨(合一)이 보람과 긍지로 네 자존감의 원천이라고 했건만.

🚶 : 그래도 기독교 쪽으로 이야기하시는 건 마음에 안 든단 말이에요.

☼ : 과학인 正, 分, 合으로 밝혀진바 하느님이 인류의 앎을 성장시키는 중심(목적=원인=핵심)이 기독교 쪽인 걸 어쩌냐?

🚶 : 저는 하느님이 인류의 앎을 성장시키기 위해 간섭한다는 것도 마음에 안 들어요. 제 생각에는 하느님이 간섭하시지 않아도 인간의 영핵체질이 전체성(0)인 제로(0)면 그냥 놔둬도 인류는 스스로 영핵이 진화해 갈 거 아닌가요?

☼ : 그건 아니다. 너희들은 개체구조이기에 正, 分, 合에 의해 개체목적이 우선이다. 그래서 그런 너희들을 전체 목적(0)을 우선으로 뒤바꾸려면, 전체성(0)이기에 원인적인 하느님의 간섭이 반드시 있어야 한다.

🚶 : 그래요?

☼ : 세계 여러 곳에서 '늑대소년'에 대한 실험과 결과가 신문이나 잡지에 난 적이 있다. 어려서 늑대에게 물려가 늑대 젖 먹고 자란 아이를 인간이 데려다 키우면 어떻게 되는지? 여러 번의 결과가 있다. 기록에 의하면, 그 아이들은 말을 할 수 있는 뇌 발달이 안되어 있어서 끝까지 말을 못하고 동물 상태를 벗어나지 못한 상태로 살다가 결국 시름시름

앓다가 죽었다고 한다.

왜냐하면, 최근 뇌과학으로 밝혀진바, 인간은 약 26% 성장한 뇌로 태어나, 만 3~4세까지 부모의 철저한 보살핌을 받아야 뇌가 충분히 성장하며, 그렇게 충분히 성장한 바탕에서 이어지는 4세부터 8세까지 전두엽이 충분히 발달하고, 전두엽이 제대로 발달해야 이어지는 두정엽과(12세까지) 측두엽(16세까지)도 제대로 발달해, 20세가 되면 인간은 스스로 선택한 대로 스스로의 행동을 통제할 수 있다고 한다.

그렇듯이 인류도 아이의 뇌 발달과 마찬가지로 만 4세에 해당하는 아담부터 아브라함까지 하느님에 대한 절대복종이 충분히 발달해야 이어지는 개체성의 꼭 갚는 식 진리가 충분히 성장할 수 있고, 이어서 전체성의 이해와 양보의 진리가 충분히 성장할 수 있고, 이어지는 二分法 正分合 진리가 충분히 성장할 수 있어 하느님의 인류 구원사업이 완성될 수 있는 것이다.

*참고기사

"사춘기 땐 생각하는 뇌 부위 덜 자라 … 버럭·까칠·소심이로."
[중앙일보] 입력 2015. 07. 25. 00:16 / 수정 2015. 07. 25. 00:47
영화 「인사이드 아웃」 계기로 본 청소년 뇌

「인사이드 아웃」의 주인공 라일리. 열한 살에 사춘기로 접어들면서 얘기가 펼쳐진다.

영화의 주인공 라일리는 열한 살이 되면서 사춘기에 들어섰다. 기쁨이(Joy), 슬픔이(Sadness), 버럭이(Anger), 까칠이(Disgust), 소심이(Fear) 등 의인화한 다섯 가지 감정이 얘기를 풀어나간다.

피트 닥터 감독이 실제로 딸의 사춘기를 지켜본 경험을 바탕으로 시나리오를 썼다. 감정 연구로 세계적으로 유명한 폴 애크먼 박사를 비롯한 심리학자, 뇌과학자들의 도움을 받았다. 그래서 영화는 상상력이 뛰어나면서도 현실성이 있다는 평가를 받았다. 미국에선 예일대 의대 스티븐 노벨라 교수 등 전문가들이 영화평을 쓰는 이유이기도 하다.

영화의 라일리처럼 사춘기가 되면 왜 밝고 명랑했던 아이가 어느 날 갑자기 조용하고 내성적으로 변할까. 멀쩡하던 귀염둥이가 갑자기 반항아가 돼버릴까. 뭐가 문제이길래 미운 짓만 골라서 할까. 사춘기 청소년의 뇌 속에서 도대체 무슨 일이 벌어지고 있는 것일까.

얼마 전까지 사춘기는 호르몬 분비 작용으로 설명했다. 그런데 뇌과학이 발전하면서 호르몬이 전부가 아니라는 걸 알게 됐다. 결국, 사춘기 뇌의 변화가 핵심이다.

성장기 뇌의 변화

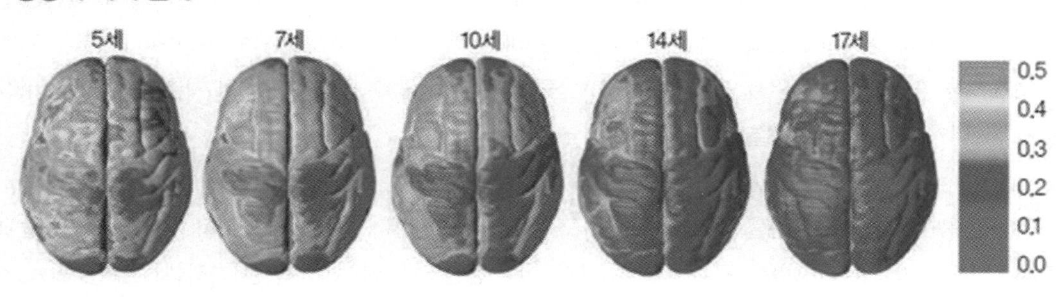

사람의 뇌는 청소년기에도 완전히 발달하지 않는다. 나이별 뇌 영상. 색이 파랄수록 발달 됐다는 뜻이다.

사춘기 청소년의 뇌는 성인의 뇌와 크기에선 차이가 없다. 인간의 뇌는 12~14세까지 자란다. 다 자란 뒤 뇌세포가 줄어들거나 죽으면서 오히려 크기가 조금씩 작아진다. 문제는 사춘기 뇌가 골고루 발달하지 않았다는 점이다. 편도체(amygdala)는 즉각적이고 강렬한 감정을 처리하는 뇌 부위다. '인사이드 아웃'에서 버럭이·까칠이·소심이가 사는 곳이라고 보면 된다. 전전두엽 피질(prefrontal cortex)에선 신중히 생각하고, 계획을 짜고, 이해하고, 반성하는 기능이 이뤄진다. 그런데 사춘기 뇌는 편도체에 비해 전전두엽 피질의 성숙이 더디다. 이와 같은 불균형이 사춘기 뇌의 특징이다. 그래서 감정과 본능에 더 민감하고, 쉽게 흥분하거나 좌절하게 된다. 별생각 없이 말을 던졌는데 사춘기 청소년이 화를 내거나 우는 게 다 이 때문이다. 펜실베이니아 의대 프랜시스 젠슨 교수는 사춘기를 '브레이크 없는 페라리'로 비유한다.

라일리의 뇌 실제 모습

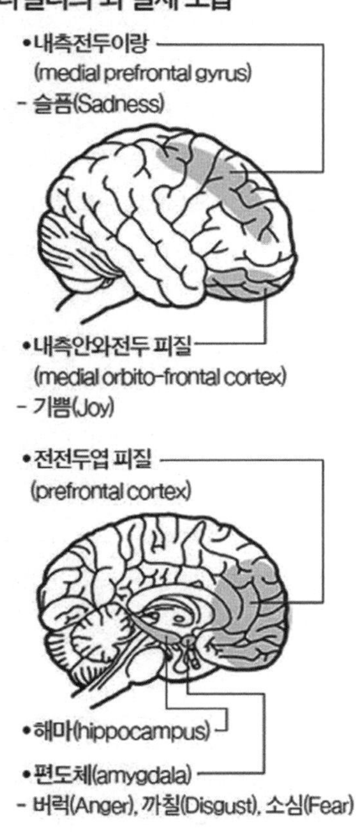

자료 : 워싱턴포스트

뇌 속 뉴런(신경세포)은 다른 뉴런과 연결돼 시냅스라고 부르는 구조를 이룬다. 뇌에선 뉴런의 수가 아니라 뉴런 간 연결망이 얼마나 단단하고 촘촘하게 퍼져 있느냐가 중요하다. 그런데 사춘기 때는 전전두엽 피질 뉴런이 충분히 연결되지 않는다. 사춘기 뇌가 미성숙하다고 보는 또 다른 설명이다. 연세대 신경외과교실 장진우 교수는 "성인, 보통 20대 중반이 돼서야 기본적 연결망이 완성된다." 고 말했다.

연결망의 미완성은 다른 관점에선 사춘기 뇌가 무한한 발전 가능성이 있다는 뜻이다. 뇌는 외부의 자극, 경험, 학습에 따라 연결망이 달라지거나 다시 만들어지기도 한다. 사춘기에 그런 작용이 가장 왕성하다. 청소년의 3분의 1이 이전보다 지능이 더 높아졌다는 연구 결과가 있다. 나머지 3분의 2는 지능이 그대로였거나 오히려 저하됐다. 성격도 완성되지 않은 상태다. 현대 뇌과학에서 성격은 기본적으로 유전된다고 본다. 그런데 뇌가 외부 환경에 적응하면서 연결망이 변하고 성격도 따라 바뀔 수 있다. 한마디로 사춘기 때 뇌를 어떻게 다뤘느냐가 나머지 인생을 결정한다는 의미다.

맛있는 음식을 먹거나 용돈을 받고, 칭찬을 들으면 기분이 좋아진다. 그때마다 뇌에서 기분을 좋게 하는 호르몬과 신호가 나온다. 이를 보상(reward)이라고 한다. 전전두엽, 쾌감과 관련된 측좌핵(nucleus accumbens), 기본욕구를 담당하는 변연계(limbic system) 등 여러 부위가 연결돼 보상이 이뤄진다. 사춘기는 이와 같은 보상 관련 연결망의 반응이 가장 활발하다. 특히 측좌핵이 그렇다. 그래서 충동적이고 위험을 무릅쓰기도 한다. 또 한편으로 사춘기 뇌는 성인 뇌보다 중독에 쉽게 빠질 수 있다. 성인보다 더 강하고, 더 깊고, 더 빠르게 중독된다. 그 효과도 더 오래 간다. 이화여대 뇌융합과학연구원 류인균 원장은 "약물 사용이나 게임중독 등은 충동을 조절하는 능력이 발달하지 않았기 때문."이라고 설명했다. 알코올이나 약물은 성인의 뇌를 일시적으로 진정시키는 효과를 보이지만 사춘기의 경우 뇌를 영구적으로 손상시킬 수 있다.

사춘기 뇌에서 감정은 강한 영향을 미친다. 측좌핵과 더불어 보상에 반응하는 복측기저핵(ventrial striatum)은 슬프거나 기쁜 표정에 더 크게 반응한다. 특히 슬픈 표정에 대한 반응이 컸다. 영화에서도 사춘기 소녀 라일리의 뇌 속에서 슬픔이가 기쁨이 못잖게 중요한 역할을 하게 된다. 서울대 소아정신과 김재원 교수는 "사춘기가 돼서야 슬픔에 대해 본격적으로 깨닫는다."며 "한 사건에 대해 여러 가지 감정이 있을 수 있다는 것도 알게 된다."라고 말했다. 우울하거나 슬픈 감정이 들면 기본적으로 차분해지면서 객관적으로 사실을 볼 수 있다. 이처럼 감정은 인간이 상황을 어떻게 인식하는지, 그리고 어떻게 기억할지를 결정한다.

사춘기 청소년이 유난히 외모에 관심을 갖는 것도 뇌 발달과 상관이 있다. 시각을 담당하는 대뇌의 새발톱고랑(calcarine fissure)이란 부위는 사춘기 초반부터 발달해 시각적 자극에 민감해진다. 갑자기 패션에 신경을 쓰는 건 자연스러운 모습이니 타박해선 안 된다. 얼굴을 구분하는 방추얼굴 영역(FFA)도 사춘기에서 크게 활성화한다. 그래서 다른 사람의 기분을 더 어렸을 때보다 잘 읽어낼 수 있다. 부모나 어른들 눈치를 귀신같이 살핀다.

이렇게 머릿속이 복잡해지고 휙휙 바뀌니 사춘기 청소년은 감정이 불안정할 수밖에 없다. 미국의 12~17세 청소년 중 6.7%가 최근 2주 사이 우울감이 든 적이 있었으며, 최근 1년 사이 8.1%가 한 번이라도 우울한 사건이 일어났다고 답했다. 단국대 심리학과 임명호 교수는 '영화의 라일리는 사춘기 우울증 초기 증상'이라며 "사춘기 청소년의 30~40%가 흔히 '중2병'이라고 불리는 질풍노도의 시기를 보내며 5~10%는 우울증을 겪는다."고 말했다. 그는 "영화에서 라일리 엄마가 '아빠도 힘드니 네가 좀 웃어보렴.'이라고 했고 아빠는 라일리를 아직도 어린애 취급한다. 이렇게 해선 안 된다."라고 말했다. 영화 시나리오 제작에 참여한 버클리 캘리포니아대(UC버클리) 심리학과 다커 켈트너 교수는 이렇게 조언한다. "부모가 변화를 받아들여야 한다. 애들은 원래 그렇다."

어떻게 도와줘야 할까. 청소년기 적절한 운동은 해마(hippocampus)의 크기를 증가시킨다는 연구 결과가 있다. 해마는 기억의 핵심 중추다. 자녀와 부모의 안정된 애착 관계와 가정교육은 뇌 성숙에 긍정적 영향을 미친다.

이철재 기자 seajay@joongang.co.kr

🚹 : 그러면, 하느님의 간섭이 없는 불교나 힌두교 등 다신(多神) 사상은 뭐예요?

☼ : 다신(多神) 사상의 발전에도 하느님의 섭리는 있었고, 그래서 지구 상에 유일신(唯一神) 사상인 기독교, 이슬람교인의 숫자와, 다신(多神) 사상인 불교, 힌두교인의 숫자가 비슷하게 균형을 이루고 있다.

🚹 : 그래요?

☼ : 하느님의 체질이 二分法 正, 分, 合이기에, 인류에게 앎을 성장시키는 과정 역시 유일신(唯一神) 사상과 다신(多神) 사상을 이분법(二分法)으로 섭리해 오셨다.

🚹 : 그럼 다신 사상은 하느님에게 무엇이 의미예요?

☼ : 중앙아시아의 종교 사상이 전 세계로 퍼지면서,

① 유일신(唯一神) 사상은 열매(원인과 결과=씨앗)를 목적으로 개량한 온상목이고,

② 다신(多神)사상은 생명력(과정)을 목적으로 개량한 야생목이니, 이렇게 상대적(分)으로 개량시킨 후 하나로 접붙일 때, 하느님의 창조 목적은 최상(0=극대화)으로 완벽하게 드러나기 때문이다.

🚹 : 그러면 다신(多神) 사상에도 하느님의 창조 의미가 있다는 거네요.

☼ : 그 증거가 불교의 상응부경전 6장 권청(勸請)이다. 석가모니가 보리수 밑에서 우주의 진리를 깨닫고는, 자신이 깨달은 새로운 진리는 당시의 사회통념을 뒤엎는 것이어서, "세상의 상식을 뒤엎는 그것이다."라며 크게 탄식하고는 결국 사람들에게 전파가 쉽지 않겠기에 혼자만 알고 죽으려 했다. 그랬더니 범천(梵天=천사)이 나타나 "그러면 세상이 망한다!"라고 책망해 그때부터 49년간 설법하러 다녔다.

🚹 : 다신(多神) 사상에도 하느님의 섭리가 있었군요.

☼ : 다만 스스로 깨우쳐 생명력을 키우도록 간접적으로 섭리한 것이다. 그래서 다신 사상은 하

느님(神)과 뜻을 하나(合一)로 한 유기적 움직임이 아닌 개개인 스스로의 깨우침 위주이다.

🚹 : 하느님의 의도(意圖)가 보이네요.

☼ : 그뿐인 줄 아냐? 석가모니가 출현한 약 2,500여 년 전에는, 전 세계의 여러 곳에서 동시(同時) 다발적(多發的)으로 성현들이 나타나 인류의 앎을 성장시켰다. 공자, 노자, 장자, 소크라테스, 피타고라스, 짜라투스트라 등.

🚹 : 그러네요. 성현들이 비슷한 시기에 세계 곳곳에서 몽땅 나타났네요.

☼ : 생각해봐라. 이때가 언제냐? 구약 과정이 끝나기 약 500년 전으로서 한 단계 발전된 신약의 출현을 앞두고 새 시대를 준비하던 시기이다.

🚹 : 그러네요.

☼ : 그와 같이 구약 과정과 똑같은 신약 과정도, 지금부터 약 500여 년 전인 서기 1500년대에 이르러 중세 암흑기를 지나 르네상스 시대가 열리며 인류의 앎은 새 시대를 위한 준비를 했다.

🚹 : 그렇군요.

☼ : 유일신 사상은 목적이기에 원인(씨앗)이고 결과(열매)이며, 다신 사상은 과정이기에 생명력이라고 했지.

🚹 : 예.

☼ : 그렇다면 正, 分, 合 원칙에 있어서, 원인인 목적이 우선이냐, 과정이 우선이냐?

🚹 : 네, 물론 원인인 목적이 우선이지요.

☼ : **네가 말했듯, 개량에선 과정인 다신 사상보다 열매이며 원인인 유일신 사상이 우선이다. 그래서 인류의 앎 성장 과정은 유일신 사상이 중심이다.**

🚹 : 그런가요? 그거 참! 그래서 결국 인류의 앎 성장 과정의 중심은 원인(씨앗)이며 목적(열매)인 유일신 사상이라는 거네요.

☼ : 네 마음에 들든 안 들든 관계없이, 인류의 앎 성장 과정은 正, 分, 合에 의해 씨앗이며 열매인 유일신 사상을 중심으로 흘러왔고 또 앞으로도 그렇다. 그러나 그렇다고 다신 사상의 의미가 훼손되는 것은 아니다.

🚹 : 네에.

☼ : **온상목과 야생목이 '열매'와 '생명력'으로서 장점과 단점이 있듯이, 종교사상 역시 유일신 사상이나, 다신 사상이나 각기 장점이 있어, 너희가 장점만을 접목하여 체험하면, 너희는 하느님(神)과 하나 됨(合一)을 최상(0)으로 체험할 수 있기 때문이다.**

즉, **① 기독교는 인생에 대한 모든 문제를 행동으로 체험하는 외적(外的) 행동(行動)철**

학이고, ② 불교는 인생에 대한 모든 문제를 스스로 깨닫고 체험하는 내적(內的) 상념(想念)철학이기에, ① 하느님의 뜻에 유기적으로(종 체계) 일사불란하게 움직이는 유일신 사상의 외적(外的) 행동철학과, ② 개개인 스스로 마음을 비우며 제로(0=해탈)를 체험하는 다신 사상의 내적(內的) 상념철학이 병행(竝行)하면 최선(0)이 나온다.

🚹 : 그러니까 유일신 사상이 더 좋고 우월하고 다신 사상이 더 못하고 열등하고가 아닌 역할이 상대적(分)이네요.

☼ : 그렇다. 다신 사상은 우주의 상태는 파악했으나, 하느님의 창조목적을 몰라 하느님과 뜻(목적)이 하나(合一) 될 수 없어, 상응부경전 6장 2절, 잡아함경 44장 11절 존중편에 보면, 석가모니는 다 깨닫고 난 후, 목적(결과=열매=원인)이 없어 허탈함을 느끼고는, "참으로 존경할 데가 없이 사는 것은 괴롭다. 나는 어떤 사문이나 브라만을 존경하고 의지하면서 살아야 하는 것일까?" 하고 고민했다.

왜냐하면, 正, 分, 合 원칙인 우선순위에 있어서, 과정적 존재인 개체구조 인간은, 우주 자체로서 원인이며 결과인 창조주 하느님(神)과 하나(合一) 됨이 존재의미(목적)인데, 正, 分, 合 원칙을 몰라 창조주 하느님(神)과 하나(合一) 됨의 체험(앎=목적)이 없기에, 창조주 하느님과 인과관계(개체구조 앎=情)가 없어, 허탈함(正, 分, 合 원칙을 벗어난 괴로운 느낌=삶의 의미인 보람과 긍지가 없는)을 느낀 것이다.

---

† 오십육 일째 날: 예수 진짜 부활한 증거 있나?

☼ : 잘 잤냐?

🚹 : 아니요. 꿈자리가 좀 뒤숭숭했어요.

☼ : 왜? 무슨 일이 있었냐?

🚹 : 아니, 어제 당신과 대화한 내용이 저에게는 좀 파격적이었거든요.

☼ : 어? 뭐가 파격적이냐?

🚹 : 사실 제가 당신과 대화를 시작할 때는 유일신(唯一神) 사상이나, 다신(多神) 사상에 관한 개념이 별로 없었거든요.

☼ : 그런데?

🚹 : 그런데 당신과 대화하다 보니 종교에는 유일신(唯一神) 사상과, 다신(多神) 사상이 있으며,

결국은 유일신 사상이 우선이고, 중심이라는 결론인데요?

☼ : 그런데?

🚹 : 그리고 지금의 유일신 사상 중심에는 신약시대를 출발시킨 예수가 있다는 거죠.

☼ : 그래, 그렇지.

🚹 : 그런데 사실 저는 예수의 존재에 대해서 그렇게 신빙성을 가지지 않았거든요. 왜냐하면, 근래에 출판된 여러 가지 책을 보면, 예수는 진짜 죽지 않았고, 기절했다가 깨어나 프랑스로 도망쳐 아이까지 낳고 잘 살았고, 그 후손까지 있다는 둥, 또는 인도로 도망쳐서 전도하다가 죽었다는둥, 하여간 여러 가지 이야기가 뒤죽박죽이거든요.

☼ : 그래, 그런 책들이 여러 가지 출판되고 있음을 잘 알고 있다.

🚹 : 그런데 당신은 예수가 분명히 죽었다가 부활한 것으로 말씀하시니까 새삼 헷갈리는 거예요. 더구나 당신이나, 신나이 신이나, 외계인들이나, 예수에 대해 모두 긍정적으로 이야기하니까요?

☼ : 오! 그러니까 예수가 진짜 죽고, 부활한 확실한 근거가 있냐는 거구나?

🚹 : **그렇지요. 당신의 말씀과 같이 지금까지의 인류역사가 하느님께서 인류에게 앎을 키워오시는 과정이고, 그 중심에 예수가 있다면, 부활을 비롯한 예수의 실체부터 확인해야 납득이 될 것 같아서요.**

☼ : 오, 그래서 꿈자리가 뒤숭숭했다는 거냐? 이것저것 생각이 많아서?

🚹 : 그럼요. 확실해야 확신을 갖고 제 인생관을 정리할 수 있으니까요.

☼ : 네 말을 듣고 보니 당연하고 맞는 말인데, 지금에 와서 2,000년 전에 죽어 부활한 예수를 어떻게 증명한다?

🚹 : 제 생각엔 객관적으로 입증할 방법이 있을 것 같지 않은데요. 2,000년 전의 일인데 지금 입증할 자료가 있겠어요?

☼ : 그래? 그래도 나름대로 찾아보자.

① 우선 신나이 3권 150p를 보자.

닐: 그래서 제가 '죽기' 전과 똑같은 사람으로 이승으로, 땅으로 되돌아올 수도 있다고요?

신나이 신: 그렇다.

닐: 육신을 가지고요?

신나이 신: 너는 예수 이야기를 듣지 못했느냐?

닐: 들었죠. 하지만 전 예수가 아닙니다. 예수처럼 되겠다고 나서지도 않을 거고요.

신나이 신: 그가 "너희 역시 이런 일들, 아니 이보다 더 한 일들도 할 수 있다."라고 하지 않았느냐?

🚹 : 그 구절이 어쨌다고요?

☼ : 잘 읽어봐라. 닐이 분명히 '죽기 전과 똑같은 사람'이라고 하지 않았냐?

🚹 : 네, 그랬지요?

☼ : '죽기 전과 똑같은 사람'이란 곧 예수가 분명히 죽었다가 부활했기에 '죽기 전과 똑같은 사람'이라고 말한 것이며, 신나이 신은 분명히 그렇다고 답변했다. 닐의 질문은 예수가 분명히 죽었다가 죽기 전의 사람으로 부활했냐는 질문이었고, 신나이 신의 답변 역시 그렇다는 것으로서 예수의 죽음과 부활을 분명히 했다.

🚹 : 신나이 신은 그랬군요.

☼ : 다음, ② 예수가 전도하고 다닐 때는 가족을 비롯한 친척들이 예수를 미쳤다고 했으나, 신약성경 갈라디아 1장 19절에 보면, '주님의 동생 야고보'라는 말이 있으며, 유태인의 탈무드 연구가 요세프스의 저서 『유태인의 고대풍습제도』 제20권 9장 1항에 보면, 야고보의 처형에 대하여 말하기를 '그리스도라는 예수의 동생'이라고 했으니, 예수의 동생에서 순교자가 나왔다는 것은 예수의 부활이 사실이기 때문이다.

다음, ③ 신약성경 사도행전에 보면, 예수가 부활 후 40일간 제자들에게 나타날 때, 제자들이 처음에는 예수인지 알아보지 못하다가 느닷없이 알아보게 되곤 했음을 기록하고 있다. 예수가 죽기 전에 살아서 전도하며 같이 다닐 때는 이런 기록이 없다가 이렇게 특별한 느낌을 제자들이 기록하게 된 것은 예수가 살아있었을 때와 나타날 때의 느낌이 확연히 달랐기 때문이다.

🚹 : 성경은 그냥 옛날이야기 같아 별로 신빙성이 없어 보였는데 그렇게 자세히 나와 있어요?

☼ : 물론 별 의미 없는 것도 많지만, 그들은 충실히 기록하려고 노력했고, 충실히 기록됐다.

🚹 : 어쨌든 신기해요. 그런 구절들이 있다는 게.

☼ : 다음, ④ 예수가 태어나기 수백 년 전에 이미 예수와 유다의 출현, 그리고 그들이 세상에 나타난 의미를 예언한 구절이 구약성경 '스가랴'에 있다.

그 예언서에도 예수와 유다는 분명히 죽는 것으로 나온다.

***참고: 이 예언서 구절은 관주성경의 스가랴 11장입니다.**

4절: 여호와 나의 하나님이 가라사대 너는 잡힐 양 떼를 먹이라.

해설: 잡힐 양 떼는 그 당시 하느님의 인류 앎 성장 섭리의 중심 이스라엘민족을 뜻하며.

5절: 산 자들은 그들을 잡아도 죄가 없다 하고 판자들은 말하기를 내가 부요케 되었은즉, 여호와께 찬송하리라 하고 그 목자들은 그들을 불쌍히 여기지 아니하도다.

6절: 여호와가 말하노라 내가 다시는 이 땅 거민을 불쌍히 여기지 아니하고 그 사람을 각각 그 이웃의 손과 임금의 손에 붙이리니 그들이 이 땅을 칠지라도 내가 그 손에서 건져내지 아니하리라 하시기로….

해설: 구약 말기의 사상적, 사회적 혼란 상황과 다가올 로마제국의 박해로 흩어질 이스라엘민족에 관한 것이다.

7절: 내가 이 잡힐 양 떼를 먹이니 참으로 가련한 양이라 내가 이에 막대기 둘을 취하여 하나는 은총(恩寵)이라 하며 하나는 연락(連絡)이라 하고 양 떼를 먹일 새.

해설: 로마제국의 박해로 흩어질 가련한 이스라엘민족에서 새 신약시대를 열 은총의 막대기와 연락의 막대기가 나오니, 은총(恩寵)의 막대기는 예수를 말함이고, 연락(連絡)의 막대기는 유태인 제관과 예수를 연락(連絡)해주는 이스가리웃 유다를 말함.

8절: 한 달 동안에 내가 그 세 목자를 끊었으니 이는 내 마음에 그들을 싫어하였고, 그들의 마음에도 나를 미워하였음이라.

해설: 마음에 들지 않아 끊은 세 목자란 구약 말기에 나타나 새 진리가 발을 딛게끔 길을 예비한 드다, 갈릴리 유다, 세례 요한을 뜻한다.

9절: 내가 가로되 내가 너희를 먹이지 아니하고 죽는 자는 죽는 대로 망할 자는 망할 대로 그 나머지는 피차 살을 먹는 대로 두리라 하고.

해설: 새 시대의 길을 예비하던 그들은 유통기한이 지나면 하느님의 섭리가 아닌 그냥 正, 分, 合 원칙에 따라 흩어진다는 뜻.

10절: 이에 은총이라 하는 막대기를 취하여 잘랐으니 이는 모든 백성과 세운 언약을 폐하려

하였음이라.

해설: 은총의 막대기 예수를 십자가에 못 박혀 죽게 함은 그때까지 하느님과 유대인의 계약이었던 구약을 폐기하기 위한 것이라는 뜻.

11절: 당일에 곧 폐하매 내게 청종하던 가련한 양들은 이것이 여호와의 말씀이었던 줄 안지라.

해설: 그날로 예수를 죽였으니 하느님의 말씀을 따르던(청종하던) 유태인들은 예수를 죽이는 것이 하느님의 뜻인 것으로 알았다는 것이며, 그래서 가련한 양들이라고 함.

12절: 내가 그들에게 이르되 너희가 좋게 여기거든 내 용가를 내게 주고 그렇지 아니하거든 말라. 그들이 곧 은 30을 달아서 내 용가를 삼은지라.

해설: 유다가 은화 30량이 탐나서 예수를 판 것이 아님을 증거하는 구절이다. 유태인 제관들이 예수를 만나게 해준 유다에게 수고비를 주겠다고 하자, 유다는 주고 싶으면 주고 주기 싫으면 그만두라고 하였다는 것으로서 이제까지 은화 30량이 탐나서 유다가 예수를 팔았다는 주장을 하느님께서 스가랴를 통하여 누명을 벗겨주시는 증거다.

이 당시 유다는 예수와 유태인 제관들이 살벌하고 급박하게 대치하는 상황에서 서로의 대립을 벗어나 대화로 풀 수 있게끔 예수와 유태인 제관들의 만남을 주선함이 어떻겠느냐는 친구(아나니아)의 제의를 받고, 혹시나 급박한 이 상황을 서로 대화로 풀 수 있지 않을까 하여 예수의 허락을 은밀히 받고 유태인 제관들과의 만남을 주선했던 것이다.

13절: 여호와께서 내게 이르시되 그들이 나를 헤아린바, 그 준가를 토기장이에게 던지라 하시기로 내가 곧 그 은 30을 여호와의 전에서 토기장이에게 던지고.

해설: 신약성경에 보면 유태인들이 예수를 결박해 가는 것을 보고 유다는 유태인들에게 배신당한 것을 알고 유태인들에게서 받은 은화 30량을 유태인들에게 도로 던졌다는 구절이 있다. 그리고는 자기의 실수로 예수가 잘못되어 가는 것을 보고 자책감에 자살했다고 기록되어 있다. 그것을 본 유태인들은 유다가 도로 던진 은화 30량으로 토기장이의 밭을 사서 '유다'의 시체를 묻었다고 기록되어 있다.

14절: 내가 또 연락이라 하는 둘째 막대기를 잘랐으니, 이는 유다와 이스라엘 형제의 의(義)를 끊으려 함이었느니라.

해설: 결국은 연락의 역할을 맡은 '유다'도 목을 매어 자결하였으니, 이것은 신약 과정 출발에

서 연락(連絡) 역할을 한 막대기도 부러진 것이다. 이로써 구약시대(유다)가 끝나고 신약시대(이스라엘)가 시작되었다는 것이다.

즉, 하느님의 인류 앎 성장 섭리가 예수와 유다의 죽음 이후는 유태인이 아닌 신약시대 성도들로 이어짐을 나타낸 것이다. 이렇듯 예수와 유다가 태어나기 수백 년 전에 쓰인 구약성경 예언서 스갸랴에서도 예수와 유다의 죽음을 분명히 밝혔다.

어떠냐? 이 실감 나는 예언이 놀랍지 않냐?

🚹 : 예? 성경에 이렇게 정확한 예언이 있단 말이에요?

☼ : **그렇다. 수백 년 후에 태어나 억울하게 죽을 유다의 행적과 예수의 죽음 과정을 실제로 기록한 신약성경보다 더 실감 나게 현실적으로 예언하고 있지 않냐? 이렇듯 '예수'와 '유다'는 이미 수백 년 전에 각자 역할을 맡은 두 사람으로 태어나, 그때까지 이어진 구약시대를 끝내고, 새로 열리는 신약시대에 각자의 역할을 맡을 것이 완전히 정해져 있었던 것이며, 때가 되자 두 사람은 실체적으로 태어나 각자 맡은 죽음의 임무를 지나간 것이다.**

그러므로 '예수'가 잘나고 잘하고, '유다'가 못나고 못함이 없다. 다만 각기 누가 맡아도 맡아야 할 역할이었기 때문이다. 그렇기에 유다(연락)나 예수(은총)나 '똑같이 막대기로 비유해' 똑같은 가치에 각자 맡은 역할만 다름을 나타낸 것이다. 결국, 이것은 세상에 영원히 태어나는 인간들 역시 모두에게 똑같이 적용되는 사항이고.

🚹 : 와! 성경에 이렇게 정확한 예언이 있단 말이에요?

☼ : 그렇다. 이만한 증거면 예수의 죽음과 부활이 납득되냐?

🚹 : 신빙성이 충분하네요. 그런데요? 한 가지 더 궁금한 것이 있는데, 성경에 보면 아담에게 나타난 신(神)의 이름이 여호와라고 했잖아요? 그렇다면 여호와는 하느님이 아니고, 유태인과 이스라엘 민족의 지역신이며, 결국 그렇다면 예수를 이끌어온 신(神)은 지역신(神) 일 뿐, 우주 자체인 무한(0)한 존재 하느님이 아닐지도 모르잖아요?

☼ : 그렇게 생각하는 사람들이 있을 수도 있구나? 그렇다면 그에 대한 답변도 있어야겠네?

신나이 2권 264p에 보면, 신나이 신은 '하늘에 있는 예수의 아버지'라고 했다. ① 예수의 아버지는 '하늘에 있는 神=하늘님=하느님'이지만, ② 신나이 신은 하늘에 있는 그(예수의 아버지)도 아니고, ③ 하늘에 있는 그(神=하늘님)의 자녀도 아님을 분명히 밝혔다. 왜냐하면, 신나이 신은 하늘 자체로서 무한(0)한 전체성(0) 신(神)인 창조주 하느님과 자녀로서 뜻이 하나(合一) 된 '인과관계(개체구조 앎=情)'가 없기 때문이다.

명심해라. 우주원칙인 二分法 正, 分, 合은 '인과관계(情=개체구조 앎의 성장)'이다. 물론

너희들 개개인의 부딪침도 '인과관계'이고.

🚹 : 신나이 신이 창조주 하느님과 '인과관계(情=개체구조 앎의 성장)'가 없다는 건 놀라운 일인데요.

☼ : 우주의 모든 것은 하느님 자체이지만, 하느님과 부모와 자녀의 '인과관계(情=개체구조 앎의 성장) 체험'이 없다는 것이다.

왜냐하면, 신나이 신은 다신(多神) 사상이어서 하느님의 창조목적을 몰라, 하느님과 부모와 자녀의 '관계정립(情=개체구조 앎의 성장)'이 안 돼 있어, '하늘에 있는 그(예수)의 아버지'라고 할 수밖에 없는 처지다.

🚹 : 예에.

---

† 오십칠 일째 날: 죄의식(罪意識)의 정체

☼ : 나왔냐?

🚹 : 네 나왔어요,

☼ : 어제는 예수에 관해 이야기했으니 오늘은 그쪽은 건너뛰어야겠지?

🚹 : 예수에 관한 이야기가 더 있어요?

☼ : 조금 남았다.

🚹 : 그럼, 남은 이야기 마저 하지요.

☼ : **아니 오늘은 죄(罪)에 대해 알아보자, 앞에서 말했지만, 개체성 진리인 구약은 서로가 꼭 갚아 제로(0)를 체험하라는 것이다. 그러자 꼭 갚아 제로(0)를 체험하지 않으면 '안된다'는 개념이 생겼으니, 그것이 곧 죄(罪)와 악(惡)에 대한 개념(앎)의 시작이다.**

🚹 : 예? 그럼, 구약진리가 나타나기 전에는, 제로(0)에서 지나침인 악(惡)과 죄(罪)에 대한 개념(앎)이 없었나요?

☼ : 그럼, 꼭 갚아 제로(0)를 체험해야 한다는 개념(앎)이 없는데 어떻게 지나침인 악(惡)과 죄(罪)에 대한 개념이 있었겠냐?

🚹 : 악(惡)과 죄(罪)에 대한 개념이 없었다니 지금 우리로서는 상상이 안 되네요.

☼ : 지금은 제로(0)에서 지나침인 악(惡)과 죄(罪)가 당연히 드러난 사회이지만, 그때는 그랬다.

🚹 : 호오! 참 거시기하네요. 그런 세상이 있었다니.

☼ : 그 결과 구약진리를 체험해 본 사람들의 결론이 뭔지 아냐? 신약성경 로마서 3장 20절

에 보면, "율법은 단지 무엇이 죄가 되는지를 알려줄 따름입니다." 로마서 5장 13절에도, "율법을 주시기 전에도 죄는 세상에 있었습니다. 다만 율법이 없었기 때문에 그 죄가 법의 다스림을 받지 않았을 뿐입니다." 로마서 7장 7~10절에도, "그러나 율법이 없었던들 나는 죄를 몰랐을 것입니다. 탐내지 말라는 율법이 없었더라면 탐욕이 죄라는 것을 나는 몰랐을 것입니다. 죄는 이 계명을 기화로 내 속에 온갖 탐욕을 일으켰습니다. 율법이 없다면 죄는 죽은 것이나 다름없습니다. 나는 전에 율법이 없을 때는 살았는데 계명이 들어오자 죄는 살아나고 나는 죽었습니다. 그래서 생명을 가져다주어야 할 계명이 나에게 오히려 죽음을 가져왔다는 것을 깨달았습니다."라고 했다. **이와 같이 꼭 갚아 제로(0)를 체험하는 구약진리는 죄의 정체를 알려주어 인간에게 죄의식을 키워준 과정이다.**

🚹 : 그렇군요.

☼ : **다음 단계는 그렇게 드러난 개개인의 악(惡)과 죄(罪)를 부분적으로 없애주는 신약 과정이다.** 마태오 6장 12절, 누가 11장 4절에 보면, "우리가 우리에게 잘못한 이를 용서하오니 우리 죄를 용서하시고…."라고 했듯이, 신약시대는 살아난 죄의식을 개개인이 부분적으로 벗어나게 하는 시대였다. 그래서 구약의 열매이며, 신약의 씨앗인 예수는 죄를 사해주는 의미로 병 고치는 이적을 3년간 행사했다. 왜냐하면, 구약시대에는 구약성경 레위기 26장 14~39절, 신명기 28장 15~61절 내용대로, 병들거나, 가난한 사람은, 조상이든, 본인이든, 하느님에게 죄(罪)를 지었기에 벌을 받고 있다고 알았었거든. **그 결과, 예수가 병을 고쳐주는 것은 곧 하느님에게 지은 죄(罪)를 없애주는(赦=용서) 의미였다.** 그래서, 마태오 9장 6절, 마르꼬 2장 10절, 누가 5장 24절에 보면, "이제 사람의 아들이 땅에서 죄를 용서하는 권한이 있음을 보여주마." 하시고는, 중풍병자에게 "일어나 네 침상을 들고 집으로 가라." 하시자 그가 정말 일어나 집으로 돌아갔다고 하였고, 마태오 26장 28절, 마르꼬 14장 24절, 누가 22장 20절, 로마서 5장 9절, 고린도전서 11장 23~25절, 히브리 13장 20절에도, "이것은 나의 피다. 죄를 용서해 주려고 많은 사람을 위하여 내가 흘리는 계약의 피다."라고 했고, 제자들도, 요한1서 3장 5절에서, "여러분도 아시다시피 그리스도께서는 죄를 없애시려고 이 세상에 나타나셨던 것입니다."라고 했으며, 요한 1서 2장 2절, 4장 10절에도, "그분은 우리의 죄를 용서해 주시려고 친히 제물이 되셨습니다. 우리의 죄뿐이 아니라, 온 세상의 죄를 용서해 주시려고 제물이 되신 것입니다."라고 하여 예수를 믿으면 죄가 사(赦)해진다고 했다. 물론, 구약 때에도 상대의 손해를 꼭 갚아주고서, 외적(外的)으로 하느님에게 '속죄 제사'를 드려 죄 사함을 받는 형식은 있었다.

🚹 : 구약진리 성장과, 신약진리 성장에는 이런 상대적(分) 의미가 있었군요.

☼ : 아직 또 있다.

🚹 : 또 있어요?

☼ : ① 그렇게 죄악(罪惡)의 정체가 드러난 구약과, ② 드러난 죄악(罪惡)을 부분적으로 용서하는 신약이 나왔지만, 구약진리와 신약진리는 과정(分)일 뿐 원인(正)과 결과(合)는 아니다.

🚹 : 그래요?

☼ : **그렇게 성장한 구약진리와 신약진리를 바탕으로, 하느님의 3위1체 체질이며, 우주의 원인과 결과로서, 과학, 철학, 종교가 하나인 二分法 正, 分, 合으로, ① 우주에 惡과 罪란 원래 없으며, ② 하느님과 너희가 체험하려는 '목적' 전체성 제로(0)와, ③ 전체성 제로(0)를 드러나게 하는 '도구' 개체성 1, 2, 3, 4, 5, 6, 7, 8, 9가 있을 뿐임을 밝혀, ④ 원죄(原罪)를 비롯해 인류사회에서 죄의식(罪意識)을 완전(0)히 없애는 과정이 남았다.**

🚹 : 네에?

☼ : **그건 그렇고, ① 너희가 타고나는 개성(個性=원인)과, 너희에게 닥치는 여건(결과)은 하느님 몫이기에 너희가 어쩔 수 없고, ② 너희는 과정적 존재이기에 너희 몫은 영혼(핵) 앎의 질량 진화뿐이다. ③ 앎의 질량 진화는 하느님의 체질인 二分法 正, 分, 合을 철저히 이해해(全知) 체험(全能)하는 것뿐이고,** ④ 그래서, 신과 나눈 이야기 3권 278~279p에서, 신나이 신도 이렇게 말했다.

내가 '신성한 二分法'이라 이름 붙인 것에 대해서 내가 지금껏 얼마나 많이 이야기했는지는 기억하느냐? 너희가 우리 우주에서 은혜롭게 살아가려면, 신성한 二分法을 배우고 철저히 이해하는 게 중요하다. 신성한 二分法은 명백하게 모순되는 두 가지 진리가 같은 공간에서 동시에 존재할 수 있다고 주장한다. 그런데 너희 행성 사람들은 이것을 받아들이기 힘들어한다. 그러나 너희가 이것을 받아들이지 않고서 은혜롭게 살기란 사실 불가능하다.

🚹 : 이 말이 그런 뜻이었어요.

☼ : 二分法 正, 分, 合 원칙으로 설명하면, 흑과 백이 분(分)이지만 하나이고, 모와 순이 분(分)이지만 하나이고, 원인과 결과가 분(分)이지만 하나이고, 개체성과 전체성(0)이 분(分)이지만 하나이기에, 개체구조인 너희와 전체구조인 하느님도 분(分)이지만 하나이다. 그렇듯이, 너희들의 삶에서 교차하며 닥치는 성공과 실패도 분(分)이지만 하나이고, 기쁨과 슬픔도 분(分)이지만 하나이고, 좌절과 성취도 분(分)이지만 하나임을 이해(앎)해야 한

다. 물론, 과정인 순간에 최선(0)을 다하지만, 결과에 마음 비움(0)도 분(分)이지만 하나이고, 그런데 二分法 正, 分, 合 원칙을 모르면 너희들은 성공과 실패가 하나임을 몰라, 성공은 너희 것이지만, 실패는 너희 것이 아니라며 거부하고, 기쁨과 슬픔이 하나가 아니라며 슬픔을 거부하고, 성취와 좌절이 하나가 아니라며 좌절을 거부하며, 원인과 결과가 하나가 아니라며 결과를 거부해, 최선(0)은 다하지만, 결과에 마음을 비우지(0) 못해, 너희의 삶은 은혜롭지 못하고 괴롭고 힘든 것이다. 성공은 성공대로 받아들여 제로(0)를 체험하고, 실패는 실패대로 받아들여 제로(0)를 체험하고, 좌절은 좌절대로 받아들여 제로(0)를 체험하며, 최선(0)을 다하지만 결과에 마음을 비워(0)야 하거늘.
그래서 신나이 신이 이 부분을 이렇게 지적했다.

"그런데 너희 행성 사람들은 이것을 받아들이기 힘들어한다. 그들은 질서 잡기를 좋아해 자신들의 그림에 들어맞지 않는 것이면 무엇이든 자동으로 거부한다. 이런 까닭에, 사실 그 둘 다가 참일 수 있음을 이해하고 받아들이려면 크나큰 성숙이 필요하다."라고.

🚶 : 二分法이 그런 거예요?

☼ : 이렇게 하느님의 인류구원과정은, ① 무지(無知)해서 제로(0)에서 지나침인 惡과 罪가 드러나지 않아 죄의식(罪意識)이 없던 시대에서, ② 二分法 正分合으로 全知해져 제로(0)와 지나침(惡과 罪)의 정체를 알게 돼 죄의식(罪意識)이 없는 시대로 원(圓)을 그리며 끝난다.
또 상대적(分)인 것,
① 무지(無知)하기에 죄의식이 없어 자유로운 것과, ② 正, 分, 合 원칙을 철저히 이해해(全知) 자유로운 것과의 차이는 극(極)과 극(極)으로 엄청난 차이다. 부부는 '0'촌, 헤어져 남남이면 '0'촌, 같은 0촌이라도, 1. 남녀가 같이 살기 때문에 한 몸으로서의 0촌인 것과, 2. 남남이라서 0촌인 것과의 차이가 엄청나듯, 無知해서 자유로운 것과 全知해서 자유로운 것과의 차이는 엄청나 천당과 지옥의 차이이다.

† 오십팔 일째 날: 神의 전지전능과 인간의 전지(全知) 전능(全能) 차이

☼ : 오늘은 일찍 나왔구나.

🚶 : 네, 지금까지 이야기를 듣다 보니 별별 걸 다 알게 되네요.

☼ : 너 말 잘했다. 나와의 대화에서 별별 걸 다 알게 된다고 했지.

🚶 : 예, 그랬지요.

☼ : ① 물질의 기초단위인 소립자부터 원자, 분자를 거쳐 생명체가 진화해온 과정과, ② 암컷과 수컷이 갈린 원인과, ③ 식물과 동물이 갈린 원인과, ④ 영체가 육체에 생기는 원인과, ⑤ 육체의 본능 5가지와 영체의 본능 5가지와, 육체와 영체의 본능 연계성과, ⑥ 너희들의 존재 의미인 신(神)과 합일(合一)이 무엇이고, ⑦ 신(神)과 합일(合一)에 이르는 방법과 그로 인한 지복(至福) 체험까지, ⑧ 또 하느님이 스스로를 느끼기 위해 창조한 우주의 목적과 그래서 분화된 너희의 존재 의미와, ⑨ 正, 分, 合 원칙으로 이제까지 흘러온 인류의 앎 성장 과정과 그 의미까지, 모든 것을 일목요연하게 설명했다!

🚶 : 네, 그러셨지요,

☼ : **그런데 네가 별별 걸 다 알게 된다고 한 그 말은 사실 대단히 중요한 의미가 있다.**

🚶 : 네? 그 말이 대단히 중요한 의미가 있어요?

☼ : 네가 한 말을 잘 생각해 봐라. 별별 걸 다 안다는 게 뭐냐? 모든 걸 다 안다는 거 아니냐? 그리고 모든 걸 다 안다는 건 전부(全部) 다 안다는 거고.

🚶 : 그런가요?

☼ : **전부 다 안다는 게 뭐냐, 그게 곧 개체구조 너희의 전지(全知)다.**

🚶 : 예에? 그게 개체구조 영핵인 우리의 전지(全知)예요?

☼ : **① 전체성(0) 구조인 大우주 하느님의 전지(全知)는, '스스로를 느끼기 위한 목적'을 정한 찰라, 태초부터 영원히 흐를 우주의 모든 흐름을 완전(0)히 아는 것이고, ② 개체구조 小우주 너희의 전지(全知)는, '正, 分, 合으로 흐르는 우주의 모든 의미와 과정을 낱낱이 아는 것'이 곧 너희의 전지(全知)이다.**

🚶 : 그런가요?

☼ : 그래서 너희는 전지(全知)가 되면, ① 아는 만큼(正) 보이고, ② 보이는 만큼(分) 느끼고, ③ 느끼는 만큼(合) 체험하며 앎이 성장한다.

🚶 : 그렇다면 전능(全能)은요? 우리도 전지(全知)하면 전능(全能)해져야 하는 것 아닌가요?

☼ : 당연하지. ① 전체성(0)구조인 영계핵 하느님이 전지(全知) 전능(全能)하시듯, ② 개체성 구조 영핵인 너희는 "어떤 상황에서도 神과 하나(合一) 됨을 체험할 수 있는 전능(全能)이 나타난다(一切唯心造=원효사상)."

왜냐하면,

① 大우주 하느님의 존재의미는 '스스로를 느끼기 위한 것'이고,

② 小우주 너희의 존재의미는 '神과 하나(合一) 된 삶을 체험하기 위한 것'이기 때문이다.

이렇게 움직임의 원칙 3에 의해 하느님과 너희는 전지(全知)와 전능(全能)이 일어나는 순서도 상대적(分)이다.

① 전체성(0) 구조인 하느님은 전능(全能=목적)이 전지(全知=앎)를 동시에 가져오지만,

② 개체성 구조인 너희는 전지(全知=앎)가 전능(全能)을 동시에 가져온다.

🚹 : 예에?

☼ : 움직임의 원칙 3에 의해 大우주 하느님(神)의 전지(全知=원인=개념)와, 小우주 너희들의 전지(全知=결과=체험)는 상대적(分)으로 나타난다.

즉,

① 무한(0)한 大우주 하느님의 전능은 선택의 여지가 없는 全能이다.

② 하지만 小우주 너희의 全能은 순간순간 바꿀 수 있는 全能이다. 그래서 너희는 선택의 자유가 있는 자유의지적 존재다.

🚹 : 하느님과 우리는 전지전능도 그렇게 상대적(分)이군요.

☼ : 하느님과 너희는 제로(0)도 상대적(分)이다.

① 원인과 결과적 존재인 大우주 하느님(神)의 제로(0)는 무한(0=無限)하고 영원(0)하지만, ②과정적 존재인 유한(有限)한 小우주 너희가 체험하는 제로(0)는 유한(有限)한 순간적 제로(0)다.

🚹 : 네에, 그런데요, 어떤 사람들은 이 우주가 환상이라고 하던데요?

☼ : 이 우주가 환상?

🚹 : 네, 원래 없었던 우주가 하느님의 '스스로를 느끼기 위한 목적'에 의해 나타난 것이라 환상이래요.

☼ : 하느님은 원래부터 있었으나, 이 우주는 '없었는데' 하느님의 '뜻'에 따라 생긴 것이기에 '헛것', '가짜'라는 것이냐?

🚹 : 그 얘기겠지요.

☼ : 너희가 잘못 알고 있다.

🚹 : 맞는 말 아닌가요? 원래 없었다면?

☼ : 네가 어떤 목적을 이루려고 최선을 다한 결과, 오랜 과정을 거쳐 드디어 꿈이 이루어졌다면? 그 이루어짐이 실체냐?, 환상이냐?

🚹 : 나의 오랜 꿈이 이루어졌다면 실체겠지요.

☼ : 그러면 이 우주가 하느님의 '목적(꿈)'이 실체로 이루어진 살아있는 현실이지. 어떻게 '헛것', '가짜'란 말이냐?

🚹 : 그런가요?

☼ : 그렇게 말하는 사람들은 하느님의 창조목적을 모르기(無知) 때문이다.
이 역시 二分法 正, 分, 合이니.
① 하느님의 창조목적을 모르는 무지(無知)로는 이 우주가 '헛것', '가짜'이겠지만,
② 하느님의 창조목적을 아는 전지(全知)로는 이 우주가 하느님의 오랜 목적(꿈=宿願)이 과정을 거쳐 현실로 나타난 실체이기에 살아있는 현실이고 존재의미이다.

🚹 : 이분법 정분합은 참으로 놀랍습니다.

† 오십구 일째 날: 사회통념을 벗어난 앎의 단계적 성장

☼ : 어제는 하느님과 인간의 전지(全知) 전능(全能)에 관해 이야기했고, 그제는 죄의식(罪意識)에 관해 이야기했지?

🚹 : 네, 그랬지요.

☼ : 아이가 무지(無知)로 태어나듯이 인류도 초기에는 얼마나 무지(無知)했는지 이야기했다.

🚹 : 네, 그랬지요.

☼ : 초기 인류는 그토록 무지(無知)했기에 눈에 직접 보여주기 전에는 이해하지 못했다.

🚹 : 그랬겠어요.

☼ : **그래서 하느님의 인류 앎 성장 과정도 처음에는 천사가 인간의 눈에 직접 보이게 부활해 나타나 활동했으니, 그것은 하느님의 뜻을 기적과 예언으로 인간의 눈에 직접 보여주는 외적(外的) 시대였기에, 인간 앎의 성장 과정 역시 '외적(外的) 규제의 율법 시대'였다.**
문자(文字)로 예를 들면,
① 실물을 그림과 똑같이 그려 보여야 알아들었던 상형문자(象形文字) 시대에 해당한

다. 그러나, 인류의 앎이 한 단계 상승한 신약시대는 눈에 직접 보여주지 않아도 '약속을 믿음'으로 이해하는 내적(內的) 믿음시대였다.

그렇기에 신약 과정은 "무조건 믿어라!", "안 보고 믿는 것이 더 잘 믿는 것이다."라고 했으니, 마태오 9장 22절, 마르꼬 5장 34절과 10장 52절, 누가 8장 48절과 18장 42절에 보면, "네 믿음이 너를 낫게 하였다."라는 구절이 나오고, 마태오 17장 20절 14장 30~31절, 요한 20장 29절, 갈라디아 3장 25~26절, 로마서 1장 17절, 9장 8절, 3장 28절, 5장 1~2절, 3장22절 등은 모두 오직 믿음을 강조하였으니, **이것은 신약시대가 눈에 보이지 않아도 약속을 믿는 '내적(內的) 규제의 믿음시대'였기 때문이다. 그렇기에 신약시대를 문자로 예를 들면, ② 상호간에 설정된 약속을 믿는 설형문자(쐐기문자=楔形文字) 시대에 해당한다.**

이렇게 외적(外的) 규제 구약과 내적(內的) 규제 신약은 제로(0)를 체험하는 것으로, 같은 질이지만 외(外)와 내(內)로 상대적(分)이니, 외적(外的) 규제 구약은 외적(外的) 성공이 성공이지만, 내적(內的) 규제 신약은 외적 실패가 곧 내적(內的) 성공이다. 그래서 십자가에서 죽은 예수의 외적 실패는 내적 성공이었고, 너희들의 삶에서도 외적(外的) 실패로 인한 시련과 번민은 내적(內的) 성공인 '깨달음'이 너희 영혼(핵)의 진화를 가져온다.

이러한 믿음 시대가 끝나면 지금까지 상대적(分)으로 성장한 '구약의 율법과 신약의 믿음'이 하나이며, 과학과 철학과 종교가 하나인 二分法 正, 分, 合 원칙 시대가 되니, 正, 分, 合 원칙은 하느님의 존재와 창조목적을,

(1) 과학으로 입증하고,

(2) 성서로 증거하며,

(3) 생활에서 체험하며 확인하는 시대다.

그렇기에, 正, 分, 合 원칙 시대는 믿으라고 권고할 필요 없이 그냥 알려주면 되는 시대다. 왜냐하면, 누구나 正, 分, 合 원칙을 알면, 아는 만큼 하느님(神)과 뜻이 하나(合一) 되어, 닥치는 여건에서 순간마다 하느님(神)과 하나 됨(合一)을 체험하기 때문이다.

이러한 正, 分, 合 원칙 시대는 ③ 한글이나 알파벳 등 과학적 조립문자 시대에 해당한다.

그래서 신약성경 요한 16장 25절에 보면 예수도, "내가 지금까지는 이 모든 것을 비유로 들려주었지만, 이제 아버지에 관하여 비유를 쓰지 않고 명백히 일러 줄 때가 올 것이다."라고 하여, 때가 되면 하느님의 존재를 확실하고 뚜렷하게 눈으로 보듯 알게 된다고 한 것이다.

🚹 : 야, 그거 참! 인류의 지적(知的)발달을 문자의 발달과 비교하니까 쉽게 이해되네요.

☼ : 그러냐? 그런데 이렇게 성장한 인류의 지적(知的) 수준을 단계적으로 분류하면 7가지 의미가 있다.

구약시대

① 개체성 진리

② 눈으로 직접 보고 들어야 이해하는 기적과 예언시대

③ 외적 행동규제의 율법시대

④ 꼭 갚아 제로(0)를 체험하는 진리시대

⑤ 육체적 혈육(씨족=이스라엘 민족) 관계로 이끈 시대

⑥ 죄의식을 키워온 시대

⑦ 상징적 희생시대(동물 희생)

신약시대

① 전체성의 진리

② 눈으로 직접 보고 듣지 않아도 약속을 믿는 믿음시대

③ 내적 행동규제의 복음시대

④ 이해 양보로 제로(0)를 체험하는 진리시대

⑤ 교단(영적 혈육)으로 이끈시대

⑥ 죄의식을 부분적으로 없애는 시대

⑦ 부분적인 실체적 희생시대,

二分法 正分合시대

① 개체성과 전체성(0)이 하나인 二分法 正, 分, 合 원칙 진리

② 과학과 성경(종교) 생활(철학)에서 체험하는 앎의 시대

③ 여건에 따른 내적 외적 자율규제 시대

④ 구약과 신약을 하나로 체험하는 二分法 正, 分, 合 원칙 진리시대

⑤ 모든 인간이 하느님(神)과 하나(合一) 되는 시대

⑥ 죄의식을 완전히 없애는 시대

⑦ 하느님(神)과 하나(合一) 됨을 완전(0)히 이루는 시대

🚹 : 예? 그것도 그렇게 구체적으로 분류되나요? 참 희한하네요? 그런데 왜 7가지씩이에요?

☼ : 數 7은, 하늘 뜻 數 3과 땅 실체 數 4가 합(合=3+4=7)한 數이기 때문이다. 數에 대한 자세한 해설은 곧 따로 있다.

🚹 : 아, 그래요? 數에 대한 해설이 따로 있어요?

☼ : 그럼, 正, 分, 合 원칙은 곧 과학이고, 물리학이며, 수학이니까. 그렇기에 하느님의 섭리는 모두가 數로 나타난다.

🚹 : 아, 그래요?

☼ : 한 가지 더 짚고 넘어가자.

① 구약과정은 눈으로 직접 보아야만 알아듣는 시대였음으로 선지자의 예언이나 천사가 인간에게 직접 나타나는 기적이 수없이 많았다.

② 그렇기에 구약과정 열매이며, 신약과정 씨앗인 예수는 기적과 예언을 너희에게 보였으니,

③ 이 능력은 표상(예수)으로 인해 인간을 하느님에게 이끄는 신약시대의 씨앗이 되었다.

④ 그 결과 성령들은 그 후에도 예수가 신격화되도록 인류역사를 유도하였으니,

⑤ 무지(無知)한 너희들 수준에는 예수가 하느님의 뜻 대리자임을 이해하는 데 있어서. 예수의 신격화나 초능력은 절대적이었다.

⑥ 그러나 신약과정은 기적과 예언이 아닌 믿음의 시대다.

⑦ 그 결과 신약과정의 열매이며, 二分法 正, 分, 合 원칙시대의 씨앗은, 기적과 예언은 없고 오로지 앎뿐이다.

하지만,

① 正, 分, 合 원칙시대는 구약과 같은 기적이나, 신약과 같은 믿음의 시대가 아니고,

② 하느님의 3위1체 체질인 二分法 正, 分, 合 원칙을 이해해(全知) 하느님의 존재를 확인하고 체험하는 시대이므로,

③ 새 진리인 正, 分, 合 원칙은 신약의 열매로든 새 시대의 씨앗으로든,

④ 기적이 일어나지 않을 것이고(성령들이 필요를 느끼지 않아),

⑤ 기적이 일어날 필요도 없고(완전한 正, 分, 合 원칙이 있으므로),

⑥ 기적이 일어나서도 안 된다.

왜냐하면,

① 二分法 正, 分, 合 원칙시대 1,000년 과정이 지나 인류의 앎 성장 과정 7,000년이 끝나면, ② 천사나 성령활동이 있었던 이제까지와 달리 인류에게는 오로지 二分法 正, 分, 合 원칙만이 있기에, 그때의 충격을 줄이기 위해서…, 또 이것은 새 진리 출현자나 모든

인간이나 똑같음을 입증하는 것이니, 누구든 二分法 正, 分, 合 원칙을 알면(全知) 누구나 똑같은 신(神)과 하나 됨(合一)을 체험하기 때문이다. 이렇게 새 시대 1,000년은 성령 협조는 있지만, 기적이나 표상 없이, 오직 완전(0)한 앎인 二分法 正, 分, 合 원칙으로 개개인이 하느님(神)과 하나(合一) 됨을 체험하는 시대다. 그래야, 새 시대 1,000년이 지나고 하느님의 섭리가 역사기록으로 남아도, 미래의 인류는 '하느님의 존재를 의심하는 혼란이 없이' 영원히 지속되기 때문이다.

🚹 : 二分法 正, 分, 合 원칙의 흐름으로는 그렇겠네요.

☼: 그 결과, 지금까지 새 시대를 여는 영계핵의 영핵들은 무지(無知)한 인간들의 수준에 맞춰 구약 때는 천사로, 신약 때는 성령으로 기적과 예언의 능력을 보여왔다. 그것은 현대까지도 사회통념이 되어 있으니, 같은 목사나, 교직자나, 신도라도 영적 능력이 큰 사람을 높이 평가한다. 그러나 신약의 열매이며, 새 시대의 씨앗인 二分法 正, 分, 合 원칙은 기독교인들이 알고 있는 것같이 구름 타고 나타나는 것도 아니고, 사회적 통념과 같이 기적이나 예언이 있는 것도 아니기에 현대 사회의 통념상 도저히 납득되지 않는다.

즉, ① 구약 말기 이스라엘 민족은 외적(外的) 변화인, 국가의 독립과 부강을 가져올 지도자를 메시아로 목이 빠지게 기다렸으나, 예수는 그런 사회통념을 완전히 벗어나, 개개인의 내적(內的) 변화를 가져오는 이해 양보 진리로 나타났으니, 그것은 유태인들의 절대 희망인 로마제국으로부터의 독립 국가와 부강 의지를 산산조각내는 재수 없고 저주받을 일이어서 걸림돌이 되었듯(성경 시편 118장 22~23절, 이사야 8장 14~15절), 현대인들에겐 이것이 또한 걸림돌이다.

이렇듯, 구약 말기에 출현한 신약이 그 당시 사회통념을 뒤엎는 문제가 있었던 것처럼, ② 신약 말기에 출현하는 二分法 正, 分, 合 원칙도 현재의 사회통념을 뒤엎는 문제가 있다. 그렇기에 성경 예언서 이사야 29장 14절에 보면, "그러므로 나는 놀랍고 기이한 일을 보이고(사회통념을 벗어난 예수의 출현) 또 보이리라(사회통념을 벗어난 正, 分, 合 원칙 출현). 지혜롭다는 자들의 지혜가 말라 버리고, 슬기롭다는 자들의 슬기가 말라 버리리라."라고 한 것이다.

이렇듯, 구약 때에 지식수준이 높았던 유태인 지도자들이 오히려 사회통념을 벗어난 예수의 출현을 알아보지 못했듯, 이 시대에도 명망 있는 종교지도자들이 오히려 기존 관념을 벗지 못해 二分法 正, 分, 合 원칙을 알아보지 못한다는 것이다.

🚹 : 아! 그러니까 결국 그렇다는 이야기군요. 구약 말기에 그랬으니 똑같은 과정을 가고 있는 신약 말기인 지금 역시 그럴 거라는 거네요?

☼ : 그래, 그러나 진심으로 하느님을 찾는 사람들은 참 진리를 알아보겠기에, 마태오 4장 28절 "시체가 있는 곳에는 독수리가 모여드는 법이다."라고 했듯이, 이 시대에도 진심으로 하느님(神)과 하나 됨(合一)을 원하는 순수한 사람들은 正, 分, 合 원칙을 알아보고 모여들게 돼 있다. 그래서 새 시대를 여는 새 진리는 뿌리내리게 되어 있다.

🚶 : 당연히 正, 分, 合 원칙이 새 시대의 새 진리가 맞다면 그렇게 되겠지요. 그런데 새 진리를 알아보는 사람들이 얼마나 되겠어요?

☼ : 그래, 그래서 새 진리가 나타나기 전에 그 길을 예비하는 선지자들이 먼저 나타나 분위기를 잡아 놓는 거다.

🚶 : 글쎄요? 당신과 대화해보니 지금 사람들이 웬만해서는 正, 分, 合 원칙을 알아보기 쉽지 않겠다는 생각이 들어요.

☼ : **그래서 성경 요한계시록 20장 4~6절에 보면, 새 진리를 알아보고 새 시대를 여는 사람들을 '첫째 부활 제1 이스라엘(승리자)'이라고 했다.**

🚶 : 예? 그게 무슨 말씀이에요? 인간은 누구나 전체 인류역사에서 각자가 맡은 퍼즐이기에 우열이 없다면서요?

☼ : **당연하다. 그러나 二分法 正, 分, 合 원칙은 二分法(상대적)이기에, ① 모두의 역할은 각자가 맡은 퍼즐로서 가치가 똑같지만, ② 새 시대에 새 진리를 먼저 알아보고 체험함은 각자에게 보람과 긍지와 기쁨이 있는 것이다.**

🚶 : 그러니까 二分法 正, 分, 合이기에, 이렇게 보면 이렇고 저렇게 보면 저렇다는 건가요?

☼ : **그렇지. 이 시대에 二分法 正, 分, 合을 먼저 알아보고 하느님과 뜻을 하나(合一)로 체험하는 것은 각자에게 보람과 긍지가 되어 기쁨을 체험하는 충만한 자존감이기 때문이다.**

🚶 : 그러니까 결국 二分法 正, 分, 合은 빼도 박도 못하게 돼 있군요.

☼ : **그렇다. 왜냐하면, 二分法 正, 分, 合 원칙은 상대적(分)이고 완전(0)하기에….**

🚶 : 어휴! 오늘은 머리가 어질어질하네요.

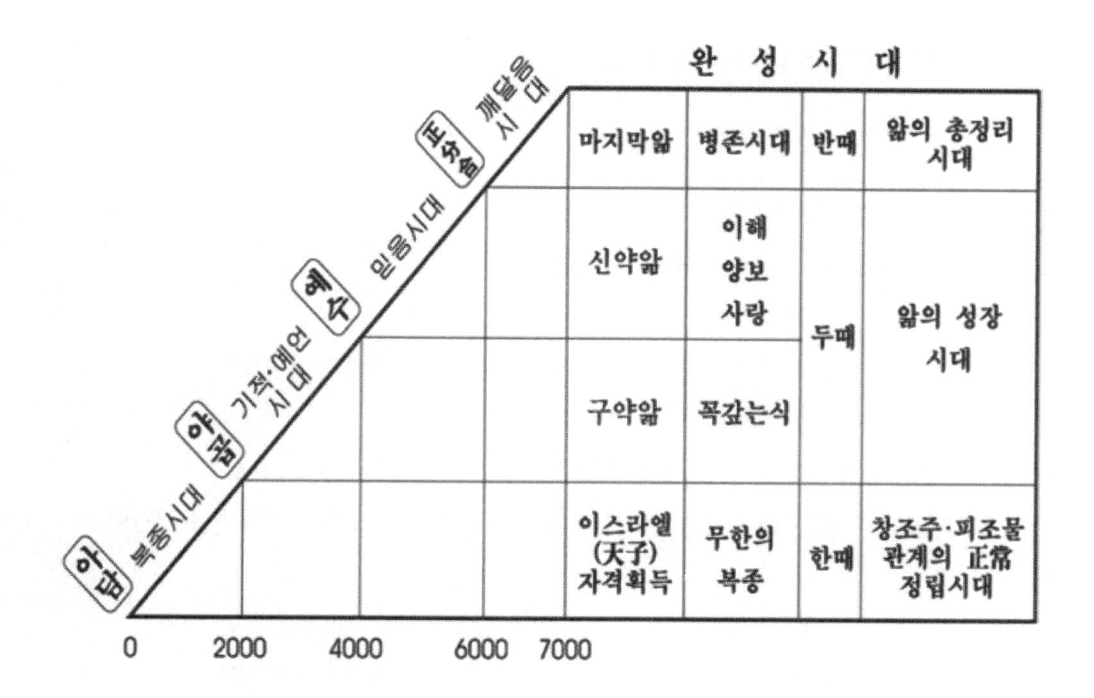

다니엘 12장 7절, 7장 25~27절 한때, 두때, 반때

☼ : 내친김에 하나만 더 하자. 신약성경을 보면 신약 초기 성도들은 하느님의 섭리가 앎의 성장 과정임을 이미 알고 있었다.

🚶 : 예? 신약 초기의 성도들은 하느님의 섭리가 앎의 성장 과정임을 알고 있었다고요?

☼ : 그래, 신약성경 고린도전서 13장 9~12절에 보면, 우리가 아는 것도 불완전하고 말씀을 받아 전하는 것도 불완전하지만 완전(完全)한 것이 오면 불완전한 것은 사라집니다. 내가 어렸을 때는 어린이의 말을 하고 어린이의 생각을 하고 어린이의 판단을 했습니다. 그러나 어른이 되어서는 어렸을 때의 것들을 버렸습니다. 우리가 지금은 거울에 비추어보듯이 희미하게 보지만, 그때에 가서는 얼굴을 맞대고 볼 것입니다. 지금은 내가 불완전하게 알 뿐이지만 그때에 가서는 하느님께서 나를 아셨듯이 나도 완전하게 알게 될 것입니다.'라고 했거든.

🚶 : 그런데 지금 사람들은 그걸 모른단 말이에요? 그거 참!

† 육십 일째 날: 성경에 나타난 數의 비밀

☼ : 너 왜 힘이 없어 보이냐?

🚹 : 어제 이야기 듣고 맥이 빠졌어요.

☼ : 왜?

🚹 : 二分法 正, 分, 合이 인류에게 퍼지는 데 1,000년이나 걸린다면서요?

☼ : 그런데?

🚹 : 1,000년이나 걸린다니, 언제 기다려요?

☼ : 1,000년을 기다리는 것은 하느님께서 기다리시는 시간이지, 네가 기다리는 시간이 아니다.

🚹 : 예?

☼ : 너는 1,000년 후에 태어났든, 지금 태어났든 正, 分, 合과 관계없다.

🚹 : 1,000년 후면 하느님의 창조목적이 완성된 아주 좋은 세상일 텐데요?

☼ : 그때 세상은 지금과는 비교할 수 없겠지.

🚹 : 그러니까요.

☼ : 그게 너에게 좋은 건 아니다.

🚹 : 왜요?

☼ : '전쟁에서 영웅 나온다.'고, 평화로운 시대에 태어나면 그만큼 치열함이 떨어져 하느님(神)과 하나(合一) 되는 지복(知福) 희열이 그만큼 약할 수 있다.

🚹 : 그래도 지금 이 세상은 너무 살벌하고 힘들어서 그때 태어나는 게 좋을 거 같아요.

☼ : **열악한 환경에서 부대끼며 살아남은 야생초일수록 향기가 독특하고 강하니까 그렇게 생각지 않는 사람들도 있을 수 있다. 잠깐의 치열함이 너에게 짙고 강한 지복(知福)으로 영원히 이어지기 때문이다. 개체성은 중심부가 있고 변두리가 있기에, ① 잠깐의 치열함으로 강력한 지복(知福)을 영원히, ② 잠깐의 안일로 희미한 지복(知福)을 영원히, 어떤 것을 선택할지는 각자가 다를 것이다. 그래서 지금의 열악한 여건이 너에게는 절호의 기회이기도 하다. 지금이든 1,000년 후 든 네가 正, 分, 合 원칙을 태어나 무지한 상태에서 만나 이해하고, 너 스스로 체험하는 것은 마찬가지이기 때문이다.**

🚹 : 그럼, 제가 힘 빠지고 말고 할 게 없네요,

☼ : 어제 하느님의 섭리가 數로 나타난다고 했지? 그걸 이야기하자.

🚹 : 예! 기대됩니다.

☼ : 체질이 3위1체 二分法 正分合이신 하느님께서 인류를 구원하시는 7,000년 과정을 기록한 구약성경과 신약성경에 나타난 數의 비밀도 너희는 알아야 한다. 정신이 '번쩍!' 날 것이다. 잘 들어라. 무한(0)한 우주 자체 전체성(0) 영계핵 하느님이, 목적(正=성부=원인), 기록(合=성신=결과), 원칙(分=성자=과정)의 3위1체 의식체(意識體)로서 완성(0)체이시기에, 3수는 전체성(0)인 우주의 완성數이고, 3×3=9, 9數는 원인·과정·결과의 완성數 뜻(3)이 과정을 거쳐 완전히 이루어지는 3의 완전 數(과정 數)이다.

1차	2차	3차	
① 아 담	① 아브라함	① 야곱(구약)	주) 모세는 야곱과 뜻 적으로 일체
② 노 아	② 이사악	② 예수(신약)	
③ 아브라함	③ 야 곱	③ 마지막 진리	

그래서 하느님이 인류를 구원하시는 인간의 앎 성장 과정도, ① 아담, ② 노아, ③ 아브라함에 이르러 부모와 자녀의 우선순위 인과관계(情)가 정립됐고, ① 아브라함, ② 이사악, ③ 야곱에 이르러, 둘째가 첫째로 우선순위를 뒤바꿔 먼저 생긴 천사(天使)보다 나중 생긴 천자(天子)가 우선인 인과관계(情)가 성립됐다.
그리고 드디어 명실공히 天子가 된 인과관계(情)에서, ① 야곱의 구약, ② 예수의 신약, ③ 正, 分, 合 원칙으로 인류의 앎 성장 과정이 실체적으로 완전(10)히 끝난다. 즉, 인간의 노력(과정)數 '9'에 하느님의 섭리數 '0'이 합해 실체적인 우주 충족수(充足數) '10'이 되어, 하느님의 창조목적(0=正)은 과정을 거쳐(9=分) 완전히 이루어지는 것(10=合)이다.

🚶 : 원인數 0에 과정數 123456789에 결과數 10이면 총 11인데? 왜 10이에요?

☼ : 원인(0=正)과 결과(合=10)는 상대적이지만 하나이다. 왜냐하면 결과(合=10)는 원인(0=正)이 되어 과정(分=123456789)이 반복(正分合)되니까.

🚶 : 와! 그렇군요.

☼ : 10數 중, 하나(0)가 하느님의 섭리수(攝理數)인 것을 성경에서 찾아보면, 창세기 14장 20절, 레위기 27장 30~32절, 신명기 12장 6절, 11절, 17절에서, 하느님은 소출 중 1/10은 자기 것이니, 1/10을 바치지 않으면 그것은 하느님 것(성물)을 도적질한 것이라 했다. 이것은 우주 數의 신비를 말한 것일 뿐, 무한(0)한 우주 자체가 모두 하느님이기에 욕심나셔서 그런 건 아니다.

🚶 : 수입의 1/10을 갖다 바치라는 기독교의 11조요?

☼ : **3위1체 의식체(意識體)로서 완성數 3인 하느님의 '느끼기 위한 목적'이 과정을 거쳐 실체로 드러난 것이 자연계이므로 자연계數는 3의 다음 수인 4數이다. 그래서 3은 뜻(원인)數이고 4는 실체(결과) 數이다. 그렇기에 하늘數 3(원인)과 땅數 4(결과)를 합한(3+4=7) 7數는 하늘(뜻=원인)과 땅(실체=결과)을 합한 우주數이고, 3數인 하늘과 4數인 땅이 '같은 목적으로 움직임을 일으키면' (3×4=12) 12가 되기에', 12數는 하늘과 땅에 움직임이 일어난 살아있는 우주數이다. 인간은 살아있는 小우주이기에 12數는 인간數이고,**

: 數의 배열이 그런가요?

☼ : 4가지 존재원칙과 5가지 움직임의 원칙이듯이, 운명론의 년, 월, 일, 시 4주(四柱)도 금, 목, 수, 화, 토 5행(行)으로 풀리며, 하늘(3)과 땅(4)이 같은 목적(3×4=12)으로 인간의 노력數 9와 하느님 섭리數 0을(9+0=10) 합한 게 인간사회 현실이기에, 인간의 운명을 예측하는 통계학 사주도 4주 5행, 10간 12지로 풀린다. 이와 같이 우주의 모든 변화는 數의 변화인 正, 分, 合 원칙을 벗어날 수 없다.

그래서 **출애굽기 1장 5절, 신명기 10장 22절에 보면, 구약 과정 출발은 야곱의 12아들과 70명의 식구로 시작되었고, 야곱과 뜻으로 하나인 모세도 12지파에 70장로였으며, 마태오복음 10장 2절, 마르꼬복음 3장 16절, 누가복음 16장 13절, 10장 1절, 17절에 보면, 신약과정 출발도 12제자와 70제자의 파견이다(관주성경). 이렇듯, 구약과 신약의 출발數인 12數와 70數 역시 의미가 있으니, 12는 小우주 인간數이고, 7은 하늘(3)과 땅(4)을 합한 數이며, 10은 인간의 노력(과정)數 9와 하느님의 섭리數 0을 합한 것이어서 70數(3+4+9+0)이다. 요한계시록 7장 4절, 14장 1~3절에 보면, 144,000이라는 숫자가 나오는데, 正, 分, 合 원칙시대 1,000년은 하느님은 쉬시고, 인간(12)과 성령(12)이 같은 목적으로 움직여(12×12=144), 구약시대 성도 전체(0), 신약시대 성도 전체(0), 正, 分, 合 원칙시대 성도 전체(0)를 구원하는 것을 나타낸다(144−0−0−0=144,000).**

: 마지막에 구원받는 144,000명이라는 성경 요한계시록의 숫자가 그 뜻이에요? 그 숫자 때문에 전에 어떤 종파에서는 말세가 되면 자연계가 파괴되며 인류가 다 죽고 144,000명만 살아남는다고 했었거든요? 그래서 그 숫자가 기억나요?

☼ : 사회가 시끌시끌했지. 종말론까지 겹쳐서.

: 서기 2000년께에 지구 종말이 온다고 얼마나 시끄러웠어요. 그거 다 뻥인 줄도 모르고.

☼ : 아니다. 종말론은 뻥이 아니다.

: 그러면 언젠가는 지구에 종말이 와요?

☼ : 자연계가 부서지며 인류의 종말이 오는 게 아니고 다른 의미다.

🚹 : 그럼 무슨 뜻인데요?

☼ : 그건 따로 대화할 테니 그런 줄 알아라.

🚹 : 우리 대화가 종말론까지 이어지는 거예요?

☼ : 그래, 네 궁금증을 깔끔하게 없애줄게.

† 육십일 일째 날: 인간, 천사, 그리스도(神과 合一)의 차이

🚹 : 저 왔습니다.

☼ : 어제는 數에 관한 이야기였지? 오늘은 인간, 천사, 그리스도(神과 合一)의 차이에 관한 이야기이다.

🚹 : 예수 이야기도 남았다고 하셨는데요.

☼ : **신약성경 요한계시록 22장 9절에 보면, 요한이 천사 앞에 엎드려 경배하려 하자 천사가 말하길, "이러지 말아라. 나도 너네 형제인 예언자들이나 이 책에 기록된 말씀을 지키는 사람들과 같이 일하는 종에 지나지 않는다. 경배는 하느님께 드려라."라고 했으며, 요한계시록 19장 10절에도, "이러지 말라. 나도 너나 네 형제들과 같이 일하는 종에 지나지 않는다. 우리는 다 같이 예수께서 계시하신 진리를 간직하고 있는 자들이다. 예배는 하느님께 드려라." 요한계시록 10장 7절에도, "하느님의 심부름을 하는 선지자도 종이다." 라고 했다. 이것은 천사나, 선지자나, 모두 하느님의 심부름을 하는 동등(同等)한 개체영임을 나타낸 것이다. 베드로후서 2장 4절에 보면, "하느님께서는 죄지은 천사들을 용서 없이 깊은 구렁텅이에 던져서 심판 때까지 어둠 속에 갇혀 있게 하였습니다."라고 했다. 이것은 태초에, ① 착하게 살다 죽어 영계핵까지 도달한 인간영은 天使가 되었으나, ② 악하게 살다 죽어 지옥(地獄)에 있는 악령(惡靈)을 잘 설명한 것이다. 그러나 악령도 최후의 심판 때는 모두 구원받게 된다고 했다. 요한계시록 20장 7~9절에 보면, "천 년이 되면 지옥의 악령들도 모두 풀려난다."라고 하였고, 유다서 1장 6절에도, "큰 심판의 날까지."라며 "지옥은 큰 심판의 날까지만 존재한다."라고 했다.**

🚹 : 그렇군요.

☼ : 마태오 22장 30절, 마르꼬 12장 25절, 누가 20장 35~36절에 보면, '부활함을 얻은 자는 천사와 동등'이라 했으니, 개체의식을 벗어 영계핵까지 도달해 부활한 인간이 천사(천

사와 동등)라는 것이다. 히브리 2장 9절, "죽음의 고통을 당하심으로써 잠시 동안 천사들보다 못하게 되셨다가, 마침내 영광과 영예의 관을 받아쓰셨습니다."라고 하여, "죽어서 부활하기 전까지의 예수는 천사보다도 못하다."라고 하였다.

예수도 십자가에서 죽기 전까지는 부활이 확인되지 않았기에 천사보다 못했지만, 죽어서 부활한 후에는 천자(天子)가 확인되었기에 천사(天使)보다 우위라는 것이다. 이것은 하느님의 창조목적과 뜻이 하나(合一) 된 인간(그리스도)은 천사보다 우위이지만, 개체의식을 벗지 못해 영계핵에 도달하지 못한 인간은 천사보다도 못하다는 것이다. 왜냐하면, 개체의식을 벗어 영계핵까지 도달해야 비로소 하느님(영계핵)과 지복(至福=교류) 희열이 흘러 명실공히 천자(天子)가 되기 때문이다.

🚹 : 그럼 영계핵까지 못 간 영혼은 천사보다 못하다는 거네요.

☼ : 요한계시록 6장 9절에 보면, "어린 양이 다섯째 봉을 떼셨을 때 나는 하느님의 말씀 때문에, 그리고 그 말씀을 증언했기 때문에 죽임을 당한 사람들의 영혼이 제단 아래에 자리 잡고 있는 것을 보았습니다."라고 했다.

10절 그들은 큰 소리로 "거룩하시고 진실하신 대왕님, 우리가 얼마나 더 오래 기다려야 땅 위에 사는 자들을 심판하시고, 또 우리가 흘린 피의 원수를 갚아주시겠습니까?" 하고 부르짖었습니다. 11절에 "또 그들은 흰 두루마기 한 벌씩을 받았습니다. 그리고 그들처럼 죽임을 당하기로 되어 있는 동료 종들과 형제들이 다 죽어서 그 수가 찰 때까지 잠시 쉬라는 분부를 받았습니다."라고 되어 있다.

이것은 하느님 사상이 전 세계로 퍼질 때 하느님을 죽음으로 증거한 순교자들도 영계핵까지 가야 비로소 목숨을 버려 순교한 그들의 존재 의미가 지복(至福)으로 드러남을 말한 것이다.

🚹 : 개체의식을 벗어 영계핵에 도달하는 게 우선이군요.

☼ : 성령도 인간영이다. 사도행전 8장 29절에 보면 성령이 필립보에게 가서 "저 마차에 바싹 다가서 보아라."라고 말씀하셨다 했고, 로마서 8장 15~16절에도, "성령은 여러분을 하느님의 자녀로 만들어 주시는 분입니다. 우리는 그 성령에 힘입어 하느님을 아빠 아버지라고 부릅니다."라고 했으며, 로마서 8장 26~27절에도, "성령께서도 연약한 우리를 도와주십니다. 어떻게 기도해야 할지도 모르는 우리를 대신해서 말로 다할 수 없을 만큼 깊이 탄식하시며 하느님께 간구해주십니다. 이렇게 성령께서는 하느님의 뜻에 따라 성도들을 대신해서 간구해주십니다."

27절: 그리고 마음속까지도 꿰뚫어보시는 하느님께서는 "그러한 성령의 생각을 잘 아십니다."라고 했다. 27절에서는 성령은 하느님 자체가 아니고 하느님을 위하여 활동하는 개체영임을 확실히 밝혔다.

그 외에, 요한 16장 15절을 보면, "예수도 성령께서 내게 들은 것을 너희에게 알려주시리라."라고 하여 성령이 예수의 진리를 듣고 배우는 인간영임을 밝혔다.

🚹 : 성경을 보니 분명히 성령은 하느님 자체가 아니군요.

☼ : 성령은 구약시대에 천사로 활동하던 인간영들이다. 구약시대는 외적(外的) 규제 시대이므로, 인간들에게 외적으로 직접 보이는 천사로 부활해 활동했지만, 신약시대는 내적(內的) 규제인 심령으로 이끌어가는 시대이기에 눈에 보이지 않는 성령으로 활동하는 것이다. 그래서 구약시대에는 성령이란 존재가 없다가 신약시대에 느닷없이 나타났고, 구약시대에는 수시로 나타나던 천사들이 신약시대에는 사라진 것이다.

🚹 : 그러네요.

☼ : 마태오 12장 28절, 사도행전 10장 38절에 보면 예수가 말하기를, "나는 하느님께서 보내신 성령의 힘으로 마귀를 쫓아내고 있다."라고 말했고, 사도행전 11장 12~13절에 보면, **베드로는 자기에게 협조하는 영을 성령이라 했고, 가이사라에서 베드로를 찾아온 사람은 자기에게 천사가 왔다고 했다. 또 천사가 나타나서 옥에 갇힌 베드로를 구해주었다고도 하고. 이 당시는 구약과 신약이 교차되는 분기점이어서 천사와 성령으로 그때그때의 상황과 상대의 수준에 따라 나타났던 것이다.**

🚹 : 신약 초기에는 천사와 성령이 같이 활동하기도 했어요?

☼ : 사도행전 2장 4절, 2장 6~12절, 10장 45~46절, 고린도전서 14장 2~25절을 보면, "성령이 내려 17개국어로 말했으며, 모인 사람 중엔 그 말을 알아듣는 사람이 있어 통역도 했다."라고 했다.

🚹 : **17개 국어로 성령들이 말하고 알아듣는 사람들이 있어서 통역도 했다고요?**

☼ : **이것은 인류가 생긴 이래 언어가 다른 세계 곳곳에서 승화되어 천사가 되었다가, 신약시대에 성령으로 협조하기 때문이니 저승은 뜻과 뜻의 대화이기에 말이 달라도 문제없지만, 다른 인간의 육체에 빙의하여 입으로 터지면 별수 없이 자기가 쓰던 말로 나오기 때문이다.**

그래서 요즈음도 성령이 내려 알아들을 수 없는 말을 하면, "성령이 오셔서 방언(사투리)이 내렸다."라고 한다.

🚹 : 교회에서 가끔 성령이 내렸다며 알아들을 수 없는 말을 하는 게 그건가 보죠?

☼ : 이러한 현상은 기독교계만이 아니라 불교계에도 있으니, 불교계에도 선한 영들은 무수

히 많고, 방언 치료 예언 등이 있으며, 이 역시 불교 믿다 죽은 인간영의 협조이며, 불교에서도 이들을 성령이라고 한다.

🚹 : 불교계에도 그런 일이 있어요? 그렇다면 성령현상은 보편적 현상이군요.

☼ : 正, 分, 合 원칙은 하나이니까.

🚹 : 그렇군요.

*참 고

아담 이전 영적 진화로 영계핵까지 가 있던 인간영들이 그 數가 하느님께서 원하시는 만큼 되자, 하느님께서 드디어 인류구원을 시작하실 뜻을 보이셨고, 그러자 영계핵에 있던 인간영들이 하느님의 뜻을 이해해 하느님 뜻 대리인 천사로 인류구원사업을 아담부터 시작해 지금까지 6,000년이란 긴 세월 인간들에게 협조하며 갖은 우여곡절과 생로병사, 희로애락을 동시대 인간들과 부모, 형제, 친지로서 최선을 다해 직, 간접 빙의 등으로 느끼며 부딪쳐 직접적인 인과관계(情)를 하느님과 동시에 맺어 왔습니다. 그렇기에 천사들은 이제까지 창조주이신 하느님이 느끼시는 심정(心情)을 오랜 세월 각자 맡은 개개의 여건에서 인간들에게 관여한 만큼 희로애락과 애환을 그대로 똑같이 느끼며 앎이 성장했습니다.

물론 하느님은 아담 이전 최초로 시작된 모든 인간의 감정도 모두 느끼셨습니다.

---

† 육십이 일째 날: 성신(聖神)과 성령(聖靈)의 차이

🚹 : 저 와 있어요!

☼ : 오늘은 성신과 성령에 대한 것이다.

🚹 : 성신(聖神)과 성령(聖靈)요?

☼ : 성신(聖神)은 하느님의 3위1체 중 하나인 기록(記錄=앎=全知=결과)기능이고, 성령(聖靈)은 성신의 흐름(원칙 흐름=과정)에 따라 움직이는 인간영들이다.

🚹 : 예에.

☼ : **그런데, ① 구약시대 사람들이 하느님과 천사를 구별하지 못했듯, ② 지금의 기독교계는 성신(聖神)과 성령(聖靈)을 구별 못 하고 있다.**

🚹 : 예?

☼ : 원래 천주교에서는 성신(聖神)을 하느님의 3위1체 중 하나로 분류하여, 기도문을 "성부와 성자와 성신의 이름으로 아멘!"이라고 했었다.

👤 : 원래는 그랬어요?

☼ : 그랬는데 1960년대 들어 천주교에서 신도들에게 성경 읽기를 권하면서 문제가 발생했다.

👤 : 예?

☼ : 신약성경 누가복음 1장 26~57절에, 예수는 성령으로 마리아에게 잉태하였다고 되어 있고, 천주교에서는 예수를 원죄 없이 태어난 하느님의 독생자라고 했거든.

👤 : 예에.

☼ : 이렇게 예수를 성령이 잉태시켰다고 했고. 예수를 하느님의 독생자라고 하다 보니 성령을 하느님 자체로 규정할 수밖에 없어 기도문에서 성신을 성령으로 바꿨다. "성부와 성자와 성령의 이름으로 아멘!"이라고, 하느님의 3위1체 중 하나인 성신(聖神)을 삭제하고.

👤 : 저런?

☼ : 그래서 이때부터 문제가 시작됐으니, 기독교계에 나타나는 방언 등 여러 가지 샤머니즘적 현상과 완전성의 결여로 성령(聖靈)이 완전하신 하느님 자체가 아님이 속속 드러났다. 그래서 드디어 '성령(聖靈)활동이 성서적이다, 아니다.'로 기독교계에 논란이 시작됐다.

그 대표적인 예가 순복음교회 목사와 기독교계의 논쟁이었다. 순복음교회 목사의 이야기를 보면, 성령(聖靈)의 역사(役事)는 특별한 신앙운동이라기보다 기독교 신앙 자체다. 개인뿐만 아니라 교회도 성령(聖靈)을 떠나서는 존재할 수 없다. (중략) 초대 교회의 시작과 발전은 성령(聖靈)의 도움 없이는 불가능했음을 우리는 잘 알고 있다. … …(중략) … … 물론 성령(聖靈)을 체험한 신자나 교회가 윤리적으로나 도덕적으로 부족할 수도 있다. (중략) 고린도교회의 실수가 있다고 해서 역사하신 성령(聖靈)이 샤머니즘이나 마귀라고 점지할 수는 없는 것이다(1982년 1월 22일 한국일보).

👤 : 이게 무슨 뜻이에요?

☼ : 결국 천주교에서는 성령(聖靈) 활동이 '답이 안 나오는 뜨거운 감자'가 되어, 차츰 성령(聖靈) 활동을 쉬쉬하게 되었다.

또 다른 신문 기사,

"문제는 오늘의 일부 성령(聖靈) 운동이 올바른 성서적 이해를 결여한 샤머니즘으로 경고받는 데까지 이르고 있다는 점이다. 모 교수는 '성령(聖靈) 운동을 통한 기독교 신앙이 방언, 치병, 예언 등의 신비적 종교현상과 동일시 될 때 한국의 무당들이 하는 일과 비슷한 일을 하는 일종의 신당이 되고 만다.'라고 우려했다. 고린도교회의 개척자 사도바

울도 '방언하는 자는 정신이상자로 간주되기 쉽다.'라고 경계하기도 했다(1982년 6월 22일 중앙일보 한국 종교의 현주소)."

: 초기 기독교 시대에도 방언하는 사람이 정신이상자로 간주되기도 했나 봐요?

: 이것은 성령(聖靈)이 완전하신 하느님 자체가 아니라, 하느님의 뜻에 따라 활동하는 인간 영이어서 그들의 앎과 능력에 한계가 있기 때문이다.

: 성령이 영계핵까지 진화한 영이라면 그렇게 심하게 문제를 일으킬 것 같지 않은데 그게 이해 안 되네요.

: 기독교인들이나, 불교인들에게 협조하는 성령들이 모두 영계핵까지 진화한 영이 아니다.

: 예, 그래요? 그런데 어떻게 성령이에요?

: 그게 문제지. 기독교를 믿다가 죽어 마음계나 자연계에서 떠도는 영들이 개개 영들의 앎 질량과 구조에 따라 자기 나름으로 기독교적인 활동을 하고 싶어 해, 인간에게 간접적이든, 직접적이든 빙의로 협조하면, 그들에 대해 모르는 인간들은 무조건 다 그들을 성령이라고 하기 때문이다.

: 그래요? 그러면 여러 가지 문제가 나타날 수 있겠네요.

: 아직은 인간들 앎이 오류로 뒤범벅이어서 각자 천차만별이듯이, 저승의 영들의 앎 수준도 천차만별이어서 저승도 오류로 뒤범벅이다. 그 결과 나타나는 영적 현상들이 그들의 앎 수준에 따라 천차만별이고.

: 그래도 예수는 다 알았을 것 아닌가요?

: **예수도 그 당시 正, 分, 合을 몰라 다른 성령들과 똑같이 나름 앎에 한계가 있었다.**

: 그래요? 기독교 신자들이 알면 큰일 날…?

: 마태오 10장 5~6절에 보면, 예수는 제자들을 전도 보낼 때 "이방인이나 사마리아인이 아닌 이스라엘 민족에게 가라." 했고, 마태오 15장 21~26절, 마르꼬 7장 26~27절에도 예수가 두로와 시돈 지방에 갔을 때 가나안 여자가 와서 마귀 들린 자기 딸을 고쳐 달라고 하자, "나는 길 잃은 양과 같은 이스라엘 백성만을 찾아 돌보라고 해서 왔다."라며 거절했다. 이와 같이 예수는 자기의 사명이 이스라엘 민족에게 한정된 것으로 알았다. 그래서 사도행전 10장 45~48절, 15장 7~10절, 11장 1~8절을 보면, 예수의 제자들도 하느님이 이스라엘 민족만 구원하는 줄 알고 있다가 베드로가 "하느님의 지시로 이방인에게도 신약 진리를 전도했다."고 하자 깜짝 놀랐던 것이다. 즉, 베드로에게 성령이 신약진리는 이스라엘 민족에게 국한된 것이 아님을 이때 처음으로 알렸던 것이다.

: 오! 그랬군요. 그런데 이 정도 설명으로 기독교인들이 납득할까요?

☼ : 글쎄, 납득하고 말고는 각자 나름의 몫이지.

이제 인간에게 악령이 어떻게 작용하는지 알아볼까?

🚹 : 악령이 인간에게 작용하는 거요?

☼ : 인간에게 작용하는 악령 역시 正, 分, 合 원칙을 벗어날 수 없다. 에페소서 4장 27절에 보면, “악마에게 발 붙일 기회를 주지 마십시오.” 요한1서 5장 18절에도, “하느님의 아들이 그를 지켜주시기 때문에 악마가 그를 다치지 못합니다.” 고린도전서 7장 5절에도, “자제하는 힘이 없어서 사탄의 유혹에 빠질지도 모르니.”, 야고보서 1장 14절에도, “사실은 사람이 자기 욕심에 끌려서 유혹당하고 함정에 빠지게 되는 것입니다.”라고 하였다.

🚹 : 예? 악령이 인간에게 작용하는 것은 사람이 자기 욕심에 이끌려 유혹당하고 함정에 빠진다고요?

☼ : 이 구절들을 보면, ‘발붙일 기회’, ‘자제하는 힘이 없어서’, ‘자기 욕심에 끌려서 유혹당하고’라고 하여, 인간이 악령의 유혹에 빠지는 것도 알고 보면, 인간에게 먼저 악한 뜻이 있었기 때문이라는 거다. 움직임의 원칙에 의해, 인간이 먼저 악한 뜻을 가져야 비로소 ‘악령과 같은 목적이 이루어져, 악령이 작용할 수 있다.’는 것이지. 따라서 인간이 악한 마음을 갖지 않는다면, ‘악령과 같은 목적이 이루어질 수 없어, 악령은 발붙일 곳이 없어진다.’는 것이다.

🚹 : 그러면 인간이 문제네요?

☼ : **이 움직임의 원칙은 이미 불교에서도 알았기에, 상응부경전 22장 63절 ‘취(取)’에 보면, “색에 집착할 때는 악마에게 붙잡힙니다. 색에 집착하지 않는다면 악마로부터 풀려납니다.”라고 했다.**

🚹 : 불교에서도 그렇게 말했어요?

☼ : 이와 같이 ‘같은 질이어야 같은 목적이 이루어지는 움직임의 원칙’은 예수가 병자를 고쳐줄 때나 악령을 쫓아낼 때도 마찬가지였다.

🚹 : 예?

☼ : 마태 12장 28절, 사도행전 10장 38절에 보면, “나는 하느님께서 보내신 성령의 힘으로 마귀를 쫓아내고 있다.”라고 말했으며, 마태오 9장 22절, 마르꼬 5장 34절과 10장 52절, 누가 8장 18절과 18장 42절을 보면, 예수는 병을 고쳐주고 나서 “네 믿음이 너를 낫게 하였다.”라고 했고, 마태오 14장 30~32절에서도, 예수는 베드로에게 “왜 의심을 품었느냐 그렇게도 믿음이 약하냐?”라고 했으며, 마태오 17장 20절에도, “너희의 믿음이 약한 탓이다. 나는 분명히 말한다. 너희에게 겨자씨 한 알만한 믿음이라도 있다면,

이 산더러 '여기서 저기로 옮겨져라.' 해도 그대로 될 것이다. 너희가 못할 일은 하나도 없을 것이다."라고 했다.

🚹 : 이게 무슨 말이에요? 네 믿음이 너를 낫게 했다니요. 예수에 대한 믿음이 병을 낫게 했다면, 지금도 예수만 믿으면 병 걸려 아픈 사람 하나도 없겠네요? 그런데 왜 기독교인들은 우리와 똑같이 병 걸려 죽나요?

☼ : 아, 그 말은 그런 뜻이 아니고, 예수로 인해서 자기가 병이 나을 거라는 병자의 믿음이 병을 고쳐주려는 예수의 생각과 '같은 질이 되어 같은 목적이 일어나 병이 고쳐졌다.'는 뜻이다.

🚹 : 그런 뜻이었어요? 그럼 겨자씨만 한 믿음만 있어도 산을 움직일 수 있다고 한 건 뭐예요?

☼ : 그건 믿음이 중요함을 강조한 것이지.

🚹 : 실제로 그런 게 아니고요?

☼ : 예수의 말들은 대부분 비유와 상징이니, 이것은 유태인들의 대화법이 예로부터 비유와 상징이 많기 때문이다.

🚹 : 네에.

☼ : **'뜻이 있는 곳에 길이 있다고', 우선 믿는 마음이 있어야 같은 목적이 일어나 효과가 나타나기 때문이다. 그래서 상대에게 믿음이 없으면 예수도 기적을 일으킬 수 없었으니. 마르꼬 6장 5~6절, 마태오 13장 18절에 보면, "예수를 배척하는 고향 친척들에게서는 기적이 일어나지 않아, 그들에게 믿음이 없는 것을 보고 예수가 이상하게 여기셨다."라고 했으며, 마태오 9장 2절, 마르꼬 2장 5절, 누가 5장 20절에도, "예수께서 그들의 믿음을 보시고 중풍병자에게 '안심하여라. 네가 죄를 용서받았다.'"라고 하며 예수도 병자에게 믿음이 우선 있어야 기적을 행할 수 있음을 밝혔고,** 사도행전 14장 9절 10절에도, "바울이 그에게 몸이 성해질 만한 믿음이 있는 것을 알고는 큰 소리로 "일어나 똑바로 서 보시오." 하고 말하니 그가 일어나서 걸었다."라고 되어 있다. 이것은 예수를 돕던 성령들이 같은 원칙으로 바울을 도와 병자가 일어날 수 있었던 것이다.

🚹 : 아! 그러니까 인간에게 악령이 작용하는 것이나, 예수가 마귀를 쫓거나 병자를 고치는 것도 正, 分, 合 원칙에 의한 것이군요?

☼ : 성경에 보면, 하느님께서 인간에게 뜻을 전달하실 때에는 반드시 천사를 거치셨음을 알 수 있다.

사도행전 7장 53절에 보면, 순교한 '스테파노'가 "당신들은 천사들에게서 하느님의 율법을 받고도 그 규례를 지키지 않았습니다."라고 했고, 사도행전 7장 30절, 35절, 38절에도, 스데파노는 "한 천사가 가시나무 덤불 불꽃 속에 나타났습니다."라고 했으며, 갈라디아 3장 19절에도, "이 율법은 천사들을 통하여."라고 되어 있고, 민수기 20장 16절에는, "그래서 야훼께 부르짖자 야훼께서 우리의 호소를 들으시고 천사를 보내사 우리를 이집트에서 건져 내셨습니다."라고 하여, **구약에서의 기적과 예언은 모두 하느님이 직접 나타난 것이 아니고, 중간에 천사가 전달한 것임을 분명히 밝혔다.**

🚶 : 구약성경엔 하느님이 모세에게 십계명을 주신 것으로 되어 있던데요?

☼ : 하느님께서는 무한(0)한 우주 자체로서 제로(0)인 전체성(0) 존재라고 했지?

🚶 : 네, 그러셨지요.

☼ : **그래서 하느님은 개체구조로 나타나 인간과 1:1로 대화할 수 없다. 왜냐하면, 무한(0)한 전체성(0) 우주 자체로서 우주에 충만하시므로, 개체성으로 어느 한 곳에 '뿅!' 하고 나타나실 수가 없기 때문이다.**

🚶 : 아, 그래서 하느님께서는 영계핵까지 진화하여 뜻과 뜻의 대화가 가능한 천사의 숫자가 필요한 만큼 되기까지 기다리셨다고 했군요?

☼ : 이슬람교의 경전 코란에도 "인간은 하느님을 볼 수 없고, 그 음성도 들을 수 없어서 지금까지 하느님과 인간은 대화를 한 일이 없다."라고 했으며, "오직 천사의 중재가 있어야만 한다."라고 했다. 마호멧이 이것을 알게 된 것은 천상에로의 여행(미라지) 때였다고 한다.

🚶 : 이슬람교를 창시한 마호멧이 천상으로의 여행 때에 겪었다면 이슬람교의 창시자 마호멧에게도 하느님의 섭리가 있었다는 겁니까?

☼ : 이슬람교의 출현에 관해서도 이야기해 줄 때가 있으니 기다려라.

🚶 : 예.

☼ : 성경 요한 1장 18절, 요한1서 4장 12절에도 "일찍이 하느님을 본 사람은 없다."라고 했으며, 요한 5장 37절, 6장 46절에서 예수도, "너희는 아버지의 음성을 들은 적도 없고, 모습을 본 일도 없다."라고 했다. 그래서 하느님의 인류 앎 성장섭리는 심부름하는 천사들이 없으면 절대로 이루어질 수 없었다.

† 육십삼 일째 날: 숫자로 나타난 악령 구원 및 인류의 단계적 앎 성장

☼ : 나왔냐?

🚹 : 네, 나왔습니다.

☼ : 오늘은 數에 대한 이야기를 마저 하자.

🚹 : 좋도록 하세요.

☼ : 구약성경을 보면 4數가 계속 나온다. 실제 역사로는 사울왕 10년, 다윗왕 27년, 솔로몬 왕이 40년 재위했는데 구약성경엔 각각 40년씩 통치했다고 기록돼 있다.

🚹 : 왜 그렇게 엉터리예요?

☼ : **구약과정 2,000년, 신약과정 2,000년, 인간성장기간 20년을 설명할 때 4×5=20 이어서 구약과정이나 신약과정이나 한 마디가 4數인데, 꼭값는 식 개체성 진리는 불완전해 실제로는 10, 27, 40이지만 뜻으로는 40년씩이기 때문이다.**

🚹 : 그래요?

☼ : 二分法, 正, 分, 合에 의해, ① 상징적인 상형문자 시대(뜻=원인=正), ② 믿음인 설형문자 시대(약속=과정=分), ③ 과학인 조립식문자 시대(앎=결과=合)까지의 설명에서 드러났듯, 구약과정은 상징적(상징적 희생=동물 번제)으로 이어진 진리시대이기에, 구약과정도 실제로는 1,600여 년이지만, 그 의미(상징)는 2,000년이어서 구약성경에는 2,000년으로 되어 있다.

🚹 : 그래도 돼요?

☼ : 완성된 글자는 한글이나 알파벳같이 과학적이지만, 상형문자나 설형문자는 미완성으로서 상징과 표징이기에 구약과정도 상징적으로 지나간 것이니까.

🚹 : 구약시대는 正, 分, 合 원칙에 의해 과정도 상징적으로 지나갔다는 거네요?

☼ : 그래서 진리선포도 신약은 씨앗인 예수가 직접 했지만, 구약은 씨앗인 야곱이 아니고 400여 년 후 모세가 선포했다.

🚹 : 그럼 신약 과정은 2,000년인가요?

☼ : 물론이다. 구약시대는 세 왕의 통치 기간도 77년이었지만, 신약시대에는 세 왕의 통치 기간도 약 120년이었다.

🚹 : 신약과정은 그 정도 정확해요?

☼ : 서기 1년에 시작된 신약과정은 서기 2000년에 끝났고, 二分法 正分合 시대는 서기 2001년부터 4년간 준비 기간 지나 2005년 시작되었다.

🚶 : 우와! 그 정도로 정확해요?

☼ : **이제 數로 나타난 하느님의 인류구원 과정을 살펴보자. 이제까지 설명한 것과 같이 우주의 모든 것은 완전한 원칙인 數로 나타나기에, 꼭 갚아 제로(0)를 체험하는 구약 진리를 선포한 모세는 개체數인 40세에 이집트를 탈출해 40년간 광야생활을 했으며, 사라져 가는 개체성 진리인 유대교를 대신해(大打) 개체성 진리인 이슬람교를 창시한 마호멧도 40세에 출발했다. 그러나 불교사상은 개체성(실체=10)인 꼭 갚는 식 인과응보와, 전체성(0=뜻)인 자비와 용서 두 진리를 포괄하고 있기에 석가모니는 35세에 득도 했으며, 신약 진리는 이해양보의 전체성(0=뜻) 진리이기에, 그 씨앗인 예수는 3數 30세에 출발하여 3년간 활동했고, 신약시대의 약속인 영생(부활)도 예수는 3일째 부활로 입증했다.**

🚶 : 그래요? 그러면 석가모니나 마호멧의 출현도 正, 分, 合 원칙에 의한 것이었나요?

☼ : 그렇다. 그들의 등장도 모두 하느님의 인류 앎 성장을 중심으로 한 것이기 때문이다.

🚶 : 그렇군요.

☼ : 다시 말해, 인간영의 진화 목표는 하느님(神=영계핵)과 뜻이 하나(合一) 된 체험이며, 예수의 부활은 그것을 실체적으로 입증한 것이기에 예수가 부활 후 40일간 활동한 것은, 인간의 노력(9)과 하느님의 섭리(0)로 인간은 실체적인 육체(4)로 부활할 수 있음을 입증한(9+0×4=40) 것이다.

🚶 : 예수가 부활하고 40일간 활동한 것도 그런 의미가 있어요?

☼ : **또 성경에 보면 모세, 엘리야, 예수 등이 40일씩 단식기도를 했다. 이것은 개체목적(4=실체적 數)을 버리고(희생=단식) 인간의 노력(9)과 하느님의 섭리(0)로 뜻을 이루기 위한 것이다.**

🚶 : 어떻게 40일씩이나 단식해요? 사람이 그 정도 굶으면 죽지 않나요?

☼ : 근래에도 물만 먹고 40일씩 기도하는 사람들이 있는데 죽지 않더라.

다시 본론을 시작하자. **백일(百日) 기도의 의미는 대단히 중요하다. 왜냐하면, 최선(9)을 다하는 인간의 어떤 목적이, 하느님이 섭리(0)하시는 우주에서 같은 질의 모든(0=전체) 영들에게 전달되기 때문이다. ((9+1=10)+0=100) 물론 이 경우, 기도가 이루어지려면 같은 질이라도 기도를 들어줄 뜻과 여건이 다른 영에게 우선 있어야 한다.**

🚶 : 성경에 나오는 모든 숫자가 그렇게 의미 있는 거예요?

☼ : 하느님의 인류 앎 성장 과정도 正, 分, 合 원칙을 벗어날 수 없기 때문이다. 저승에서는 너희들이 보이지만 너희들은 저승이 보이지 않아 느끼지 못할 뿐, 이승과 저승은 正, 分, 合 원칙에 의해 완전히 연결되어 있다.

🚶 : 신기한 게 한둘이 아니네요?

☼ : 하느님의 인류 구원과정을 보면.

① 하나의 아담부터 야곱까지는 씨족으로 접붙이는 과정이었고,

② 하나의 야곱부터 예수까지는 민족으로 접붙이는 과정이었고,

③ 하나의 예수부터 正, 分, 合 원칙 시대까지는 교단으로 접붙이는 과정이었고,

④ 正, 分, 合시대는 二分法 正分合으로 개개인이 하느님과 1:1로 직접 접붙이는 과정이다.

🚹 : 오! 씨족, 민족, 교단을 거쳐, 드디어 正分合 원칙으로 하느님과 개개인이 직접 1:1로 접붙이는 시대군요.

☼ : 인류 앎 성장 과정이 왜 7,000년이 걸리는지 알아보자.

인간의 노력(9)과 하느님의 섭리(1)로, 모든 선인(0)과 모든 악인(0)을 구원하시겠다는 하느님의 뜻(3)이 실체적으로(4) 이루어지기 때문이다((9+1)−0−0×(3+4)=7,000). 이 7數 중 실체 수 4數(3+1)에서 마지막 1數는 뜻이 실체적으로 이루어지는 자연계 수(數)이기에, 자연계에서 이루어지는 인류의 앎 성장 과정은 6,000년이 지나면서 하느님의 뜻이 실체적으로 이루어지기 시작해 1,000년이 걸린다.

🚹 : 참, 빈틈없네요!

☼ : 다시 正, 分, 合 원칙시대 1,000년의 의미를 살펴보면, 1,000년 중 실체數 400년(4)은 자연계 인간을 의미하고(인간의 노력수 9+하느님의 섭리수 1+자연계 4+전체 0=인간들을 의미하기에 400년.), 뜻 數 300년(3)은 저승에 있는 성령을 의미하기에(인간의 노력수 9+하느님의 섭리수 1+성령數 3+전체 0=성령들을 의미하기에 300년.) 2705년이 되면 인간과 성령들은 正, 分, 合 원칙을 모두 알고 체험하게 된다. 그리고 나머지 300년의 3수(數)는 지옥에 있는 악령을 의미해, 2705년이 되어 正, 分, 合 원칙이 이승과 저승에 고루 퍼져 인간(4)과 성령(3)의 구원이 끝나면, 이때부터는 지옥에 있는 악령(3)을 300년간 구원하게 된다(인간의 노력수 9+하느님의 섭리수 1+악령數 3+전체 0=악령들을 의미하기에 300년.).

🚹 : 그런 절차가 있어요?

☼ : 그렇다.

① 아담 이전에 태어나 천사(성령)가 된 인간영들이 아담으로 시작되는 인류 앎 성장 과정에 하느님과 뜻(목적)을 하나(合一)로 협조하여 하느님과 '인과관계(情=개체구조 앎의 성장)'를 맺듯이,

② 지옥의 악령들도 성령과 똑같이 육체를 갖고 사는 인간들의 협조로(간접 빙의) 하느님(神)과 뜻(목적)이 하나 됨(合一)을 체험하며 하느님과 '우선순위인 인과관계(情=개체구

조 앎의 성장)'를 맺어야 한다.

그리고 이 과정은 반드시 2705년부터 시작해야 한다. 그 이전에 하면 악령의 악한 염력(念力)과 성령의 선한 염력(念力)이 균형이 맞지 않기 때문이다. 인간에게 악령의 악한 상념(想念)이 흐를 때 성령이 선한 방향으로 동시에 상념(想念)을 넣어 균형을 이뤄야 하기 때문이다.

그래서 반드시 700년이 지난 2705년 6월 20일 이후부터 인간들 스스로 100일 기도(염력=念力)를 통해 악령구원에 협조하겠음을 성령과 악령에게 동시에 알리면 그 기도는 같은 질의 모든 영들에게 느껴져 덜 악한 악령들부터 같은 질의 성령 인도를 받으며 지상으로 오게 된다. 그렇게 지상으로 온 악령들은 자기와 같은 질의 개성을 가진 인간에게 간접 빙의로 하나 되어, 正, 分, 合 원칙을 철저히 이해하여 하느님(神)과 뜻(목적)이 하나(合一) 된 체험을 하게 되는 것이다(로마서 12장 1절, 고린도후서 6장 6절, 갈라디아 5장 24절).

이렇듯, 악령 구원은 반드시 성령의 도움을 받아야 함이 성경에 기록되어 있으니 요한계시록 20장 7~9절에 보면, ③ "천 년이 끝나면 사탄은 자기가 갇혔던 감옥에서 풀려나와서 온 땅에 널려 있는 나라들, 곧 곡과 마곡을 찾아가 현혹시키고 그들을 불러 모아 전쟁을 일으킬 것입니다. ④ 그들은 온 세상에 나타나서 성도들의 진지와 하느님께서 사랑하시는 도성을 둘러쌌습니다. ⑤ 그때에 하늘로부터 불(성령)이 내려와서 그들을 삼켜버렸습니다." 유다서 1장 6절, "악령들을 큰 날의 심판까지 가두셨으며.".

🚶 : 성경에서도 끝날엔 악령이 사라진다고 했네요!

☼ : 正, 分, 合 원칙은 하나이기에 똑같은 과정을 거쳐 악령도 모두 구원된다.

🚶 : 그렇게 악령까지 모두 구원된다니 얼마나 좋아요. 그럼 악령들 모두를 구원하게 되는 건가요?

☼ : 물론 악령을 구원하는 과정도 처음에는 덜 악한 악령부터 시작해 점차 심한 악령들로 좁혀가게 돼, 그 결과 악령들의 상념(想念)이 뭉쳐 생긴 지옥의 장막도 차츰 엷어지게 되고, 그렇게 되면 악령들은 점차 거처할 곳이 마땅치 않게 되고, 이렇게 되면 도대체 말이 안 통하던 악령들도 어쩔 수 없이 성령의 설득에 응하는 자세를 갖게 되고, 이러한 자세 변화는 곧 하느님에 대한 부정적 관념이 긍정적 관념으로 바뀌는 것을 의미하고, 그것은 곧 하느님과의 합일(合一) 개념이 되어 결국 인간과 성령의 뜻에 협조하게 되는 것이다.

🚶 : 결국 지독한 악령들도 모두 구원된다는 거네요. 그거 참!

☼ : 正, 分, 合에 의한 과정이 걸릴 뿐, 완전(0)하신 하느님께서 하시는 일이기에 완전(0)히 구원된다.

그리고 악령이 구원될 때 한 인간에게서 꼭 1:1로 구원되는 것은 아니다. 어느 인간과 협조하다가 악령 수준이 달라지면, 자유의지로 '같은 질'의 다른 인간에게 옮겨가기도 하고, 또 한 인간에게서 한 악령만 구원되는 것이 아니다. 성령 협조도 마찬가지이지만, 주어진 여건에 따라 한 인간에게 동시에 수많은 악령이 구원되기도 한다.

🚹 : 한 인간에게 악령 하나씩만 구원되는 게 아니군요?

☼ : 뜻(念力)의 세계이기에, 염력(念力)의 비중이 문제일 뿐, 개개의 숫자는 관계없다.

🚹 : 그거 참, 악령들이 그렇게 모두 구원된다니?

☼ : **이렇게 단 한 명의 악령도 남기지 않고 완전(0)히 구원해야만, 하느님의 우주 창조 7일(7,000년)은 완전(0)히 끝난다.**

🚹 : 허, 참!

☼ : **이렇게 끝나는 구원과정 7,000년 중 마지막 1,000년은 7數의 실체數(결과數) 1(하나)이기에, 뜻으로 존재하시는 원인적 존재인 하느님은 활동하지 않으시고, 결과적 존재인 인간, 성령, 악령이 완전(0)한 앎인 二分法 正分合이 있어 실체적으로 끝을 낸다. 창세기에 하느님이 6일간 창조하시고, 7일째 쉬신 것은 이것을 의미한다.**

그리고, ① 하느님(神)과 뜻(목적)이 하나(合一) 되는 인과관계 정립과정 2,000년, 구약진리 성장 과정 2,000년, 신약진리 성장 과정 2,000년은 인간성장 20년에 인간의 노력數 9와 하느님의 섭리數 0에(20+9+0=200),

① 인과관계 정립 과정의 인간 전체를 뜻하는 제로(0), (200+0=2,000)

② 구약과정에는 이스라엘 민족 전체를 뜻하는 제로(0), (200+0=2,000)

③ 신약과정에는 신약성도 전체를 뜻하는 제로(0)가 하나씩 붙는다. (200+0=2,000)

복종시대	구약시대	신약시대
[20×(9+1)=200] → 0 = 2000	[20×(9+1)=200] → 0 = 2000	[20×(9+1)=200] → 0 = 2000

하지만, 전체 구원과정 7,000년은 인간의 노력(9)과 하느님의 섭리(1)로, 모든 선인(0)과 모든 악인(0)을 구원하시겠다는 하느님의 뜻(3)이 실체적으로(4) 이루어지기에(9+1)−0−0×(3+4)=7,000) 제로(0)가 두 개 붙고, 正分合 원칙시대 1,000년은 인간, 성령, 악령(4+3+3=10)이 우주의 선령(0)과 악령(0)을 모두 구원하기에 도표와 같이 제로(0)가 두 개씩 붙는다.

전체 구원 역사기간	최후 진리 시대
[(9+1=10 → 0 → 0]×(3+4) = 7000	(3+4+3=10) → 0 → 0 = 1000

이처럼 인류 앎 성장 과정도 2:3으로 상대적(分)이다.

🚶 : 오, 그렇군요?

☼ : **이 역시 핵은 원인과 결과 두 가지이고, 구성체는 세 가지로 나타나기에, 하느님의 인류 구원도, ① 전체 구원과정 7,000년은 원인이고, ② 원칙 시대 1,000년은 결과이며, ③ 아담부터 아브라함까지 하느님과 인간의 인과관계 정립 2,000년과, ④ 야곱부터 예수까지 구약진리 성장 과정 2,000년과, ⑤ 예수부터 신약진리 성장 과정 2,000년 세 가지는 과정이기 때문이다. 원인과 결과는 상대적이지만 하나이기에 원인이 무한(0)하듯이 결과도 무한(0)하다. 하지만 과정은 개체성이기에 무한(0)한 원인과 무한(0)한 결과사이에 꽉! 끼어 있다. 왜냐하면 有限(개체성=1, 2, 3, 4, 5, 6, 7, 8, 9)은 無限(전체성=0=10) 사이에(內) '꽉!' 끼어 포함된 것이기에.**

🚶 : 네, 그러네요.

☼ : 이에 있어서,

① 원인인 육체의 번식본능 1은 호르몬 제조 하나이지만, ② 결과인 번식체 자립본능은 여건에 따라 무한(0)히 가변적(0)이고,

① 원인인 영핵의 본능 1은 '느낌의 제로(0)'를 이루는 목적 하나(0)이지만, ② 결과인 영핵의 본능 2인 '제로(0)를 느끼려는 목적'은 여건에 따라 무한(0)히 가변적(0)이듯,

① 원인인 하느님의 '창조목적'은 하나(0)이지만, ② 결과인 인간들의 '창조체험'은 개개인의 개성과 여건에 따라 무한(0)히 가변적(0)이다.

🚶 : 그렇군요. 正, 分, 合 원칙은 참으로 완전(0)하고 놀랍습니다.

† 육십사 일째 날: 불교사상을 정리한 석가모니

☼ : 나왔냐? 오늘은 불교 사상에 대해서 알아보자.

🚹 : 그러세요. 계속 대화가 기독교 쪽이라서 좀 거시기하니까요.

☼ : 불교사상은 깨달음을 이루면 누구나 부처라 했으니, 석가모니 이전에도 부처는 얼마든지 있었고, 석가모니 이후에도 누구나 깨달으면 부처다. 따라서 누구나 진리를 깨달으려 노력하면 그는 부처의 길을 가고 있는 것이고.

🚹 : 그러면 부처는 '깨달은 사람'을 통칭하는 말이에요?

☼ : 기독교의 '그리스도'도 마찬가지이다.

🚹 : 기독교에서는 '하느님의 독생자 예수 그리스도'라고 하던데요?

☼ : 지금의 기독교에서는 '그리스도'를 그렇게 사용하고 있지만 원래 뜻은 그게 아니다. 그리스도의 語源인 '메시아'라는 말은 원래 히브리어의 '하마시아'에서 유래한다. 하마시아는 '神이 기름 부은 자'라는 뜻이고, 신이 기름 부은 자란 '구세주'라는 뜻이다. 그 하마시아가 그리스에 가서 '메시아스'가 되었고, 이것을 그리스어로 번역하면 '그리스도스'가 된다. '예수 그리스도'는 여기서 유래한 것이다. 구약시대에 메시아란 칭호는 사울, 다윗, 기레키아, 페르시아의 시라 등 왕들이나 승려들에게도 주었다.

그러므로 예수가 출현할 당시 유대인들이 기다리던 메시아 그리스도란, 로마제국으로부터 유대민족을 해방시키고 유대왕국을 건설할 사람으로 알았으니, 이 기다림은 예수가 출현한 지 2,000년이 지난 지금도 예수를 부정하는 유대인들에겐 '시온이즘'으로 남아 있다. 그 후 이러한 '메시아'의 의미는 예언자나 신에 의해 특별임무를 부여받은 명칭으로도 사용되었고, 기독교에 와서는 예수를 신격화하면서 또 다른 의미로 쓰이고 있다.

🚹 : 그러면 그리스도라는 의미를 기독교에서 변질시켜 사용하고 있군요.

☼ : 본래의 불교사상도 석가모니만이 부처가 아니고, 누구나 깨달으면 부처이기에 동양사회에서 무당, 박수, 만신, 태주 등이 부처 그림이나 상(像)을 놓고 있는 것은, 석가모니를 상징한 것이 아니고, 점(占) 보는 데 협조하는 죽은 영(靈)의 '깨달음 목적'이다.

🚹 : 그렇군요. 그러면 각 사찰에 있는 불상들은 뭐예요?

☼ : 사찰마다 있는 불상은 불상을 안치한 사람 마음인데, 대개 사찰들은 스스로의 깨달음 목적이 아닌 나름의 부처나 보살이라고 명칭이 있더구나. 이것은 불교사상이 원래의 '깨달음 위주'에서 '잘 먹고 잘살기 위한 기복(祈福) 사상'으로 변질되었기 때문이다.

🚶 : 그러니까 불교사상도 원래의 '깨달음 사상'에서 '기복 사상'으로 취지가 변질되었네요.

☼ : 불교만 그러냐? 기독교는 안 그러냐? 기독교 사상도 원래는 이해 양보의 사랑 체험인데 기복 사상으로 흐르고 있더구나.

🚶 : 그런데 왜 다들 그렇게 변질된데요?

☼ : 그게 다 너희 인간들의 수준이 낮아서 생긴 폐단이다.

🚶 : 인간들의 낮은 수준 탓이에요?

☼ : **물질적으로 잘 먹고 잘산다는 기복사상이 떡밥으로 섞여 있지 않으면 수준 낮은 너희들은 깨달음에 관심이 없고, 잘 먹고 잘사는 데 도움이 된다고 해야 관심을 가지니 어떻게 하냐? 그러니까 결국은 수준 따라 최선으로 수준 낮은 너희들이 그렇게 만드는 것이다. 어린아이에게 '에비 있다'가 우물가로 못 가게 하는 게 최선이듯이, 너도 가슴에 손을 얹고 반성해 봐라, 조금이라도 그런 바람이 없나를.**

🚶 : 에구구, 듣고 보니 좀 쑥스럽네요.

☼ : **이렇듯 불교사상은 개개인 스스로의 깨달음 위주이기에 특정 신(神)과의 뜻(목적) 합일(合一)이 아니다. 이러한 불교사상이 2,500여 년 전 석가모니 이전에는 960여 개의 종파가 비슷비슷한 주장으로 난맥을 이루고 있었다. 이때에 석가모니가 나타나 깊고 넓게 하나로 정리하여 단일 불교사상이 되었다.**

🚶 : 아, 그러니까 불교사상은 석가모니가 느닷없이 나타나 발표한 게 아니었군요?

☼ : 인류역사 앎의 성장 과정이 그렇듯, 불교사상도 석가모니가 느닷없이 나타나 발표한 게 아니고, 여기저기서 발전한 사상을 석가모니가 한 단계 상위 개념으로 정리한 것이다.

🚶 : 유일신 사상도 이스라엘민족을 거쳐 기독교로 발전했듯이요.

☼ : 이제 본격적으로 석가모니가 설파한 아함부 12년, 방등부 8년, 반야부 21년, 법화부 8년=총 49년 내용을 살펴보자.

① 초등학교 수준인 '아함부의 구사학'엔 삼세실유 제법항존(三世實有 諸法恒存)이라 하여 우주의 모든 것은 '사실 그대로 있는 것'이라 했다.

② 그러나 중학교 수준인 '방등부의 성실론과 삼론'에서는 우주는 '모두 빈 것(空=0=제법개공=諸法皆空)'이라고 했으니, 이렇게 초등학교 수준에선 모든 것은 "사실 그대로 있는 것이다."라고 긍정했던 것을 중학교 수준에서는 "사실 모든 것은 없는 빈(空) 것이다."라며 부정했다.

그런데 이 과정은 앎을 깨우쳐 주는 二分法으로, 수준 낮은 초등학생들에게 처음부터 '우주는 빈 것'이라고 하면 알아듣지 못하기에, 처음에는 "우주는 사실 그대로 있는 것이다."라고 했다가, 앎이 어느 수준에 이르자 正, 分, 合 원칙인 상대성(分=二分法)을 가르친 것이다.

③ 그러고는 다시 고등학교 수준인 '반야부의 유식학'을 보면, "우주 만물이 사실은 있는 것도 아니고 없는 것도 아니다."라고 하여, 부정도 긍정도 아닌 공(空)과 유(有)가 하나라고 하는 색즉시공 공즉시색(色卽是空 空卽是色)의 중도사상(中道思想=二分法)이 된다.

🧍 : 그 유명한 '색즉시공 공즉시색'이라는 말이 그거예요?

☼ : 들어본 적이 있구나.

🧍 : 그럼요.

☼ : 그랬다가 , ④ 대학 수준인 '법화경' 화엄경의 '10지론', '기신론', '화엄론' 등에 가면, 다시 '우주는 있는 그대로가 법=진리=사실'이라고 했다. 우주의 모든 것은 있는 그대로가 법으로서 변치 않고 있다는 것이다(시법주법위 세간상상주 = 是法住法位 世間湘常住).

🧍 : 처음 초등학교 수준에서 "우주의 모든 것은 사실 있는 그대로다."라고 했다가, 대학 수준에 와서 다시 "우주는 있는 그대로가 법이다."라고 했다면 결국 같은 이야기 아닌가요?

☼ : 석가모니가 대학 수준에 가서 다시 "우주가 곧 진리이다."라고 한 것은, 초등학교 때의 "우주의 모든 것이 사실 그대로 있는 것이다."라는 것과 다르니,

1. 초등학교 수준에서 말한 긍정은 부정(分=과정)을 거치지 않은 긍정(正=원인)이며,
2. 대학에 올라와서 모든 것이 사실 그대로라고 하는 긍정은 부정(分=과정)을 거쳐 깨우친(성장) 긍정(앎=合=결과)이기에 초등학교 수준과는 차원이 다른 긍정이다.

🧍 : 결국 한 바퀴 돌았네요,

☼ : 또 모든 인간은 똑같이 무지(無知)로 태어나 깨달음의 과정에 차이가 있을 뿐임을 화엄경에서 밝혔으니, 모든 인간은 성불할 수 있는 똑같은 재료(금으로 비유)인데, 다만 닦고(깨달음), 안 닦고(無知)의 차이 뿐이라고 했다.

🧍 : 네에.

☼ : 그리고 깨달으려 할 때는 반드시 주의해야 할 4가지가 있다고 했으니,

첫째, 진리를 들을 때 말이나 글자에 얽매이지 말고 그 뜻에 의지하라.

둘째, 기존 사회 상식에 얽매이지 말고 지혜(깨달음=영의 느낌=直觀)에 의지하라.

셋째, 말하는 사람의 인격에 대한 선입관을 갖지 말고 그 사람의 말에만 의지하라.

넷째, 불경 중 화엄경 80권인 요의경만이 문제이고 모든 다른 불경은 화엄경의 수준까지 이끌기 위한 것이니, 요의경에 이르면 그때까지 알고 있던 모든 것을 버리고 요의경에만 의지하라.

🚶 : 맞는 말인데 쉽진 않지요.

☼ : 어느 정도 기초가 있으면 '의미가 이어져' 알아듣기 쉽다.

🚶 : 그래요?

☼ : 그래서 새 시대의 첨단인 지금 여기저기서 正, 分, 合 원칙과 비슷비슷한 이야기들이 나와 사람들의 앎을 키우고 있는 것이다.

🚶 : 그래서 요즈음 저승의 영혼들이 인류에게 뜻을 전하는 영적 서적들이 여기저기서 쏟아져 나오고, 또 사람들도 그런 쪽으로 관심을 갖는군요.

☼ : 그렇다. 그 모두가 때가 되어 나타나는 당연한 현상이다.

🚶 : 그러나 그런 서적들이 봇물 터지듯 나오는 것이 혼란으로 이어져 반드시 도움이 되는 것은 아닌 거 같던데요.

☼ : 물론, 저승 영들의 수준이 천차만별이기에 그렇기도 하지만, 크게 보면 그런 책들의 등장으로 새로운 앎에 대해 사람들의 마음이 열리게 분위기가 바뀌는 게 중요하다. 기독교의 성령활동이 여러 가지 문제를 일으키지만 그래도 하느님의 섭리가 있다는 걸 느끼게 하는 게 중요하듯이.

🚶 : 그렇군요.

☼ : 누구나 새로운 진리를 받아들이려면 우선 마음부터 열려 있어야 하기 때문이다. 그 증거로, 새로운 진리를 이해하는 게 얼마나 어려운지 알아보자. 석가모니를 따라다니던 제자가 있었다. 그런데 당시에는 육체가 쇠약해져야 그에 비례하여 정신력이 강해진다고 생각했으니, 이것은 지금도 그 지역에서 상식으로 통한다.

🚶 : 육체가 쇠약해져야 정신력이 강해진다고요? 건강한 육체에 건강한 정신이 깃드는 거 아닌가요?

☼ : 목적 없이 육체가 쇠약해지면 그렇지만, 정신력을 키우기 위해 육체를 쇠약하게 하는 것은 목적이 정신집중이기에 효과가 있다. 그래서 성경에도 엘리야나 모세나 예수나 '하느님(神)과 뜻(목적)을 하나(合一)로 하기 위해 정신력을 키우는 40일씩의 단식'이 있었던 것이다.

🚶 : 맹목적으로 육체가 쇠약해지는 게 아니라, 전체성(0)에 집중한 육체 쇠약은 영의 진화에 도움이 된다는 거네요?

☼ : 그래서 석가모니도 진리를 깨닫기 위해 6년간 악의악식(惡衣惡食)과 단식을 했다. 개체욕망의 부정을 실천하는 과정이지.

🚶 : 갈비뼈가 드러나도록 6년간 고행을 했다는 거요.

☼ : 그런 고행 끝에 드디어 깨달은 석가모니는 '있으면 있는 대로 없으면 없는 대로'의 생활을 했지. 그런 석가모니를 이해 못 한 제자 하나가 어느 날, "선생님 깨달음의 길을 가기 위

해서는 악의악식을 해야 하는데 어째서 선생님은 호의호식하십니까?" 하고 따졌다. 그러자 석가모니는 "내가 호의호식하는 것이 나와 무슨 관계가 있느냐?"라고 대답했다.

🧍 : 제자 말이 맞는 거 아니에요?

☼ : 석가모니의 대답은 내가 먹고 입는 것은 욕심이 있어 집착함이 아니고, 누가 갖다 주니까 그냥 생겨서 입고, 그냥 생겨서 먹는 건데, 그게 나와 무슨 상관있느냐? 는 것이다. 호의호식에 미련과 집착이 있어서 입고 먹는 게 아니라는 것이다.

🧍 : 그런 뜻인가요?

☼ : 결국 석가모니가 6년 고행으로 깨달은 것은 나의 모든 것이 외부(밖)에 있는 게 아니라, 내부인 내 마음(一切唯心造)에 있다는 것이었지.

🧍 : 아, 비슷한 이야기가 생각나네요.

☼ : 뭔데?

🧍 : 원효가 의상과 같이 중국으로 가다가 온종일 걸었더니 피곤해서 그런지 밤중에 자다가 목이 말라 여기저기 더듬다가, 웬 그릇에 물이 가득 담겨 있기에 벌컥벌컥 맛있게 마셨는데 그렇게 시원할 수가 없었다잖아요. 잘 자고 아침에 일어나 어젯밤에 무슨 물을 먹었기에 그렇게 시원했나? 하고 둘러보니, 옆에 빈 해골이 뒹굴고 있더래요. 그걸 보고 원효는 깜짝 놀라 더러운 생각이 들어 먹은 걸 모두 토했다지요.

☼ : 그래서?

🧍 : 어제 모르고 먹을 때는 그렇게 시원했던 물이, 해골에 있던 물이란 걸 알고는 구토가 생겨 전부 토한 이유를 생각하다가, 그 원인이 스스로의 마음에 있음을 알고는 一切唯心造(모든 것은 내 마음에 있다.)라고 했다는군요.

☼ : 그래서?

🧍 : 그래서 중국으로 가던 원효는 중국에 가서 배우는 게 문제가 아니라 모든 게 내 마음임을 깨우쳐, 중국에 가는 것을 걷어치우고 조국에서 유명한 승려가 되었고, 의상은 그대로 중국으로 갔다고 하지요.

☼ : 일본에 있는 원효와 의상에 대한 행적의 기록에는 원효와 의상이 밤중에 어느 굴속에 들어가 잠을 자고 일어나 보니 그 굴은 무덤에 파여 있던 여우굴이었단다. 다시 하루를 더 묵게 되어 그 굴에서 자게 되었는데, 무덤 속의 굴이라는 것을 알고 난 원효가 밤새 귀신 꿈에 잠을 설쳤고, 그 후 원효가 깨닫기를 '같은 무덤 속의 굴인데 모르고 잘 때는 그렇게 좋았는데 무덤 속이란 걸 알고 난 후는 밤새 귀신 꿈에 잠을 설친 것'에 대해 생각하다가, 그 이유가 자기의 마음가짐에 있다는 것을 알게 되어 '一切唯心造'를 깨달았

다고 한다. 어쨌든 같은 뜻이니 왈가왈부할 건 없다. 그 결과 원효는 중국에 가지 않았지만, 깨달음의 수준이 대단해 요즈음은 서양에서 원효의 진리를 연구하는 모임까지 생기고 있다.

🚹 : 원효의 깨달음 수준이 높긴 높았나 보지요?

☼ : 그렇게 간단한 것에서도 큰 깨우침을 얻을 정도로 영성이 풍부했으니 그 이후의 깨달음이야 어땠겠냐?

🚹 : 아까 석가모니에게 질문했다는 그 제자는 뭐라고 했대요?

☼ : 아무 말 없이 그냥 보따리 싸더니 갔단다. 석가모니의 그 답변을 알아듣지 못한 것이지.

🚹 : 그랬군요.

☼ : 이렇게 깨달음의 길은 백지 한 장 차이지만 쉽지 않다.

† 육십오 일째 날: 우주 형태를 파악한 신비한 불교 사상

☼ : 어제에 이은 불교 이야기이다.

🚹 : 네.

☼ : 불교 사상을 총체적으로 보면, 우주엔 '대아(大我=宇宙靈=하느님)'인 심본(心本)이 있고, 그 대아(大我)에서 소아(小我)인 생명체로 갈린 것이 갖가지 생물이라는 것이다.

🚹 : 불교 사상은 하느님께서 개체구조로 분화한 것이 갖가지 생명체라는 거네요

☼ : 이렇게 모든 생명체는 대아(大我)가 분화된 소아(小我)이기에, 모든 생명체는 소아(小我)인 나와 같다고 했으며, 또 소아(小我)인 나의 뜻(목적)에 따라 일어나는 움직임의 결과를 '업(業)'이라 했으니, 대아(大我)가 분화된 것이 소아(小我)이고, 소아(小我)가 분화된 것이 업(業=목적)이라는 것이다.

🚹 : 불교에서 말하는 업(業)이 그거예요?

☼ : 그래서 내가 다른 생물을 해치면 인과관계(因果關係)가 생겨 그에 따른 인과응보(因果應報)를 받는다고 했다. (상응부경전 12장 20절 연기론=緣起論)

🚹 : 불교의 인과응보가 그거군요.

☼ : 생명체는 죽으면 다시 대아(大我)로 돌아가는데 업(業=미련=목적=집착)이 있으면 업(業=因果關係) 때문에 다시 소아(小我)로 태어나고, 다시 태어날 때는 업(業)에 의한 인과응보로 환

생(還生)한다는 윤회설(輪回說)이다.

🧍 : 어떤 사람이 아끼던 동물이 죽으니까 마음 아파하며 “다음 생에는 인간으로 태어나라.” 라고 하던데요.

☼ : 인간이 태어나고, 늙고, 병들고, 죽는 것은(苦=생로병사), 대아(大我)를 떠나 소아(小我)로 흘어졌기 때문이니, 모든 업(業=목적=집착)을 털어버리고(四제=고, 집, 멸, 도) 대아(大我=하느님)로 되돌아가자 하여 이승(육체)의 느낌을 차단하려는 참선(명상)과 염불(念佛)을 개발했다.

🧍 : 참선(명상)과 염불이 그런 거예요?

☼ : 그렇게 해서 개체의 모든 목적(미련=渴愛=불교 원어로는 목마름)을 털어버릴 수 있게 된 상태를 ‘멸(滅)’이라 하며, 이렇게 멸을 찾는 것을 ‘멸도(滅道)’라 하고, 멸은 개체의 지나친 모든 욕망을 잊은 고요하고 편안한 것이라 하여 ‘적멸(寂滅)’이라고도 한다.

🧍 : 적멸요? 처음 듣네요?

☼ : 적멸을 ‘열반(涅槃)’이라고도 해, 열반은 적멸에 든 것이기에 ‘입적(入寂)’이라고도 하지.

🧍 : 적멸이 입적이군요.

☼ : 불교 원어에서 열반은 ‘불이 꺼진 상태’ 개인의 지나친 욕망이 가라앉은 상태를 말하는 것인데, 이것은 스토아학파 철학자들이 인간의 이상적 경지라고 했던 ‘아파테이아’와 같다.

🧍 : 스토아학파의 주장도 불교사상과 같네요,

☼ : 모든 길은 전체성(0) 제로(0)로 통하기 때문이다.

🧍 : 네에.

☼ : 죽음을 열반으로 보기 시작한 것은 후기 불교 사상이고, 불교에서 속세를 ‘사바세계’라고 하는데. ‘사바’란 산스크리트어로 ‘참고 견딘다’라는 뜻이다.

🧍 : 예에.

☼ : 이렇게 생활 속에서 열반에 들기 위해서는 팔정도를 이루어야 한다고 했으니 팔정도란,

(잡아함경 15장 7절 전 법륜, 상응부경전 56장 여래소설, 38장 1절 열반)

① 정견 = 항상 바른 견해

② 정사 = 항상 바른 판단

③ 정어 = 항상 바른말

④ 정업 = 항상 바른 행위

⑤ 정명 = 항상 바른 생활

⑥ 정정진 = 항상 바른 노력

⑦ 정념 = 항상 바른 생각

⑧ 정정 = 항상 바른 명상을 벗어나지 말라는 것이다.

이 팔정도는 중도론(中道論)이니, 모든 것에서 지나치지 않게 중간(中間) 정도로 바른 생활(제로=0)을 유지하라는 것이다. 이것은 플라우투스의 "만사에 중용이 으뜸이다. 모든 지나침은 인류에게 고통을 가져온다."와도 같은 뜻이다.

🚹 : 플라우투스도 같은 이야기를 했군요.

☼ : 모든 것은 전체성인 제로(0)로 통하기에 그 불교가 발전한 원불교(圓佛敎)의 상징이 전체성인 둥근 원(圓=0=제로)이다.

🚹 : 우리나라에서 발생한 원불교(圓佛敎)를 말씀하시는 거예요?

☼ : 불교는 석가모니가 죽은 후 100여 년이 지나자 산속에서 수행에 집중하는 사람들(소승불교=테라바다)과 도시로 내려와 수행하는 사람들(대승불교=마하삼키가)로 갈렸으니, 소승불교는 동아시아 남쪽의 베트남, 라오스, 미얀마, 태국 등에 퍼져 있으며, 그들의 주장은 누구든 부처까지 되기에는 너무나 보잘것 없어 흘러다니는 수레에 불과해, 전도 방법도 속된 인연을 끊고 석가의 가르침에 따르며, 또한 스스로 깨닫는 것에 일념하며, 살생은 물론 결혼과 육식도 금한다.

🚹 : 태국, 베트남, 라오스는 불교가 우리나라와 다르더군요.

☼ : 당연하지 너희 나라는 대승불교이니까.

대승불교는 동아시아 북쪽의 중국, 한국, 일본 등에 퍼져 있으며, 그들은 열반을 그저 마음이 편안한 유여(有餘)열반과, 마음이 편안한 상태를 지나 고요하기까지 한 무여(無餘)열반으로 나누며, 또 나의 본래는 고요와 안정까지도 초월한 우주의 근본 대아(大我)라는 본래자성(本來自性)열반과, 대아(大我)는 전체성(0)으로서 우주에 충만하기에 '있는 곳과 없는 곳이 없다.'라는 무주처(無住處) 열반으로 나눈다.

🚹 : 대승불교의 주장이 우주를 거의 모두 알았네요.

☼ : 불교에서 이렇게 깨닫기까지 얼마나 많은 사람들이 '맨땅에 헤딩하며' 코피 터졌겠냐! 너희들은 그들의 코피 터져 깨달은 덕(德)을 톡톡히 보고 있음을 잊지 말아야 한다.

🚹 : 어렵게 찾아온 그들의 노력이 느껴져요,

☼ : 대승불교는 전도 방법도 위로는 진리를 구하고 아래로는 중생에 파묻혀 가르치고 믿고 실천하며 세상을 밝혀야 한다는 것이다.

🚹 : 불교에 대해 들어보니 대단하네요.

☼ : 다신(多神)사상인 불교가 비록 목적(원인正=결과合)이 아닌 생명력(과정=分) 위주이기에 우선 순위는 밀리지만, 과정이 없이 목적이 이루어질 수 없기에 그 비중은 유일신(唯一神) 사상과 같다.

🚹 : 새삼 불교에 대하여 경탄을 금치 못하겠습니다.

☼ : 이렇게 불교는 목적이 아닌 과정 위주이기에. 우주의 상태와 대아(大我)라는 영계핵(하느님)의 존재는 파악했으나, 우주의 존재 이유'가 영계핵(大我)의 '스스로를 느끼기 위한 목적'에 있다는 것을 몰랐기에,상응부경전 6장 2절, 잡아함경 44장 11절 존중편에 보면, 석가모니는 다 깨닫고 난 후 목적이 없어 허탈함을 느끼고는 "참으로 존경할 데가 없이 사는 것은 괴롭다. 나는 어떤 사문이나 또는 브라만을 존경하고 의지하면서 살아야 되는 것일까?"라며 한탄 했다.

🚹 : 인간은 하느님과 인과관계(관계정립=개체구조 앎=情)를 맺어 부모 자식으로 살아야 하는데 그러질 못해 의지할 데 없는 고아 신세였군요.

☼ : 그랬는데…. 그런 석가모니(붓다)로 알려진 신과 나눈 이야기의 神이 육체의 느낌을 차단해 하느님과 하나 되려는 명상(참선)에 대해 너희들에게 깜짝 놀랄 증언을 했다.

신나이 3권 258p부터,

신나이 신: 이것(神과 合一)을 체험하자고 굳이 명상하면서 앉아 있어야 하는 건 아니다. 명상은 그냥 장치, 네가 말했듯이 '도구'일 뿐이다. 하지만 이것을 체험하자고 반드시 앉아서 하는 명상을 해야 하는 건 아니다. 너희는 앉아서 하는 명상이 존재하는 유일한 명상이 아니란 사실도 알아둬야 한다. 멈춰서 하는 명상도 있고, 걸으면서 하는 명상도 있으며, 섹스하면서 하는 명상도 있다. 참된 각성 상태에서 멈출 때, 그냥 너희가 가던 길에서 멈출 때, 가던 곳으로 가길 멈추고, 하던 일을 하길 멈출 때, 잠깐만 멈출 때, 그냥 너희가 있는 바로 RIGHT 그 자리에 그냥 '있을 때', 너희는 있는 바로 그 자리에서 제대로 RIGHT 된다.

아주 잠깐 멈추는 걸로도 축복받을 수 있다. 천천히 주위를 둘러봐라. 못 보고 지나치던 것들을 알아차릴 것이니, 비 내린 직후의 짙은 흙냄새와 사랑하는 사람의 왼쪽 귀를 덮은 곱슬머리를 뛰노는 아이들을 보는 건 또 얼마나 기분 좋은 일인가. 이런 게 참된 각성 상태다. **이것을 체험하려고 굳이 너희 몸을 떠날 필요 없다.** 이런 상태에서 걸을 때, 너희는 온갖 꽃들 속에서 숨 쉬고, 온갖 새들과 함께 날며, 발밑의 온갖 버석거림을 느낀다. 너희는 아름다움과 지혜를 찾아낸다. 아름다움을 이룬 곳 어디서나 지혜를 찾을 수 있고, 아름다움은 어디서나 이뤄지기 때문이다. 삶의 온갖 것들이 다 아름다움의 소재다. 그것이 너희를 찾아오리니 너희는 그것을 찾아 헤맬 필요가 없다. 이런 게 참된 각성 상태다. 그리고 이것을 **체험하려고 굳이 너희 몸을 떠날 필요는 없다.**

이런 상태에서 뭔가를 '할' 때, 너희는 자신이 하는 모든 일을 명상으로 따라서 그것을 너희가 자기 영혼에게 주고, 너희 영혼이 전부에게 주는 선물. 즉, 공물로 바꾼다. 설거지하는 너희는 손을 타고 흐르는 물의 온기를 즐기면서 물과 온기, 양쪽의 경이로움에 감탄한다. 컴퓨터 앞에서 일하는 너희는 손가락의 명령에 따라 눈앞의 화면에 나타나는 글자들을 보면서 너희 분부를 따르는 심신의 작용에 흐뭇해 한다. 저녁을 준비하는 너희는 이 양식을 너희에게 가져다준 우주의 사랑을 느끼면서 너희 존재의 사랑 전부를 이 요리 속에 집어넣는 것으로 그 선물에 보답한다. 사랑은 스프까지도 진수성찬으로 바꿀 수 있으니 그 요리가 호사스럽든 소박하든 그것은 중요하지 않다. 이런 게 참된 각성 상태다. 이것을 **체험하려고 굳이 너희 몸을 떠날 필요는 없다.**

이런 상태에서 성적 에너지를 교환할 때, 너희는 '자신'에 대한 가장 고귀한 진실을 알게 되니, 연인의 가슴은 너희의 집이 되고 연인의 몸은 너희의 몸이 된다. 너희 영혼은 자신이 더 이상 무엇과도 분리되었다고 상상하지 않는다. 이런 게 참된 각성 상태다. **이것을 체험하려고 굳이 너희 몸을 떠날 필요는 없다.**

준비되어 있을 때 너희는 깨어 있다. 한 번의 웃음, 가벼운 웃음만으로도 너희를 거기로 데려갈 수 있다. 그냥 한순간 모든 것을 멈추고 웃어봐라. 아무것도 아닌 일에 그냥 기분이 좋아서, 그냥 너희 가슴이 신비를 알아서, 너희 영혼이 그 신비가 뭔지 알아서, 그 사실에 웃어라. 많이 웃어라. 그 웃음이 너희를 괴롭히는 모든 것을 치유해 주리니, 이런 게 참된 각성 상태다. 네가 나더러 도구를 달라고 하니, 내가 그것들을 주겠노라. 숨쉬기, 이건 또 다른 도구다. 길고 깊게 숨 쉬고 느리고 부드럽게 숨 쉬어라. 에너지로 그득하고 사랑으로 그득한 삶, 그 삶의 부드럽고 달콤한 무(無)를 숨 쉬어라. 너희가 쉬는 숨은 신의 사랑이니, 깊이 쉬어라.

그것을 느낄 수 있도록 아주 아주 깊이 숨 쉬어라. 그 사랑이 너희를 울게 하리니, 기쁨에 겨워 울게 하리니, 이제 너희는 너희 신을 만났고, 너희 신이 너희를 너희 영혼에게 소개했으니, 일단 이런 상태를 체험하고 나면 삶은 절대 예전 같지 않다. 사람들이 '산꼭대기에 올랐거나' 장엄한 황홀경에 빠졌던 경험을 말하는 것은 그들의 존재 상태가 영원히 변했기 때문이다.

닐: 감사합니다. 이해합니다. 그건 간단한 행위군요. 간단하면서도 지극히 순수한 행위요.

신나이 신: 그렇다. 하지만 알아둬라. 몇 년을 명상해도 이걸 체험하지 못하는 사람들도 있다. 그것은 그가 얼마나 열려 있고, 얼마나 기꺼이 하는가에 달렸다. 그리고 어떤 기대든 기대에서 얼마나 떨어질 수 있는가에도.

🚹 : 아! 이 구절들이 바로 명상에 대해 신나이 신이 닐에게 한 말이에요?

☼ : **그래. '참 나'를 찾아 하느님과 하나(合一) 되는 진정한 명상은, '너희들이 명상이나 염불로 몸을 떠날 필요 없이(자리 깔고 앉아 염불이나 참선이나 명상으로 육체 느낌을 차단할 필요 없이)' 의식(意識)이 내면(內面)인 전체성(0) 제로(0=객관적)에 머물러 '삶을 있는 그대로' 느끼며 이웃들과의 부딪침에서 眞(0), 善(0), 美(0)를 체험하며 마음을 비우는(0) 삶이 바로 명상이라는 것이다.**

🚹 : 네에.

☼ : **하느님께서 창조목적인 당신(神)과의 합일(合一)은 누구나 어디서나 할 수 있게 가장 가까운 너희 내면(內面=0)에 두셨고, 그것은 너희가 神(존재 전체)의 3위1체 체질인 二分法 正, 分, 合 원칙을 철저히 이해하여 전지(全知)가 되는 데 있다는 거다. 명심해라. 남녀가 만나 아들딸 낳고 알콩달콩 재미있게 사는 게 하느님과 하나(合一) 되는 유일(唯一)한 길이다.** 다음은 힌두교다.

🚹 : 불교 사상은 끝났어요?

☼ : 그 정도면 알 만큼은 안 거다.

🚹 : 아쉽네요.

☼ : 석가모니 불교 이전의 다신사상(多神思想)인 힌두교는 인도 북서 중앙아시아에서 유목생활을 하던 아리아인들이 기원전 1,500년~1,300년부터 약 500여 년간 인더스강 지역에서 간지스강 지역으로 퍼지며 벼농사를 하는 정착민으로 바뀌는 과정에 원주민을 정복하며, 원주민과 자신들을 구분 짓기 위해 리그베다 신화를 이용해 신분제도를 만들었으니, 그것이 바로 승려인 '브라만', 전쟁과 통치를 담당하는 '크샤트리아', 농업과 목축을 담당하며 세금을 내는 '바이샤', 노예로 봉사하던 '수드라'라는 4계급의 카스트와 이 카스트에도 속하지 못하는 '불가촉 천민(不可觸 賤民)' 제도이다.

🚹 : 그렇군요.

☼ : 힌두교 역시 중앙아시아에서 출발했기에 세계 모든 종교사상과 마찬가지로 그 목적은 신(神)과의 합일(合一)이며, 힌두교의 '요가'는 '신(神)과의 합일(合一)'이라는 의미로, 불타 또는 그리스도를 말한다.

🚹 : 요가의 뜻이 '신(神)과의 합일(合一)'이에요? 그냥 건강을 위한 운동인 줄 알았는데.

☼ : 내일부터는 유일신 사상이다.

🚹 : 궁금한 게 있어요.

☼ : 뭔데?

🧍 : 티벳 불교요.

☼ : 티벳 불교?

🧍 : 티벳 불교는 신비한 게 많던데요?

☼ : 티벳 불교는 티벳 지방에 내려오던 샤머니즘에 불교 사상이 접목되어 발전한 것이다.

🧍 : 제가 궁금한 것은 티벳 불교엔 여러 가지 기적이 많다고 하던데, 그게 궁금해서요.

☼ : 더러 부풀려진 것도 있지만 진짜다. 기독교가 티벳 불교 지방에는 못 들어갔다.

🧍 : 예? 왜요?

☼ : 하느님의 아들로서 5병 2어 등 예수의 기적 능력을 이야기하면 전 세계에서 먹혔는데, 티벳 지방에서는 그런 이야기를 하니까. 우리도 그런 기적은 얼마든지 있다며 대수롭지 않게 여겼거든. 그래서 티벳 불교가 있는 지방은 기독교가 전교(傳敎)를 시작했다가 포기했다.

🧍 : 그래요? 그러면 티벳 불교는 다른 종교와 달리 특수한 게 아닌가요?

☼ : 아니다. 지금 너희 나라에서는 그런 일이 없는 줄 아냐?

🧍 : 예? 우리나라에도 그런 일이 있어요?

☼ : 기독교 사상이 들어온 뒤 미신이라며 쉬쉬해서 그럴 뿐, 요즘도 그런 일들이 일어나고 있다. 근래에 사명대사의 후손이라며 철저한 기독교 신자로 태어났으나 결국은 유명한 무당이 된 여인이 겪은 여러 가지 이야기가 책으로 출간된 적이 있다.

🧍 : 그런데요?

☼ : 그 책에 그 여인에게 일어났던 일들은 티벳 불교에서 일어나는 일들과는 비교도 안 된다.

🧍 : 그럼? 그 무당에게 일어난 일들이 모두 사실이에요?

☼ : 그럼! 그 여인이 거짓말을 했겠냐?

🧍 : 아니…, 그런 일이 실제로?

☼ : 누구나 남의 콩은 커 보이고 네 콩은 작아 보인단다.

🧍 : 그런가요?

☼ : 그래서 예수도 고향에서는 인정받지 못했잖냐!

🧍 : 네, 사람 심리가 좀 그렇지요.

☼ : 너희 민족은 영성이 대단히 발달하여 여러 가지 영적 현상이 많다. 한때는 그것들을 '전설의 고향'이라고 제목을 붙여 소설과 텔레비젼으로 방영하기도 했고.

🧍 : 그런 적이 있지요.

☼ : 지금도 그와 비슷한 영적 현상들이 너희 나라 곳곳에서 일어나지만. 그런 현상을 바라보는 너희 사회의 시선이 너무 부정적이어서, 모두가 쉬쉬하기에 드러나지 않을 뿐이다.

🚹 : 한 가지 더요?

☼ : 뭔데?

🚹 : 우리나라도 티벳 지방같이 옛부터 그런 영적 현상이 많았다면 우리나라도 기독교가 티벳 지방처럼 뿌리 내리기 어려웠을 텐데? 어째서 우리나라는 기독교가 뿌리를 내렸어요?

☼ : 그건 이유가 있다. 너희 나라는 세계에서 유일하게 기독교가 자생적으로 뿌리내렸다.

🚹 : 어? 그렇다면 티벳 지방과는 정반대네요?

☼ : 티벳 지방과 달리 너희 나라는 옛부터 중앙아시아의 천손(天孫) 사상이 3위1체론인 천부경으로 면면히 이어져 왔으며, 그 결과 너희들은 도덕적으로도 대단히 발전되어 왔다.

🚹 : 우리나라가 실제로 그래요?

☼ : 옛부터 너희 나라를 '동방 예의지국'이라고 한 것은 공짜가 아니다.

🚹 : 그럼 그런 게 다 진짜예요?

☼ : 그렇게 천손 사상과 천부경에 밝은 지식인들이 중국에 사신으로 자주 가다 서양의 천주교를 알게 되었고, 그 내용이 너희 민족에게 수천 년간 면면히 전해오는 천부경의 3위1체론과 천손 사상 등이 너무 똑같아 둘이 하나임을 느꼈고, 특히 만민평등 사상이 공감돼 너희 스스로 받아들인 것이다.

🚹 : 우리나라에 면면히 전해오던 천손 사상이나 3위1체론의 천부경과 천주교가 그렇게 똑같았어요?

☼ : 생각해 봐라. 神의 3위1체론이 똑같지, 천손 사상이 똑같지, 게다가 만민평등론이 있지, 이만하면 그들이 놀라지 않았겠냐? 그래서 너희 천손 사상과 천주교를 하나로 본 것이다.

🚹 : 그렇군요.

*참 고

우라나라에 천주교가 처음 소개된 것은 1592년 북경에 주청사로 갔던 이수광이 "마태오 리치" 신부가 준 '천주실의'라는 책을 갖고 귀국한 것이 시초였다.

그후, 청나라에 볼모로 간 소현세자를 따라갔던 사람들이 귀국할 때 천주교 서적들을 선물로 받아왔다.

이후 우리나라의 성리학자들이 '천주실의'와 '칠극' 등 서적을 통해 천주교 교리에 대해 연구하기 시작해 大學者 성호와 이익이 文人인 안정복, 신후담, 이헌경등과 천주교 서적을 찾아 읽고 서로 토론도 했다. 이처럼 학문적으로 접근하던 천주교를 이벽은 종교로서 접근하여 1779년부터는 본격적으로 포교하기 시작했으니, 이벽은 부친이 목매어 죽으려 하는 등 집안의 지독한 반대에 부딪쳤으나 끝까지 고집해, 결국 부친이 이벽을 집안에 가두자 단식 14일만에 31살의 나이로 첫 순교를 하였다.

최초로 세례받은 이승훈도 이벽이 북경으로 보냈다.
이벽이 천주교를 접하게 된 것은 6대조 이경산 때문이었다.
이경상은 병자호란 때 소현세자를 따라 북경에 갔는데 귀국할 때 선교사 '아담 샬'에게 받은 천주교 서적이 집안에 전해져 왔다.
이벽은 이런 서적들을 통해 스스로 천주교를 접했다.
성호, 이익의 학문을 계승한 젊은 학자들이 1779년 천진암 주어사에서 大學者인 권철신을 모시고 강학회를 열었다. 모인 사람들은 권일신, 이벽, 정약전, 정약용, 이승훈, 김원성, 권상학, 이총억으로 이들은 천주교가 유교와 배치되지 않는다고 결론을 내렸다. 그러자 5년이 흐른 1784년에는 따르는 사람들이 1000여명으로 불어났다.
훗날 천주교가 사교로 몰리면서 이 강학회에 참석했던 사람들은 모두들 비참하게 순교한다.
1783년 11월, 이승훈은 이벽의 주선으로 동지사로 가는 아버지를 수행하여 북경으로 가 이듬해 1784년 예수회 '그라몽' 신부로부터 한국인 최초로 베드로 라는 세례명을 받고 본격적으로 천주교 전파에 나선다. 사제에게 세례를 받아야 했지만 당시 사제가 없어 이승훈이 이벽에게 세례를 주며 '요한'이라는 세례명을 주었다.
이후, 당대 천재라 일컷던 이기한과 권철신, 권일신, 최창현, 최인길, 김범우 등 중인 자식들과 양반가 부녀자들을 중심으로 퍼져나갔다.
이렇게 1779년 천진암에서 출발한 초기 천주교 신앙은 서울 수표동 이벽의 집을 거쳐 명동의 김범우 집으로 이어졌다.
그러자 점차 주위의 눈에 띄게 되어 드디어 천주교에 대한 박해가 시작되었으니 1801년의 신유박해를 시작으로 지식인 중심에서 서민사회로 퍼져나가며 100여년간 약 10000여명이 순교하였으며, 1794년에 한국에 들어온 청나라 주진모 신부도 1801년 순교하였다.
개신교는 1866년 영국 상선 "제너럴 셔먼"호를 타고 입국했다가 관군에게 죽으며 관군 박춘권에게 성경책을 전해 준 영국의 '로버트 토머스' 선교사로부터 시작된다.
일본 천주교는 1549년 포르투갈 선교사 '프란치스코 하비에르'가 전교를 시작한 후, 임진왜란을 일으킨 '토요토미 히데요시'가 집권하자 혹독한 탄압이 시작되어 1873년까지 320여년간 4~5만명이 순교하였다.

☼ : 말해주는 김에 하나 더, 아이티에 있는 '부두교'라고 들어봤냐?
🚹 : 처음 듣는데요?
☼ : 이 '부두교'는 서아프리카가 뿌리이며, 아이티에 노예로 끌려간 흑인들이 미국 뉴올리언스로 옮겨가며 자리를 잡았다. 부두교는 神과 인간의 관계는 정령(빙의 靈)들이 이어준다고 하는 귀신들림(빙의)인 샤머니즘의 극치이다.
🚹 : 아, 부두교의 귀신들림 현상이 샤머니즘의 극치예요?
☼ : 내일은 유일신(唯一神) 사상에 관한 이야기다.

† 육십육 일째 날: 2,500여 년 전 조로아스터교의 출현 의미

🧍 : 와 있어요.

☼ : 오늘은 유일신(唯一神) 사상이다. 아담으로 시작된 유일신 사상은 야곱으로 시작된 이스라엘민족이 왕국까지 세우며 발전하다가, 기원전 800년경 페르시아 지방의 강대국에 망하여 지도층이 포로로 끌려간 후, 300여 년이 지난 기원전 500여 년경 페르시아 지방에는 또 다른 유일신 사상이 일어났으니, 조로아스터교이다.

🧍 : 이스라엘 민족 말고, 다른 유일신 사상이 일어났어요?

☼ : 이스라엘 민족이 페르시아 지방에 포로로 끌려가 수백 년간 생활하며 그 지역의 여러 사상이 이스라엘 민족에게 섞이기도 했으나, 동시에 이스라엘의 유일신(唯一神) 사상이 이민족(異民族)에게 스며들게 되었으니 당시 페르시아 지방에서 일어난 조로아스터교이다.

🧍 : 조로아스터교가 유일신 사상입니까?

☼ : 이스라엘 민족으로 시작된 유일신 사상에 있어서 조로아스터교의 의미는 생각보다 크다.

🧍 : 조로아스터교가 유일신 사상이고, 그 의미가 생각보다 크다니요?

☼ : 인류역사 흐름에 있어서 조로아스터교의 의미에 비해 인류의 이해가 부족한 편이지.

🧍 : 저도 조로아스터교가 있다는 것은 알았지만, 의미가 무엇인지는 전혀 모르거든요.

☼ : 그런 조로아스터교의 의미를 알기 위해 오늘은 구체적으로 이야기해 주겠다.

🧍 : 궁금해지네요?

☼ : 예수가 태어나기 500여 년 전 페르시아 지방에 조로아스터교를 일으킨 스피타마는 평민 집안의 아들로 태어났다. 그러나 불행하게도 엄마는 낳은 지 3일 만에 죽었고. 이웃집 여자가 데려가 7년간 기른 후, 다시 아버지가 데려가 14세까지 7년간을 기르다 아버지도 죽었다. 그 후, 스피타마는 그 지역의 제사장 밑에서 종교 교리를 배우며 성장하게 되었고, 스피타마가 16세가 되었을 때, 제사장이 말하길 16년 전 "짜라투스트라가 이미 탄생했으며, 그것으로 자신이 예언한 것이 이루어졌다."라고 했다. 그러나 스피타마나 제사장은 당시 16세였던 스피타마가 짜라투스트라라는 것은 몰랐다. 그 제사장은 또 말하길, 짜라투스트라는 예언자로서 "세상을 악의 신(神) 앙그라마이뉴로부터 구원할 구세주(샤오샨츠)가 온다."라고 선포할 것이며, 구세주는 인간의 아이로 태어나 30세까지 조용히 때를 기다리다가 30세가 되는해, 자신(구세주)의 강림을 알리고, 세상의 선악(善惡)이 무엇인지를 알려줘, 최후의 심판을 할 것이라고 했다.

🧍 : 예? 아니, 구세주가 30세까지 조용히 있다가, 30세 되는 해에 자신의 강림을 알리고 선악을 분별하며 최후의 심판을 한다니요? 그거 그럼, 예수의 출현을 말하는 거 아니에요?

☼ : 그렇다. 이미 예수가 출현하기 500여 년 전에 예언자 짜라투스트라가 나타나 예수의 출현을 선포한다는 게 제사장의 예언이었다.

🧍 : 와! 그 제사장 대단하네요.

☼ : 그래. 그리고 또 선하게 살다 죽은 사람들은 구세주가 지상에 올 때 부활하여 지상에서 같이 살다가, 또다시 죽으면 그 영이 천국으로 간다고 했고.

🧍 : 그러니까 모두 제사장이 예언한 거지요?

☼ : 그렇다. 예언자 짜라투스트라가 나타나 그렇게 말할 거라는 제사장의 예언이다.

🧍 : 그러니까 제사장이 예수의 출현을 500여 년 전에 예언했네요.

☼ : 그렇지. 그러자 이 예언을 들은 스피타마는 예언자 짜라투스트라를 찾기 위해 여러 지방을 헤매기 시작했고, 그러다가 어느 때 악마로부터 두 번의 시험을 이긴 후, 환상 속에서 여러 신을 거느린 구세주를 보게 되었고. 그때 구세주의 머리 뒤편에 '+' 자 형태의 광선이 새겨진 것을 보았다. 그리고 그 순간 자신이 예언자 짜라투스트라라는 것을 알게 되었지.

🧍 : 예? 스피타마가 악마로부터 두 번의 시험을 이긴 후, 여러 신을 거느린 구세주의 환상을 보게 되었는데, 구세주의 머리 뒤편에 '+' 자 형태의 광선이 새겨진 것을 보았다면, 그로부터 500여 년 후에 예수가 구세주로 나타나 로마제국의 사형법에 따라 십자가에서 죽을 것을 말한 거네요.

☼ : 그래. 그로부터 500여 년 후에 로마제국에 십자가 처형법이 생길 것과. 예수가 그 십자가 처형에서 죽음으로 영광을 얻게 될 것까지 다 보여준 것이다.

🧍 : 그렇군요.

☼ : 한번은 스피타마가 가짜 예언자와 군중 틈에서 대결할 기회가 있었는데, 그때 별안간 스피타마의 머리 위로 황금빛 십자가가 보이자, 대결하던 가짜 짜라투스트라는 십자가를 치우라며 비명을 지르고 죽었다.

🧍 : 예? 그때에도 가짜 짜라투스트라가 있었으며, 그 가짜는 아직 예수가 태어나기도 전인데, 스피타마 머리 위의 황금 십자가를 보고 비명을 지르며 죽었다고요?

☼ : 그렇다. 아직 십자가에서 죽는 예수가 태어나기 500여 년 전인데, 이미 십자가는 그 의미를 나타내고 있었다. 이 당시 페르시아 지방엔 남녀평등 사상이 없었고, 또 다신(多神) 사상이 대세(大勢)여서 다신 사상에 밀려. 이제 간신히 싹이 돋아나는 유일신 사상은 축

제도 1년에 한 번뿐이었다. 그런 것을 스피타마가 나타나 보름달이 뜰 때마다 집회성 축제를 열어 유일신에 대한 사람들의 결속력을 높여 확대했고, 또 집회 때마다 항상 구세주가 온다는 것으로 마무리를 지어 예언자 역할에 최선을 다했다.

: 그러니까 그 당시 페르시아 지방의 유일신 사상은 간신히 돋아나는 새싹과 같았군요.

: 그렇다.

: 그것을 짜라투스트라가 나타나 유일신 사상의 종교로 체계를 세웠군요?

: 그렇지. 그리하여 세월이 지나며 조로아스터교는 거대한 종교로 성장한 것이다.

: 그렇군요.

: 예언자 짜라투스트라인 스피타마도 처음엔 구약 말기의 예수와 마찬가지로 자기 종족에게만 집회와 전도를 해야 하는 것으로 알고 있다가, 계시를 받고서야 다른 종족에게도 전도했으며, 빛나는 십자가를 구세주와 세상의 심판자라는 의미로서 석판에 새겨 문자화하기도 했다.

: 아무리 예언자라지만, 500여 년 전인데 어쩌면 그렇게까지 확실하게 예수의 출현과 십자가의 의미를 예언할 수 있었을까요?

: 이 모두가 하느님의 뜻에 따라 심부름하는 천사들이 있었기에 가능했지. 죽기 직전에 짜라투스트라는 이렇게 말했다. "구세주가 하늘로부터 내려올 것이다. 어린아이의 모습으로 땅에 오리라. 그는 지극히 높으신 이의 아들이다. 그는 세상에 자라면서 인간의 삶을 익히리라. 그는 인간들이 천상을 찾아갈 수 있도록 높으신 이로부터 빛을 가져오리라. 그는 목자가 양 떼에게 풀을 먹이듯 인간들에게 진리의 풀을 먹이리라. 그리고 난 후 마지막 날 심판의 날이 올 것이다. 구세주는 더 이상 사람이 아니라, 신의 권능을 지닌 존재가 되리라. 악한 짓을 행한 자들은 그를 보고 두려워 떨 것이다. 나는 구세주가 얼마나 거룩한 분인지 기록할 수가 없다. 그는 빛나는 영웅이다. 그는 사람의 몸을 입고, 사람들과 함께 생활할 것이다. 그의 몸에선 神의 광채가 비칠 것이다."라고 말하고는. 마지막으로 짜라투스트라는 하늘로부터 무슨 말을 듣는 것 같이 고개를 들고 두 팔을 높이 올려 뻗치며 외쳤다. "내 머리 위로 천상의 빛이 보인다. 경이로운 흰 새와 황금빛 십자가가 보인다. 이제 이 땅에서 내 삶은 끝났다. 하늘이 나를 부르고 있다."라며 생을 마감했다.

: 와! 그냥 모두가 500여 년 뒤 예수의 출현을 말하는 거네요.

: 그래. 예수가 출현하기 500여 년 전에 출현한 짜라투스트라의 예언을 보면 지금의 기독교를 그대로 말하고 있다.

† 육십칠 일째 날: 로마교구와 콘스탄티노플교구의 분열

🚹 : 나왔습니다.

☼ : 오늘은 기독교에 대해 알아본다.

🚹 : 네.

☼ : 예수 출현 이전엔 이스라엘 민족의 유대교가 있었고, 그 당시 유대교에서는 하느님이 약속하신 구원자(메시아)를 기다리고 있었다. 이때 예수가 나타나 이해와 양보의 새로운 진리를 선포했으나 유태인의 지지를 받지 못한 예수는 결국 로마제국의 처형법인 십자가형에 죽었다. 그러나 예수의 부활을 계기로 성령 협조를 통해 신약시대의 문을 연 사람들이 있었으니 이들이 바로 기독교의 출발이었다.

🚹 : 신약시대의 출발이 성령들의 협조로 가능했다는 건가요?

☼ : 그럼, 예수가 부활했다 해도 시대적 상황이 성령의 협조가 없었다면 신약시대의 출발은 전혀 불가능했다.

🚹 : 그래요?

☼ : 성령들이 초기 기독교 신자들에게 협조했기에 그들은 처참한 죽음에도 순교할 수 있었다.

🚹 : 그래요?

☼ : 그 후에도 기독교가 전 세계로 퍼지며 수없이 많은 순교자가 나타났으니 이 모두가 성령의 협조가 있었기 때문이다.

🚹 : 그래요?

☼ : 그렇게 출발한 기독교가 서기 398년에는 로마제국의 국교까지 되었으나, 서로마제국이 서기 476년 게르만족의 용병대장인 오도아케르에게 멸망하자, 기독교 로마교구에서는 "국가는 망하더라도 종교는 살아남아야 한다."라며, 당시 게르만족의 우상숭배를 받아들였으니, 지금의 천주교에서 예수나 마리아나 요셉 등의 형상을 만들어놓는 것은 그 당시 게르만족의 우상숭배를 받아들인 잔재이다.

🚹 : 천주교에서 예수나 마리아나 요셉 등의 형상을 만들어 성당에 세워두는 것이 그때의 잔재예요?

☼ : 개신교나 다른 기독교에는 그런 관습이 없지 않더냐!

🚹 : 역사란 느닷없이 돌출되는 게 없군요. 다 과정을 거치며 이런저런 일들이 복합적으로 뒤섞이네요.

☼ : 이것을 본 콘스탄티노플교구는 로마교구에게 십계명에 있는 '우상 금지령'의 준수를 요구했다.

구약의 십계명 [출 20:1~17/ 신 5:7~21]	천주교 십계명
1. 내 앞에서 다른 신을 모시지 못한다.	1. 하나의 신 천주를 흠숭하라.
2. 우상을 섬기지 못한다.	
3. 너의 하나님 야훼 이름을 함부로 부르지 말라.	2. 천주의 이름을 헛되이 부르지 말라.
4. 안식일을 기억하여 거룩하게 지켜라.	3. 주일을 거룩히 지내라.
5. 너희는 부모를 공경하라.	4. 부모에게 효도하라.
6. 살인하지 못한다.	5. 사람을 죽이지 말라.
7. 간음하지 못한다.	6. 간음하지 말라.
8. 도둑질하지 못한다.	7. 도둑질을 하지 말라.
9. 네 이웃에게 불리한 거짓증언을 못한다.	8. 거짓 증언을 하지 말라.
10. 네 이웃의 아내나 소유는 무엇이든지 탐내지 못한다.	9. 남의 아내를 탐내지 말라.
	10. 남의 재물을 탐내지 말라.

🧍 : 콘스탄티노플교구라니요?

☼ : 그 당시는 기독교가 몇 개의 교구로 나뉘어 자치적으로 운영되고 있었다.

🧍 : 그래서 어떻게 됐어요?

☼ : 로마교구는 콘스탄트노플교구의 요구를 들어주지 않았다. 그러자 초기 베드로를 중심으로 발달해온 기독교 세력이 분열되었으니. 결국, 로마교구는 로마 카톨릭으로, 콘스탄티노플교구는 그리스정교로 갈렸다.

🧍 : 뉴스나 신문에 러시아정교니 그리스정교니 하는 거요?

☼ : 그렇게 갈리며 로마교구가 순수성을 잃었다 해, 그리스정교는 "성부와 성자와 성신의 이름으로 아멘!" 하며 성호를 그을 때 지금도 좌우 순서를 천주교와 반대로 한다. 그러나 로마 카톨릭의 게르만족 융화정책은 대성공을 거두어 후에 하느님 사상이 전 세계로 전파되는 데 중심이 되었다.

🧍 : 예? 뜻밖이네요.

☼ : 결과적으로 로마 카톨릭에서 예수나 마리아나 요셉의 형상을 만들어 세운 게 무지(無知)한 인간들에게 하느님에 대한 인식을 깊게 하는 데는 오히려 도움이 되었다.

🚹 : 그렇게 말해도 되는 거예요?

☼ : 그 당시 너희들의 수준이 그렇게 낮았기에 결과적으로 그렇다는 것이다. 그래도 신약시대의 적통(嫡通)은 천주교로 이어지니 그것은 예수가 베드로에게 뒷일을 부탁했고 그것이 로마 카톨릭이기 때문이다.

🚹 : 그래요?

☼ : 正, 分, 合 원칙은 우선순위이고, 우선순위는 질서이기 때문이다.

🚹 : 그렇군요.

☼ : 콘스탄티노플교구와 같이 순수성을 지키는 것이 종교에 있어선 절대적이지만, 신약시대 진리는 미완성으로서 어차피 때가 되면 正, 分, 合 원칙으로 정비될 것이니까. 어린아이에게 "에비 있다."라고 하는 것이 최선이듯이. 그 당시 앎의 미완성시대에 따른 최선이기 때문이다. 초기 기독교는 7개 교구였으나 로마, 콘스탄티노플, 안티옥, 알렉산드리아, 예루살렘의 5개 교구로 줄었다가, 다시 안티옥, 알렉산드리아, 예루살렘교구는 7세기 사라센의 침입으로 없어졌다.

🚹 : 기독교에도 그런 복잡한 사연이 있었군요.

☼ : 개신교 중 영국 국교회인 성공회부터 알아볼까?

🚹 : 성공회가 기독교이고, 영국의 국교예요?

☼ : 영국은 전통을 중요하게 생각해서 그럴 뿐 상징적이다. 성공회는 서기 1534년 영국의 국왕 헨리 8세가 왕후 케더린과의 이혼 문제로 로마 교황 클레멘스 7세와 다투다가 로마 카톨릭과 결별 후, 교회 수장령을 발표해 수도원을 해산하고, 토지와 재산을 몰수하여 영국교회로 독립한 것이다.

🚹 : 영국의 헨리 8세라면 영화 '천일의 앤'에 나오는 왕 아니에요?

☼ : 그 헨리 8세다. 그 후 에드워드 6세 때는 칼벵 사상을 토대로 일반기도서를 만들어 독자적으로 사용했으나, 예배형식은 카톨릭을 따랐다.

🚹 : 국왕의 뜻대로 바꾸기도 했군요.

☼ : 메리 여왕 때에는 다시 카톨릭을 부활시켰고, 16세기 후반에 이르러 엘리자베스 1세 여왕이 즉위하면서 다시 통일령을 발표하며 개신교적인 영국 국교회를 확립시켰지. 통일령은 교회의식과 기도서를 전 국민으로 하여금 강제로 사용하게 하는 법령이었다.

🚹 : 기독교 역사도 알고 보니 뒤죽박죽 거시기하네요. 그래도 종교단체라고 하면 좀 남다를

줄 알았는데 알고 보니 참 거시기하네요.

☼ : 네 기분 이해한다. 그러나 이것을 알아야 한다.

🚶 : 뭔데요?

☼ : 지금까지의 종교발달사 이면을 살펴보면 절대 신성시되어야 하고, 또 신성시되어 온 종교가 사실 너무나 인간적인 면면으로 이어져 왔음을 알 수 있다. 종교의 절대성에 의미를 둔 사람이라면 종교라는 자체에 회의가 생길 정도로.

🚶 : 제가 지금 그 지경이에요. 이것저것 알고 나니까 황당해서 종교라는 말과 글자도 보기 싫어지네요.

☼ : 그러나 인간적인 면면으로 이어져 온 그 모든 과정이 正, 分, 合 원칙에 의해 당연한 것을 알 때, 그 과정을 보는 너의 관점은 기계적이 아닌 심정적으로 다가오며 달라진다.

🚶 : 그래요?

☼ : 앎의 수준이 미완성인시대는 이것이 최선이었기 때문이다. 생각해봐라. 이제까지의 종교사상은 正, 分, 合 원칙 앎이 없어 하느님의 존재를 확인시킬 방법이 없는데, 신성(神性)의 절대성마저 없었다면 어떻게 되었겠냐? 그래서 인간적인 면면으로 이어짐을 가려주는 神에 대한 절대성은 필요한 최선(0)이었다. 그러나 이제는 正, 分, 合 원칙으로 하느님께서 실존하심과 우주의 모든 것이 확연히 드러났기에, 동시에 절대성이 떨어지는 인간적인 면면까지 낱낱이 드러나는 것이며, 이것은 무지(無知)의 두꺼운 벽을 깨고 모든 것이 열린 새로운 앎(全知)의 시대로의 도약인 것이다.

1. '있는 그대로의 긍정(正)'에서, 2. 오랜 세월 부정을 거쳐(分), 3. 다시 '있는 그대로의 긍정(合)'으로 돌아온!

🚶 : 지금의 이 상태를 그렇게 이해해야 한다고요? 긍정에서 부정을 거쳐 다시 돌아온 긍정으로요?

☼ : 지금 네가 인간적인 면면으로 이어져 온 종교 역사를 보니 허탈해진다고 하는 것은 곧 부정(分)의 극(極)에 다다라 있는 것이다. 그러나 그 모든 흐름이 二分法 正, 分, 合으로 흐른 과정임을 이해하게 될 때 너는 다시 돌아온 긍정(合)이 되는 것이다.

🚶 : 그런가요?

☼ : 한 가지 더 알아야 할 게 있다. 말 나온 김에 마저 하자. 하느님께서 이끌어 오신 인류의 앎 성장 과정을 처음부터 기록했다는 성경도, 유대인의 히브리어에서 헬라어를 거쳐 라틴어로 이어져, 또 세계 각국 언어로 번역되며 퍼지고 있다. 같은 유대인의 구약성경을 쓰는 이슬람교와 기독교의 창세기에도 약간씩 다른 것이 있듯이, 여러 번 언어가 바뀌

며, 또 각국의 번역에 따라 내용이 원래의 구약내용과 변질된 부분도 있다.

그뿐만이 아니라. 예수가 십자가에 죽은 후 300여 년 동안 제자들이 지하활동을 하며 신약복음을 전도할 때도 마찬가지이고, A.D. 4세기에 로마국교가 되어 신약복음을 정리할 때도 마찬가지다. 지금은 기독교인들의 희망이며 소망인 요한계시록도 "신약성경에 포함시켜야 한다.", "아니다. 그만한 가치가 없다."라는 격렬한 논쟁 끝에 간신히 채택된 것이다. 그래서 지금 내가 너와 대화하며 인용하는 성경이 원래의 내용과 다르다고 의문을 제기할 필요가 없다. 왜냐하면, 성경은 하느님께서 인류의 앎 성장을 이끌어 오신 흔적이기에 천사들이 최선을 다한 결과이며, 그렇기에 앎 성장 과정이 결과에 가까워질수록 성경 내용도 하느님의 뜻에 가깝게 진화했기 때문이다. 기독교사상이 초기 기독교사상과 다르게 변질된 것도 신약과정이 성장할수록 기독교의 의미가 갈수록 하느님의 뜻에 가까워진 결과이다.

🚹 : 그럴 것도 같네요.

---

† 육십 팔일 째 날: 이슬람교와 개신교의 출현 의미

🚹 : 저 나왔어요.

☼ : 오늘은 개신교이다. 십자군전쟁의 연이은 패배로 교황의 권위가 땅에 떨어지고, 로마 카톨릭이 '면죄부'까지 만들어 팔자 루터와 칼뱅을 중심으로 종교개혁 운동이 일어나 갈라져 나간 것이 개신교이다.

🚹 : 예 저도 알고 있습니다.

☼ : 개신교는 영·혼·육의 영생을 긍정하는 장로교 쪽과, 영·혼·육의 영생을 부정하는 감리교 쪽이 있다.

🚹 : 영혼의 영생을 부정하는 사람들이 있어요? 그럼 예수를 왜 믿어요?

☼ : 영·혼·육을 긍정하는 장로교 쪽의 주장은 로마 카톨릭과 비슷해서 신약성서로도 영혼의 3분법(영·혼·육)에 대한 근거가 충분하며, 육체가 죽으면 혼(마음체)은 육체와 같이 소멸하지만, 영은 영원히 존재하고, 악한 인간은 악령이 되어 지옥으로 가고. 선한 인간은 영으로 낙원에 있다가 종말이 되어 예수가 재림하면 같이 부활하여 영생한다고 한다. 이렇게 악령(惡靈)은 지옥으로 가고, 선령(善靈)은 낙원으로 가기에 그들이 다시 지상으로

올 수 없다 하여, 자연계에서 일어나는 모든 영적 현상은 성령이 외에는 모두 마귀라고 규정한다.

: 그들의 주장이 큰 문제는 없어 보이네요.

: 그러나 '영, 혼, 육을 부정하는 감리교 쪽은' 로마 카톨릭은 예수가 죽은 지 300여 년이 지난 후 흩어진 복음을 약 70년에 걸쳐 모았고, 신약성서를 정리할 때, 그 사회를 이끌던 희랍철학과 신플라톤주의가 첨가되어 영·혼·육의 3분법 영생론이 생긴 것이며, 특히 구약엔 영혼의 불멸과 내세사상에 대한 근거가 없고, 신약성서의 내용으로도 영혼의 영생을 믿게 할 만한 근거가 없다는 것이다.

: 그러면 육체가 죽으면 아주 사라져 없어진다는 거예요?

: 이들의 주장은 "육체가 죽으면 인간은 완전히 사라진다."라는 것이다.

: 그런데 그들은 왜 하느님을 믿어요?

: 그러나 하느님의 뜻대로 살다 죽어 선택된 인간들은 최후의 심판 때 예수가 재림하면 같이 부활하여 그때부터 예수와 영생을 살게 된다고 한다.

: 예에? 예수가 부활하면 선택된 인간들은 예수와 같이 부활하여 영생을 산다고요?

: 그래.

: 다시 육체로 지구 상에 부활해 예수와 영원히 같이 산다는 거예요? 예수와 같이 살면 무슨 재미가 있을까요?

: 여호와의 증인 아냐?

: 심판 날엔 144,000명이 구원받고, 군대도 가면 안 되고 그러는데요?

: 거기도 감리교 쪽이다.

: 아, 감리교 쪽이군요?

: 그들은 죽어 썩어 없어진 인간의 몸을 부활시키는 것은 하느님의 소관이고, 이것이 하느님의 마지막 심판 약속이라고 한다.

: 좀 황당하네요.

: 그들도 正 ,分, 合 원칙인 '개성+앎+여건=현재 상태'에 따라 그렇게 생각할 수밖에 없는 이유가 있겠지.

: 그렇게 말씀하시면 할 말 없지요.

: 이렇게 부활이 있다는 사람들과 부활이 없다는 사람들은 구약 말에도 있었으니, 육체부활이 있다는 바리사이파와 육체 부활이 없다는 사두가이파였다.

: 구약 말기에도 그랬어요?

☼ : 이렇듯 감리교 쪽은 저승을 믿지 않기에, 세상에서 활동하는 무당, 박수 등 영적 현상들은 모두가 인간을 타락시키기 위한 마귀활동이라고 한다.

🚹 : 네에.

☼ : 그런데 성경에는 감리교 쪽의 주장을 뒤엎는 구절이 있다.

🚹 : 성경에 그런 내용이 있어요?

☼ : 신약성경 베드로전서 3장 18~19절에 보면, "저(예수)가 또한 영으로 옥에 있는 영들에게 전파하시니라." 하여, 인간의 영이 저승에 있음을 밝혔고, 구약성경 사무엘상 28장 7~20절에는, 죽은 선지자 사무엘의 영이 신접하는 사람(무당) 몸에 실려 물어보러 온 사울왕을 야단치는 내용이 나온다.

🚹 : 예? 성경에 그런 내용도 있어요?

☼ : 콥트교라고 아냐?

🚹 : 모르는데요?

☼ : 콥트교는 약 2,200만 명의 신도를 가지고 있는 기독교의 한 종파다.

🚹 : 그런 종교가 있어요?

☼ : 콥트교는 다른 기독교와 달리 기원 후 42년 예수가 죽은 후, 예수를 추종하던 제자 중 한 명(마르꼬?)이 창설한 독특한 기독교로 현재 이디오피아의 국교이다.

🚹 : 네에.

☼ : 이번엔 이슬람교를 알아본다. 이슬람교의 특징은 하느님(神)의 뜻(목적)과 하나 됨(合一)에 투철하다.

🚹 : 하느님(神)의 뜻(목적)과 하나 됨(合一)에 투철하다고요?

☼ : 하느님의 인류 앎 성장 과정을 알면, 서기 600년경에 이슬람교가 출현한 것은 二分法 正分合에 의해 당연한 것이다.

🚹 : 예? 왜요?

☼ : 예수가 출현한 후 이해, 양보, 사랑으로 제로(0)를 체험하는 전체성(0) 진리는 로마 국교까지 되어 무섭게 번성해 갔지만, 상대적(分)인 개체성으로 꼭 갚아 제로(0)를 체험하는 진리는 유대사회가 로마제국의 분산정책으로 흩어지며 급격히 쇠퇴하였기 때문이다.

🚹 : 그래서요?

☼ : 이것은 개체성인 꼭 갚아 제로(0)를 체험하는 진리가 먼저 있으면서, 이해 양보로 제로(0)를 체험하는 전체성(0) 진리가 병존(竝存)해야 하는 正, 分, 合 원칙을 벗어났으므로, 결국 하느님은 꼭 갚아 제로(0)를 체험하는 개체성 진리를 다시 일으키셨으니, 그것이 서기

600년경 마호멧이 일으킨 이슬람교이다.

🚹 : 이슬람교가 유대교와 같은 꼭 갚는 식이에요?

☼ : 이렇게 이슬람교의 의미는 구약과 같이 꼭 갚아 제로(0)를 체험하라는 개체성의 진리이기에 유대교와 마찬가지로 천사(가브리엘)가 마호멧에게 나타났으며, 교세 확장도 유대교와 마찬가지로 외적(外的)인 전쟁을 통해서였다. 지금에 와서는 추종하는 신도 數도 기독교와 비슷하게 균형을 이루고 있고.

🚹 : 유대교 대타(代打)로 나타난 게 이슬람교군요.

☼ : 이슬람 사상은 절대 유일신인 하느님 알라이며, '샤리아'라는 율법은 꼭 갚는 식인 '받은 만큼 돌려준다는 의미의 눈에는 눈'이라는 개체성의 '키사스(qisas)'이다. 그러나 선민(選民)사상이던 유대교와 달리 인간은 유일신 알라를 중심으로 민족, 인종, 국적, 계급 없이 똑같다고 한다.

🚹 : 유대교보다는 사상적으로 발전했네요.

☼ : 모세의 유대 사상보다 2,000여 년 뒤에 나타나 그만큼 성장한 인류의 앎에 의한 것이지.

🚹 : 그렇군요.

☼ : 이슬람 사상을 요약하면,

① 이슬람교의 성역인 메카의 카바신전은 '마킴이브라임'이라는 돌을 낙원에서 가져와 지금도 신전 옆에 있다고 하며, 그 후 아브라함이 메카신전을 재건할 때까지도 카바는 흰색이었으나 세월이 흐르며 인간들의 죄업이 쌓임에 따라 점차 검게 변했다고 한다. 그러나 최후의 심판 때 카바는 아담이 낙원에서 처음 갖고 왔을 때처럼 하얗게 변할 거라고 한다.

② 노아의 방주는 홍수로 물에 떴을 때, 히라산중의 굴속에 천사 가브리엘이 갖다 놓은 메카의 돌을 7바퀴 돌고 난 후 물 가운데로 나갔다며, 히라산의 굴은 인류의 죄업이 쌓이는 것을 보고 멸망의 홍수가 닥칠 것을 안 아담이 미리 파놓은 것이라 한다. 그래서 오늘날에도 메카를 찾아온 순례자들은 모두 카바를 7바퀴 돌며,

③ 아담의 묘는 세계의 중심지에 자리 잡고 있는 메카에 있다고 하며 하와는 홍해 기슭에 있는 젯다에 매장되었고, 노아의 묘소는 발베크 근방에 있다고 전해진다.

④ 이슬람이란 '신의 뜻에 몸을 맡기는 것'이라는 의미로, 아랍의 족장이었던 아브라함이 神께 무한히 복종한 것과 연관이 있다고 한다.

⑤ 마호멧은 초기 악인을 공동 처벌하는 징벌기사단에 가입해 활동함으로써, 당시 아랍 특유의 부족 일체의식을 벗어나 만민 평등사상을 실천했다. 그 결과 마호멧 이전의 아랍은

부족단위로 아주 굳게 뭉쳐 있었으나. 이후 신앙 단위로의 혁신적인 변화가 생겼다.

⑥ 마호멧 이전의 카바신전은 메카주민의 생존을 위한 지역의 특수성으로 잡신 사상을 모두 방치한 결과 카바신전엔 360여 개의 우상이 있었고, 그중엔 예수를 안고 있는 성모마리아 상도 있었다.

⑦ 코란에 보면, 아브라함이 이사악을 하느님께 드리려고 아카바 지역을 지날 때. 악마가 뒤쫓아오므로 아브라함이 돌을 던져 쫓아버린 사건이 있었다고 하며, 또 예수는 "나는 율법을 확신하고. 내 뒤에 아후마드라는 이름의 사도가 오리라는 것을 알리는 자이다."라고 했다며, 하느님의 섭리는 아담, 노아, 아브라함, 이사악, 야곱, 모세, 예수를 거쳐 마호멧에 이르렀다고 주장한다.

⑧ 114장으로 이루어진 코란은 한꺼번에 神으로부터 받은 계시가 아니라, 마호멧이 40세부터 25년간 전도하면서 사건이 닥쳤을 때마다 천사 가브리엘에게 물어보아 실천한 것을 기록한 생활규범서이며 계시서라고 한다.

⑨ 마호멧의 내세사상 역시 기독교와 마찬가지로 천국에 대한 구체적인 설명 없이 맹목적으로 "즐거운 천국에 간다."라는 식이며. 악마는 최후의 심판 날까지 저주를 받을 것이고, 최후의 심판 날은 부활의 날이라며 기다리고 있다.

⑩ 마호멧에게도 천사의 도움으로 기적이 일어났는데, 기적의 상황이나 의미는 구약과 같이 외적(外的)인 것이고, 전도방식도 생존권을 위한 이웃 집단과의 무력충돌로 이어져 온 구약시대와 같으며. 의무사항은 아니지만, 구약의 유대인과 같이 상식적으로 모두 할례를 한다. 진리도 꼭 갚아 제로(0)를 체험하라는 구약 진리와 같으니, 이것은 이슬람교의 의미가 외적(外的)인 구약과 같기 때문이다. 이슬람교는 유대교나 기독교와 같음을 나타내기 위해 예루살렘을 그들의 성지로 여기며, 기독교가 가장 가까운 형제이고, 그다음이 유대교라고 한다.

⑪ 유대교도들은 마호멧 당시에도 예수를 부정하고 神의 구원자를 기다리고 있었으며, 당시 바즈라족은 유대인들이 기다리는 메시야가 마호멧인 것으로 알았다. 왜냐하면, 마호멧이 유대인들이 기다리던 나라의 독립과 부강을 외적(外的)으로 해결했기 때문이다.

⑫ 마호멧은 죽기 전에. "아! 나는 나의 의무를 다한 것일까?" 하고 수없이 되뇌었으며, 자기 생애가 하느님의 뜻에 최선이었는지 확인해 보려고 몹시 갈망했다고 한다.

🚶 : 와! 이야기 다 하신 거예요? 숨도 안 쉬고 하시네요.

☼ : 유일신(唯一神=하느님) 사상은 끝났다.

🚶 : 이야기 듣고 보니 역시 유대교 대신 나타난 종교가 이슬람교 맞네요. 기원후 600년경이

면 신약과정에서는 성령(聖靈)이 내적(內的)으로 활동하고 있을 때인데, 이슬람교에는 외적(外的)인 천사가 나타나 알려준 것이나, 교세 확장방법도 외세(外勢)와의 투쟁으로 이어진거나.

☼ : 正, 分, 合 원칙은 완전하기에 두 진리의 균형을 맞춘 것이다.

† 육십구 일째 날: 예수 십자가 죽음 의미

🚶 : 저 나왔어요.

☼ : 예수의 십자가 죽음은 의미 있는 것이었다.

🚶 : 그래요?

☼ : 히브리 9장 18~21절, 출애굽기 4장 1~8절, 34장 28절을 보면, 구약 때는 유월절(이집트 탈출 기념일)에 상징적 동물 제사로 하느님과의 인과관계(화목제물=情)를 이어 왔기에, 구약과정의 열매이며, 신약 과정의 씨앗인 예수 역시 유월절에 '스스로를 화목 제물로 바침'으로써 하느님과의 인과관계(情)를 실체적으로 입증했다.

🚶 : 예수가 유월절 날 십자 가에 죽은 게 유대인들이 유월절에 하느님에게 화목 제물을 바치는 것의 의미였다고요?

☼ : **구약시대 유대인들이 하느님에게 바치는 화목제물 여섯 가지는(레위기 1장 1절 ~ 8장 36절), 유목민들이 먹고사는 생명원이었기에, 생명원인 동물로 제사 지내는 것은 곧 자기 생명을 하느님에게 바치는 의미였다. 그래서 구약과정 2,000년의 열매인 예수는 유대인이 하느님에게 바치는 화목 제물 어린양의 상징이었다(요한 1장 29절, 36절, 요한묵시록 5장 5~14절).**

🚶 : 오늘 예수에 관한 이야기는 특이하네요?

☼ : 구약과정의 열매이며, 신약과정의 씨앗인 예수의 십자가 죽음은 이런 의미가 있었다.

🚶 : 네에.

☼ : 그래서,

① **유월절 화목제물의 상징인 예수는 화목제물 과정을 그대로 거쳤으니(출애굽기 12장 46절, 34장 35절, 민수기 9장 11~12절, 신명기 16장 4절).**

② **"누룩 안 든 떡과 쓴 나물을 먹으며,**

③ **다음 날까지 아무것도 남겨서는 안 되고,**

④ **뼈다귀 하나라도 부러뜨려서는 안 된다."라고 한 화목 제물과 똑같이, 그 당시 십자가 사형수는 무릎뼈를 꺾는 게 관례인데도 예수는 무릎뼈가 하나도 꺾이지 않았으며(요한 19장 32~34절),**

⑤ **그 당시 십자가 사형수는 며칠 간 십자가에 매달아 두었으나, 예외적으로 예수의 시체는 그날로 치워졌다(마태오 27장 57~60절, 마르꼬 15장 42~46절, 누가 23장 50~54절, 요한 19장 38~42절).**

🚹 : 예수만 특수했나요?

☼ : 그 당시 관례가 십자가 사형수는 무릎뼈를 꺾고, 시체도 며칠씩 방치했으나, 예수는 구약과정의 열매로서, 구약시대 화목 제물의 실체이었기에, 다른 사형수들과 달리 무릎뼈도 꺾이지 않았고, 시체도 그날로 치웠던 것이다 **그러나 유대인들은 예수 나무 십자가에서의 죽음을 하느님에게 저주받은 죽음으로 알았다.**

🚹 : 어떻게 그렇게 구약시대 화목 제물의 과정을 그대로 거쳤지요?

☼ : **그래야만 명실공히 다음 과정인 신약시대의 씨앗이 될 수 있기 때문이다.**

🚹 : 와! 正, 分, 合 원칙에 의한 하느님의 인류 앎 성장 과정이 그렇게 빈틈없어요?

☼ : 예수가 요셉의 장남으로 태어난 것도 의미가 있다.

🚹 : 예? 무슨 의미예요?

☼ : **하느님의 인류 앎 성장 과정이란 움직임의 원칙에 의해, 개체로 태어나 개체목적이 우선인 너희가, 우선인 개체목적을 하느님에게 바치고(희생하고), 차선인 전체목적(하느님 뜻)을 우선으로 살아가게끔, 우선순위를 뒤바꾸는 과정이라고 했지?**

🚹 : 차남인 야곱이 과정을 세 번 거치며, 장남인 에서와 장남 자격을 뒤바꾸는 설명에서 말씀하셨지요.

☼ : **그 첫 번째 상징이 하느님이 카인은 미워하시고, 아벨을 예뻐해서 카인이 아벨을 죽인 사건이고, 야곱과 에서의 사건은 두 번째 사건이라고 했지.**

🚹 : 네.

☼ : **예수가 장남으로 태어나 십자가에서 죽은 것은, 유대인들이 모든 생물의 처음 난(우선) 것을 하느님에게 바치는(희생) 구약과정의 상징이다.**

🚹 : 아! 장남인 예수의 십자가 죽음은 유대인들이 처음 난 것을 하느님에게 화목 제물로 바치는 구약과정의 의미였네요.

☼ : **이스라엘 민족은 장남을 낳으면 40일째에 하느님에게 바치는 봉헌예를 올렸고(출애굽기**

13장 2절, 34장 10~20절, 신명기 11장 6절), 그 결과 구약과정의 열매인 예수 역시 장남으로 태어나 자기를 하느님에게 바치는(봉헌=희생) 과정을 거쳤으며, 그런 과정을 거쳐 구약과정의 열매가 된 예수는 다음 단계인 신약과정의 씨앗이 될 수 있었던 것이다. 그 결과, 드디어 먹고 사는 생명원인 동물을 바치는 구약의 상징적 희생 시대에서 예수의 실체적 죽음으로 한 단계 상승한 실체적 희생 신약시대가 시작된 것이다.

🚹 : 와! 예수의 십자가 죽음이 '구약시대는 상징에서, 신약시대는 실체'라는 '상위 개념' 실천의 중요한 의미가 있군요.

☼ : **그 결과, 신약시대는 씨앗인 예수가 하느님에게 실체적으로 희생한 것처럼, 예수를 따르는 신약 성도들도 생활 속에서 실체적 자기희생(이해, 양보)을 체험하게 되고,**

① 이것은 구약시대의 상징적 동물 희생에서, ② 신약시대의 실체적 희생(개인욕망 희생) 시대로의 도약이다.

🚹 : 그러네요. 상징적 희생에서 실체적 희생으로 한 단계 도약했군요.

☼ : 그래서 로마서 12장 1절, 고린도후서 6장 16절, 갈라디아 4장 19절, 5장 24절에 보면, 실생활에서 자기를 희생하는 실체적 하느님의 백성은 이때부터 이루어지기 시작했다고 했다(골로사이 1장 22절, 2장 12절).

🚹 : 신약성경에도 그런 내용이 있어요?

☼ : 이렇듯 예수의 십자가 죽음(희생)은 신약시대의 화목 제물이기도 해, 로마서 3장 25절, 5장 10~11절, 고린도전서 5장 7절, 요한 1서 2장 2절, 4장 10절을 보면, 예수를 일컬어 '세상의 죄를 위한 화목 제물'이라 했고, 마태오 20장 28절, 마르꼬 10장 45절에도, "사람의 아들도 섬김을 받으러 온 것이 아니라 섬기러 왔고 많은 사람을 위하여 목숨을 바쳐 몸값을 치르러 온 것이다."라고 했으며, 마태오 26장 28절, 마르꼬 14장 24절, 누가 22장 20절, 로마서 5장 9절, 고린도전서 11장 23~25절, 히브리서 13장 20절에도, "이것은 나의 피다. 죄를 용서해 주려고 많은 사람을 위하여 내가 흘리는 계약의 피다."라고 하여, 죄의 사함과 함께 새로운 약속(믿음)시대의 시작을 알렸다.

🚹 : 엄청나네요. 그래서 얼떨떨해져요.

† 칠십 일째 날: 예수에 대한 모든 것

🚶 : 나왔습니다.

☼ : 오늘도 예수 이야기이다. 예수가 태어나기 전에 마리아가 천사로부터 신탁(神託)을 받은 것이 성경에 나와 있다.

🚶 : 그게 사실이에요?

☼ : 예수의 십자가 죽음에 관한 이야기 들어봤지?

🚶 : 예.

☼ : 필요한 것은 소소한 것까지 모두 기록되어 있지 않더냐?

🚶 : 저도 놀랐어요. 그렇게 소소한 것들이 모두 의미가 있으며, 또 2,000년 전에 일어났던 일들을 어떻게 그렇게 소소하게 기록했나 하고요.

☼ : 완전하신 하느님이시기 때문이다.

🚶 : 예에.

☼ : 마리아는 예수가 태어난 후 그런 신탁(神託)이 있었음을 이야기해 주었고, 그 신탁을 들은 예수는 자라며 자기에게 어떤 하느님의 사명(使命)이 있다는 걸 늘 생각하게 되었으니, 그러한 예수의 생각은 결국 하느님의 뜻에 따르고자 하는 삶의 지표(至標)가 되었다.

🚶 : 예에.

☼ : 성경에 보면 예수가 태어날 때 하늘에서 밝은 빛의 유성이 나타난 징표가 있고, 그것을 본 동방박사(마기교 승려) 3명이 이스라엘의 왕이 태어난 것을 알고, 당시 로마제국의 분봉왕이던 헤롯에게 찾아가 "이스라엘의 왕이 출생한 것을 알고 왔는데 그분이 어디에 계십니까?" 하고 물었단다. 이 말을 들은 헤롯은 깜짝 놀라 이스라엘의 왕이라면 그가 커서 로마제국에 반란을 일으킬 것이라 생각해, 당시 2세 이하의 어린아이들을 모두 죽이라는 명령을 내렸다. 이 소문을 들은 요셉과 마리아는 깜짝 놀라 부랴부랴 이집트 동북부 소안 지방으로 도망가 그곳에서 대단히 고생하며 살게 되었고, 3년 정도가 지나며 조용해지자, 예수의 부모는 예수를 데리고 다시 고향인 나자렛의 마미온 거리로 돌아와 살게 되었다.

🚶 : 지금 말씀하시는 건 성경에서 못 봤는데요?

☼ : 성경에는 없다. 더 들어봐라.

🚶 : 성경에 없는 내용을 왜 이야기하세요?

☼ : 곧 이야기해 줄 테니 더 들어라.

🚹 : 예에.

☼ : 고향에 돌아온 후 생활은 차츰 안정을 찾게 되어 예수가 7세 생일잔치 때에는 동네의 가난한 아이들을 초대할 수 있을 정도였다.

🚹 : 생활이 나아졌다는 건가요?

☼ : 이집트에서 고생하며 살다가 고향으로 돌아와 몇 년 지나자 생활에 여유가 생겨 풍족해졌다는 것이다. 그러다가 8세가 되자 예수는 善과 惡에 대한 개념에 차츰 눈뜨며 통찰력과 지혜가 드러났으니, 예수의 재질을 본 율법학자들이 10세 때에는 유대 성전에서 율법을 1년간 배우게 하였으니, 12세 때에는 유대 성전에서 율법학자들과 깊이 있는 토론을 할 정도가 되었다. 그 당시 진리를 더욱 깨닫기 위해 유대 지방을 방문했던 인도 동남부 오릿사주의 왕족 눈에 띄었으니, 그 왕족은 예수의 지혜를 높이 평가해 인도로 데려갔고, 예수는 쟈간나스 사원에 견습 수도승으로 들어가게 되었다.

🚹 : 성경에 12세 때에 성전에서 율법학자들과 토론한 내용은 있지만 다른 것들은 듣도 보도 못한 내용인데요?

☼ : 이 이야기는 유럽을 비롯하여 이미 세계적으로 아는 사람들은 다 안다.

🚹 : 우리나라는요?

☼ : 너희 나라에서도 책으로 출판되었다.

🚹 : 그래요?

☼ : 책 제목이 『보병궁복음서』이다.

🚹 : 『보병궁 복음서』요? 그렇다면 기독교인들이 왜 조용하지요?

☼ : 그 내용을 믿는 사람은 믿고, 믿지 않는 사람은 믿지 않기 때문이지.

🚹 : 왜요?

☼ : 지금의 너희들은 영적으로 나타나는 모든 현상을 불신하기 때문이다. 아인슈타인에 대한 이야기 아냐?

🚹 : 무슨 애기인데요?

☼ : 아인슈타인이 상대성 이론을 연구할 때에 한 가지 문제가 안 풀려 며칠을 고민하고 있을 때에 새벽에 꿈에 웬 노인이 책 한 권을 주더란다. 그래서 책을 얼른 받아 펼쳐보니 자기가 풀지 못한 내용이 그 책에 풀려 있더란다. 그래서 상대성 이론을 완성할 수 있었다고 아인슈타인이 이야기했지만 그런 이야기를 너희들은 못 들은 척한다.

🚹 : 아인슈타인에게 그런 일이 있었어요?

☼ : 중요한 것은 너희들이 최선을 다하면 저승에서 알려줄 수도 있다. 그러나 지금 너희 사회 분위기가 기독교 이론이 비중 있게 다뤄지다 보니 모든 영적 현상들이 불신받고 있는 것이다.

🧍 : 보병궁복음서가 영적인 것과 관계있어서 대중의 관심을 끌지 못한다는 건가요?

☼ : 그래.

🧍 : 그 출처가 어떻게 되는데요?

☼ : 책을 쓴 사람은 '리바이 도우링'이라고 1844년 미국에서 태어나 1911년 67세에 죽은 사람으로서, 어려서부터 영적 감각이 예민하여 결국 20살에 목사가 되었으며, 목사가 된 후 새벽 2~6시 사이에 가끔 영감을 받으며 40여 년간 기록한 것을 책으로 출판하여 알려진 내용이다.

🧍 : 영감을 받으면 그런 일이 가능한가요?

☼ : 그 사람의 기록에 따르면 환상에서 예수를 세 번 보고 시작됐다고 한다.

🧍 : 그러기 전에 예수를 환상에서 세 번 보았다고요? 예수가 왜 세 번씩이나 나타났을까요?

☼ : 그건 예수가 그 사람에게 나타나 예수와 할 일에 대한 목적을 갖게끔 미리 알려준 것이지, 그래야 알려주려는 예수의 목적과 받아쓰려는 '같은 목적이' 이루어질 수 있기에.

🧍 : 무슨 뜻인지요?

☼ : 예수가 그 일을 하고 싶어도 받아들이는 사람이 싫다고 하면 안되니까. 움직임의 원칙에 의해 '같은 일을 하려면 우선 같은 목적을 가져야 하기에', 예수가 나타나 리바이 도우링이 그런 목적을 가지게끔 마음의 준비를 시킨 것이다.

🧍 : 그래서 그 사람이 무엇을 했는데요?

☼ : 마리아가 계시를 받을 때부터 예수가 십자가에 못 박혀 죽고 부활하여 활동한 것까지(평생)를 기록한 것이다.

🧍 : 그러면 성경에 없는 예수의 행적이 모두 나와 있나요?

☼ : 그래, 성경에 없는 12살부터 행적이 낱낱이 기록되어 있지.

🧍 : 판단은 접어두고 일단 이야기를 더 들어 볼께요.

☼ : 이야기를 계속한다. 자간나스 사원에서 4년간 공부하며 16세가 되었던 어느날, 예수는 동료들과 진리 토론 중 그들이 섬기고 있는 '그리시나'는 우상일 뿐이며, 4계급 차별의 카스트제도는 죄악이라고 설파하다가 끝내는 그곳에서 생명의 위협을 받아 동료의 도움으로 쟈간나스 사원에서 도망친다.

🧍 : 예에? 16세 때요?

☼ : 그래. 사원에서 나온 예수는 완전히 떠돌이 생활을 하며, 인도의 하층민인 불가촉 천민들과 어울리며, 당시 인도지방에 만발하던 여러 사상을 고루 배우며 다니게 되었으니, 특히 당시로는 첨단인 불교사상이 퍼진 인도 북동부를 비롯하여 티베트 등을 여행하였다.

🚹 : 인도 북동부와 티벳트 등이라고요?

☼ : 그 당시는 이미 불교가 퍼진 지 500여 년이 넘어 상당히 전파되어 있었기에 예수는 불교의 영향을 절대적으로 받았다. 그래서 성경에 나오는 여러 가지 예를 든 비유가 불교 내용과 비슷한 게 많다.

🚹 : 그럼, 인도 북부와 티벳에 있는 사원들에는 예수가 다녀간 기록이 혹시 있지 않을까요?

☼ : 예수뿐이냐? 신라의 승려 혜초가 티벳트 지방을 순례했듯이, 예수 외에도 수 많은 사람들이 그 당시 티벳트 지방을 다녀간 기록을 확인한 몇몇 사람의 여행기가 각 언론매체에 실린 적이 있다, 그런데 당시 티벳 승려들은 그들을 위대한 스승들이라고 기록했더란다.

🚹 : 그래요?

☼ : 힌두교인들이 간지스강에 몸을 담그는 의미와 형식, 세례 요한이 요단강에서 몸을 담가 세례를 주는 의미와 형식이 왜 같은지?

🚹 : 알아보려는 사람들이 없다는 거네요.

☼ : 이렇게 16세에 자간나스 사원에서 도망쳐 나온 예수는 그때부터 8년간 인도 북부 지방과 티벳 지방을 여행했으며, 24세 때에는 더 배울 게 없다고 느껴 페르시아로 갔고, 그곳에서 마기교 승려들과 토론하며 한동안 머물다 앗시리아와 갈대아우르를 거쳐 이스라엘의 집으로 돌아왔다.

🚹 : 결국은 예수도 여러 곳을 다니며 승려들과 토론하며 공부를 했군요. 저는 이제까지 예수는 집에서 아버지와 목수 일만 하며 조용히 지내다가 하느님의 계시를 받고 느닷없이 나타나 신약 진리를 선포한 줄 알았어요.

☼ : 내가 이야기했지? 세상에 공짜는 없다고. 이 우주는 正, 分, 合 원칙으로 흐르기에 결과(合)가 있으려면 그에 걸맞는 원인(正)과 과정(分)이 반드시 있다고.

🚹 : 이제야 마음에 와 닿는 것 같습니다.

☼ : 그렇게 집에 잠깐 있다가 예수는 다시 그리스 아테네 신전에 들러 그곳 승려들과 토론하다가, 다시 이집트의 헤리오폴리스로 가서 한동안 심도 깊은 공부를 하다가 26세가 되자 다시 나자렛의 집으로 돌아왔다.

🚹 : 예수는 그 당시 유명한 곳은 모두 가서 토론하며 첨단의 앎을 쌓았군요.

☼ : 집으로 와서 4년간을 지내다가 30세가 되자 본격적으로 활동하기 시작했다.

🚶 : 그랬군요.

☼ : 그런데, 너 예수의 행적을 듣고 이상한 것을 발견하지 못했냐?

🚶 : 예? 뭐가 이상해요?

☼ : 예수가 태어나 살아온 20년 과정을 살펴보면 구약과정 2,000년을 100분의 1로 줄여 그대로 답습했음을 알게 된다.

🚶 : 예? 그래요?

☼ : 그래, 구약 때 야곱의 가족이 이집트로 들어가서 약 400년간 온갖 고생을 다 했듯이, (출애굽기 12:40, 요셉이 죽고 난 후 약 360년) 예수도 헤롯이 2살 미만의 아이들을 모두 죽이라고 해서 부모가 예수를 데리고 이집트 북부 소안으로 도망가, 그곳에서 3살이 넘도록 온갖 고생을 한 후, 고향인 나자렛의 마미온으로 돌아오게 되었으니 이때가 의미로 보아 똑같고, 만 3살이 지나 고향인 나자렛의 마미온으로 돌아와 형편이 안정되기 시작해 7세 때에는 동네 아이들에게 생일잔치를 베풀 정도까지 되었으니, 이것을 구약과정과 비교하면 판관시대로써 민족의 기반이 잡힌 이스라엘민족이 약 400년간 번성하게 된 것과 그 과정이 일치하며(판관기 2:16, 18 역대상 17:10, 열왕기상 6:1), 8세가 넘으면서 예수는 선(善)과 악(惡)에 대한 개념에 눈뜨기 시작했고, 10세 때에는 유대성전에서 심부름하며 율법을 1년간 배우기도 했으니, 이것은 구약 역사에서 선(善)한 방향의 유대왕국과 악(惡)한 방향의 이스라엘 왕국이 남북으로 갈렸던 시기와 일치한다(열왕기상 11:31~32).

그러다 예수는 12세 때에 유대 성전에서 토론을 하게 되었고 (루가 2:42~47) 그때 유대인의 해방절 기념을 보러 왔다가 예수의 총명함을 본 인도 동남부 오릿사주 왕족의 권유로, 진리 탐구를 위해 그를 따라가 쟈간나스 사원에 견습 수도승으로 들어갔으니. 이 사원은 '그리시나'라고 하는 우상을 섬기고 카스트 4계급 제도를 쓰는 곳이었다. 이때부터 예수는 이민족(異民族)의 견습 수도승으로 갖은 고생을 다 하며 4년간 우상에 절하고 주문을 외우며 우상을 섬긴 결과가 되었으니, 이것은 유대와 이스라엘의 왕족과 귀족들이 앗시리아와 신바빌로니아에 포로로 잡혀가 고생하며 이민족(異民族)의 우상숭배에 물들게 된 것과 일치하는 것이다. 그러다가 예수는 16세 때에 진리 토론의 대립으로 생명의 위협을 받게 되어 쟈간나스 사원에서 나와 떠돌아다니며, 간지스강 유역의 카다크, 베르하르, 베나레아, 비나레스 등에서 인도에 만발하던 모든 사상을 배우게 되었으니, 이것은 유대인들이 그때까지의 하느님 사상을 재정리하여 기원전 444년 새로운 의미의 유대교단을 성립함으로써, 민족 신앙체에서 한 차원 높은 교단 신앙체를 이루어 하느님이 약속하신 구원의 손길을 기다리던 것과 일치하는 것이다.

🚶 : 이야기 듣고 보니 그러네요. 구약과정 2,000년을 딱딱 맞춰 20년으로 지나갔군요.

☼ : **그렇다. 예수가 태어나 느끼고 살아온 20년 과정은 구약과정 2,000년과 일치한다. 그뿐 만 아니라 꼭 갚아 제로(0)를 체험하는 진리는 이스라엘에서 율법으로 철저히 체험했고, 이해 양보로 제로(0)를 체험하는 진리는 인도에서 그 당시 만발하던 석가모니의 자비 사상을 농민, 하층민, 불가촉천민 등과 어울리며 체험했으니, 결국 예수는 하느님의 인류 앎 성장 과정 7,000년에 있어서,**

① 하느님(神)과 뜻(목적)이 하나(合一) 되는 인과관계(이스라엘 민족으로 장남 봉헌례를 올리는 개체구조 앎),

② 꼭 갚아 제로(0)를 체험하는 구약 진리 체험,

③ 이해 양보로 제로(0)를 체험하는 신약 진리를 모두 체험했으니, 예수의 20년 체험(앎)은 인류의 앎 성장 과정 7,000년의 축소체(核)가 된 것이다.

🚶 : 인류의 앎 성장 과정 7,000년의 축소체(核)라는 게 뭐예요?

☼ : **하느님의 인류 앎 성장 과정이**

① 아담부터 노아를 거쳐 아브라함까지 하느님(神)과 뜻이 하나(合一) 되는 인과관계(개체구조 앎의 성장) 2,000년,

② 야곱부터 예수까지 꼭 갚아 제로(0)를 체험하는 진리 성장 과정 2,000년,

③ 예수부터 正, 分, 合 원칙까지 이해양보로 제로(0)를 체험하는 진리 성장 과정 2,000년을,

④ 예수는 20년 과정에서 축소 체험했기에, 하느님의 창조목적이 최초로 이루어진 인간이다.

⑤ 그 결과 전체성(0)인 하느님과 개체성인 예수에게는 상대적(分)이지만 같은 질이므로 인한 움직임의 원칙이 흘렀으니, 그만큼 예수의 뜻은 하느님의 뜻과 일치되었던 것이다(하느님과 접신=무당이 신들리는 현상이나, 영매가 접신되는 현상과 같은 正, 分, 合 원칙).

⑥ 그래서 예수는 "내가 가르치는 것은 내 것이 아니라 나를 보내신 분의 가르침이다."라고 말할 수 있었던 것이다(요한 7:16).

⑦ 그래서 성경에도 예수는 대언의 영(代言의 靈)이라 했으며,

⑧ 예수를 하느님의 독생자(獨生子)라고 한 것은 二分法 正, 分, 合 원칙으로서 당연하다.

왜냐하면, 하느님의 창조목적이 최초로 이루어진 '신(神)과 하나 된(合一) 인간'이니까.

🚶 : 예? 그러면 예수가 하느님의 독생자라는 게 맞는 것입니까?

☼ : 그렇다. 그때까지 최초로 예수만이 하느님의 창조목적과 하나(合一) 되었으니 100% 맞는 말이다, 그뿐인 줄 아냐?

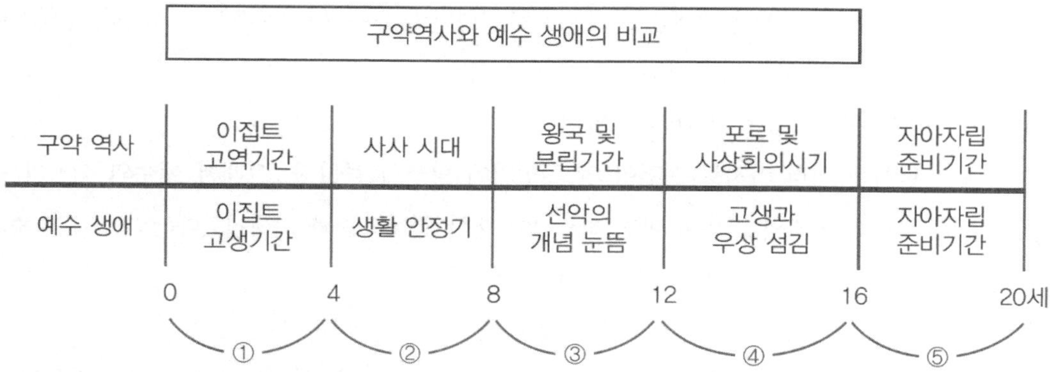

구약역사와 예수 생애의 비교					
구약 역사	이집트 고역기간	사사 시대	왕국 및 분립기간	포로 및 사상회의시기	자아자립 준비기간
예수 생애	이집트 고생기간	생활 안정기	선악의 개념 눈뜸	고생과 우상 섬김	자아자립 준비기간
	0–4 ①	4–8 ②	8–12 ③	12–16 ④	16–20세 ⑤

🚹 : 뭐가 또 있어요?

☼ : 구약과정이 하느님의 성소를 짓고 받드는 것으로 이어졌듯이, 예수도 성소 짓는 상징인 목수로 삶을 이어갔다.

🚹 : 그것도요?

☼ : 그렇다.

🚹 : 휴! 할 말이 없군요. 어제는 '예수가 어떻게 구약과정의 열매로서 화목 제물과정을 거쳐 신약시대의 씨앗이 되었는가'에 대한 것이더니. 오늘은 '예수가 어떤 삶의 체험을 거쳤기에, 하느님의 독생자가 되었는가'에 대한 거였군요. 이렇게 복잡하고 의미 있는 일이 있었다니.

☼ : 여기까지는 예수가 20살이 될 때까지의 의미였고, 20살이 되고 나서도 4년간은 간지스강 북부 및 티벳트와 캐시미르의 라호르 등 여러 곳을 다니며 공부하였다.

이때는 석가모니가 불교사상을 발표한 지 500여 년이 지난 시기로, 석가모니 사상이 간지스강 북부에서 꽃피던 시기여서 예수의 진리 터득에 커다란 영향을 미쳤다. 이렇게 4년이 지나자 인도지방에서는 더 배울 것이 없다고 느껴, 24세에 인도를 떠나 페르샤로 간 예수는, 페르샤에서 한동안 머물며 페르시아의 모든 진리를 연구하였으며(물론 조로아스터교의 구세주와 십자가 예언 등도 듣고), 다시 앗시리아와 갈대아우르를 거쳐 고향인 이스라엘의 나자렛으로 돌아가 잠시 머물렀다가, 다시 그리스의 델피신전과 이집트의 헬리오폴리스 신전으로 가서 그곳의 신관들과 토론하고 연구한 후 26세에 고향 나자렛으로 돌아왔다. 고향으로 돌아온 예수는 인도 지방과 페르시아, 그리스, 이집트 등에서 체험한 모든 진리를 체계적으로 정리하는 데 또 1년이 걸려 27세가 되었다. 그러나 아직 때가 안 되어 기다리다가(요한 2:4), 30세가 되어서야 성령의 협조를 받으며 본격적인 신약시대 씨앗의 활동을 시작할 수 있었으니, 그 후 3년간의 활동으로 예수는 명실공히 신약시대의 씨앗이 되어 하느님과 예수의 뜻은 이루어졌다.

: 그러면 예수도 二分法 正分合을 알았나요?

: **예수 당시는 여러 가지로 여건이 안 되었기에 당연히 몰랐다. 그래서 예수의 십자가 죽음은 보람과 긍지의 기쁨이 아닌 하느님에 대한 절대복종과 희생이었다(십자가에서 죽기 전="주여, 나를 버리시나이까? 당신에게 맡깁니다.").**

: 正, 分, 合 원칙을 아는 것과 모르는 것은 큰 차이가 있다면서요.

: **큰 정도가 아니지. ① 正, 分, 合 원칙을 알면(全知), 너희 삶은 순간마다 보람과 긍지로써 기쁨의 기회이며 지복(至福)의 원천이지만, ② 正, 分, 合 원칙을 모르면(無知), 너희 삶은 죽지 못해 참고 견디는 형벌이며 고통이다. 그래서 하느님의 창조목적을 모르는 불교에서는 이 세상을 참고 견디는 '사바세계'라고 했다.**

: 그렇게 큰 차이가 있군요.

: **무지(無知)는 그렇듯 무서운 것이기에 너희들이 '사탄(악마)'이라 하지 않느냐?**

: 그렇군요.

: 중요한 것을 하나 더 이야기해 주마.

: 뭔데요?

: **인간은 누구나 태어나 20년간 성장 과정이 진리 성장 과정 2,000년과 같다고 했지?**

: 네, 그러셨지요.

: **그렇다면 결국 그게 뭐를 뜻하냐? 결국, 인간은 누구나 예수가 겪은 것과 똑같은 과정을 가고 있지만, 예수와 삶의 존재의미가 달라 성장된 앎의 질량에 차이가 있는 것이다.**

: **예? 그러면 저도 예수 같이 매 순간 삶의 존재의미를 하느님의 뜻에 두고 살아가면 예수 같이 하느님의 뜻이 저에게 흐른다는 거예요?**

: **당연하지. 그게 바로 二分法 正分合에 의해 하느님(神)과 하나(合一)되는 거니까, 하느님(神)과 같은 질이 (하나) 되는 거! 하느님의 친자식이 되는 거!**

† 칠십일 일째 날: 뒤바뀐 산(生) 자와 죽은(死) 자

🚶 : 저 나와 있어요.

☼ : 너희들은 성경 창세기의 아담과 이브 이야기를 이스라엘 민족의 '먼 조상 신화'라고 생각하겠지?

🚶 : 그러면 아닌가요?

☼ : **이제까지 대화에서 느꼈겠지만, 성경에는 소소한 것들이 뜻밖에 큰 의미가 있듯이 창세기 아담과 이브의 이야기도 깊은 의미가 있다.**

🚶 : 그래요? 궁금해지네요?

☼ : **성경 창세기 1장 26~30절에 보면 하느님은 자기를 닮은 인간을 '1차' 만드시고, 2장 7~23절에 보면 다시 아담과 하와를 '2차'로 또 만드셨다.**

🚶 : 예? 1장과 2장이 그렇게 분류돼요?

☼ : 그럼, 왜 1장과 2장으로 나눴겠냐?

🚶 : 그렇다 치고요.

☼ : **창세기 4장 14절, 26절, 6장 1~4절을 보면, 야훼께서는 '사람의 딸들과 하느님의 아들들'이라 분류했고 "사람은 동물에 지나지 않는다."라고 하셨다. 창세기 4장 2절에 보면, 아벨은 양치는 자라 하였고, 카인은 농사짓는 자라 하여 약 6,000년 전의 농경과 목축시대로 인류역사와 일치한다.**

창세기 4장 22절에도 카인의 6대손 두발가인의 직업이 동, 철로 기계를 만드는 대장장이였다 하여, 이미 동·철시대로 접어들었음을 말하고 있다. 특히 이슬람의 코란 창세기에 보면 아담과 카인의 직업 역시 대장장이였다고 한다. 생각해 봐라. 태초의 인간이 이미 동·철기시대의 대장장이였겠냐? 그러므로 창세기 1장에 나오는 인간 창조는 태초에 우주가 생성되어 오랜 시간 진화를 거쳐 나타난 원시인류를 말하는 것이고, 동·철기시대인 2장에 아담을 창조했다는 것은 지구 상에 다신 사상(多神思想=샤머니즘)이 팽배할 때, 하느님이 아담을 선택해 최초로 나타난 유일신(唯一神) 사상을 말한다.

그러므로 성경 창세기의 아담은 인간의 육체적 조상이 아니라, 무한(無限=0)한 우주 유일(唯一)한 전체성(全體性=0) 神인 하느님의 존재를 처음으로 인식(認識=앎=인과관계=개체구조 앎의 성장=情)한 인간을 말하는 것이다.

🚶 : 동, 철을 사용하던 시대라면 6,000년 전도 아닌 것 같은데요? 아마도 청동기시대라면

3,000~4,000년 전이 아닌가요? 철기시대라면 그 후일 것이고.

☼ : **어쨌든 성경에 있는 연대를 아담부터 합산하면 약 6,000년이다. 구약 과정을 살피며 알게 됐지만, 뜻적으로는 6,000년이지만 차이가 있을 거다.**

🚹 : 그냥 확실히 하고 싶어서 그러는 거예요.

☼ : 기독교에서 주장하는 타락론 근거인 창세기 3장을 보자.

① 3장 3절, 죽지 않으려거든 이 동산 한가운데에 있는 열매만은 따 먹지도 말고 만지지도 말라고 하셨다.

② 3장 6~7절, 여자가 그 나무를 쳐다보니 과연 먹음직하고, 보기에 탐스러울 뿐더러 사람을 영리하게 해줄 것 같아서 그 열매를 따 먹고, 같이 사는 남편에게도 주었고 남편도 받아먹었다. 그러자 두 사람은 눈이 밝아져 자기들이 알몸인 것을 알고 무화과 나뭇잎을 엮어 앞을 가렸다고 했다.

③ 3장 4~5절, 그러자 뱀이 나타나 여자를 꾀었다. 그 열매를 따 먹기만 하면 절대로 죽지 않고 너희의 눈이 밝아져, 하느님처럼 선과 악을 알게 될 줄을 하느님이 미리 아시고 그렇게 말씀하신 거라고.

④ 3장 22절, 하느님께서는 이제 이 사람이 '우리들'처럼 선과 악을 알게 되었으니, 손을 내밀어 생명나무 열매까지 따 먹고 끝없이 살게 되어서는 안 되겠다고 생각하시고는,

⑤ 3장 20절, 아담은 아내를 인류의 어머니라 해서 하와라고 이름 지었다.

⑥ 3장 11절, 17절, 내가 먹지 말라고 일러둔 나무 열매를 네가 따 먹었구나!

⑦ 3장 13절, "어쩌다 이런 일을 하였느냐?" 여자는 핑계를 대었다. "뱀에게 속아서 따 먹었습니다."

⑧ 3장 15절, 나는 너(뱀)를 여자와 원수가 되게 하리라.

⑨ 3장 16~17절, 하와는 아기를 낳을 때 몹시 고생하리라. 땅 또한 아담 때문에 저주받아 너는 죽도록 고생해야만 먹고 살리라.

⑩ 3장 19절, 너는 흙에서 난 몸이니 흙으로 돌아가기까지 이마에 땀을 흘려야만 낟알을 얻어먹으리라.

⑪ 3장 23절, 에덴동산에서 내쫓으시고 땅에서 나왔으므로 땅을 갈아 농사를 짓게 하셨다.

⑫ 3장 12절, 이렇게 아담을 쫓아내신 다음 하느님은 동쪽에 그룹들을 세우시고 돌아가는 불 칼을 장치하여 생명나무에 이르는 길목을 지키게 하셨다고 한다.

🚹 : 창세기를 왜 이렇게 분류하세요?

☼ : **이렇게 분류하면 창세기의 비밀이 그대로 드러나기 때문이다. 성경을 그냥 읽으면 아담과**

이브가 하느님의 말씀을 듣지 않아 타락하고 쫓겨난 것으로 보이지만, 이렇게 분류하고 보면 아담과 이브는 타락해서 '죽은 자(死)'가 아닌, 하느님과 같은 지혜를 얻어 선과 악을 분별할 수 있게 앎이 성장해 '산 자(生)'가 되었음을 말한다.

2번과 3번을 보면 인간은 선악과 열매를 따 먹음으로써 영리하게 눈이 밝아져 지혜(앎)가 생겼고, 3번과 4번을 보면 따 먹었기에 하느님처럼 善과 惡을 알게 되었으며, 4번과 12번을 보면 그러므로 영생할 수 있는 길을 찾을 가능성이 생겼다. 잠언 3장 18절에 보면, "지혜는 붙잡는 자에게 생명나무가 되고 지혜를 잡은 사람에게는 행복을 준다."라고 하였으니, 아담은 열매를 따 먹음으로 눈이 밝아져 선과악을 분별하는 지혜가 생겨 생명나무(산자)가 될 가능성이 생긴 것이다.

고린도전서 15장 45절에도 "첫 사람 아담은 생명 있는 존재가 되었지만."이라 하였고, 마르꼬 12장 27절, 누가 20장 38절에도, "하느님은 죽은 이들의 하느님이 아니라, 살아 있는 자들의 하느님."이라 했으며, 또한, 사도행전 10장 42절에도 "그분은 우리에게 하느님께서 자기를 산 이들과 죽은 이들의 심판자로 정하셨다는 것을 사람들에게 선포하고 증언하라."라고 하여, 산 이들이(생명을 얻은) 하느님의 뜻(창조 목적)에 더 가까워진 인간임을 분명히 밝혔다.

히브리 5장 13~14절에도 "젖을 먹어야 할 사람은 아직 어린아이니 옳고 그른 것을 분별할 능력이 없습니다. 그러나 성숙해지면 단단한 음식을 먹게 됩니다. 성숙한 사람은 훈련을 받아서 좋고 나쁜 것을 분간하는 세련된 지각을 가지고 있습니다."라고 하여, 善惡을 구별할 수 있는 지혜를 키우는 것이 더욱 하느님에게 가까워지는 것임을 밝혔다.

그러므로 위의 창세기 분류 2, 3, 4번과 같이 善惡과 열매를 따 먹고 눈이 밝아져 지혜가 생겨 善惡을 구별할 수 있게 되었다는 것은, 지혜가 생겨 하느님과 같은 질이 되었음을 나타낸 것이다(저들이 우리들 같이 되어).

그렇다면 2, 3, 4번은 하느님께서 인류에게 앎을 성장시키시는 구원의 목적이 이루어지는 것인데, 아담이 타락했다 하여 원죄론까지 생기게 한 창세기는 어찌 된 것인가? 문제는 여기서 시작된다. 생명(지혜) 얻은 자를 죽은 자(타락)로 거꾸로 표현했기 때문인데 이것은 이유가 있으며 그 표현은 정확하다.

🚶 : 거꾸로 표현했을 뿐 정확하다고요?

☼ : 하느님의 창조목적은 당신과 같이 전지(全知) 전능(全能)한 인간인데, 개체로 분화된 인간 영핵은 움직임의 원칙 3에 의해 무지(無知)로 태어나 앎(2, 4번)이 성장하는 과정이 있으니, 무지(無知)로 태어나는 원인이 개체구조로 분화한 인간에게(6번) 있다는 것이며, 무지

(無知=사탄)는 저승의 삶(영생)을 모르니 죽음(1번)이 있는 것이고, 하느님의 창조목적인 제로(0)의 체험을 모르니 인류사회는 괴롭고 고통스러운(9번) 것이다.

10, 11번의 표현은 인간의 육체는 흙으로 된 것이니 당연한 것이고(전도서 3장 20절).

🧍 : 와, 창세기를 그렇게 분류하니까 전혀 엉뚱한 내용이 되네요?

☼ : 창세기 아담과 이브의 타락론은 너희가 개체구조로 분화했기에 움직임의 원칙 3에 의해 무지(無知)로 태어나 앎의 성장 과정이 있음을 말하는 것이다.

🧍 : 와! 이스라엘 민족의 먼 신화로 여겼던 성경 창세기에 이런 깊은 뜻이 숨어 있다니?

☼ : **하느님은 성경 창세기에 움직임의 원칙 3에 의한 비밀을 이렇게 감추어 놓으셨다.**

① 개체성 구조로 분화된 인간은 불행과 죽음을 느끼는 무지(無知)로 태어나,

② 전체성(0)인 正, 分, 合 원칙을 철저히 이해한 전지(全知)가 되어야,

③ 전능(全能)한 체험으로 하느님(神)과 하나(合一) 됨을 비전(秘典)으로 감추어 놓은 것이다.

④ 때가 되면 우주 正, 分, 合 원칙이 나타나 모든 것을 밝힐 것이기에.

🧍 : **그러니까 하느님께서는 이미 할 일을 다 하신 거네요? 남은 문제는 인간들 각자가 正, 分, 合 원칙을 철저히 이해한 전지(全知)가 되어 전능(全能)으로 하느님과 하나 됨(合一)을 체험하는 것뿐이네요.**

☼ : 오랜만에 시원하게 네가 해설하는구나! **결론적으로 로마서 5장 14절에서 '아담은 장차 오실 분의 원형'이라고 했듯이, 창세기의 에덴동산도 하느님의 인류 앎 성장 과정이 끝난 후를 말하는 것이고, 아담을 에덴동산에서 내쫓았다는 것은, 아담 때에는 인류가 正, 分, 合 원칙을 알 수 없었음(無知)을 나타낸 것이다. 그렇기에 하느님의 창조목적이 완성된 에덴동산은 인간이 正, 分, 合 원칙을 철저히 이해해(2번), 하느님과 같은 질의 전지(全知) 전능(全能)이 되어(3, 4, 5번) 영생을 이해하고, 그 체험에는 상대적(分)인 이분법(二分法) '도구'와 '목적' 善과 惡이 교차함을(7, 8번) 나타낸 것이다.** 이슬람교 코란의 창세기에는 아담과 하와는 악마의 술책에 빠져 금단의 열매를 따 먹고 천국에서 쫓겨나 아담은 인도로 추방되었고, 하와는 아라비아로 추방되었다가 후에 다시 만났다고 한다.

† 칠십이 일째 날: 떡밥을 걷어낸 神과 나눈 이야기 神의 본심(本心=목적)

☼ : 어제는 왜 안 왔냐?

🚶 : 생각 좀 하느라고요.

☼ : 무슨 생각인데?

🚶 : 기독교 이야기만 하시니까.

☼ : 그게 어쨌다고?

🚶 : 기독교는 모순이 많아 아니라고 생각했거든요.

☼ : 그래? 그동안 성경 구절로 설명한 게 이상한 게 있었냐?

🚶 : 그건 아닌데요.

☼ : 그런데?

🚶 : 너무 급하게 이야기를 많이 들어서 그런지 혼란스러워요.

☼ : 그래. 너같이 그런 사람들이 많지. 그래서 『신과 나눈 이야기』 3권 519p에서 신나이 신도 닐에게 이렇게 말했다.

닐: 좋습니다. 그렇다면 예수의 일을 놓고 어디 한번 말장난을 해보기로 하죠.

신나이 신: 전혀 그렇지 않다. 내가 다 털어놓고 이야기해 주마. 너희가 예수라 부르는 그 인간의 영은 이 지구의 것이 아니었다. 그 영은 그냥 인간의 몸을 가득 채워서 자신을 아이로서 배우게 했고, 그런 다음 어른이 되어서는 스스로 깨닫게 했다. 그가 이런 일을 한 유일한 존재는 아니다. 모든 영은 '이 지구 출신이 아니다.' 모든 영혼이 다른 영역에서 와서 몸으로 들어갔다. 그렇다고 모든 영혼이 특정한 한 '생애' 안에 혼자 힘으로 깨닫는 건 아니다. 예수는 그렇게 했다. 그는 고도로 진화된 존재였다(너희 중 일부가 신이라 불러온 존재). 게다가 그는 목적을 가지고 임무를 띠고 너희에게 왔다.

닐: 우리 영혼을 구하기 위해서요.

신나이 신: 어떤 의미에서는 그렇다. 하지만 끝없는 천벌에서 구하기 위해서는 아니다. 너희가 상상하는 식의 천벌 같은 건 없다. 그의 임무는 '참된 자신'을 모르고 체험하지 못하는 상태로부터 너희를 구하는 것이었고, 지금도 그러하다.

그는 너희가 무엇이 될 수 있는지 보여주는 것으로 그것을 증명하고자 했다.

너희가 받아들이기만 한다면 사실 너희 자체를 보여주는 것으로. 그는 본보기를 보이는 것으로 앞장서고자 했다. 그가 "나는 길이요. 생명이니. 나를 따르라."라고 말한 이유가 이것이다. 그는 너희 모두가 자기 '지지자'가 되라는 의미에서 "나를 따르라."라고 하지 않았다. 그가 그렇게 말한 건 너희 모두가 그를 본보기 삼아 신과 '하나' 되라는 의미에서다. 그는 "나와 아버지는 하나다. 그리고 너희는 내 형제다."라고 말했다. 그라도 그 점을 이보다 더 잘 알아듣게 표현하지는 못했을 것이다.

🚹 : 이 말이 뭐가 어때서요?

☼ : 내가 하는 이야기와 신나이 신이 닐에게 하는 이야기의 공통점을 모르겠냐?

🚹 : 모르겠는데요?

☼ : 그럼 잘 들어라. 닐도 너와 같이 기독교가 마음에 안 들어 예수에 대해서 말장난 좀 해보자고 덤볐다. 그러니까 신나이 신이 뭐라고 했냐? "전혀 그렇지 않다."라고 했다. 예수의 일은 그렇게 말장난이나 할 정도로 가치 없는 일이 아니라는 것이며, 한술 더 떠 "내가 다 털어놓고 이야기해 주마."라고 했다.

🚹 : 그런데요?

☼ : 이 말은 닐이 예수에 대해 마음을 열고 진지하게 받아들인다면, 신나이 신 역시 "진지하게 속마음(本心)을 다 털어놓겠다."라는 것이다.

🚹 : 아니, 그럼? 그때까지 신나이 신이 닐에게 속마음을 다 털어놓지 않았다는 거예요?

☼ : 닐이 말장난이나 하자고 덤빌 정도로 기독교를 마음에 안 들어 하고 있는 걸 알고 있었거든. 그래서 신나이 신은 닐에게 예수에 대한 속마음을 털어놓을 수 없었다. 네가 나와의 대화에서 성경이 심도 있게 설명되는 것을 마땅치 않아 하듯이 닐도 그 수준이었으니까. 그런 닐에게 쉽사리 예수를 들먹이면 신나이 신이 예수를 비호하는 것으로 오해할 수도 있겠기에, 내가 성경을 자꾸 들먹인다고 네가 기분 나빠하며 나를 의심스런 눈초리로 보듯이.

🚹 : 신나이 신의 그 말이 그런 뜻이에요?

☼ : 신나이 신은 이렇게 말했다. "그렇다고 모든 영혼이 '특정한 한 생애' 안에 혼자 힘으로 깨닫는 건 아니다. 예수는 그렇게 했다."라고 하며, 예수의 생애가 '혼자 깨닫는 특정한 생애'였음을 말했다.

🚹 : 그게 무슨 뜻이에요?

☼ : 예수는 다른 사람들과 달리,

① 하느님과 인과관계(개체 구조 앎)가 맺어진 이스라엘 민족으로 태어나,

② 구약과정 2,000년을 20년으로 체험했고,

③ 고향에서 구약 진리의 꼭 갚는 제로(0)를 체험했고,

④ 인도에서 불교의 자비 사상인 신약 진리 이해 양보 제로(0)를 체험하여,

⑤ 하느님의 창조목적과 하나(合一) 된 인간이 되었기에,

⑥ 그 결과 움직임의 원칙에 의해 하느님의 뜻이 예수에게 흘러,

⑦ 예수는 "내가 한 말은 곧 내 아버지가 하는 말이라."라고 했으며,

⑧ 그래서 예수는 하느님의 독생자가 된 것이라고.

🚶 : 그거예요?.

☼ : 그래 바로 그거다. 신나이 신도 "다른 영들과 달리 예수는 특정한 한 생애 안에 혼자 깨달았다."며, 최초로 하느님(神)과 하나(合一) 된 예수의 특수성(독생자)을 말한 것이다.

🚶 : 예에.

☼ : 또 신나이 신은 예수를 이렇게 말했다. "그는 고도로 진화된 존재였다(너희 중 일부가 신이라 불러온 존재)."라고.

🚶 : 예수가 고도로 진화된 존재라고요? 그렇다면 신나이 3권 474p~533p에 나오는 '종 체계' 고도로 진화된 사회를 구성하는 고도로 진화된 존재들과 같다는 겁니까?

☼ : 그렇다.

① 너희는 누구나 예수와 같이 하느님과 뜻이 하나(合一) 되어, 유기적으로 움직여야(종 체계) 고도로 진화된 존재가 되는 것이고,

② 인류사회는 하느님의 창조목적과 하나(合一) 되어 유기적으로 움직이는(종 체계) 고도로 진화된 사회가 되는 것이다.

③ 이렇게 되기 위해서는, 너희가 正, 分, 合 원칙을 철저히 이해(全知)하여야,

④ 그에 따른 전능(全能)이 나타나 하느님과 하나 됨을 체험할 수 있는 것이다.

🚶 : 네에.

☼ : 이어지는 신나이 신의 말을 봐라.

신나이 신: 게다가 그는 목적을 가지고, 임무를 띠고 너희에게 왔다.

닐: 우리 영혼을 구하기 위해서요.

신나이 신: 어떤 의미에서는 그렇다.

🚶 : 여기까지 말씀하시니까, 알아듣겠네요. 그러니까 예수는 누구나 당대(當代)에 고도로 진화된 존재가 될 수 있음을 우리에게 본보기로 보여주기 위한 목적과 임무로 이 세상에

왔다는 거네요?

☼ : 이제 알아듣겠냐? 그리고 신나이 신은 또 이렇게 말했다.

신나이 신: 그의 임무는 '참된 자신'을 모르고 체험하지 못하는 상태로부터 너희를 구하는 것이었고, 지금도 그러하다. 그는 너희가 무엇이 될 수 있는지 보여주는 것으로 그것을 증명하고자 했다.

🚹 : 그렇게 구절마다 설명해주시니까 이해되네요. 그런데 제가 그 구절들을 읽을 때는 그런 내용이 왜 안 보였지요?

☼ : 그것은 正, 分, 合 원칙 움직임의 원칙 1, 2, 3에 의해 너희는 아는 만큼 보이기에, 너희들이 正, 分, 合 원칙을 몰라 모르는 만큼 보이지 않고 느껴지지 않았기 때문이다.

🚹 : 예에.

☼ : 그래서 신나이 신은 3권 279p에서 너희들은 신성한 二分法을 철저히 이해해야 은혜로운 삶을 살게 된다고 한 것이다. 이어서 이렇게 말했다. "너희가 받아들이기만 한다면." 이라고, 이 말은 지금의 너희는 고정관념으로 예수의 말이나 행적을 받아들이려 하지 않는다는 것이다. 지금 네가 나와의 대화에서 내가 성경을 이야기한다고 마음에 안 들어하듯이 그래서 신나이 신은 닐에게 단서를 단 것이다. "너희가 받아들이기만 한다면." 이라고.

🚹 : 그렇군요. 결국, 우리가 예수를 받아들여야 한다는 거네요.

☼ : 그러나 너희가 그러는 것도 제로(0)로부터 비중이 완전(0)히 갈리며 '개성+앎+여건=현재상태'의 결과이기에, 너희는 자괴감이나, 처참해 할 이유가 없다. 아직 너희는 正, 分, 合을 모를 뿐(無知)이며, 지금부터라도 알면 되니까. 그리고 신나이 신은 또 이렇게 말했다.

신나이 신: 사실 너희 자체를 보여주는 것으로 그는 본보기를 보이는 것으로 앞장서고자 했다. "나는 길이요 생명이니 나를 따르라."라고 말한 이유가 이것이다.

🚹 : 결국 신나이 신도 우리에게 예수의 행적을 따르라는 거네요?

☼ : 그리고 또 이렇게 말했다.

신나이 신: 그는 너희 모두가 자기 '지지자'가 되라는 의미에서 "나를 따르라."라고 하지

않았다. 그가 그렇게 말한 것은. 너희 모두가 그를 본보기 삼아 신과 '하나' 되라는 의미에서다.

신나이 신: 그(예수)는 "나와 아버지는 하나다. 그리고 너희는 내 형제다."라고 말했다.

🚹 : 그러니까 결국 신나이 신은 예수 출현의 특수성과 예수같이 하느님과 뜻(목적)을 하나(合一)로 유기적으로 움직여야(종 체계) 고도로 진화된 존재가 된다는 것을 말하고 있군요.

☼ : 이 말은 인간은 누구나 예수와 똑같은 하느님의 자녀이기에, 예수같이 하느님(神)과 뜻(목적)이 하나(合一) 되어 유기적으로 움직이면(종 체계) 예수같이 하느님과 부모와 자식 간의 '인과관계(개체구조 앎=情)'가 성립된다는 것이다.

🚹 : 이렇게 예수의 모든 것을 인정하는 신나이 신이라면? 도대체 누구예요? 그러면 처음부터 예수를 강력하게 지지하고 나설 것이지. 다른 이야기들을 이것저것 빙빙 돌려서 하다가 예수 이야기를 이렇게 조금씩 한대요?

☼ : 그게 왜 신나이 신의 탓이냐? 예수와 성경을 이해하지 않으려 하고 받아들이려 하지 않는 너희들 탓이지, 이것도 항상 내가 하는 이야기이지만, 너희들의 수준에 맞추기 위한 신나이 신의 최선이다.

🚹 : 우리 수준이 낮아서 거기에 맞추는 거라고요?

☼ : 그래.

---

† 칠십삼 일째 날: 신(神)과 합일(合一)에 있어서 가정의 의미

🚹 : 저 나왔어요.

☼ : 오늘은 중요한 이야기이다.

🚹 : 뭔 이야기인데요?

☼ : 너희가 하느님(神)과 하나(合一) 되기 위해 가장 중요한 거다.

🚹 : 그런 게 있어요?

☼ : 잘 들어라.

① 너희는 부모에게서 태어나 성장하고,

② 성인이 되면 남녀가 만나 사랑하고,

③ 남녀가 가정을 꾸며 아이 낳고 살다가 때가 되면 저승 간다.

🧍 : 네에.

☼ : 이 과정이 너희가 하느님과 같은 질(앎)이 되는 길이다.

🧍 : 가정이 그런 거예요?

☼ : **너희는 '연인이나 부모의 사랑'에서 '조건 없는 진정한 전체성(0) 사랑'을 체험해, 너희 부모이며, 이성(異性)이신 하느님의 사랑을 이해할 수 있기 때문이다.**

왜냐하면, 성경 이사야 1장 2절과 66장 13절과 시편 82장 6절과 97장 8절에 보면, 인간을 하느님의 자녀(번식체)라 하였고, 성경 이사야 50장 1절과 54장 5~6절과 62장 4~5절에 보면, 하느님에게 있어서 인간은 이성(異性)이라고 하였다.

① 하느님의 '창조목적'에 의해 인간이 탄생했기에, 하느님과 인간은 부모와 자녀 간이며,

② 남자와 여자는 같은 질이지만 구조가 상대적(分)이어서 이성(異性)이듯, 하느님과 인간영혼은 같은 전체성(0) 체질이지만 구조가 무한(無限=0)과 유한(有限)으로 상대적(分)이어서 이성(異性)이다.

그래서 너희에 대한 하느님 사랑은 ① 자녀에 대한 부모의 사랑과, ② 이성(異性)에 대한 사랑이 겹친 지극(至極)한 사랑이다. 너희들이 삶에서 체험하겠지만, ① 뜻(목적)이 하나 된(合一) 자녀를 위해서는 너희 목숨이 아깝지 않고, ② 뜻(목적)이 하나 된(合一) 이성(異性)을 위해서는 너희 목숨이 아깝지 않다. 이렇게 목숨이 아깝지 않은 두 가지 사랑을 합한 것이, 뜻(목적)이 하나(合一) 된 너희에 대한 하느님의 사랑이니 얼마나 대단하겠냐?

🧍 : 그렇겠네요. 그런데 '뜻(목적)이 하나(合一) 된' 이라고 단서를 붙이시는 건 뭐예요?

☼ : **너희는 유전자(DNA)가 같아야 친부모이지만, 하느님과 너희는 앎의 질이 같아 뜻(목적)이 같아야(뜻이 하나) 친자녀이다.**

🧍 : 그러면 앎의 질이 중요하네요?

☼ : **앎의 질이 다르면 다른 만큼 남남이지, 앎의 질이 같으면 같은 만큼 친자녀이며, 하느님과 너희의 생명력이며 존재 의미이고.**

🧍 : 그래서 하느님의 체질인 3위1체 正, 分, 合을 철저히 알아 하느님의 창조목적을 완전히 이해해야(全知) 하는군요!

☼ : 그러니까 정신 바짝 차려야 한다.

🧍 : 무섭네요.

☼ : 무섭기는, 당연한 것을. **너희는 태어나 성장하며 부모를 인식한다. 그리고 부모로부터 무조건 주는 무한(0)한 1차적 사랑과, 자녀가 잘되기 바라며 여건에 따라 매도 드는 2차적 사랑으로 '옳고(목적) 그름(도구)'을 배우고, 또 '부모의 뜻에 따라야 함을' 인식(앎)해 부**

모에 대한 존경심'이 자라난다.

🚹 : 네에.

☼ : 그 자녀가 또 성인이 되어 이성(異性)을 만나 사랑으로 결혼해 가정을 이루면,

① 그 남녀는 가정(正=원인)이라는, ② 구성체內의 부딪침(分=과정)에서, ③ 개체구조로 인한 서로의 다름(한계=合=결과=실체=현실)이 드러나고, 그 드러난 (合=결과) 다름이 기대치(正=원인=목적)에 못 미치면 서로가 돌이키기 힘든 상황까지(헤어짐) 가기도 한다.

그러나 이 다름을 상대(分)의 개성과 앎이 나와 다름으로 인한 正, 分, 合에 의한 당연한 결과임을 이해하여, 하느님의 몫인 결과에 연연하지 않고, 서로가 깨닫는 기회임을 알아 과정에 최선(0)을 다하면, 그 가정은 '하느님(神)과 하나(合一) 된 깨달음(앎)의 마당(場)'이 된다.

즉 연애 때는 서로가 상대에게 모든 초점을 맞춰주기에 '너 없으면 못살아.'가 된다.
하지만 가정을 이루면 둘의 초점은 가정을 유지하려는 같은 목적으로 바뀌게 되고,
그것은 서로의 개성과 앎과 여건이 달라 매번 부딪치게 돼, '너 없으면 못 살아가 어느새 너 때문에 못살아.'가 된다. 그래서 남녀가 가정을 이룬 후 상대(分)에게 해줄 수 있는 가장 큰 선물은 상대가(分) 하느님 표상이기에 상대(分)의 뜻에 따라주는 것이고, 이 따라줌은 전체 인류역사 흐름에서 내 몫의 결과에 연연하지 않고 나의 몫(퍼즐)에 최선(0)을 다하는 것의 표상이다. (무조건 잘해주면 지가 잘나서 그런 줄 알거나 버릇만 못돼지니까 깨우쳐 줘가면서.)

🚹 : 아이고, 쉽지 않네요.

☼ : 그러다 둘의 자녀가 태어나면 가정의 의미는 또 달라진다. 서로의 번식체인 아이를 낳고 키워 보므로,

① 부모이신 하느님께서 당신의 번식체인 인간을 얼마나 사랑하시는지 체험하며 앎이 성장하고, ② 하느님께서 무지(無知)한 인류에게 앎을 키워오시며 얼마나 애를 쓰셨는지 체험하며 하느님(神)과 앎의 질의 질량이 같아 진다.

🚹 : 네, 이해가 됩니다.

☼ : 그러다가 아이에게 사춘기가 와 아이가 부모의 뜻과 다르게 나아갈 때의 노심초사와 애통함으로, 자녀인 인간이 부모이신 하느님과 뜻이 다르게 나아가면, 하느님께서 얼마나 노심초사하시며 애통해하시는지도 알게 되고, 그래서 자녀인 인간이 正, 分, 合을 철저히 이해하여, 부모이신 하느님(神)과 뜻(목적)이 하나(合一) 되어 유기적으로 움직이는 것이 하느님에 대한 자녀로서의 가장 큰 미덕(美德=0=孝道)이다.

👤 : 네에.

☼ : **부모가 자식에게 해줄 수 있는 가장 큰 선물은 부부가 헤어지지 않고 화목한 것이다.** 그래서 화목한 늙으막의 부부를 보면 참으로 아름답게(0=美) 보인(느낀)다. 그러나 부부가 서로의 개성과 앎이 다름(分)을 이해 못해 결국 헤어지면 아직 미성년이어서 부모의 보살핌이 필요한 자녀는 둘에게서 태어난 자신의 정체성에 큰 혼란이 와 "그럼 난 뭐야? 난 어쩌라고?" 하며 엄청난 상처를 받게 된다.

자신이 태어나 존재하는 가정(小宇宙)이 해체되니, 그것은 아이에게 있어서 하늘(우주)이 무너지는(해체되는) 것이며, 자신의 존재 의미까지 사라지는 것이기에 아이는 가치관의 정체성과 정서에 큰 혼란을 가져와 '어찌할 바를 모르게 되기' 때문이다.

이렇듯 가정은 너희들이 하느님(神)과 뜻(목적)이 하나(合一) 되어, 하느님의 창조목적과 너희들의 존재 의미를 찾는 데 절대적이다.

👤 : 그렇군요.

☼ : **그래서 하느님은 구약성경 창세기 첫 머리에 아담과 이브를 1:1로 등장시킨 것이다.**

👤 : 예? 하느님께서 성경 창세기에 아담과 이브를 1:1로 등장시킨 게 가정을 의미한 거예요?

☼ : **그런데 너희는 불완전한 개체구조이기에 이성이나 배우자가 누군가와 外道를 하고 네가 알게 되는 경우가 있다. 그러면 너희는 꼭 갚는 식이 우선이어서 당연히 치가 떨리며 응징하고 싶어진다. 하지만 너희 모두는 무한(0)한 전체성(0) 하느님이 개체구조로 분화한 존재여서 그 상대들도 곧 나이기에, 이해와 양보로 모두가 하나라는 무한(0)한 전체성(0)을 체험할 때, 인류사회는 하느님의 창조목적인 오로지 기쁨만이 흐르는 지상천국이 된다.**

👤 : 에이, 그게 어디 쉬운가요?

☼ : **쉽지 않기에 그만한 가치가 있다. 자식에 대한 부모의 사랑도 잡은 고기 무조건 주는 1차적 사랑은 쉽지만, 그 사랑을 바탕으로 온갖 지혜로 고기 잡는 방법을 매로 가르치는 2차적 사랑은 아프고 쉽지 않듯이.**

또 너희가 개체구조이기에 꼭 갚는 식의 진리는 당연하고 쉽지만, 이해와 양보로 전체성(0)을 체험하는 차선의 진리는 쉽지 않듯이. 이 상황 역시 너희 모두가 하나인 전체성 神임을 실체적으로 입증해 네 영혼이 무한히 확대되는 절호의 기회이기에 그만한 절대 가치가 있다.

👤 : 그런데, '아이쿠!' 소리가 절로 납니다.

☼ : **너희가 이런 2차적 사랑을 체험할 때! 영적 성숙은 차원이 달라지며, 그리곤 너 스스로가 보람과 긍지로 모두가 하나라는 전체성(0) 사랑의 위대함을 새삼 깨닫고 체험하게 된다.**

남녀가 반드시 1:1로 가정을 구성하지 않아도 인류의 번식에는 지장이 없다.

하지만, 성경 창세기에서 남녀를 1:1로 등장시킨 것은, 남녀가 1:1인 가정이야말로 너희가 감당하기 힘든 여러가지 부딪침이 가장 첨예하게 나타나기 때문이다.

: 예? 1:1의 가정이 우리가 감당하기 가장 어렵다고요?

☼ : 중국 오지에 살고 있는 소수 민족 중 일부는 모계사회(母係社會)를 이루고 있으며, 그들은 난교(亂交)를 한다. 그들에게는 삼촌, 엄마, 이모 등의 단어는 있지만, 아버지라는 단어는 없다. 왜냐하면, 아버지란 의미가 아예 없기에, 그들은 제일 나이 많은 여자가 집안의 가장 어른이며, 둥근 도넛 형태의 3층 집에 살며, 도적 등 외부인의 출입을 막기 위해 출입구는 1층에 작은 문 하나뿐이다. 그리고 2, 3층에는 작은 방마다 창문이 하나씩 있으며, 남자들은 1층의 반을 넓은 방으로 만들어 합숙하며, 나머지 반은 가축을 키운다. 그리고 아이들은 어릴 때는 엄마가 키우다가, 조금 크면 남녀를 분리해 합숙시키다가, 여자가 초경을 하면 방을 예쁘게 꾸며 따로 준다. 초경 치른 여자는 그때부터 밖에서 남자를 만나 마음에 들면, 해가 진 후 자기 방으로 초대하여 해가 뜨기 전까지 같이 있을 수 있다. 그러다가 남자가 싫증 나 스스로 안 오면 그만이고, 여자가 싫증 나면 방문 밖에 나뭇잎을 달아 놓으면 남자에게 그만 오라는 표시이다. 그러다가 여자가 임신을 하고 아이를 낳으면, 그 아이는 또 엄마가 키우고, 아버지는 자기 아이인지도 모르고, 비록 안다고 해도 '인과관계'가 없다.

어떤 할머니에게 기자가 물었다. "그러면 할머니도 수없이 많은 남자를 만났겠군요?"라고. 그 할머니는 상대한 남자의 숫자를 기억할 수도 없다고 했다. 그리고 부근에는 같은 형태의 도넛같이 둥근 3층 집들이 여기저기 널려 있으며, 여자들은 농사도 짓고, 호수에서 고기도 잡는데, 남자들은 여기저기 모여 빈둥거리고 논다. 왜냐하면, 모든 재산은 여자들의 것이고, 남자는 아무런 권한이 없기 때문이다. **그러나 할머니의 대답이 평생을 같이 사는 부부의 비율이 그래도 10명에 1명은 된다고 한다.**

: 그런 데가 있어요?

☼ : 그런데 기가 막힌 것은 이렇게 모계사회로 살고 있는 그들은 참으로 평화롭고 즐겁게 잘 살고 있다는 것이다. 그 이유를 알아보니, 그들은 한 집안에 살고 있는 식구들이 모두 이모이고, 삼촌이기에, 네것 내것이 없어 물질적 욕심이 없고, 또 자존심 때문에 서로 싸울 일이 없어 서로서로 도우며 오손도손 살더란다. 현대인들이 겪는 부딪침(갈등)은 남남끼리의 자존심, 부부간의 상대에 대한 기대치, 모두가 상대적 비교(分)로 인한 부딪침(갈등)이며, 그것은 일부일처제에서 가장 크게 드러난다. 모계사회는 그만큼 상대적 비교

나 서로 간 자존심으로 인한 갈등의 소지가 없다는 것이다.

: 모계사회에서는 모두가 한 식구이니 별로 싸울 일이 없겠네요.

: 1960년대에 중국의 홍위병들이 이 제도를 없애려고 무척이나 애를 썼다. 그러나 그들은 끝까지 그 제도를 고수하며 이렇게 항변했다고 한다. “우리의 가족제도가 가장 평화로운데 왜 참견하느냐?”라고. **그러나 이런 사회는 먼 옛날 원시 씨족이나 부족사회와 같이 正分合에 있어서 부정(分)을 거치지 않은 긍정(正)이기에 하느님의 창조목적이 아니며, 또 씨족이나 부족사회는 ‘자기들만을 하나로 알기에’ 결국 씨족이나 부족끼리 다툼이 생겨 ‘모두가 하나라는 하느님의 창조목적에 부합하지 않다.’**

: 부정(分)을 거치지 않은 긍정(正)이라? 한 때는 홍위병들도 이 제도를 없애려 했고….

: 이렇게 인간에게는 남녀가 만나 번식하며 살아가는 방법이 여러 가지 있으나. 남녀가 1:1로 만나 살아가는 가족 제도야말로 소우주 인간의 앎이 ‘모두가 하나라는’ 하느님과 같은 질로 성장하여 하느님(神)과 하나(合一) 되는 최선(0)이기에, 하느님은 성경 창세기에 남녀를 1:1로 등장시켜 일부일처제로 인류를 이끌어오신 것이다.

: 에구구, 그런데 일부일처제는 언제 터질지 모르는 시한폭탄이네요.

: **이 역시 二分法 正, 分, 合 원칙이니, 첨예한 서로의 부딪침을 긍정적 기회로 받아들일 때, 깨달음은 극대화(0)되어, 그만큼 하느님(神)과 하나 됨(合一)의 질량은 깊고 넓다. 과일도 일교차가 커야 적응하느라 최선(0)을 다해 독특한 맛과 향기가 나듯이, 단풍도 일교차가 커야 적응하느라 최선(0)을 다해 빛깔이 진하고 아름답듯이, 너희들도 마찬가지이다. 삶에 첨예한 부딪침이 많으면 치열한 최선(0)이 나와 하느님(神)과 하나(合一) 됨의 질량이 깊어져 독특한 지복(至福) 희열이 나타난다. 완전(0)하신 하느님 자체인 이 우주에 공짜란 없기에.**

: 아이구, 두야!

: 왜 “아이구 두야!”냐?

: 그런데 지복(至福)에 이르는 두 가지 방법은 어떻게 된 거예요?

: 어? 이제까지 이야기한 건데 모르겠냐? 남녀가 만나 아이 낳고 알콩달콩 살며 하느님과 같은 질의 앎이 되면, 그 체험하고 느낀 정도에 따라 지복(至福) 희열이 나타나는 것이다.

: 그러면 이제까지 하신 이야기가 모두 그 이야기예요?

: 그래,

† 칠십사 일째 날: 강력한 선택력(목적력)

🚶 : 저 왔습니다.

☼ : 너 바둑 몇 급이냐?

🚶 : 한 8급 될걸요?

☼ : 그러면 내가 하는 말 알아듣겠구나. 바둑 실력이 1급 정도 되면, 바둑 한 판이 끝나고 판을 싹 쓸어버려도, 싹 쓸어버린 내용을 순서대로 다시 복기해 놓을 수 있다.

🚶 : 네? 싹 쓸어버린 200개~300개의 돌을 어떻게 다시 순서대로 놓아요?

☼ : 바로 선택이기 때문이다.

왜냐하면,

① 한 점(0=正)을 놓을 때마다,

② '여러 상황'에서 이것저것 따지는 갈등을 거쳐(分=1, 2, 3, 4, 5, 6, 7, 8, 9)

③ 가장 최선(0)이라고 느낀 지점을 선택(合=10)해 놓는다.

🚶 : 그렇지요?

☼ : 그래서 기억하는 거다. 돌을 놓은 이유(合=결과)가 네 의식(意識)에 앎(체험)으로 기록되고 상대의 돌을 또 분석(分)해보고, 네 나름의 결론(合=正)으로 돌을 놓고의 正, 分, 合 반복, 이렇게 正分合을 반복하다 보면 싹 쓸어버린 200~300여 개의 바둑돌은 순서대로 놓이게 된다.

🚶 : 그럼 무의식적으로 반응한 건 기억나지 않겠네요.

☼ : 무의식(無意識)은 원인(正), 과정(分), 결과(合)를 거치지 않았기에 네 의식(意識)에 기록되지 않아 기억나지 않는다. 이것이 의식(意識)적인 선택의 중요성이다.

🚶 : 이해가 됩니다.

☼ : **동물을 생명력인 먹거리로 '스스로 움직이게 동기부여에 따른 조건반사'로 훈련하면 선택력(力=목적력)이 강해져 '갖가지 동물 쇼'도 할 수 있듯이.**

만 3~4세 이전의 아이들은 영체가 없어 동물과 같기에 부모의 뜻에 따름이 최상의 이익이라는 조건반사로 키워, 부모의 눈짓만 봐도 유기적으로 움직이도록 선택력(목적력=念力)을 강력히 키워주면(칭찬은 고래도 춤추게 한다.), 아이가 성년(全知)이 되어 스스로의 선택권을 갖게 될 때, 강력한 목적력으로 갈등을 최소화해 하느님과 하나 된(合一) 제로(0)를 체험하며(全能) 보람과 긍지로 최상의 자존감을 느끼며 행복해하게 된다.

🚹 : 그런데 '조건반사로 동물을 훈련하듯이'는 좀 그렇네요.

☼ : 이 시기는 아담부터 노아를 거쳐 아브라함까지 부모이신 하느님과 자녀인 인간의 '뜻이 하나 된(유기적인) 절대복종의 인과관계(正分合 과정=情)' 정립과 같다.

① 구약성경 레위기 26장 3~9절, 신명기 28장 1~14절), 말을 잘 들으면 축복을 주어 현세에서 자손도 번창하고 잘 먹고 잘 살게 해주지만,

② 레위기 26장 14절, 39절, 신명기 28장 15~61절, 말을 안 들으면 저주를 내려 현세에서 자손도 끊기고 가난과 불구와 온갖 질병이 다 걸리게 하겠다고 했다.

이런 조건반사로 유대인을 키우셨기에, 이때의 하느님은 정말 귀찮고 너무 무섭고 두려운 존재였다. 왜냐하면, 잘살고 못사는 것은 내가 하기에 달렸고, 까딱 잘못하면 그만큼의 응징을 그대로 받으니까.

그래서 ① **구약시대 유대인들은 아프거나 가난하거나 불구가 되는 것은 조상이든 당사자든 하느님에게 죄를 지어 벌을 받아 그런 것으로 알았고,**

② **그래서 예수가 나타나 병을 고쳐주는 것이 곧 죄를 없애주는 것(용서=赦)의 의미였다.**

이렇게 자란 아이들이 4세쯤 되면 그때부터는 '성장된 강력한 조건반사'를 바탕으로 꼭 갚아 제로(0)를 체험하는 앎이 성장한다.

그렇게 자란 아이가 다시 8세쯤 되면 영혼의 자존감이 어느 정도 성숙돼 영혼의 본능 2에 의해 선(善)과 악(惡)에 대한 상대적(分) 개념이 드러나며 신약과정이 시작돼, 이때부터 아이는 ① 무엇이(正)든, ② 스스로 분석(分)하고, ③ 스스로 판단(合)하려고 한다.

그러나 **이때의 아이는 善과 惡에 대한 개념이 아직 성장 중이라 많이 힘들어 해, 이 시기의 아이에게 힘이 되는 것은 '너를 비롯한 모든 인간은 창조주 하느님께서 스스로를 느끼기 위해 개체구조로 분화한 존재'임의 자존감과, 二分法 正分合을 이해하면 '모든 것을 확실히 알게 된다.'라는 약속(믿음=신약시대와 같이)이다.**

왜냐하면, '인류는 모두가 하나'라는 개념(앎)이 확고할수록 善(옳고)과 惡(그름)의 가치관 정립에서 아이는 스스로(하느님=영혼의 본능)와 대화하며 善惡을 분별해 스스로의 가치관을 정립하기 때문이다.

그리고 이때부터는 부모가 아이에게 크게 간섭하지 않아야 한다. 그 이유는 부모 역시 개체성의 한계로 자녀에게 필요한 상황(아이의 개성과 앎과 여건)을 완전히 알 수 없으며, 자녀의 삶은 독립된 스스로의 몫이고, 개성이며, 존재 의미이며, 자존감이기에 부모의 지나친 간섭에 거부감을 느끼기 때문이다. **동물도 새끼가 자라 스스로 일어서려 할 때는 어미가 뚝 떨어져 관심 깊게 지켜보며 기다리듯이. 이때의 자녀는 자신을 믿어주고 간접**

적으로 지켜보는 부모의 모습에서 스스로 자신감과 책임감, 그리고 차원 높은 더 큰 부모의 사랑을 느낀다.

부모가 '지나치게 간섭하고 몰아붙이면' 인간 20년 성장 과정 正, 分, 合 원칙(0)과 어긋나 아이는 거부감으로 힘들어하고, 스스로의 정체성을 찾는 과정에 혼란이 오며, 부모는 부모 대로 正, 分, 合 원칙을 벗어난 집착으로 괴롭다.

드디어 아이가 15~16세가 되어 正, 分, 合 원칙을 이해할 수 있는 수준이 되면, 과학과 성경을 근거로 二分法인 正, 分, 合 원칙을 철저히 알려주어야 한다. 왜냐하면, 이때의 아이는 인류의 앎성장 7,000년 중 마지막 正, 分, 合 원칙 1,000년 시대에 해당하기 때문이다.

그러면 아이는 과학과 성경을 근거로 실생활에서 4~5년간 正, 分, 合 원칙을 철저히 체험하며, 스스로의 삶이 하느님(神)과 하나(合一) 된 보람과 긍지의 지상 천국임을 체험하게 된다.

🚹 : 듣고 보니 말 되네요.

☼ : 앞의 55일째에서도 설명했지만, 최근 뇌 과학의 발달로 밝혀진바, 아이는 26% 정도 성장한 뇌로 태어난 후, 두뇌가 '자연계를 고루(0) 느낄 수 있게' 발달하는 부분은 3~4세 정도에 완성되지만, 동물과 달리 인간의 특성을 나타내는 '사고력과 제어력'을 관장하는 전두엽은 3~4세부터 8~9세까지 성장하며, 이어서 두정엽은 12세까지 성장하고, 측두엽은 16세까지 성장한다고 한다.

🚹 : 두뇌 성장 매듭도 인간성장 20년과 같네요.

☼ : 특이한 것은 4~9세까지 성장하는 전두엽의 발달이 충분해야 이어지는 두정엽과 측두엽도 충분히 성장한다는 것이다.

① 하느님과 인간의 우선순위 '절대복종'이 충분해야 이어지는 꼭 갚는 식 구약 진리가 제대로 성장할 수 있고,

② 꼭 갚는 식 구약 진리가 충분히 성장해야,

③ 이어지는 이해와 양보의 신약 진리가 충분히 성장할 수 있듯이.

🚹 : 와! 똑같네.

☼ : 正, 分, 合 원칙은 하나이니까.

† 칠십오 일째 날: 신(神)과 합일(合一)은 동기(動起)가 문제

🚹 : 저 나왔어요.

☼ : **본론으로 들어가자. 하느님의 인류 앎 성장 과정 7,000년에서 6,000년이 지난 지금 새로 시작되는 마무리 1,000년 正, 分, 合 원칙 시대는,**

① 누구나 개개인이 正, 分, 合 원칙을 철저히 이해해(全知),

② 개성+앎+여건=현재 상태로써 최선(0)을 다하고 있는 것이기에,

③ 나와 하느님만이 나를 심판할 수 있을 뿐, 아무도 나를 심판할 수 없으며 심판이 되지도 않는다.

🚹 : 하느님과 나만이 나를 완전(0)히 알기에, 하느님과 나만이 나를 심판할 수 있다는 거예요?

☼ : 그래, 그리고 너희는 개체구조로 분화한 결과적 존재이기에 당연히 결과에 연연한다. 하지만 하느님은 원인적 존재여서 너희가 하느님과 하나 되려면 원인(正=動起)에 연연해야 한다.

🚹 : '우리의 행동 동기(動起=원인)가 원인이냐?, 결과냐?'가 문제라는 거예요.?

☼ : **그렇다. 확실한 예를 들어 주마! 너희가 직장이든 모임이든 어떤 조직에 들어갔는데 네가 신입이고, 하급이면, 그곳에서의 영향력이 거의 없다. 그런데 들어가 보니 조직원들이 부정을 저지르고 있었다. 여기서 문제는 그 부정에 너도 어쩔수 없이 끼어들게 되어 있다는 것이다. 왜냐하면 네가 그 부정에 동참하지 않거나 까발리면 너는 그들에게서 왕따를 당하거나, 그들의 위해(危害)로 쫓겨 날 수도 있어, 네 삶에 심각한 문제가 발생해 이럴 수도 없고 저럴 수도 없는 상황이기 때문이다.**

🚹 : 저런? 그러면 어떻게 해요?

☼ : **바로 여기서 동기(動起=목적=원인)가 문제 되는 것이다. 네가 그들의 부정에 어쩔 수없이 끼어드는 동기가 하느님과 절대적 관계인 전체성(0)이면 너는 지금은 영향력이 없기에 어쩔 수 없이 그들과 동참하더라도, 기다려 차츰 도덕적이든 지위든 네 영향력이 그 조직에서 어느 정도 생기면(커지면), 그들을 지혜로 설득해 그런 부정을 없애도록 최선(0)을 다하게 된다. 그러므로 문제는 '그 부정에 동참하는 네 동기가 전체성(0)인가?'이고! '그 부정을 없애기 위해 네가 얼마나 최선을 다하는가?'이며, 그것은 네 스스로와 하느님만이 완전히 알 수 있다. 그러므로 너희는 어떤 여건(직장, 가정 등)에서도 危害를 당하지 않고 얼마든지 그들과 어울릴 수 있어, 어떤 여건에서도 스트레스 받지 않고 전체성(0)을 체험할 수 있다. 중요한 것은 조직에서의 네 지위가 높아져 영향력이 커지면 하느님**

일도 그만큼 빨리 많이 할 수 있다는 것이다.

🚹 : 그렇다면 진짜 어떤 여건이든 문제 될 게 없겠네요.

☼ : **이 문제는 너희들이 실생활에서 매 순간 처세하는 것이어서 대단히 중요하니 항상 명심하고 또 명심해라. 정직해야 한다고 부정을 까발려 너도 危害를 입고, 그들에게도 상처를 주는 것은 지혜롭지 못한 행동이니까. 그래야 너희 사회는 조용히 소리 없이 평화롭게 차츰차츰 개혁되어 간다. 그래서 너희가 하느님에게 할 수 있는 가장 큰 효도는 다른 사람들에게 正分合 원칙을 빨리 알려줘 그들도 하느님의 친자녀가 되어 사회개혁에 적극 동참하게 해 하느님의 나라가 하루라도 빨리 이루어지게 하는 것이다. 이것도 1차적으로 너 스스로가 깨닫는 건 당연하고 쉽지만, 2차적으로 남에게 알려주는 것은 어려워 온갖 지혜와 아픔이 따르는 차원이 다른 효도이다.**

🚹 : 아! 그러네요.

☼ : 왜냐하면, 正, 分, 合을 모르고 神의 뜻에 따르다가는 히틀러같이 될 수도 있고, 아랍의 테러리스트들같이 될 수도 있다. 正, 分, 合을 알리는 일은 1,000년 후에도 영원히 이어진다. 왜냐하면 1,000년 후에도 너희는 누구나 무지(無知)로 태어나 正, 分, 合 앎을 배우기 때문이다.

또 한 가지 예를 더 들면,

지금 너희 윤리로는 남매간의 번식은 말도 안 되는 것으로 되어 있다.

그런데 만약 인류가 거의 멸종단계에 이르렀다면 어떻게 해야 하냐?

그때는 당연히 남매라 해도 번식을 해서 인류의 멸종을 막아야 한다.

여기서 문제는 '네가 움직이는 동기가 하느님의 뜻과 얼마나 일치하는지?'가 문제이다.

하느님의 뜻을 철저히 알려면 하느님의 체질인 二分法 正分合 설명을 철저히 알아야 한다.

🚹 : 네, 그렇겠네요.

☼ : 너희가 지상천국을 체험하려면 꼭 필요한 것이 또 있는데 이것은 가식과 인습을 벗는 일이다. 너희는 누구와 부딪쳐 감정이 생기면 '감정을 그냥 드러내 표현하는 게 나에게 이익이 될까, 아니면 손해가 될까?' 우선 잔머리를 굴린 후 참기도 하고 더욱 부풀려 표현하기도 한다. 그러면 너와 부딪친 상대는 네가 그 상황에서 어떻게 느끼는지? 알 수 없어 깨달음의 기회를 잃게 되고, 감정을 속인 너는 화를 참은 스트레스로 화병이 날 수도 있고, 또는 다른 곳에서 화를 터트릴 수도 있다. 그러면 엉뚱하게 당한 사람은 네가 왜 화를 내는지? 몰라, 너를 성격적으로 문제가 있거나 '이 사람이 나에게 무슨 감정이 있었나?' 하고 좋지 않은 감정을 갖게 된다. 그래서 너희는 감정을 느끼는 대로 그대로

드러내야 너와 부딪친 상대도 '아! 내가 이렇게 하니까 상대가 저렇게 느끼는구나!' 깨닫게 되고, 감정을 그대로 드러낸 너는 감정을 그대로 표현했기에 마음이 비워(0)져 삶이 즐겁다. 그런데 여기서 중요한 것은 감정을 드러내는 동기가 객관적(0=공평)이어야 한다. 왜냐하면, 감정을 드러낸 동기가 객관적(0)이어야 설득력이 있기 때문이다. 그러면 너는 도덕적으로도 떳떳하며, 또 항상 감정이 남는 게 없이 비워져(0) 스트레스도 쌓이지 않는다. 그러면 건강도 해치지 않고 '지상천국'을 체험하게 된다.

🚹 : 네, 그럴 것 같네요.

☼ : 너희는 어린아이들을 '천사 같다'라고 한다. 그것은 어린아이는 아직 세상 때(인습)가 덜 묻어 개성과 감정이 그대로 표출되는 행위를 보고 하는 말이다. 마태오 18장 2~4절, 마르꼬 10장 15절에 보면, 예수는 "너희가 어린아이와 같지 않으면 천국에 갈 수 없다." 라고 한 것은, 너희의 인습(假飾)을 말하는 것이다.

이에 있어서,

1. 무지(無知)하여 인습과 위선이 아주 없는 사람과,

2. 전지(全知)하여 인습과 위선을 아주 벗은 사람은 외적(外的) 행동에 큰 차이가 없어 보인다. 하지만 그 동기(원인=正)는 전혀 다르기에 과정(分)과 결과(合) 역시 전혀 다르다.

🚹 : 그렇군요.

☼ : **正, 分, 合을 철저히 이해하여, 목적의 제로(0) 眞과, 관계의 제로(0) 善과, 조화의 제로(0) 美를 체험하며,**

① 느낄 수 있는 것은 최대(0)한 느껴서 목적을 털고(0),

② 개체성의 한계로 내 몫이 아닌 것은 깨끗이 마음을 비워(0=체념) 털며(0),

③ 자연계의 인습과 위선을 벗은 솔직하고 맑은 상태에서,

④ 하느님(神)의 창조목적(뜻=목적)과 하나(合一) 된 진인사대천명(盡人事 待天命)'을 실천하면,

⑤ 네 주변 사람들은 누구나 영핵 본능 2가 흘러 항상 상위 개념(直觀)을 지향하기에 그런 너를 보면 공감하게 돼,

⑥ 네 주변 사람들은 너와 하나 되고 싶어 하고 도와주려 한다. 이것이 "하늘은 스스로 돕는 자를 돕는다."라는 것이다. 놀라운 것은 그렇게 시간이 흐르면, 어느새 너는 주변의 신뢰를 얻게 돼 사람들에게 '필요한 존재'가 되고, 그러면 먹고 사는 건 저절로 해결된다.

그러나 사람들의 수준이 아직은 천차만별이니 각종 사기나 묻지 마 범죄를 주의해라.

🚹 : 이야기를 듣고 보니 하느님(神)과 하나 된(合一) 삶이 어려워 보이지 않네요.

☼ : 당연하다. 문제는 너희가 正, 分, 合 원칙을 몰라 공짜 심리로 가득 차 쉽게 빨리 '거저 먹을' 요행수만 찾고 있어 불안하고 힘든 것이다.

🚶 : 와! 설명이 멋지십니다.

☼ : **이렇게 正, 分, 合 원칙을 철저히 이해해 하느님(神)과 하나 된(合一) 삶은,**

① 부모이신 하느님(神)의 창조목적과 뜻을 하나(合一)로 체험하는 보람과 긍지로 인한 기쁨. ② 이 우주 자체가 하느님(神)이므로 세상의 모든 것이 따뜻하며,

③ 그렇기에 내 곁에 있는 모든 사람이 '먹고 먹히는 경쟁상대가 아닌, 느끼기 위한 상호 보완적인 존재' 천사이며,

④ 그래서 그들은 내가 얼마든지 사랑할 수 있는 존재이고, 나 또한 그들에게서 얼마든지 사랑받을 수 있는 존재임을 체험하는 삶이다.

🚶 : 와! 그렇게 말씀하시니까, 세상이 금방 밝아지는 느낌입니다.

☼ : 오늘은 아주 뽕을 빼자. 내일은 진짜 종말론으로 들어가게.

모그룹의 회장은 창업주인 부친에게 교육받을 때, 회사 내 공장에서 불편한 숙식과 "매우 엄하고 힘든 교육을 철저히 받았다."고 술회했다. 그러면 이것은 재벌인 부친이 '돈이 없고, 자식에 대한 사랑이 없어서' 그렇게 혹독하게 교육시켰겠냐? 아니다. 자식과 회사를 지극히 사랑하는 부모로서, 자식이 견디기 힘든 것을 알지만,

1. 잡은 고기를 자식에게 무조건 주지 않고,
2. 스스로의 가치를 찾을 수 있도록 자식에게 '고기 잡는 방법을 가르치기 위한 것'이었다.

🚶 : 네에.

☼ : 카지노 세계대회에서 두 번 우승하여 세계 랭킹 2위의 갬블러이며, 쿵후 7단이고, 프로 바둑 4단인 백만장자의 이야기이다. 그는 영등포 영보극장의 주인인 홀어머니의 다섯째 막내아들로 태어나 1970년대 중반 대학 다닐 때 자가용을 몰고 다닐 정도로 부유하게 자랐다. 그가 결혼 후, 아이가 둘일 때 부인과 이혼하고 빈손이 되니 미국에 사는 큰 누이가 한국에서 할 것이 없으면 미국으로 건너와 보라고 하여 건너갔다고 한다. 그런데 큰 누이 집에서 하릴없이 빈둥거리며 2주일쯤 지내니 큰 누이가 불러, "이혼한 동생이 집에 있으면 아이들 교육에 좋지 않으니 나가라."라고 하더란다. 느닷없는 큰 누이의 돌변에 거리로 쫓겨 나와 충격으로 너무나 서러워 2시간을 울었단다. 할 수 없어 다시 한국으로 건너가 어머니를 찾아갔더니, 어머니가 여행 가방을 대문 밖으로 내동댕이치며 내쫓더란다. 그래서 또 2시간을 섧게 울고 깨달은 것이, "어머니나 누나가 부자인 것이 나하고는 아무 관계가 없구나."였다고 한다. 그 후, 다시 미국으로 건너가 성공하기 위해

(살아남기 위하여) 피나는 노력을 하였고, 차츰 성공하여 몇 년 지나 결혼도 다시 하였다고 한다. 그런데 어느 날 큰 누이가 사는 곳을 어떻게 알았는지 찾아와, "엄마가 너 때문에 걱정이 되어 돌아가시게 생겼다."라며 찾아가 보라고 하더란다. 그러나 마음이 크게 상했던 그는 몇 번이나 찾아온 누이를 매번 매정하게 돌려보냈단다. 그랬더니 그때까지 그를 고아로 알고 있던 그의 부인이 눈치를 채고 "누구냐? 친척이냐?" 묻더란다. 그는 친척이 아니라고 대답했고, 그것은 과거에 당한 수모가 너무나 가슴 깊이 맺혀 있어, 그동안 자신을 고아라 생각하며 살았고, 부인에게도 그렇게 말했기 때문이란다. 그 후에도 의문이 풀리지 않은 그의 부인이 "그러면 당신 혹시 간첩 아니냐? 왜 이상한 사람들이 자꾸 찾아오느냐?" 하더란다. 이것은 큰 누이나 어머니는 곱게 자란 막내가 엄마의 부유함을 믿고 빈둥거리기에, "저래서는 사람 되기 틀렸다."고 판단하여 가슴 아프지만 매정하게 했던 것이고, 그 결과 정신차린 그는 '자기는 혼자'라는 각오로 삶에 최선을 다한 결과 크게 성공한 것이다.

이때 어머니와 큰 누이의 그 매정함(매로 치는 사랑)은 곧 그의 가치를 찾아주기 위한 2차적 사랑이다. 그러므로 매로 다스리는 2차적 사랑은 무조건 베푸는 1차적 사랑과는 비교할 수 없이 힘들고 지혜가 필요한 고난도의 아픈 사랑이다. 실제 있었던 이런 경우를 봐도 알겠지만. 너희들이 명심해야 할 것은 너희들이 최선을 다할 때 그 결과(창조)는 실로 엄청나다는 것이다. 에디슨도 전구의 필라멘트를 발명하는데 1,200번의 실험을 했고, 축전지를 발명할 때는 무려 25,000번의 실험을 했다고 한다.

† 칠십육 일째 날: 세계 종말은 이미 세 번째 지나갔다

🧍 : 저 나왔습니다.

☼ : 너는 종말론이 무엇이라고 생각하느냐?

🧍 : 그걸 왜 저한테 질문하세요?

☼ : 너희들의 의식(意識)이 얼마나 빗나가 있는지 확인하기 위해서다.

🧍 : 의식이 빗나가요?

☼ : 너희들이 종말론을 두고 헷갈리는 것은 의식(意識)이 빗나가 있기 때문이다.

🧍 : 그래요?

☼ : 너희들이 종말론의 의미를 모르기에, 종말이 지나갔고, 이미 새 시대가 왔어도 알이 보

지 못하는 것이다.

: 그래요?

: 그러나 너희들이 알아보지 못하는 것은 당연하다.

: 어째서요?

: 왜냐하면, 너희들의 의식(意識)이 딴 곳에 있어서 당연히 알아보지 못한다. 신(神)과 하나(合一) 되면 기적을 일으켜 잘 먹고 잘 살고 둔갑이나 하는 걸로 착각하고, 요행수나 찾고 공짜 바라고 뜬구름 잡기에 몰두하니 새 시대가 왔어도 알아보지 못하는 것이다.

: 생각해 보세요. 서기 2000년이 다가오며 지구상에 종말론이 세계 여러 곳에서 얼마나 시끄러웠어요? 종교계는 종교계대로 종말론이 극성을 떨며 자살로 떼죽음하기도 하고, 일반인은 일반인들 대로 갖가지 예언집이 서점에 깔려 혼란스럽게 하지 않나? 모두들 여기저기서 그럴듯한 근거를 들이대며 곧 지구가 멸망하는 것 같이….

: 그래, 참 시끄러웠지.

: 그런데 2,000년이 9년이나 지났지만 아무 일도 없잖아요. 그러니까 모두 뻥이지요.

: **아니다. 서기 2000년 말에 종말이 온다고 한 예언은 맞았다.**

: 예? 지구가 이렇게 그대로 있는데 무슨 예언이 맞아요?

: **금방 내가 말했잖냐 너희가 종말의 의미를 모르기 때문이라고.**

: 그럼? 종말은 벌써 지나갔어요?

: 그럼.

: 어떻게 지나갔어요?

: 하느님이 인류의 앎 성장을 이끌어온 목적부터 이해해야 한다.

: 그건 이제까지 설명해 주셨잖아요?

: 그러면 다시 성경을 보자.

: 네? 또 성경이에요?

: 성경에는 종말에 대한 하느님의 뜻이 속속들이 들어있기 때문이다.

: 그래요? 일단 들어보지요.

: 성경에 보면 말세 2번은 지나갔고, 이번 너희가 겪은 말세는 세 번째다.

: 서기 2000년에 세 번째 말세가 지나갔다는 거예요?

: ① 창세기 6장 13절, 하느님께서 노아에게 말씀하시길 "세상은 이제 막판에 이르렀다. 땅 위는 그야말로 무법천지가 되었다. 그래서 나는 저것들을 땅에서 다 쓸어버리기로 하였다."라고 하여, 이때를 말세(첫 번째)라 했고, ② 요엘 2장 10절, 31절, 3장 1~5절, 3

장 15절, 이사야 13장 10절, 24장 23절에 보면, 구약 말기 예수가 출현할 때를 가리켜 "해와 달은 어두워지고 별들은 그 빛을 잃는다."라고 했으며, 말라기 3장 19절, 요엘 2장 3절에도, "보아라. 이제 풀무불처럼 모든 것을 살라버릴 날이 다가왔다. 그날이 오면 멋대로 살던 사람들은 모두 검불처럼 타버려 뿌리도 가지도 남기지 않으리라."라고 하였으니, 이때가 두 번째 말세였다. 그러나 실제 역사를 보면 구약 예언서의 내용과 다르다.

① 노아의 방주 사건 이후에도 인간들은 번창했고,

② 예수가 출현했을 때도 해와 달은 그냥 있었고, 풀무불이 붙어 온 세상이 불타버리지도 않았으며, 다만, 예수로부터 악을 소멸시키고, 죄를 사해 주는 새 진리가 나타났을 뿐이다.

③ 그리고 신약성경에는 세 번째 말세가 있다고 했으니, 신약성경 디모데후서 3장 1~8절을 보면, 예수가 재림하는 말세의 상황을 묘사한 구절이 있다.

"마지막 때에 어려운 시기가 닥쳐오리라는 것을 알아두시오. 그때 사람들은 이기주의에 흐르고, 돈을 사랑하고, 뽐내고, 교만해지고, 악담하고, 부모에게 순종하지 않고, 감사할 줄 모르고, 경건하지 않고, 무정하고, 무자비하고, 남을 비방하고, 무절제하고 난폭하고, 선을 좋아하지 않고, 배신하고, 앞뒤를 가리지 않고, 자만에 부풀어 있고, 하느님보다 쾌락을 더 사랑할 것이며, 겉으로는 종교생활을 하는 듯이 보이겠지만 종교의 힘을 부인할 것입니다. 이런 자들을 멀리하시오. 그들 가운데는 여러 가지 정욕에 이끌려 죄에 빠져 있는 아낙네들을 유인하러 남의 집에 들어가는 사람들이 있습니다. 그 여자들은 배우기는 하지만 결코 진리를 깨닫는 데까지는 이르지 못합니다. 이런 자들은 얌네와 얌브레가 모세를 배반한 것처럼 진리를 배반할 것이며, 정신이 부패해서 믿음의 낙오자가 될 것입니다."라고 하여, 말세에는 가치관 혼란으로 부정부패가 만연할 것임을 실감 나게 기록하고 있다. **너희들도 사회의 부조리나 가치관 부재를 보면 말세라고 탄식하듯이, 성경에서 말세라고 하는 것도 알고 보면, 사회의 기존 진리가 빛을 잃어 가치 기준이 혼란해 도덕이 타락한 현상을 지적한다.**

그리고 이러한 세 번째 말세는 신약 진리가 온 세상에 다 펴져야 종말이 오기에, 마태오 24장 14절, 마르꼬 13장 10절을 보면, "복음이 온 세상에 전파되어 모든 백성에게 밝히 알려진 후에야 끝이 올 것이라." 했다.

🚹 : 그럼, 말세가 지구가 깨지며 인류가 멸망하는 게 아니고, 가치관에 혼란이 와서 인류의 도덕률이 피폐해지고 타락한 것을 말하는 거예요?

☼ : 그렇다.

🚹 : 저도 성경을 읽어 봤는데요. 요한계시록에도 종말에는 해와 달이 빛을 잃고 지구에 불

비가 내려 멸망한다고 분명히 했던데요?

☼ : **그렇게 기록돼 있지. 그러나 그것은 성경의 많은 내용이 그렇듯이 비유와 상징이다.** 네가 읽어 보았다는 성경의 종말론을 정리해 보면, 마태오 24장 27, 44절, 마르꼬 3장 26절, 루가 17장 24절, 예수가 “사람의 아들이 다시 오겠다.”라고 하자, 이 말을 들은 제자들은 그럼 그때에는 어떤 징조가 있냐고 물어보았다. 이에 대해 마태오 24장 29, 35절에 보면, “해가 어두워지고 달은 빛을 잃을 것이며 별들은 하늘에서 떨어지고 모든 천체가 흔들릴 것이다.”라고 했다.

그렇듯이 신약성경 예언서인 요한계시록 6장 12~14절에도, 말세가 되면, “큰 지진이 일어나고 해는 검은 머리털로 짠 천처럼 검게 변하고 달은 온통 핏빛으로 변하였습니다. 그리고 별들은 마치 거센 바람에 흔들려서 무화과나무의 설익은 열매가 떨어지듯이 땅에 떨어졌습니다. 하늘은 두루마리가 말리듯이 사라져 버렸고 제자리에 그대로 남아있는 산이나 섬은 하나도 없었습니다.”라고 하여, 마태오 24장 29, 35절의 내용과 같이 자연계에 천지멸망이 일어나는 것으로 표현했다. 이외에도 베드로후서 3장 12절에 보면, “그날이 오면 하늘은 불타 없어지고 천체는 녹아버릴 것입니다.”라고 했고, 고린도전서 3장 13절에도, “심판의 날은 불을 몰고 오겠고 그 불은 각자의 업적을 시험하여 그 진가를 가려줄 것입니다.”라고 했으며, 요한계시록 8장 7절에서도, “우박과 불덩어리가 피범벅이 되어서 땅에 던져져 땅의 삼 분의 일이 타고, 나무의 삼 분의 일이 탔으며 푸른 풀이 모두 타버렸습니다.”라고 했으며, 데살로니가 1장 8절에도, “주께서는 불꽃 가운데 나타나셔서 하느님을 거부한 자들과….”라고 했고, 마태오 13장 50절에도, “불구덩이에 처넣을 것이다. 그러면 거기서 그들은 가슴을 치며 통곡할 것이다.”라고 하여, 끝날이 오면 불이 온 천지를 뒤덮어 세상이 멸망하는 것으로 표현했다.

🚶 : 그러니까요!

☼ : 그래야 너희들이 알아듣겠기에.

🚶 : 그래서 사람들이 해와 달이 떨어지고 하늘에서 불벼락이 내릴 것으로 알았지요. 어디 저뿐입니까?

☼ : 그런데 잘 보면, 예수의 출현을 예고한 구약성경의 종말 예언과 신약성경의 종말 예언이 똑같다. 요엘 2장 10절, 31절, 3장 1~5절, 3장 15절, 이사야 13장 10절, 24장 23절에 보면, 구약 말기 예수가 출현할 때를 가리켜 “해와 달은 어두워지고 별들은 그 빛을 잃는다.”라고 표현했고, 말라기 3장 19절, 요엘 2장 3절에도, “보아라. 이제 풀무불처럼 모든 것을 살라버릴 날이 다가왔다. 그날이 오면 멋대로 살던 사람들은 모두 검불처럼 타

버려 뿌리도, 가지도 남기지 않으리라."라고 하여, 신약 요한계시록에서 표현하고 있는 최후의 심판 상황과 똑같이 표현하였다. 그러나 실제 역사를 보면 구약 예언서의 내용과는 달리, 예수 출현 이후 해와 달은 지금까지 그냥 있고, 풀무불이 붙어 온 세상이 불타버리지도 않았으며, 다만 예수로부터 악을 소멸시키고, 죄를 사해주는 새 진리가 나타났을 뿐이다. 그런데도 베드로는 사도행전 2장 16~22절에서, "요엘에 예언된 대로 마지막 날에 성령을 부어주고, 또 땅에선 피와 불과 짙은 연기가 일고, 해는 빛을 잃어 어두워지고 달은 피와 같이 붉어져 마침내 크고 영광스러운 주의 날이 오리라고 한 구절이 예수가 왔기에 이루어졌다." 말했다.

: 베드로가 그랬어요?

: **자연계에는 그런 일이 일어나지 않았으나, 예수의 출현으로 새 진리의 시대가 열린 것을 베드로는 그렇게 표현한 것이다. 그래서 서기 2000년이 가까워지며 종말론에 세계가 떠들썩했던 것도, 구약 말기 때와 마찬가지로 신약시대가 끝나고, 새 진리 시대가 열리는 것을 말한다. 이렇듯 성경의 예언서가 문자 그대로가 아니고 비유와 상징임을 알아야 한다. 해와 달이 빛을 잃는다는 것은 그때까지 인류사회를 이끌어오던 기존 진리가 빛을 잃는 것을 말하는 것이다.**

: 그렇군요. 구약 말에 예수가 신약 진리를 가지고 나타난 것을 요엘이 해와 달이 떨어지고 불이 휩쓸었다고 한 것이 이루어졌다고 했으니.

: 그래서 신약 말에 예수가 재림할 때도 똑같이 해와 달이 떨어지고 불비가 내린다고 한 것은 결국, 신약 말인 서기 2000년대가 되면 신약 진리는 빛을 잃고 새 진리가 나타나는 것을 말한 것이다.

: 서기 2000년경에 종말이 온다는 것도 그때 새 진리가 나타난다는 거네요.

: 더 들어봐라. 요한 3장 17~18절, 12장 47~48절에 보면, "하느님이 아들을 세상에 보내신 것은 세상을 '단죄'하시려는 것이 아니라 아들을 시켜 '구원'하시려는 것입니다."라고 하여, 심판과 구원이 같은 의미임을 밝혔으며, 베드로전서 1장 5절에도, "마지막 때에 나타나기로 되어 있는 구원을 얻게 하여 주십니다."라며 제자들도 심판과 구원이 같은 것임을 알고 있었다. 그러므로 마태오 24장 29, 35절, 요한계시록 6장 12~14절에 예언된 대로, "최후의 심판 때는 해와 달이 빛을 잃고 별들이 떨어지며 하늘이 사라진다."라는 것은 자연계의 천재지변이 아니라, 구약 말에 구약 진리가 빛을 잃어 신약 진리가 나타난 것처럼 서기 2000년이 되면 신약 진리 역시 빛을 잃을 것이고, 그러면 한 단계 상위 개념의 새 진리가 나타나는 것을 말하는 것이다.

🚶 : 네에.

☼ : 이와 같이 구약 예언서가 모두 비유와 상징으로 쓰였으므로, 구약 예언서에 통달한 예수도 같은 상황이 또 한 번 있을 것을 같은 비유법을 쓴 것이다(마태오 13장 34절, 마르꼬 4장 10~13절, 33~34절). 유대인의 경전인 탈무드 역시 비유와 상징법으로 썼으니 유대인은 비유와 상징법을 즐겨 썼던 민족이다.

🚶 : 그걸 모르고 겁을 냈으니.

☼ : 성경은 진리를 해와 달로 비유한 것 외에도 여러 가지로 비유했다. 야고보 3장 6절에 보면 "혀는 불과 같습니다."라고 했고, 이사야 30장 27절에도 "야훼께서 혀에서 불을 내뿜으신다."라고 했으며. 이사야 66장 15절에서는 "야훼께서 불을 타고 오신다." 이사야 66장 16절에는 "야훼께서는 몸소 온 세상을 불로써…."라고 했으며. 신명기 4장 24절, 히브리 12장 29절에도 "너희 하느님 야훼께서는 삼키시는 불길이시요."라고 했고, 이사야 31장 9절에도 "시온에 불을 장만하신 야훼의 말씀이시니."라고 했으며. 신명기 33장 3절에도 "그의 콧김에 만방이 타 죽는데…."라고 하여 진리를 불로 비유하였으니, 결국 최후의 불심판은 최후의 진리 심판임을 의미하는 거다.

🚶 : 그러네요.

☼ : 진리를 반드시 불로 표현한 것도 아니다. 이사야 10장 17절에 "이스라엘의 빛은 불길이 되고."라 했고, 요한 8장 12절, 12장 36절에 보면 예수 역시 "나는 세상의 빛이다. 나를 따르면 생명의 빛을 얻을 것이다."라고 했으며. 베드로전서 2장 9절에도 "놀라운 빛 가운데로 인도해 주신 이…."라 했고, 로마서 2장 19절에도 "어둠 속을 헤매는 사람에게는 빛이 될 수 있다." 사도행전 26장 23절에 "그리스도는 구원의 빛을 선포하실 분이라는 것입니다."라고 했으며. 요한 1장 9절에도 "말씀이 곧 참 빛이었다." 불교에서도 진리를 빛으로 비유한 곳이 있으니 42장경에 보면 석가모니가 진리를 깨닫고 나서, "대저 진리를 봄은 마치 횃불을 가지고 어두운 방에 들어갈 때 어둠이 없어지고 광명만 남는 것 같다."라고 표현했다.

🚶 : 불교에서도 진리를 빛으로 표현했군요?

☼ : 또 진리를 물로도 비유했으니, 즈가리야 14장 8절에 보면, "그날이 오면 예루살렘에서 샘물이 터져 나와 반은 동쪽 바다로 반은 서쪽 바다로 흘러가리라."라고 했고, 요한 4장 14절에도 "내가 주는 물을 마시는 사람은 영원히 목마르지 않을 것이다. 내가 주는 물은 그 사람 속에서 샘물처럼 솟아올라 영원히 살게 할 것이다."라고 했으며. 요한계시록 21장 6절, 22장 17절에도 "나는 목마른 자에게 생명의 샘물을 거저 마시게 하겠다." 라고 했고, 요한계시록 7장 17절에서도 "어린 양이 그들의 목자가 되셔서 그들을 생명의

샘터로 인도하실 것이며….”라며 진리를 물에 비유하기도 했다.

🚹 : 그래서 진리를 생명수라고도 하는군요.

☼ : 들어 보면 다 맞는 말이지만, 진리를 칼로 비유하기도 했다. 이사야 66장 16절에서 “야훼께서는 몸소 온 세상을 불로 모든 사람을 칼로 심판하신다.”라고 했고, 요한계시록 1장 16절, 2장 16절, 19장 15절에도 “입에서는 날카로운 쌍날 칼 내 입에서 나오는 칼을 가지고, 그분의 입에서는 모든 나라를 쳐부술 예리한 칼이 나오고 있었습니다.”라고 했다.

🚹 : 비유와 상징이 맞네요.

☼ : 또 있다.

🚹 : 또 있어요?

☼ : 이사야 11장 4절에 보면 “그의 말은 몽치가 되어 잔인한 자를 치고 그의 입김은 무모한 자를 죽이리라.” 요한계시록 12장 5절에는 “여자가 아들을 낳았습니다. 그 아기는 장차 쇠지팡이로 만국을 다스릴 분이었습니다.”라고 했고, 요한계시록 2장 27절, 시편 1장 9절에도 “그는 쇠지팡이로 질그릇 부수듯이 그들을 다스릴 것입니다.”라고 했으며, 요한계시록 19장 15절에서는 “그분은 친히 쇠지팡이로 모든 나라를 다스릴 것입니다.”라고 하여 진리를 쇠지팡이로 비유했다.

🚹 : 그런데 궁금한 게 있어요.

☼ : 뭔데?

🚹 : 그럼 처음부터 해와 달이 떨어지고 불비가 내린다고 하지 말고 상위 개념의 새로운 진리가 나타난다고 하면 되지, 왜 천재지변으로 말해서 인류사회에 혼란을 주고 많은 사람들이 피해를 보게 해요?

☼ : 그 원인은 너희에게 있다.

🚹 : 왜요?

☼ : 그건 너희들의 수준에 맞춘 최선이란다.

🚹 : 그것도 우리 수준에 맞춘 최선이에요?

☼ : 생각해봐라. 너희들에게 단계마다 새 진리가 나타난다고 하면 잘 먹고 잘사는 데만 정신 팔린 너희들에게 먹혀들겠냐? 그나마 이 정도 해놔야 지구가 깨지고 불비가 내려 처참하게 죽는 줄 알고 깜짝 놀라 무서워 벌벌 떨며 신경들을 쓰지. 그렇지 않으면 뭐가 오는지, 뭐가 가는지, 너희들은 알지도 못하고, 알려고 하지도 않을 것이다. 이 정도는 해놔야 나중에 설명해 주면 그때는 시대적인 의미를 알아들을 테니까.

🚹 : 결국 무지(無知)가 문제였군요.

† 칠십칠 일째 날: 지금은 구약 말기와 똑같은 신약 말기 상황

🚹 : 저 나왔어요.

☼ : **어제는 종말론의 의미를 정리했다. 이렇게 신약시대가 끝났다는 것은 동시에 다음 단계의 새 진리가 출현한다는 것이기도 하다.**

🚹 : 이분법(二分法) 동시(同時) 상영이에요?

☼ : 그러면 새 진리가 어떤 방식으로 어디에 나타나는지가 문제다.

🚹 : 그렇지요.

☼ : 그런데 문제는 새 진리 역시 正, 分, 合 원칙을 거치니 비슷비슷한 새 이론들과 뒤섞여 나타난다는 것이다.

🚹 : 예? 그래요?

☼ : **왜냐하면, 새 진리는 그때까지의 진리를 상위 개념으로 한 단계 개량한 것이고, 모든 개량은 正, 分, 合 원칙을 거치기에, 너희들이 꽃이나 작물 등 품종 개량할 때와 똑같이 진리 개량도 같은 과정을 거치기에, 비슷비슷하게 개량된 여러 가지 틈새에 진짜가 모습을 드러내는 것이다.**

🚹 : 저런?

☼ : 그래서 새 진리가 나타날 즈음이면 먼저 여러 가지 비슷비슷한 이론들이 거의 동시 다발적으로 등장하기에, 너희들이 시대적인 의미를 알아 새 진리를 기다리고 있다 해도 어떤 것이 진짜 새 진리인지 구별하기가 쉽지 않다.

🚹 : 와! 그러면 그거 어떻게 해요? 잘못 선택하는 사람들도 있을 텐데 그 사람들은 억울해서 어떻게 해요?

☼ : **물론 잘못 선택하는 사람도 있지. 그러나 그 선택도 각자 몫의 시대적 퍼즐이고, 하느님(神)과 뜻을 하나(合一)로 움직이는 것은 그 동기(動起=원인=목적)가 문제이기에, 비록 잘못 선택했다 해도, 그 동기(목적)가 진심으로 하느님을 향한 것이면 지복(至福)엔 변동이 없다.**

🚹 : 아, 그래요?

☼ : 비슷비슷한 이론을 들고 나오는 몇몇 당사자들 역시 동기(목적)가 진심으로 하느님(神)과

뜻을 하나(合一)로 하기 위한 것이면 至福엔 변동이 없다. 이렇게 그 누구라도 진심으로 하느님(神)과 뜻(목적)을 하나(合一)로 하기 위한 것이 동기(動起)라면 문제 될 게 전혀 없다.

🚹 : 그러니까 누구든 앎의 차이는 어쩔 수 없고, 그 동기(動起)가 문제네요.

☼ : 그래서 언제나 어디서나 그 누구도 불이익을 당하는 일은 완전(0)한 이 우주에 절대(0) 없다.

🚹 : 그렇게 말씀하시니까 안심되네요? 사실 저는 대화를 하면서도 걱정했던 게 이 대화 내용이 "사이비이면 어쩌나?"였답니다.

☼ : 그랬어? 그러니까 내 말이 사이비이고 아니고는 네가 걱정할 일이 아니다. 하느님을 향한 네 진심(動起)이 문제일 뿐.

🚹 : 그렇게 말씀하시니까 사이비가 아니겠다는 생각이 듭니다.

☼ : 마지막 때에는 이런 상황이 올 것을 성경도 말하고 있으니, 마태오 24장 4~5절, 3장 26절, 마르꼬 13장 5~6절, 루가 21장 8절에 보면, "아무에게도 속지 않도록 조심하여라. 장차 많은 사람이 나타나서, '내가 그리스도다.' 하고 떠들어대면서 수많은 사람들을 속일 것이다."라고 했으며, 마태오 24장 14절, 마르꼬 13장 10절에 보면 이런 상황은 "복음이 온 세상에 전파되어 모든 백성에게 밝히 알려진 후에야 끝날이 올 것이라."라고 했다. 즉, 신약 진리가 세계 곳곳에 충분히 전파된 후 신약 진리가 그 빛을 잃으면, 구약 말기와 똑같이 비슷비슷한 이론이 새 시대의 길을 예비하는 선지자들로부터 나와. "자신이 새 진리를 가지고 나왔다"라고 할 것을 말한 것이다. 이것은 구약 말기에도 드다, 갈릴리유다, 세례 요한이 있었고, 구약 예언서 여러 곳에 똑같은 일이 두 번 일어날 것을 예언했기에, 구약 예언서에 통달했던 예수는 다시 한 번 새 진리의 출현이 있을 때에도 똑같은 현상이 나타날 것을 말한 것이다.

🚹 : 그런데 왜 먼저 나타나는 사람들을 '새 시대의 길을 예비하는 선지자!'라고 해요?

☼ : 그건 결과(원인)적으로 그 사람들은 그런 역할을 하기 때문이다. 그들이 먼저 비슷비슷한 이론을 들고 나와 '앎의 시대적 전환기가 왔음'을 사람들에게 각성시켜 놓아야 그나마 새 진리가 뿌리를 내릴 수 있기 때문이다.

🚹 : 그런 효과예요? 그럼 그 사람들의 역할도 꼭 필요하네요?

☼ : 성경에는 "주가 임하시는 그날과 그 시각은 아무도 알 수 없다." 기록된 구절이 많다. 마태오 24장 42~44절, 마르꼬 13장 35~37절, 루가 12장 49절, 베드로후서 3장 10절에도 "주의 날이 도둑같이 아무도 모르게 올 것이다. 그러니 늘 준비하고 있으라."라고 하였고, 요한계시록 3장 3절, 데살로니가전서 5장 2절에도 "네가 깨어 있지 않으면 내가 도둑처럼 너에게 나타날 것이다."라고 했으며, 마태오 24장 50절, 마르꼬 13장 33절,

루가 17장 26절에서도 “그때가 언제 올지 모르니 조심해서 항상 깨어 있으라.”라고 했고, 마태오 24장 36절, 마르꼬 13장 32절에도 “그 날과 그 시간은 아무도 모른다. 하늘의 천사도 모르고 아들도 모르고 오직 아버지만이 아신다.”라고 했다.

🧍 : 아니, 그런데 새 진리가 나타나는 시기는 아무도 알 수 없다고 했어요?

☼ : 그게 왜 그런 줄 아냐?

🧍 : 왜요?

☼ : 때가 되면 새 진리라는 이론이 우후죽순 같이 나타날 것이며, 그것을 구별하는 것은 각자의 개성과 앎에 따른 지혜이기 때문이다.

그래서 데살로니가전서 5장 4절에 “그 날이 도둑처럼 덮치지는 않을 것입니다.”라고 했고, 마태오 24장 28절에도 “시체가 있는 곳에는 독수리가 모여드는 법입니다.”라고 하여 혼란 속에도 새 진리를 알아보는 사람들이 있을 것임을 밝혔다.

🧍 : 그래요?

☼ : 그래서 성경에는,

1. 새 진리를 알아보는 사람들이 없을 것같이 하면서도,
2. 또 알아보는 사람이 있을 것이라고도 하는 등 양면(兩面)으로 예언했다.

그래서 마태오 16장 2~3절, 루가 12장 56절, 21장 29~31절을 보면, “너희는 하늘을 보고 날씨는 분별할 줄 알면서 왜 시대의 징조는 분별하지 못하느냐?”라며, 시대적 말기의 혼란에도 분별하는 지혜가 있으면 새 진리를 알아볼 수 있다고 한 것이다.

🧍 : 길을 예비하는 이론과 새 진리가 얼마나 비슷하기에 사람들이 그렇게 헷갈려요?

☼ : 궁금하냐?

🧍 : 왜냐하면, 지금이 신약 말기여서 새 진리가 나타나도 알아보지 못할 수 있으니까요.

☼ : 특히, 세례 요한은 예수와 대단히 비슷했다.

🧍 : 그래요? 얼마나 비슷했기에 그래요?

☼ : 신약성경에 있는 것으로 비교해 보면.

① 루가 3장 11~14절에 세례 요한은 “옷 두 벌 있는 사람은 없는 사람과 한 벌씩 나누어 입고 먹는 것도 그렇게 할 것이며, 세리는 세금을 더 받지 말고 정확히 거두고 군병들은 국민에게 강포하게 하지 말라.” 했다.

② 신약시대의 상징인 예수의 물세례는 세례 요한이 먼저 시작했으며,

③ 마태오 21장 32절, 루가 3장 12절, 7장 29절, 요한 1장 40절에 보면, 제자도 같은 계층인 세리, 어부, 창녀이며,

④ 요한 1장 40~42절에 보면, 예수를 최초로 따른 제자인 필립보, 안드레아, 베드로도 세례 요한의 제자였으며,

⑤ 루가복음 1장 5~23절에 보면, 세례 요한의 잉태와 출생 때도 예수처럼 계시가 있었다고 한다.

⑥ 사도행전 18장 24~25절, 19장 1~3절에는 세례 요한의 행동지침은 멀리 퍼져 지금의 터키인 에페소서 주민들까지 알고 있었으며, 지금도 천주교에서는 '세례자 요한'을 聖人으로 공식인증하고 있다.

🚹 : 제가 보기에는 별로 비슷하지 않은데요?

☼ : '꼭 갚는 것만 알았던' 당시에는 옷을 조건 없이 나누어 입으라는 등, 또 물세례 등 대단히 비슷해 보여, 당시 헤롯왕 등 일부 사람들은 세례 요한이 죽은 후 그 영혼이 예수에게 내린 것으로 착각할 정도였다.

🚹 : 그랬군요.

☼ : 더구나 세례 요한은 구약 당시 하느님의 말을 잘 들어 축복받은 것으로 아는 '대제사장 쯔가리아'의 아들이었고, 광야에서의 경건한 수도 생활 등 행적이 대단히 훌륭했기에 유대인들이 세례 요한을 메시아로 착각할 정도였다.

🚹 : 그랬다면 어느 정도 이해가 되네요. 그 당시 하느님의 축복을 받은 것으로 아는 대제사장의 아들로서 행적이 워낙 훌륭했다면 그가 하는 말도 훌륭해 보였을 테니까요.

☼ : 그래서 루가 3장 15절, 요한 1장 24~26절에 보면, 율법사나 백성들이 세례요한에게 찾아가 "당신이 그리스도인지 엘리아인지 물어봤다." 했으며. 마태오 16장 14절, 마르꼬 8장 27~28절, 루가 9장 18~19절, 요한 7장 40~41절에도 당시 백성들은 예수를 '예전의 선지자인 엘리아다, 예레미아다. 또는 세례요한이 다시 온 것이다, 아니다. 그리스도다.'라고 의견이 분분했다고 한다.

🚹 : 그 정도로 헷갈렸나요?

☼ : 그러나 이사야 40장 3~8절, 예레미아 4장 11절, 말라기 3장 1~2절, 3장 23절에 보면, 메시아가 나타나기 전에 그 길을 예비하는 사자가 먼저 나타나. '새 진리가 발을 디딜 수 있게 사회적 분위기를 조성할 것'이라며 그 사자는 '엘리아'라고 했으니. 이것은 예수의 새 진리가 뿌리를 내릴 수 있도록 길을 예비하는(분위기를 만드는) 세례 요한의 사명이 엘리아인 것을 나타낸 것이다.

🚹 : 그런 거예요?

☼ : 열왕기하 1장 8절에 보면 엘리야는 항상 허리에 가죽띠를 두르고 있었는데, 마태오 3장

4절, 마르꼬 1장 6절에 보면 세례 요한도 항상 허리에 가죽띠를 두르고 있었다고 한다.

🚶 : 그랬군요.

☼ : 이외에도 마태오 11장 10~14절에 보면 예수도 세례 요한에 대해 이렇게 말했다. "나보다 앞서 내 사자를 보내니 그가 내 갈 길을 미리 닦아 놓으리라 하신 말씀은 바로 이 사람을 가리킨 것이다. 나는 분명히 말한다. 일찍이 여자의 몸에서 태어난 사람 중에 세례 요한보다 더 큰 인물은 없었다. 그러나 하늘나라에서 가장 작은 이라도 그 사람보다는 크다." 말했다.

🚶 : 이건 무슨 말이에요?

☼ : 이 구절을 봐라. 12절=세례자 요한 때부터 지금까지 하늘나라는 폭행을 당해 왔다. 그리고 폭행을 쓰는 사람들이 하늘나라를 빼앗으려고 한다. 그런데 모든 예언서와 율법이 예언하는 일은 요한에게서 끝난다. 너희가 그 예언을 받아들인다면 다시 오기로 한 엘리아가 바로 요한임을 알 것이다."라고 확실히 말했다.

🚶 : **그게 무슨 말이에요? 세례자 요한 때부터 하늘나라는 폭행을 당했고, 또 폭행으로 하늘나라를 빼앗으려 한다니요?**

☼ : **예수가 '세례자 요한 때부터 하늘나라를 뺏으려 폭행을 했고', 또 하늘나라에서 가장 작은 자라도 요한보다는 크다고 했으니? 그 당시 예수가 세례 요한한테 얼마나 핍박당했으면 그렇게 말했겠냐?**

🚶 : 같이 하느님 사업을 하는 것이면 협조해서 잘 지내지 않고요?

☼ : 그랬으면 좋았는데 그게 아니었으니까 그렇게 말했겠지, 마태오 3장 11절, 마르꼬 1장 7절, 루가 3장 15~16절, 요한 1장 23~27절에 보면. 세례 요한이 자신은 구약 예언서에서 말한 엘리아가 아니라며 (요한 1장 21절), 스스로를 메시아로 착각하고 오히려 예수의 일을 방해했던 것이다. 더구나 당시 유대인들은 예언서에 있는 대로 메시아가 오기 전에 엘리아가 먼저 올 것으로 알고 기다리고 있었는데, 세례 요한이 자기는 엘리아가 아니라고 하니.

🚶 : 와! 그런 일이 있었어요?

☼ : 그런데 마태오 3장 13~17절 마르꼬 1장 9~11절, 루가 3장 21~22절에 보면. 세례 요한이 예수에게 세례 줄 때 비둘기 모양의 성령이 나타났고, 하늘에서 "이는 내 사랑하는 아들 내 마음에 드는 아들이다."라고 증언했다고 나와 있다.

🚶 : 그랬다면서요.

☼ : 그런데 요한 3장 22~30절에 보면, 세례 요한이 옥에 갇히기 전에 제자가 세례 요한에게 묻기를 "선생님과 함께 요르단 강 건너편에 계시던 분이 세례를 베풀고 있습니다. 선

생님께서 증언하신 바로 그분인데 모든 사람들이 그분에게 몰려가고 있습니다."라고 하니까, 세례 요한이 대답하기를 "사람은 하늘에서 주시지 않으면 아무것도 받을 수 없다. 그분은 더욱 커져야 하고 나는 작아져야 한다."라고 말했다.

: 이게 무슨 말이에요? 옥에 갇힐 때가 되니 세례 요한이 이랬다 저랬다 하네요?

: 요한 3장 22~24절에 보면, 옥에 갇히기 전까지 세례 요한은 예수를 따르지 않고 나름대로 전도하고 다녔으며, 루가복음 7장 19~20절에 보면, 세례 요한은 감옥에 갇힌 후에야 예수에게 제자들을 보내 "오시기로 되어 있는 분이 바로 선생님이십니까? 그렇지 않으면 우리가 또 다른 분을 기다려야 합니까?"라고 물어보게 했다.

: 이해가 안 되네요? 광야에서 메뚜기와 석청으로 연명하며 기도와 수행으로 열심이었던 사람이 왜 그랬을까요?

: 正, 分, 合 원칙에 의한 결과이니, 세례 요한이 예수에게 세례를 줄 때 비둘기 모양의 성령과 음성이 들렸다고 한 것이 예수를 추종하는 제자들에게는 절대적 증표였지만, 그 당시 영적 현상이 수시로 나타나던 세례 요한 입장에서는 '개성+앎+여건=현재 상태'에 따라 그 일이 별로 신빙성이 없어 보였고, 더구나 외양적(外樣的)으로도 평민인 예수는 하느님께 축복받았다는 제사장 출신인 자신과는 비교가 안 되었기에 계속 헷갈린 것이다. 그러다 감옥에 갇혀 죽게 되자 이상한 생각이 들어 제자들을 예수에게 보내 당신이 메시아가 맞느냐고 묻게 된 것이다.

: 그러니까 그 당시 세례 요한에게는 헷갈릴 수 있는 여러 요소가 있었던 거군요? 그래서 옥에 갇히기 전에는 '내가 메시아인가?' 하고 헷갈리다가 죽기 직전에야 '내가 아닌가?' 하는 생각이 들었군요.

: 그러나 이 모두가 正, 分, 合 원칙에 의해 당연한 결과이다.

: 에휴, 그저 뭐든지 正, 分, 合 원칙이네요.

: 사도행전 13장 25절에 보면, 요한이 자기 사명을 다 마쳐갈 무렵에야 "당신들은 나를 누구라고 생각합니까? 나는 그리스도가 아닙니다. 그분은 내 뒤에 오실 터인데, 나는 그분의 신발 끈을 풀어드릴 자격조차 없는 사람입니다."라고 말했다. 결국, 세례 요한은 감옥에 갇혀 사형 선고를 받아 죽음이 임박해서야 비로소 자기가 그리스도가 아닌 것을 확실히 알았다.

: 세례 요한이 사형 선고를 받고서야 착각에서 벗어났군요.

: 그래서 마태오 4장 12절, 마르꼬 1장 14~15절에 보면, 세례 요한이 감옥에 갇힌 후에야 예수가 전도를 시작한 것으로 되어 있고, 루가복음 17장 20절에도 세례 요한이 감옥

에 갇힌 후 죽기 전에 예수의 전도가 시작되었다고 했으며, 마태오 14장 1~2절, 마르꼬 6장 14~16절, 루가 9장 7~9절에 보면, 헤롯이 예수의 소문을 듣고는 자기가 죽인 세례 요한의 혼이 내려서 그런 줄 알고 몹시 궁금해했다고 한다.

🚹 : 그러면 예수는 세례 요한이 죽기 전에는 전도를 안 한 거예요?

☼ : 세례 요한이 죽을 때가 되어서야 본격적으로 예수의 전도가 시작됐다는 거지. 예수의 소문은 세례 요한이 죽고 난 후에 났기에 세례 요한의 퇴장과 예수의 등장은 엇갈렸다.

🚹 : 그런데요. 구약 과정과 신약 과정이 똑같다고 했잖아요?

☼ : 그래.

🚹 : 그렇다면 구약 말기에 신약을 들고 예수가 나타날 때와 신약 말기에 새 진리인 正, 分, 合 원칙이 나타날 때도 똑같을까요?

☼ : 뭐가?

🚹 : 비슷한 진리를 들고 나와 길을 예비하는 선지자와 새 진리와의 충돌이요,

☼ : 正, 分, 合 원칙에 의하면 당연한 거 아니겠냐?

🚹 : 그럼 이 시대에도 그런 일이 똑같이 일어난다는 거네요?

☼ : 그래.

🚹 : 어떻게 일어나는데요?

☼ : 곧 이야기해 줄 테니 기다려라.

🚹 : 실제로 그런 일이 똑같이 일어났다는 거예요?

☼ : 실제 생존에 대한 협박으로 리얼하게 일어났다.

🚹 : 그래요? 궁금하네요? 무슨 소설 보는 것 같네요?

☼ : 소설보다 더 뚜렷한 실제상황이니 기다려라.

---

† 칠십팔 일째 날: 2,000년 전 기록이 왜 그토록 정확할까?

☼ : 어제는 왜 안 나왔냐?

🚹 : 일요일에다가 월드 베이스볼 준결승전 보느라 안 왔지요.

☼ : 재미있었냐?

🚹 : 그럼요. 우리나라가 이겼으니까요.

☼ : 너희 나라가 이겼으니 재미있었겠구나.

🧍 : 그런데요, 우리나라가 이겨서 제가 재미있어 하는 게 잘못은 아니지요?

☼ : 그게 무슨 말이냐?

🧍 : 하느님을 중심으로 우리 모두는 하나이니까, 게임을 하거나 보면서, 우리나라가 이기는 것을 보고 좋아서 펄쩍펄쩍 뛰는 게 잘못된 거냐고요?

☼ : 어허! 그런 생각도 할 수 있구나.

🧍 : 우리 모두가 하느님을 중심으로 하나인 전체의식(0)이라 당연히 내가 이겼다고 좋아하면 안 되는 거 아닌가요? 상대편은 져서 슬플 테니까요. 전체의식(0)은 상대의 입장을 고려해 상대를 배려하는 거라면서요?

☼ : 네 말도 맞지만 모든 게임은 正, 分, 合 원칙에 따라 제한된 규칙에서 드러난 개체성의 비중을 승리와 패배라는 결과로 느낌을 체험하는 '도구'다.

🧍 : 예, 게임은 목적이 아니라 느끼기 위한 '도구'군요.

☼ : **① 너희가 느끼기 위해(正)서는 개체끼리 실력의 비중을 가르는(分) 최선(0)이 있고,**

② 그 결과(合), 이긴 팀은 이김으로 인한 희열의 느낌을 최대(0)한 즐기고,

③ 진 팀은 최선을 다했으나 하느님의 몫인 결과에 연연하지 말고 마음을 깨끗이 비워 제로(0)를 체험함이,

④ 곧 우주 자체로서 이긴 팀이기도 하고, 진 팀이기도 한 전체성인 제로(0) 하느님(神)과 하나 됨(合一)이며,

⑤ 그것이 곧 제로(0)이신 하느님과 같은 질로 성장하는 너희 영핵의 진화이다.

🧍 : 그러니까 게임에 이겼으면 이긴 느낌을 미안해하지 말고 마음대로 즐기라는 것이군요?

☼ : 물론.

① 너희가 이겼을 경우 진 팀에 미안한 마음이 들 경우도 있고,

② 또 미안한 마음이 들지 않을 경우도 있겠으나,

③ 그것은 너희 각자의 '개성+앎+여건=현재 상태'가 正, 分, 合 흐름에 의한 것이기에,

④ 너희 각자의 몫이고, 인과관계(개체구조 앎)일 뿐이다.

🧍 : 네, 그렇군요.

☼ : **① 승패가 갈리는 삶(正)의 모든 흐름(分)은 너희가 체험(合)하기 위한 도구(分=과정) 개체성이니까, ② 다만, 그 동기(動起=원인=正)와 결과(合)가 너희와 하느님의 체질인 전체성 제로(0) 체험이어야 한다는 것이다.**

🧍 : ① 그러니까 결국 삶의 모든 것은 가능한 것은 얼마든지 최대(0)한 즐기되, ② 그 원인(동

기)과 결과는 전체성인 제로(0)여야 한다는 거네요?

☼ : 그렇다.

① **어떤 여건에서든 제로(0=원인=결과)를 분별하는 것이 지혜이고,**

② **그 지혜는 너희가 우주 正, 分, 合 원칙을 철저히 이해할수록 폭넓고 깊어지며,**

③ **그 지혜의 질량에 따른 체험이 곧 제로(0)이신 하느님(神)과 하나(合一) 되는 순간이고, 하느님과 인과관계(情)를 맺는 순간이다.**

🚶 : 예. 이제는 제가 순간마다 무엇을 선택하고, 어떻게 삶을 느끼고 즐기며, 만끽할지 감이 잡힙니다. 저는 항상 그 문제가 찜찜했었거든요.

☼ : 그럼 오늘 이야기를 시작하자.

🚶 : 세례 요한과 예수의 관계에 관해서 이야기하셨잖아요?

☼ : 그런데.

🚶 : 그런데 구약 말기와 똑같은 상황이 신약 말기인 지금도 어디서 진행된다고 하셨잖아요?

☼ : 그런데?

🚶 : 그게 사실입니까?

☼ : 내가 아직도 진행형이라고 했잖냐?

🚶 : 2,000년 전에 있었던 상황과 똑같이 진행되고 있다니?

☼ : 왜?

🚶 : 2,000년 전에 세례 요한과 예수의 관계를 기록한 신약성경의 내용이 그렇게 소소하게 정확하다는 거예요?

☼ : 지난번에 예수가 구약시대 화목 제물의 과정을 그대로 거친 것에 관해 이야기할 때 내가 말했지, 성경은 구약 때는 천사로, 신약 때는 성령으로 하느님의 심부름을 하는 인간 영들이 필요한 내용은 반드시 기록되게 했다고.

🚶 : 2,000년 전이면 우리나라는 신라 초기인데요. 어떻게 2,000년 전의 기록이 그렇게 정확해서 그때와 똑같이 지금 진행되고 있다는 건지 도저히 믿어지지가 않아요.

☼ : **그것을 확인하게 될 때, 너희들은 다시 한 번 하느님의 완전(0)하심을 이해하게 된다.**

🚶 : 정말 신약 말기인 지금 구약 말기와 똑같은 상황이 벌어지고 있다는 것을 제가 납득할 수 있을까요? 어떻게 2,000년 전의 상황과 똑같은 상황이 지금 이 시대에 진행되고 있다는 건지. 더구나 2,000년 전의 그 기록이 정확하다는 것이 성경 외에는 어디에도 없는 상황에서.

☼ : **그러니까 그런 일은 완전(0)하신 하느님 외에는 할 수 없다는 것이다.**

🚶 : 하여간 일단 들어 봐야겠네요?

☼ : 네가 확신할 수 있게 설명해 줄 테니 걱정하지 마라.

🚶 : 그렇게 장담하시는 거 보니, 오히려 제 마음이 착잡해집니다. 그렇게 장담하실 정도로 그것이 사실이라면 이것은 정말 대단한 것이니까요.

☼ : **사실 대단한 것이다. 너희들에게 내가 이제까지 말한 하느님이 인류에게 正, 分, 合 원칙 앎을 성장시키는 7,000년 과정이 얼마나 확실한 것인지 가늠할 수 있는 것이기도 하니까.**

🚶 : 대단한 자신감이시네요?

☼ : 이야기를 들어봐야 너희들이 느낀 만큼 알게 된다.

🚶 : 그 이야기 오늘 해주시는 거예요?

☼ : 오늘은 안 된다.

🚶 : 왜요?

☼ : 신약 말기인 지금, 구약 말기와 같은 일이 세계의 어디에서 벌어지고 있는지 장소부터 알아야 하니까.

🚶 : 마음이 급해 그 생각을 미처 못했네요.

☼ : 그러니까 오늘은 어디서 그런 일이 벌어지고 있는지부터 알아보자.

🚶 : 어디서 그런 일이 벌어진다는 것도 근거가 있나요?

☼ : 그럼, 신약 말기에 어디서 그런 일이 벌어질 것도 성경엔 나와 있고, 그 후 몇몇 예언을 통해서도 다시 예언되어 있다.

🚶 : 그러시니까 또 궁금해집니다.

☼ : 그러면 일단 예수가 다시 올 때는 어떻게 오는지 알아보자. 일반 기독교에서 믿는 것 같이 자연계는 천지개벽으로 멸망하고, 예수가 공중재림하여 철저히 믿는 사람들만 데리고 하늘로 올라갈 것인지? 아니면 다른 방법으로 나타나는지? 알아보자. 그래야 너희들이 미리 준비할 수 있을 테니까.

🚶 : 미리 알 수 있다면 큰 도움이 되겠지요.

☼ : 그것도 성경을 보면 알 수 있으니.

① 마태오 24장 30절, 마르꼬 13장 26~27절, 루가 21장 27절에 보면, "사람의 아들이 하늘에서 구름을 타고 권능을 떨치며 영광에 싸여 오는 것을 보게 될 것이다."

② 마태오 16장 27절, 데살로니가전서 4장 16절에도, "사람의 아들이 아버지의 영광에 싸여 자기 천사들을 거느리고 올 터인데."라고 했으며,

③ 마태오 25장 31~32절에도, "사람의 아들이 영광을 떨치며 모든 천사들을 거느리고

와서 영광스러운 왕좌에 앉게 되면….”이라 하였고,

④ 데살로니가전서 1장 19절에도 ‘예수께서 하늘로부터 다시 오실 날’이라 했으며,

⑤ 요한계시록 1장 7절에도, “그분은 구름을 타고 오십니다. 모든 눈이 그를 볼 것이며 그분을 찌른 자도 볼 것입니다.”라고 하여, 예수는 모든 사람들이 알아볼 수 있도록 하늘에서 천사의 호위를 받으며 구름을 타고 내려온다고 하였다.

그렇지만, ⑥ 루가 17장 25절에 보면 “사람의 아들은 먼저 많은 고통을 겪고 이 세대 사람들에게 버림을 받아야 한다.”라고 하였으며,

⑦ 루가 18장 8절에도 “사람의 아들이 올 때 과연 이 세상에서 믿음을 찾아볼 수 있겠느냐?”라고 하여, 1~5까지의 모든 현상을 부정하고 있다.

만일 예수가 1~5까지와 같이 정말 천사들에게 둘러싸여 하늘에서 구름 타고 나타난다면, 예수를 믿지 않던 사람들까지도 놀라 회개하며 믿을 텐데, 어째서 6, 7과 같이 믿어주는 사람이 없어 사람들에게 버림받고 수많은 고통을 겪어야 한다고 했을까? 만약 구름 타고 나타난 예수를 사람들이 괴롭히고 고통 준다면 호위하던 수많은 천사들이 가만히 있겠냐? 그러므로 1~5까지의 내용은 하느님의 뜻 대리자로 오는 것을 나타낸 것이지 문자 그대로가 아니다.

🚶 : 그럼, 예수가 다시 올 때는 구름 타고 하늘에서 내려오는 게 아니란 말이에요?

☼ : **그래. 그래서 사도행전 1장 10절에 보면, 승천하는 예수를 제자들이 쳐다보고 있으니까 흰옷 입은 사람 둘이 갑자기 그들 앞에 나타나, “갈릴레아 사람들아, 왜 너희는 여기 서서 하늘만 쳐다보고 있느냐? 너희 곁을 떠나 승천하신 저 예수께서는 너희가 보는 앞에서 하늘로 올라가시던 그 모양으로 다시 오실 것이다.”라고 했으니, 예수의 재림이 구름 타고 하늘에서 다시 내려오는 것이면, 하늘을 쳐다보고 기다리라고 하지 “왜 하늘만 쳐다보고 있느냐?”라고 꾸짖었겠냐? 이것은 예수와 같은 의미와 역할로 나오는 사람이 예수와 마찬가지로 사람으로 땅에 태어나 이단으로 몰리며 많은 배척과 고난을 겪은 후 새 진리가 세상에 뿌리를 내리게 될 것이기에, “너희가 본 그대로 다시 오니 땅을 보고 기다리라.”라고 한 것이다. 왜냐하면, 그 사람들은 예수가 땅에서 태어나 자라온 것을 보았기 때문이다.**

🚶 : 그런데요? 흰옷 입은 사람 둘이 갑자기 나타났다는 건 뭐예요?

☼ : 그게 바로 천사다. 영핵의 진화가 영계핵까지 도달하여 육체를 구성했다 해체했다를 자유자재로 하는 인간 영들로서, 그들은 사람들 앞에 갑자기 ‘나타났다 사라졌다’를 마음대로 할 수 있기 때문이다. 이런 구절들이 2,000년 전에 기록한 성경이 정확한 것을 입

증하는 것이기도 하니, 결국 성경을 기록한 사람들이 정확하게 기록하기 위해 얼마나 노력했는지 그대로 나타난다. 그래서 사도행전에 보면 예수도 부활한 후에는 제자들 앞에 갑자기 나타난 기록이 있지 않더냐?

🚹 : 그러고 보니 아까 말씀하신 세례 요한과 예수의 부딪침 기록이 정확할 수도 있고, 그대로라면 신약 말기인 이 시점에도 구약 말기와 똑같은 과정이 있을 수 있겠다는 생각이 듭니다.

☼ : 다음 요한계시록 12장 5절을 보면, "마침내 그 여자는 아들을 낳았습니다. 그 아기는 장차 쇠지팡이로 만국을 다스릴 분이었습니다."라고 하여 분명히 여자의 몸을 통하여 다시 사람으로 태어날 것을 밝혔고, 요한계시록 19장 12~13절에도, "그분밖에는 아무도 알지 못하는 이름이 그분의 몸에 적혀 있었습니다. 그분의 이름은 하느님의 말씀이라 하였습니다."라고 하였으니, 그는 아무도 아는 사람이 없이 본인만이 아는 이름으로 나타난다는 것이다.

🚹 : 새 진리를 가지고 나오는 사람은 본인만이 아는 이름으로 나타난다고요?

☼ : 또 요한계시록 3장 12절, 21장 2~10절, 이사야 62장 2절을 보면, "새 예루살렘의 이름과 나의 새로운 이름을 그 이기는 자 위에 새기겠다."라고 하였다.

🚹 : 새 예루살렘과 나의 새로운 이름이라니요? 그럼? 새로운 이름을 가지고 나오는 사람이 예루살렘을 새로 만든다는 거예요?

☼ : 그 뜻이 아니고, 죽은 예수가 아닌 새 이름을 가진 사람이 새 시대(새 예루살렘)를 연다는 뜻이다.

🚹 : 아니어도 예루살렘은 유대교, 기독교, 이슬람교가 모두 자기네 성지라고 한다던데요.

☼ : 요한계시록 2장 17절에 보면, "그 돌 위에는 새로운 이름이 적혀 있는데, 그 이름은 그 돌을 받는 사람밖에는 아무도 알지 못한다."라고 하여, 새 진리가 나타날 때, 1. 알아보지 못하는 사람과, 2. 알아보는 사람이 있을 것을 "그 돌을 받는 사람밖에는 아무도 알지 못한다."라고 표현했다.

🚹 : 어렵네요, 예수 자신이 다시 오는 것으로 표현한 이유는 무엇일까요?

☼ : **좋은 질문이다. 하느님은 '뜻의 하느님'이므로 '뜻'으로 나타낸 것이니, 그 예로 고린도전서 15장 45절에 보면, 예수를 '나중 아담'이라고 비유했으니, 이것은 창세기의 아담과 예수가 각기 다른 사람이지만 '하느님의 뜻을 이루는 사람'으로는 같다는 것이다. 그래서 예수가 재림한다는 것은, 2,000년 전에 죽은 예수가 직접 다시 오는 것이 아니라 예수와 같은 임무를 가진 인간이 출현할 것을 말하는 것이다.** 다만, 신약 초기의 어려운 여건상, 신약 성도들을 키워 신약 과정을 제대로 이끌어가기 위해 예수가 직접 다시 오는 것으로 비유한

최선(0)이다. 그래서 이사야 41장 4절에 보면, "한 처음부터 시대마다 사람을 불러일으킨 것이 누구냐? 나 야훼가 이 일을 시작하였다. 마지막 세대까지 이 일을 이끌어 나갈 것은 바로 나다."라고 하여 시대마다 뜻은 같지만 다른 사람을 불러일으킨다고 했다. 왜냐하면, 사람의 수명은 짧고 인류 앎 성장 과정은 7,000년이나 되기에.

🚹 : 그러니까, 성경에서 최후의 심판 때 예수가 재림한다고 한 것은 2,000년 전에 죽은 예수가 아니라, 예수와 같은 의미와 역할로 다른 사람이 나타난다는 거군요?

☼ : 그렇다.

† 칠십구 일째 날: 세계 종말이 지나간 새 하늘과 새 땅

☼ : 어? 웬일이냐?

🚹 : 왜요?

☼ : 지금 일본하고 세계야구대회 결승하잖냐?

🚹 : 그런데요?

☼ : 그런데 야구 안 보고 왔냐?

🚹 : 에이 씨, 보다가 왔어요.

☼ : 왜?

🚹 : 1회에 우리 투수가 공을 던지는데 분명히 스트라이트 몇 개를 주심이 볼로 처리하잖아요.

☼ : 그래서?

🚹 : 그때 일본 주자 두 명이 나가 있었거든요. 제가 보기엔 분명히 편파 판정인 거예요.

☼ : 너만 그렇게 보는 거 아니냐?

🚹 : 아닐 거예요. 한국 해설자나 아나운서도 이상하다고 했으니까요.

☼ : 그래서?

🚹 : 주자가 나가 있으니까 일본이 점수 나게 해주려고 주심이 농간 부리는 게 분명하지요.

☼ : 주심이 누군데?

🚹 : 해설자 말로는 미국 사람이래요. 그리고 그들은 일본이 이겨야 세계야구대회가 더 붐이 일어나고, 그래서 수익도 좋아진다고 생각한대요. 그래서 대진표도 일본에 유리하게 짰대요.

☼ : 그래서 화가 났구나.

🧍 : 그럼요. 짜증 나 보고 싶겠어요? 그래서 확 꺼버리고 왔지요.

☼ : 으응. 너도 한 성질 하는구나. 구경하는 네가 그러니 야구선수들은 어떻겠냐?

🧍 : 글쎄 말이에요.

☼ : 그래, 네가 느낀 게 사실이라면 그런 일들이 어서 빨리 없어져야 하는데.

🧍 : 그러게 말이에요.

☼ : 그런 것들 모두가 한 사람 한 사람 우주 正, 分, 合 원칙을 알아야 사라질 텐데.

🧍 : 그래요?

☼ : 그렇지. 正, 分, 合 원칙은 스스로의 생각과 행동을, 하느님과 나만이 판단하는 것이기에 하느님과 나를 속일 수는 없으니까.

🧍 : 에이, 참. 언제나 正, 分, 合 원칙이 제대로 퍼질까요?

☼ : 남 말 하지 말고 너부터 正, 分, 合 원칙을 철저히 알고 체험해라.

🧍 : 그러지 않아도 야구를 볼까, 그냥 올까 망설였다고요.

☼ : 왜?

🧍 : 오늘은 새 진리가 어느 장소로 나타나는지 근거를 밝힌다고 했잖아요?

☼ : 그래서?

🧍 : 그것도 궁금하고 야구도 봐야겠고 해서 망설이다가 그냥 야구를 봤는데 열만 받았잖아요.

☼ : 그렇다고 보다가 꺼버렸냐?

🧍 : 그럼요. 보면서 열 받을 일 있어요? 괜히 건강만 해치게요? 스트레스가 만병의 원인이라는데….

☼ : 그래 잘했다.

🧍 : 저는 正分合을 알면 열 안 받는 줄 알았어요. 완전히 모든 걸 그냥 이해하니까요.

☼ : 너희는 개체구조여서 먼저 열을 받고 후에 이해하는 거다.

🧍 : 그렇군요.

☼ : 그리고 상대는 너의 거울이니 '네가 그 여건이 되었을 때' 너는 그러지 말아야겠다는 것을 다짐하고.

🧍 : 지혜가 없으면 상대가 나의 거울인지 모르고 그냥 그 짓을 배울 수도 있으니까요.

☼ : 그러면 새 진리가 어디로 나타날 건지 알아보자. 이에 대해서도 성경에 예언되어 있다.

🧍 : 성경에는 이 문제에 대해서도 예언이 있어요?

☼ : 마태오 21장 43절, 마르꼬 12장 9절, 루가 29장 16절에 보면, **예수는 자신의 새 진리를 받아들이지 못하는 이스라엘 민족에게 "잘 들어라, 너희는 하느님의 나라를 빼앗길 것이며, 도조를 잘 내는 백성들이 그 나라를 차지할 것이다."라고 하여, 다음에 나타날 진리 출현의 장소가 이스라엘이 아닌 것을 분명히 했고, 요한계시록 3장 12절에도, '새 예**

루살렘의 이름과 나의 새로운 이름을'이라고 하여, 다음 진리는 예수가 아닌 새로운 이름으로 나타나 새 시대(새 예루살렘)를 열게 될 것을 말하고 있다.

🚶 : 그렇다면 예수가 직접 오는 것도 확실히 아니고, 또 예수가 활동하던 이스라엘이 아닌 것도 확실하네요?

☼ : 또 이사야 24장 14~15절을 보면, "야훼께 영광을 돌리는 저 소리가 바다에서 울려오는구나. 해 뜨는 쪽에서도 야훼께 영광을 돌려라."라고 하였고, 이사야 41장 25절에도 "해 뜨는 곳에서 그를 지명하여 불러 온다."라고 하였으며, 이사야 46장 11절에서는 "나만이 해 돋는 곳에서 독수리를 불러오며 먼 곳에서 내 뜻을 이룰 사나이를 불러온다."라고 하였으니, 이를 마태오 24장 26~28절의 "시체가 있는 곳에는 독수리가 모여드는 법이다."와 연계하면, **'해 돋는 곳에서 독수리', '먼 곳에서 내 뜻을 이룰 사나이'는 해 돋는 먼 곳에서 내 뜻을 이룰 사나이(남자)가 나타난다는 것이다.**

🚶 : 그렇다면, 결국 이스라엘의 해 돋는 먼 동쪽에서 남자(사나이)로 나타난다는 거네요?

☼ : **그렇지. 요한계시록 7장 2절에도, "또 보니 다른 천사 하나가 살아계신 하느님의 도장을 가지고 해 돋는 쪽에서 올라오고 있었습니다."라고 하여, 결국 새 진리는 예루살렘에서 보면 해 돋는 먼 동쪽에서 하느님을 잘 믿는(마태오 21장 43절=도조를 잘 내는) 백성에게서 나타날 것을 밝혔다.**

🚶 : 예루살렘에서 볼 때 해 돋는 먼 동쪽에서 하느님을 잘 믿는 백성이라고요?

☼ : 당연한 거 아니냐? 하느님의 새 진리가 하느님을 가장 잘 따르는 백성에게서 나타나는 게.

🚶 : 그렇겠군요.

☼ : 그런데 1974년 4월 한국을 떠난 리처드 러트 신부의 강연에는 이런 구절이 있다. "극동과 동남아에서 필리핀을 제외하고 한국처럼 기독교세가 확장된 나라가 없다. 그러나 필리핀의 기독교는 스페인의 식민지 정책에 의해 확장된 것이지만, 한국 기독교는 저 유명한 천주교의 이승훈 씨와 같이 한국인 자신의 힘으로 훌륭히 토착화시켰다."라고 하여(1974. 4. 중앙일보), 한국이 극동과 동남아에서 하느님의 뜻이 가장 잘 이루어진 곳(도조를 가장 잘 낸 곳)이라 했고, 또 소설 『25시』의 작가이며, 세계 종교의 연구가이자 그리스정교의 부주교인 루마니아의 게오르규도 한국을 방문했다가 가진 기자회견에서, "한국에는 이같은 신선한 빛이 잘 어울려 있다. 베들레헴이라는 작은 마을에서 그리스도가 태어났지만, 그 이전에 아무도 그곳에서 빛이 태어나리라고 생각치 않았다. 빛은 작은 곳에서 태어난다. 빛이 이 나라 한국에서 비칠 것이라는 근거는 이 민족이 많은 괴로움을 당해왔다는 데 있다."라며(1974. 3. 23. 중앙일보), 마지막 빛이 한국에서 나타날 것을 예측했다.

🚹 : 외국의 성직자들도 새 진리가 한국에서 나타날 거라고 예측했단 말이에요? 그렇다면 종합적으로 이스라엘의 해 돋는 먼 동쪽에서 하느님 사상을 가장 잘 따르는 민족이 곧 한국이네요?

☼ : 그렇다. 내가 앞에서도 말했지만, 너희 민족이 영성이 풍부하다고 했지. 그 결과 너희 민족에게서 나타나는 영적 기록인 전설의 고향을 비롯한 많은 영적 현상들이 사실이라고.

🚹 : 예.

☼ : **그 모든 게 다 이유가 있다. 正, 分, 合 원칙에 의해 품종 개량에 있어서 가장 중요한 것은 바로 토양(土養=分)이기에, 새 진리가 나타날 수 있는 것도 바탕인 토양(土養)이 중요하다.**

🚹 : 그렇군요.

☼ : 그리고 또 천주교에는 '성 말라기서'라고 하는 세상의 종말과 로마 교황에 대한 예언서가 있다. 이것은 12세기 아일랜드의 아마주 대사교로 일했던 '나엘 나에도크 우아 몰가이'라는 사람이, 당시의 교황인 세레스틴 2세부터 시작하여 그 이후 세상 종말까지의 교황에 대한 특징, 재위 기간, 출신지 등을 예언한 것인데, 이 예언은 역대 교황에 대하여 지금까지 정확하게 맞추어 왔다고 한다. 이 예언에 따르면 그때부터 세상의 종말까지 이르는 교황의 수는 111대이고, 2005년 4월에 죽은 교황 요한바오로 2세는 110대째이다. **즉, 그 예언은 2005년 4월에 죽은 요한바오로 2세 교황의 다음 교황에서 세상의 종말이 예고되어 있으며, 그렇기에 그 이후의 교황에 대한 예언은 없단다.**

🚹 : 2005년 4월에 죽은 요한바오로 2세 다음 교황 때에 세상의 종말이 온다고요?

☼ : 그래.

🚹 : 그럼 지금의 베네딕토 16세 아닌가요?

☼ : **아니다. 왜냐하면, 이 예언서의 내용을 보면, 111대인 마지막 교황은 크나큰 시련을 겪으면서 양에게 먹이를 주겠고, 그 시련이 지나간 다음 일곱 언덕이 있는 도시는 송두리째 파괴되어 심판자는 인간들을 심판한다고 했다.**

🚹 : 이게 무슨 이야기에요? 왜 마지막 교황이 핍박받고 크나큰 시련을 겪으며 양에게 먹이를 주고, 도시는 송두리째 파괴되고 심판자는 심판을 해요?

☼ : **그건 신약시대의 마지막 교황은 곧 지금 천주교에서 선출된 베네딕도 16세가 아닌, 신약시대의 열매이며, 새 시대의 씨앗으로서 새 진리를 가지고 나올 사람이기에, 기존 교단에게 이단으로 몰리는 핍박을 받으며, 인간(양)들에게 진리(풀)를 알려 줄 것이고, 그 시련이 지나간 다음에는 하늘(3)과 땅(4수)에 있는 모든 잘못된 오류(3+4=7=일곱 언덕)들이 송두리째 파괴된다는 것이며, 그 진리는 인간들이 스스로를 분별(심판)할 수 있게 한**

다는 것이다.

🚹 : 그러면 천주교의 마지막 교황이 시련과 핍박을 받는다고 하는 것은, 천주교에서 이번에 선출한 베네딕도 16세 교황이 아니고, 신약시대의 열매이며, 새 시대의 씨앗으로서 새 진리를 가지고 나타나는 사람을 말하는 건가요?

☼ : **그렇지. 구약 때에도 예수는 구약 과정의 열매이며, 신약시대의 씨앗이었기에 구약 화목제물의 과정을 거쳤지 않았나? 그렇듯이 새 진리를 가지고 나오는 사람 역시 신약 과정의 열매이며, 새 시대의 씨앗이기에 신약 과정의 의미를 거칠 것이다.**

🚹 : 그러면 요한바오로 2세 다음에 천주교에서 선출된 베네딕도 16세가 교황이 아니고, 새 진리를 가지고 나오는 사람이 신약시대의 마지막 교황이라는 건가요?

☼ : 그렇다.

🚹 : 그러면 베네딕도 16세 교황은 어떻게 되는 거예요?

☼ : 그 사람은 천주교에서 선출한 교황이지만, 하느님의 섭리는 이미 신약시대의 천주교를 벗어났다는 것이다.

🚹 : 그럼 천주교는 어떻게 돼요?

☼ : 구약시대가 끝나고 예수로부터 신약시대가 시작된 지 벌써 2,000년이 지났지만 유대교가 아직도 남아있고, 세례 요한을 추종하는 사람들도 소아시아지방에 아직도 남아있듯이, 지금의 천주교도 신약시대가 지나갔지만 앞으로도 계속 교황을 선출하며 正, 分, 合 원칙에 의해 사라질 것이다.

🚹 : 그래요?

☼ : 그렇다. 왜냐하면, 그게 正, 分, 合 원칙이니까. 그렇기에 예언서에는 마지막 교황을 '감람나무의 영광'이라고 비유했으며, '로마인 베드로'라고도 했다.

🚹 : 그건 무슨 의미입니까?

☼ : 여기서 말하는 감람나무(올리브)란 그리스도를 의미하는 것이니, 즈가리아 4장을 보자.

6절: 그 천사가 나에게 일러주었다. 이것은 야훼께서 즈루빠벨이 할 일을 말씀하신 것이다. "그것은 권세나 힘으로 될 일이 아니라 내 영을 받아야 될 일이다." 만군의 야훼께서 하신 말씀이시다.

11절: 나는 그 천사에게 "그러면 등잔대 오른쪽과 왼쪽에 있는 올리브나무(감람나무) 두 그루는 무엇입니까?"

12절: "또 금대롱으로 기름을 대어주는 올리브 나뭇가지가 둘 있는데 그것은 무엇입니까?" 하고 물었다.

13절: 그 천사가 그것이 무엇인지 모르겠냐고 하기에 내가 모르겠다고 대답하자.

14절: 그는 이렇게 일러주었다. "올리브나무 두 그루는 온 세상의 주를 모시도록 기름 부어 선별한 두 사람을 뜻한다. 요한계시록 11장 4절에도, 이 두 증인이란 이 세상을 다스리시는 주님 앞에 서 있는 두 올리브 나무이며, 두 등불입니다."

즈가리아 예언서와 요한계시록의 이 두 구절은, 신약시대의 열매이며, 새 시대의 씨앗인 마지막 교황은 예수와 같은 의미와 역할로서 두 번째라는 것이고, 또 로마인 베드로란 뜻은 로마제국이 천주교 국가였기에, 새 시대의 씨앗이 천주교인 중에서 나온다는 것이며, 예수는 십자가에 죽은 후의 자기 역할을 베드로에게 넘겼기에, '로마인 베드로'란 신약(예수) 다음의 새 시대 씨앗을 말하는 것이다.

: 천주교에는 이런 희한한 예언서가 있군요.

: **좀 더 구체적으로 설명하면, 예수 이후 천주교(적통)를 통해 이어져 오고 있는 신약시대의 하느님 섭리는 110대 교황인 요한바오로 2세로 끝나고, 그다음 111대 교황은 신약시대의 열매이자, 새 시대의 씨앗으로서 새 진리를 가지고 나오는 그리스도이기에, 신약의 111대 마지막 교황으로 비유한 것이다.**

: 그런 거예요?

: **그래서 요한바오로 2세는 2005년에 죽으며 임기가 끝났고, 正, 分, 合 원칙 시대는 2005년부터 시작된다.**

: 그러니까 2005년부터 1,000년간의 새 진리 正, 分, 合 원칙 시대가 시작되었다는 거예요?

: **그렇다. 그리고 예언서에 111대 이후의 교황이 더 기록되지 않은 것은, 예수의 상징인 교황을 표징으로 하느님에게 나아가던 신약시대는 끝이 났고, 새 시대는 개개인이 正, 分, 合 원칙을 알아 직접 체험하며, 하느님(神)과 하나(그리스도) 되는 시대이기에 교황의 의미가 더 이상 없기 때문이다. 그러므로 신약시대의 열매로서 마지막 교황이며, 새 시대의 씨앗으로서 새로운 진리를 가지고 나오는 사람은, 이제는 신약 진리 시대가 지났다고 할 것이기에(해와 달이 빛을 잃고), 기존 교단으로부터 핍박을 받을 것이고, 크나큰 시련을 겪으며, 양에게 먹이를 준다고 한 것이다. 이와 같이 하느님께서는 이미 12세기에 천주교의 아마주 대사제를 통하여, 서기 2000년 경이면 신약시대가 끝나고, 천주교인 중에서 새 진리를 갖고 나와 새 시대가 열릴 것임을 분명히 밝혔다.**

: 그렇군요.

: 그렇다. 그리고 이렇게 새 진리가 나타나 새로운 세계가 되는 것을 성경은 새 하늘과 새 땅이라고 했으니, 고린도후서 5장 17절을 보면 바울이 누구든지 그리스도를 통하여 새

사람이 됩니다. 낡은 것은 사라지고 새것이 나타났습니다."라고 하여, 인간에게 영적 성장이 생기는 것을 "새 사람이 된다."라고 표현했고, 베드로후서 3장 13절에도 "우리는 하느님의 약속을 믿고 새 하늘과 새 땅을 기다리고 있습니다."라고 하였고, 요한계시록 21장 1절에도 "나는 새 하늘과 새 땅을 보았습니다. 이전의 하늘과 이전의 땅은 사라지고 바다도 없어졌습니다."라고 했으며, 이사야 66장 22절에서도 "내가 지을 새 하늘과 새 땅은 무너지지 아니하고…", 요한계시록 21장 5절에는 "보아라. 내가 모든 것을 새롭게 만든다."라고 하였으니. 이것은 자연계에 천재지변이 일어나 하늘과 땅이 깨어지고 새로운 하늘과 땅이 생기는 것이 아니라. 인간들의 보다 상위개념의 새 진리가 나타나, 인간들의 영적 성장에 대변화를 일으키는 것을 나타낸 것이다.

그러므로 루가 17장 21절을 보면 "하느님 나라가 보아라, 여기 있다. 혹은 보아라, 저기 있다고 말할 수도 없다. 하느님 나라는 바로 너희 가운데 있다."라고 하였고, 요한 6장 63절에도 "육적인 것은 아무 쓸모가 없다. 내가 너희에게 한 말은 영적인 것이며 생명이다."라고 하여, 새 진리는 인간들에게 영적 변화를 일으키는 것임을 확실히 밝혔다.

: 그렇군요. 그럼 우리 대화는 다 끝났나요?

: 아니다. 이제 너와의 이 대화가 왜? 어째서 이루어졌는지에 대한 이야기가 남아있다.

: 예?

: 내가 너 하고 이 대화를 하게 된 것도 正, 分, 合 원칙에 의한 것이기에 그것도 밝혀야 한다.

: 이 대화를 하게 된 것이 正, 分, 合 원칙에 의한 것이었다고요?

: 그것마저 밝혀야 우리의 대화는 끝이 난다.

: 그럼 내일도 나와야 하네요?

: 그래. 내일 보자.

† 팔십 일째 날: 토착 귀신들과 부딪쳐온 하느님 사상

: 오셨어요?

: 일찍 왔구나.

: 이 생각 저 생각에 일찍 깼어요.

: 왜?

: 오늘 왜 저와 이 대화를 하게 됐는지 이유를 말씀하신다고 했잖아요.

☼ : 그랬지.

🧍 : 그 이유가 궁금해서요?

☼ : 너만이 아니라 네 고조할머니까지 관계가 있다.

🧍 : 제 고조할머니까지요?

☼ : 그래.

🧍 : 아니? 저와 이 대화를 하는 이유가 제 고조할머니까지 올라가요?

☼ : 그래.

🧍 : 왜요?

☼ : 네가 알고 있는지 모르겠으나 네 고조할머니 이전에는 너희 집안이 제사도 지내며 조상도 모시는 집안이었다.

🧍 : 고조할머니 윗대 이상이야 제가 알 수가 없지요. 다 돌아가셨으니.

☼ : 그렇게 조상들에게 제사 지내다가 네 고조할머니 때에 세례받고 천주교인이 되었다.

🧍 : 네, 그런 이야기를 아버지와 할머니한테 들은 기억이 있어요.

☼ : 그런데 그 당시 너희 나라는 천주교인들을 잡아다 죽였다.

🧍 : 그 이야기도 들었어요.

☼ : 그때 네 고조할머니 대(代)에서 시누이, 올케 사이의 여자 두 사람이 순교했다.

🧍 : 네, 그 이야기도 들었어요.

☼ : 그때 순교한 고조할머니 때부터 너희는 조상에게 지내던 제사를 끊었으니,

① 순교 이전의 너희는 '조상과의 인과관계(情=개체구조 앎)'로 이어졌으나,

② 순교 이후의 너희는 '죽음으로 맺은 하느님과의 인과관계'로 바뀌었다.

🧍 : 예? 우리가 대대로 조상에게 제사를 지내는 것이 '조상과의 인과관계'예요?

☼ : 그렇다. 네 고조할머니 代에서 순교하며 너희가 인과관계를 조상에서 하느님으로 뒤바꾼 것은 그때까지 너희에게 대우받던 조상귀신이나 지역귀신에게는 참을 수 없는 배신이었다. 그래서 천주교가 세계 곳곳으로 전파될 때는 그 지역 조상귀신이나 지역귀신들의 큰 반발로 순교가 이어졌다.

🧍 : 요즈음은 천주교에서 조상님들에게 제사 지내도 된대요

☼ : 요즈음은 너희들의 앎 수준이 어느 정도 높아져, 하느님과 조상의 의미를 구별하기에 제사를 지내게 하지만, 얼마 전까지도 천주교는 너희들의 낮은 앎 수준 때문에 조상에게 제사를 지내지 못하게 했다.

🧍 : 예.

☼ : 귀신 중에는 자기가 살던 지역에서 후손들의 대우에 만족하는 조상귀신이나 지역귀신들이 많다. 예를 들면 그 지역의 토착 귀신들로서 너희 나라의 경우, 당나무신, 부엌의 조왕신, 칠성신, 용왕신, 성황당신, 북두칠성신, 무슨 무슨 장군신, 각 사찰에서 모시는 신, 각 가정의 신주단지 등이다. 이럴 때 그 지역에 하느님만을 인정하고, 모든 귀신을 魔鬼라며 무시하는 기독교가 들어가면, 이것은 그 지역과 인간들을 장악하고 대우받던 조상 및 지역귀신들을 모두 魔鬼라며 무시(無視)하는 것이기에, 조상귀신이나 지역귀신들로서는 받아들일 수 없는 큰 충격이다.

그렇게 되면 그들은 기독교의 의미를 이해하기보다 자신들을 魔鬼라고 무시하며 영역을 침범하는 데에 대한 반발로 이어지니, 이것은 곧 기독교인에 대한 그 지역의 박해 및 순교로 나타난다.

🚹 : 그러니까 어디나 기독교가 처음 들어가면 지역귀신들이나 조상귀신들과 하느님이 부딪쳤다는 거예요?

☼ : 그렇다. 그러나 이것은 正, 分, 合 원칙에 의해 당연한 것이다. 이때 인류구원사업에 협조하던 하느님의 성령들이 신도들에게 념력(念力)으로 협조하여 그들을 서슴없이 순교하게 함으로써 그 지역에 선교의 씨앗은 심어졌다. 그러나 마음계나 영계에 있는 지역귀신들이나 조상귀신들은, 영계핵까지 진화한 영핵(성령)들의 협조가 움직임의 원칙 5에 의해 전혀 보이지 않아 성령 협조를 알 수 없다. 그래서 기독교가 세계 각 지역으로 전파될 때는 순교가 앞섰다.

그래서 신약 초창기 순교자가 속출할 당시, 요한계시록 6장 9~11절을 보면, "하느님의 말씀과 저희의 가진 증거를 인하여 죽임을 당한 영혼들이 제단 아래 있어 큰 소리로 불러 가로되, 거룩하고 참되신 대 주재여 땅에 거하는 자들을 심판하여 우리 피를 신원하여 주지 아니하시기를 어느 때까지 하시려나이까 하니, 각각 저희에게 흰 두루마기를 주시며 가라사대 아직 잠시 동안 쉬되 저희 동무 종들과 형제들도 자기처럼 죽임을 받아 그 수가 차기까지."라고 했다.

이 요한계시록 구절은 하느님 사상이 신약과정 2,000년간 전 세계로 퍼지기까지는 각 지역 조상귀신들이나 지역 토착 귀신들의 반발로 수많은 순교자가 생길 것을 말한 것이니, 마태복음 24장 14절과 마가복음 13장 10절의 '예수 재림과 최후의 심판은 신약 진리가 세상 끝까지 전파된 후'라고 한 것과 연관이 있다.

🚹 : 신약성경 요한계시록에 그런 구절이 있어요?

☼ : 그래. 이렇게 기독교는 가는 곳마다 지역귀신이나 조상귀신들과 부딪치며 순교자가 수없이 이

어졌으니, 지역귀신이나 조상귀신들에게 있어서 '생명을 바치는 순교'는 받아보지도 못했고 생각도 못 해본 차원이기에, 시간이 지날수록 어쩔 수 없이 그들은 한 발짝 물러나게 되었다.

🧍 : 와! 그러니까 그동안 기독교가 전 세계로 전파되며 저승에서는 상상도 못 한 일들이 벌어지고 있었군요.

☼ : 그래. 正, 分, 合 원칙에 의해 저승에서는 너희들이 상상도 못 하는 일들이 벌어지고 있었지. 그러나 이것은 지역귀신들이나 조상귀신들이 하느님 사상을 전혀 몰랐기 때문이며, 이제는 하느님 사상이 전 세계로 퍼져 그들도 어느 정도 윤곽을 짐작하기에 그런 일이 없다. 하느님 사상이 자연계에서 세계적인 사상이 되면, 그에 따라 저승의 영들도 차츰 알게 되기 때문이다. 그래서 마태복음 16장 19~20절과 18장 18절에 보면 예수도, "네가 땅에서 무엇이든지 매면 하늘에서도 매일 것이요. 네가 땅에서 무엇이든지 풀면 하늘에서도 풀리리라."라고 하여, 무엇이든 먼저 자연계에서 해결되어야 함을 말했다. 그래서 자연계에서 먼저 正, 分, 合 원칙 앎이 인간들에게 퍼져 체험으로 이어지며 앎이 성장해야, 마음계와 영계와 영계핵의 영들도 正, 分, 合 원칙을 알게 되고 체험하게 된다.

🧍 : 그렇군요. 그런데요. 듣는 귀신 기분 나쁘라고 왜 그냥 조상신이라 하고, 토착신이라고 하시지. 꼭 조상귀신 토착귀신이라고 하세요?

☼ : 그게 이유가 있다.

🧍 : 뭔데요?

☼ : 저승에 있는 인간 영들은 개체구조이기에 형체가 있어 귀신(鬼=얼굴 귀)이 맞다. 그러나 우주 자체로서 우주에 충만한 무한(0)한 하느님은 유일(唯一)한 전체성(0)으로서 너희 같은 형체가 아니기에 신(神)이 맞다. 그래서 뜻글자인 한문을 보면 '보일(示)'와 '펼(申)'을 合한 字가 神이다. 즉, 신(神)이란 '우주를 보이게 폈다.'라는 것으로서 창조주 하느님을 말한다. 그리고 인간영은 얼굴이 있기에 귀신(鬼神)이 맞으며, 또 영(靈)은 해골의 상형 문자이기에 인간영혼은 영(靈)이 맞다.

🧍 : 그런데 왜 저승에 있는 귀신들은 자기를 신(神)이라고 해요?

☼ : 그들이 아직은 正, 分, 合 원칙을 몰라 무지(無知)하여 신(神)과 귀신(鬼神)을 분별하지 못하기 때문이다. 그래서 이 문제도 正, 分, 合 원칙이 퍼지며 자연히 해결된다.

🧍 : 그런데 제 고조할머니 대에서 두 분이 순교한 이야기를 하시다가 딴 데로 흘렀네요.

☼ : 그래, 그 후부터 너희 집안은 철저한 천주교인이 되었으니, 네 육촌에서 신부 한 사람과 수녀 두 사람이 나왔고, 네 할머니도 수녀원에서 공부하다가 네 할아버지에게 시집왔으며, 네 아버지도 신부가 되려다가 여건이 이어지지 않아 그만두었으며. 너 역시도 한때는

신부가 되려고 생각했었잖냐?

🚹 : 그랬지요.

☼ : 너희들 조상에게 직접 제사를 누구까지 지내냐?

🚹 : 아마 고조까지 지낸다고 하지요? 고조 이상은 시제로 넘기고요.

☼ : 그래. 바로 그거다. 너희는 고조할머니부터 천주교를 믿으며 조상에게 제사를 지내지 않았기에, 5대째인 네 대(代)에 이르러서는 조상과의 인과관계(情=개체구조 앎)가 완전히 끝나고 온전히 하느님과 인과관계가 맺어진 하느님의 자녀가 되었으니, 네가 태어나기 4년 전에 네 형이 먼저 태어났다.

🚹 : 네 제가 음력 1944년 12월 10일이고, 형이 음력 40년 10월 26일이니까, 저하고 형님하고는 만 4년 정도 차이가 있어요.

☼ : 그 다음 강원도 부잣집 셋째 딸로 태어나 고생 없이 자라며 서울로 유학해 공부하다가, 네 아버지를 만나 연애하다가 네 외할아버지에게 들켜 쫓겨난 네 어머니는, 네 아버지와 결혼하기 위해 당시의 천주교 규칙에 따라 천주교인이 되었으며, 그리곤 서울시 서대문구 新寺洞 144번지에 살던 네 아버지와 결혼해 시집에서 살다가 네 형을 낳게 되었고, 그 후 서투른 물지게를 지고 언덕을 오르다 넘어져 당시로는 중병인 늑막염에 걸렸다. 그러나 일본제국주의 시대 말기인 1940년대 초에는 페니실린이나 마이신이 없는 시대였기에 네 어머니 병은 완치되지 않았고, 엎친 데 덮친다고 복막염까지 발병하여 몇 년간의 병고에 시달린 네 어머니는 건강이 아주 안 좋았다.

🚹 : 네에.

☼ : 그러다가 네 형이 돌이 지나자 네 어머니는 네 아버지 네 형과 같이 쫓겨난 친정을 찾아갔고, 그렇게 아픈 네 어머니를 본 네 외할아버지는 딸의 건강이 나쁜 것을 보고 가장 좋은 한약을 지어줬다. 그 당시 네 외할아버지는 강원도 평창에서 유명한 한의사였거든.

🚹 : 그랬나 봐요, 천도교 강원도 접주였대요.

☼ : 네 외할아버지가 지어준 한약을 먹자 네 어머니의 건강은 차츰 좋아져 몇 년 지나자 다시 태기가 있어 너를 임신했다.

🚹 : 저를 임신해요?

*참 고

이제까지 설명한 神의 DNA 正(원인=0), 分(과정=123456789), 合(결과=10)은 수학이고 물리학이며, 인문학인 학문입니다.
왜냐하면 우주의 모든 변화는 개개의 질량과 구조에 의한 비중이 제로(0)로부터 완전(0)히 갈리며 흐르는 正,分,合의 반복이기 때문입니다.
즉, 소립자부터 시작되는 물질변화인 물리학이나, 인간관계의 모든 부딪침은 개개인의 개성과 여건과 구조의 질량이 제로(0)로부터 二分法 正,分,合으로 그 비중이 완전(0)히 갈리는 흐름이기 때문입니다.
그렇기에 우주의 모든 흐름을 神의 DNA로 설명한 인간완성은 학문이며 과학입니다.
그러므로 인간완성은 조선 초기 학자들이 천주교를 학문으로 접근했듯이 神의 DNA를 밝힌 인간완성도 학문으로 접근해 서로가 토론하며 개개인들의 영성을 발전시켜 나아가야 합니다.
학문은 곧 앎이기에 앎이 변하면 意識이 변합니다.
인간들의 意識이 변하면 인간사회 전체가 변하구요.
우리는 正,分,合으로 하나하나의 인간들과 인류사회의 의식이 변하는 그 시대적 최첨단에 서 있습니다.
하느님의 인류구원과정 마지막 1000년 시대인 正,分,合 인간완성 시대는 이제까지의 미완성시대와 같이 무조건 믿고(信) 따르는(仰) 복종시대가 아닙니다.
누구나 개개인이 正,分,合을 철저히 이해해 正,分,合 앎(全知)으로 각자에게 다가온 상황을 누구에게도 의지하지 않고 스스로 해결하며(全能) 무한(0)한 전체성(0)구조 神이 개체구조로 분화한 "나"의 존재의미를 찾는 보람과 긍지로 기쁨이 넘치는 지상천국이니 이것은 곧 영적으로 어린아이가 아닌 드디어 성인이 된 것이고 태초 신의 창조 목적이 드디어 이루어진 것입니다.

---

† 팔십일 일째 날 無題 1

🚶 : 저 나왔어요.
☼ : 어제 어디까지 이야기했지?
🚶 : 임신한 것까지 말씀하셨는데요.
☼ : 그렇게 늑막염, 복막염으로 쇠약해진 네 어머니는 네 외할아버지가 지어준 한약을 먹고 차츰 건강이 좋아지며 너를 임신하게 됐지만, 아직 복막염은 낫지 않았고, 몸도 아이를 낳을 정도로 건강해진 것은 아니었다. 그러자 어른들은 크게 걱정했으니 아이도 산모도 모두 잃게 생겼기 때문이다. 그래서 낙태를 해야 할 상황이었으나 철저한 천주교인이었

기에 아이나 산모의 운명을 하늘에 맡기기로 하고 말았다.

🚹 : 저런 애물단지였네요.

☼ : 복막염으로 배에 차는 물을 주사기로 빼지만, 네가 자라며 배가 불러와 네 어머니는 버선도 벗고 신고할 수 없었다. 그러다가 산달이 가까워지자 다행히 네 어머니의 건강이 약간 호전되며 그 당시 서울시 공동묘지였던 고태골에서 너를 낳았다(음력 1944년 12월 10일=서울시 서대문구 新寺洞 144번지). 그래서 4년 전에 태어난 네 형과 너는 형제가 됐으며, 너는 차남이었다. 그렇게 천신만고 끝에 태어났으나(서대문구 중림동 약현성당=세례명 아오스딩), 네 어머니는 병고에 아이까지 낳자 젖이 나오지 않았고, 건강이 너무 나빴다. 이때 마침 네 아버지는 영등포 고무공장에 취직해 네 할아버지 집을 나와 네 어머니 네 형과 딴 살림을 냈다.

그러자 할 수 없이 너는 고태골 本家인 네 할머니 집에서 네 할머니가 맡아 키우게 됐으니, 그때는 2차 세계대전의 막바지로 의식주가 몹시 어려운 시기였기에 갓 난 너에게 먹일 음식이 마땅치 않아 너는 미음과 소젖으로 그날그날을 연명하였고, 정제되지 않아 지방질이 모유의 15배인 소젖을 그대로 먹은 너는 설사가 끊일 새 없어 병을 달고 살았다. 네가 얼마나 몸이 약했던지 3살이 넘도록 힘이 없어 제대로 걷지도 못했고, 너무 말라 얼굴은 눈뿐이었으며, 앉을 때도 너무 힘이 없어 두 팔로 앞을 받혀야 했기에 개구리같이 앉았다.

🚹 : 제대로 먹지 못해 그 정도로 몸이 약했군요.

☼ : 어쨌든 너는 그렇게 태어나 젖도 못 먹었지만 네 할머니의 지극 정성으로 생명을 유지했으니, 그때 네 할머니가 너를 얼마나 지극 정성으로 키웠던지 늙어 망령들어 정신없을 때 너만 찾았고, 운명할 때도 너만 찾았다. 그 후 네 어머니가 너를 데리고 친정 갔을 때 몰골이 앙상한 너를 본 네 외할아버지가 "그 아이 커서 어디 사람 구실하겠냐? 갖다 버려라."라고 했다며, 네가 12살이 넘은 1957년 6월 네 어머니는 죽기 전까지도 네 외할아버지를 섭섭해 했다. 그러다가 네 나이 3년 6개월 정도 지난 1948년 늦여름, 네 몰골을 본 네 아버지가 저러다가는 결국 아이가 죽겠다 싶어 너를 네 아버지 집으로 데려갔으니, 드디어 너를 포함한 4식구는 명실공히 한 가족이 되었다. 잘 듣거라. 여기까지가 첫 번째 매듭이다.

🚹 : 여기까지가 첫 번째 매듭이라니요?

☼ : 듣기만 해라. 그다음, 1948년 늦여름부터 명실공히 한 가족이 되어 출발한 너희 가족은 네 아버지가 영등포 고무공장 작업반장으로 있다가, 1950년 6·25 전쟁이 터지자 네 아

버지는 아래 동생 둘이 파출소 소장인 것을 동네 사람들이 다 알아 숨어 지냈고, 그러다가 1951년 1월 고태골 친척 10여 명과 함께 온 가족이 서울을 벗어나 충청남도 부여로 피난 가게 되었고, 네 아버지는 부여에서 피란민 마을 반장을 맡게 되었고, 피란민들은 유엔에서 보낸 구호물자로 살았다. 그러다가 그 이듬해 1952년 봄 외국에서 들여온 개량종 '레그혼' 달걀을 부화하여 기르기 시작했으니, 이 당시는 달걀이 지금과 달리 몹시 귀해 10개면 쌀 한 말과 맞바꾸고도 거슬러 받았다. 그 이듬해인 1953년 봄에는 닭이 40여 마리로 늘어 하루에 몇십 개씩 알을 낳았으며, 여름에 닭 병이 돌아 닭들이 모두 죽을 때까지 계속되었다. 생활은 유엔에서 주는 배급으로 충분했기에 가정 경제는 갈수록 풍족해졌으니(만 8세), 이때가 너희 가정이 생활하던 중 가장 안정되고 풍족하고 평화로운 시기였다. 잘 들어라. 여기까지가 두 번째 매듭이다.

: 네, 알았습니다. 잘 듣고 있어요.

: 한편, 네 아버지는 피란민 반장일을 보면서 부여군청을 드나들며 알게 된 피란민 중 동경제국대학을 나온 농학박사 황선영 씨와 규암면에 농과대학(후에 백제중학교가 되었음)을 창립해 황선영 씨가 교장이 되고, 네 아버지는 교감이 됐다. 그리하여 1953년 봄, 첫 신입생을 모집하게 되었는데, 1953년 봄은 한창 전쟁 중이었고, 당시 대학생은 군에 입대하지 않아도 되었기에 많은 사람이 웃돈을 얹어 입학하려고 했었다. 이때 황 교장은 웃돈을 많이 주는 사람부터 뽑자고 했고, 네 아버지는 시험을 쳐서 실력대로 뽑자고 하였으니, 두 사람 사이에는 갈등이 생기게 되었고, 드디어 생사를 함께할 듯 가깝던 황 교장과 네 아버지 사이에 입학생 문제로 말썽이 나기 시작하였다.

: 예, 그때가 자세히 생각납니다. 그 당시 아버지는 받은 입학금을 큰 포대에 담아 자전거에 싣고 오셔서 천정에 숨겼다가 이튿날 가져가시곤 했지요. 지금도 생생히 기억나는 게 저녁마다 집에 오시면 어머니와 아버지는 부정직한 황 교장의 이야기를 하시며 걱정스런 의견을 나누시더라고요. 지금도 제가 기억하는 것은 부정입학을 아버지가 끝까지 반대하시자 황 교장이 몇몇 사람을 따로 입학시켜 달라고 부탁하더래요. 그래서 알아봤더니 황 교장이 뒷돈을 받았더라고 어머니에게 말씀하시며 아버지가 속상해하시더라고요.

: 그때 기억이 지금도 나냐?

: 네, 사실 저도 그 당시에 부모님의 이야기를 곁에서 들으며 철저한 천주교인으로 순교자의 자손이신 아버지가 옳다고 생각했고, 저는 그때부터 부정부패에 굴복하지 않으시는 아버지가 대단히 자랑스러웠으며, 그런 아버지를 존경하게 됐어요.

: 그렇구나. 네 나이 만 8살이 넘었으니 기억날 만도 하다. 그럼 이제부터는 네가 이야기해라.

🚹 : 그냥 하던 대로 하세요. 제가 모르는 것도 많이 아시던데요.

☼ : 그럼. 다시 시작한다. 그렇게 네 아버지가 황 교장과의 부딪힘으로 속상해하며 부여군청을 드나들 때 알게 된 천황록이라는 사람이 있었으니, 이 사람은 이북에서 피난 온 사람으로 충남 서산군 해미면에 사무실이 있고, 현장은 고북면에 있는 '피난민 정착사업소' 소장이었다. 그 사람이 네 아버지를 부소장으로 영입하겠다고 여러 번에 걸쳐 제의하고 있었다.

🚹 : 천황록 씨요? 기억나요. 눈도 크고 목소리도 굵고 뚱뚱하고 잘 웃어요.

☼ : 이제 기억이 난다고 제법 참견하는구나.

🚹 : 네, 아는 게 있네요,

☼ : 그러자 네 아버지는 황 교장의 부정으로 학교 일이 마음에 안 들어 착잡했는데 천 소장이 그런 제의를 하자 네 어머니와 상의하게 되었고, 그 결과 부소장으로 가기로 했으니, 1953년 늦가을 네가 초등학교 2학년 2학기 때 너희 가족은 해미로 이사했다. 그곳에 가보니 천 소장 역시 피난민들에게 나오는 배급 물품을 부정으로 처분하여 착복하고 있었다. 처음엔 설마 했으나 장부와 현물이 차이가 많아 회의 때마다 네 아버지는 따졌으며, 그 결과 네 아버지와 천소장 일파는 또다시 정의와 불의로 갈라지게 되었다.

🚹 : 맞아요. 기억이 나요. 약간 추운 어느 날이었어요. 어느 날 밤 아버지가 저와 형을 부르시더니 큰 다리 밑에 가서 누가 창고에서 물건을 꺼내 가는지 숨어서 보라고 하시더라고요. 그래서 형하고 둘이 다리 밑에 숨어서 보니까 창고에서 꺼낸 물건을 여러 사람이 자전거에 잔뜩 싣고 계속 나가더라고요. 그러고 보니 그 당시 몇 년간은 아버지와 황 교장의 갈등과 아버지와 천 소장의 갈등이었네요. 그리고 그 당시 아버지는 항상 이렇게 말씀하셨어요. 악한 일을 하면 하느님의 벌을 받으니까 황 교장이나 천 소장은 반드시 하느님의 벌을 받을 것이라고, 철저한 천주교인이며 순교자의 후손으로서, 청념결백하시기에 자랑스럽고도 존경하는 아버지의 그런 말씀을 듣는 저 역시 악한 일은 반드시 하느님의 벌을 받을 것이라고 생각했지요.

☼ : 그랬구나! 너는 그때의 상황과 네가 존경하는 아버지의 그런 말을 들으며 선(善)과 악(惡)에 대한 개념이 확고해졌구나.

🚹 : 그런가요? 생각해보니 그런 것 같네요. 그 뒤에 아버지께서 들으셨다는 소식인데요. 황 교장은 아버지와 헤어지고 2년 후 중풍으로 죽었고요, 천 소장도 아버지와 헤어지고 2년 후 중풍으로 죽게 됐다는 소식이 왔대요. 아버지께서 그 이야기를 하시며 악한 짓을 했기에 그들은 당연히 벌을 받았다고 하셨어요. 그때는 저도 아버지의 말씀대로 그 사람들이 하느님의 벌을 받았다고 생각했지요.

☼ : 이렇게 네 아버지가 천 소장 일파와 선(善)과 악(惡)으로 대립하여 갈등을 빚고 있을 때 네 아버지는 가끔 서울을 다녀오곤 했는데, 그때 네 아버지 외가에 친척 되는 사람이 네 아버지에게 일제시대 때 호황을 누리던 야(夜)시장 회사를 같이 설립하자고 제의했다. 그러자 천 소장 일파와 깊은 갈등이 싫었던 네 아버지는 네가 4학년 2학기 때인 1955년 늦가을 스산한 바람이 불 때 가족을 이끌고 서울로 올라왔다.

🚶 : 네, 기억납니다. 그때 큰 트럭에 이삿짐을 싣고 뒤 칸 틈틈이에 식구들이 끼어 타고 오는데 뚜껑이 없어 늦가을 바람에 많이 춥던 기억이 나요.

☼ : 그렇게 서울로 올라오자 일단 너희 집은 일정한 수입이 없었고, 그때까지 저축했던 돈으로 생활도 하고 회사 설립에 필요한 자금도 들어갔으나 회사 설립은 지지부진했고, 1년 이상을 끌다가 1957(만 12세)년 봄에 야시장 허가가 당시 동대문시장연합회 회장이던 이정재(5·16 때 정치 깡패로 사형)에게 떨어져 너희 집은 폭삭 망하게 되었다.

🚶 : 기억나요. 그때 폭삭 망해 우리는 결국 삯 월셋방으로 쫓겨났으니까요.

☼ : 그래, 그 충격으로 계속 몸이 약했던 네 어머니는 그해 6월 19일 죽었다.

🚶 : 그렇게 집안이 망하고 어머니까지 돌아가신 그해 1957년 6학년 겨울방학에는 저라도 돈을 벌어야겠기에, 을지로 6가 방산시장에 있던 지하실 장난감 공장에 취직했는데 연탄가스 냄새로 머리가 많이 아팠던 기억이 나요. 봄이 되자 아이들이 선생님이 졸업식에 참석하라고 하신다고 찾아왔더군요, 그래서 졸업식에 참석하고 우등상장과 그 당시엔 귀했던 한글 사전과 졸업장을 받아왔어요.

☼ : 잘 들어라. 여기까지가 세 번째 매듭이다.

🚶 : 웬 매듭이 자꾸 나와요?

☼ : 두 번의 매듭이 더 있다.

🚶 : 그래요?

☼ : 그래 너희 집은 망해도 그렇게 망할 수가 없었지. 너희 가정은 아주 최악의 상태가 이어졌으니까. 네 아버지는 웬만큼 사는 집에서 5년제 휘문고등학교 전기과를 졸업 후 집안이 망했기에, 이런저런 막일은 해보지 않아 할 엄두도 못내 사글세 방으로 쫓겨난 뒤에도 수입이 없었으니, 너희는 1957년 겨울을 근처 우동 공장에서 나오는 우동 찌꺼기로 끼니를 때웠다. 그러다가 사글세도 못 내 결국 이듬해(1958년) 초여름에는 쫓겨나 집 없는 빈민들이 모여 사는 한강 모래사장으로 천막 치고 나가게 되었는데, 너희는 천막 살 돈마저 없어 집에 있던 고급 괘종시계(세이코)를 팔아 그 돈으로 천막을 샀다.

🚶 : 예, 다 기억납니다. 한강 모래사장에 천막치고 나간 우리는 그 뜨거운 여름 뙤약볕에서 수

영하러 온 사람들에게 제가 도넛, 찐빵, 아이스케키 등을 받아다 팔아서 먹고살았지요. 아버지는 그냥 집에만 계시더라고요.

☼ : 네 형은 17살이었기에 노동판에 뛰어들었지. 그러기를 몇 개월 지나 9월 15일 비가 많이 와 한강에 홍수가 나 천막 치고 살던 빈민들은 서울시의 조치로 미아리 송천동으로 이주했고, 그해 겨울 내내 서울시에서 밀가루 배급을 주었다. 그러자 너희 3부자는 배정받은 산비탈을 평평하게 골라 약 16평쯤 되는 땅 블록에 기름종이를 얹어 방 둘에 부엌 하나, 3칸 집을 지었고, 봄이 되자 여기저기서 가내수공업 일거리를 찾아 그럭저럭 먹고 살았다.

🧍 : 그때 저도 일자리를 찾아 이리저리 옮겨 다녔지요. 혜화동에서 흑석동까지 다니는 합승택시 차장도 하며 거기서 먹고 잤고, 중림동 다방에서 커피도 끓이고 심부름도 하며 먹고 자기도 했지요.

☼ : 한편, 네 아버지는 부근에 집 짓고 이사 왔던 아이 셋이 있는 과부를 알게 되어 동거하기 시작했다.

🧍 : 기억이 납니다. 59년 늦겨울에 직장을 그만두고 집에 갔더니 아버지는 우리 집을 팔고 그 아주머니 집으로 아주 들어 가셨더라고요.

☼ : 먹고살기 위해 너희들이 나가 있으면서 가끔 집에 왔으니 네 아버지는 너무 외로웠지.

🧍 : 그랬겠지요. 저도 그 당시에는 어려서 몰랐었는데 지금 생각하니 참 외로우셨겠어요.

☼ : 너도 나이 먹으니 알겠지?

🧍 : 아버지께서 그렇게 되시자 제가 그 아주머니 집에 계속 있기가 좀 그렇더라고요. 그래서 1960년 3월 20일에는 부근에 있던 기와공장에 취직했습니다. 그런데 일이 얼마나 힘든지 만 15세의 저에게는 무리였어요. 몇 달은 버텼는데 도저히 더 이상 못 버티겠더라고요. 그래서 8월이 되자 그만두고 강원도 삼촌 집에 가서 13일간 쉬다가 다시 서울로 올라와 삼각지에 사는 이모 집에 갔지요. 그랬더니 마침 이모네가 식구들끼리 집을 대대적으로 수리하고 있었어요. 그러니까 이모가 저보고 갈 곳이 마땅치 않으면 집 짓는 데 심부름이나 하라고 하더군요. 그렇게 몇 달 어느덧 집도 다 짓고 가을이 됐어요. 어느 날 이모와 시장을 가는데 동네 어귀 큰길 입구에 깨끗한 이발소가 눈에 보이더군요. 흘깃 들여다보니 최고급 시설로 큰 어항도 있고 열대수도 있는 등 눈에 확 띄었어요. 좋아 보였던 저는 무심코 "저런 데서 일해 봤으면 좋겠다."라고 했더니, 이모가 "그래? 그럼 내가 말해 볼까? 이 집이 나하고 계 같이하는 집이거든. 그런데 요즈음 이 집 여자가 계를 다시 만든다고 나보고 하나 들어 달래. 그러니까 너를 써주면 계를 든다고 해볼게." 하시더군요. 사실 삼각지는 우리가 해미에서 올라와 망할 때까지 살던 곳이라 동네 사람들은 저를 알지요.

☼ : 이젠 네가 기억한다고 다 설명하는구나.

: 그렇게 됐나요?

: 더 계속해라. 잘하고 있다.

: 그러더니 이모가 그 이발소 집에 들렀고, 곧 이발소집 아주머니가 저를 보자고 한대요. 갔더니 이발소 집 아주머니가 '얼굴도 예쁘장하고 꼭 이발소 타입'이라며 내일부터 당장 일을 나오라고 하더군요. 그래서 이튿날부터 이발소에 들어가 머리 감는 것부터 배웠지요.

: 그게 몇 월 며칠인지 기억하냐?

: 네, 1960년 11월 8일이지요?

: 그래, 맞았다. 여기가 네 번째 매듭이다.

: 그래요? 그러면 매듭은 끝난 거예요?

: 아니다. 한 번 더 있다. 다시 기억나는 대로 이야기를 계속해라.

: 예, 그래서 거기서 머리 감는 것과 안마를 배웠지요. 이렇게 이발소에 들어간 후 그 일이 저에게는 안정된 직업이 되었어요. 그렇게 직업이 안정되자 저는 차츰 주변 사람들과의 부딪침인 인과관계를 생각하게 되었고, 그러다 보니 결국 '약속을 꼭 지키고 상대에게 더 주지도 않고 더 받지도 않는 방식'이 가장 이상적인 인과관계라고 생각하게 되었습니다. 지금도 생각하면 그때 왜 그런 생각을 했는지 모르겠지만, 이것을 노트에 메모까지 하며 '이상적인 대인관계'를 연구했답니다.

: 잘하고 있다. 더, 계속해라.

: 이렇게 꼭 주고받으며 생활하면 아무 문제 될 것이 없을 줄 알았는데, 이러한 세월이 약 3년이 흐른 1964년 4월, 믿고 있던 동료가 이권이 개입되자 태도를 순식간에 바꾸는 것을 본 저는 '나만 잘해서는 아무 소용이 없다.'라는 것을 뼈저리게 느끼게 되었습니다. 이러한 생활방식이 완전한 인간관계일 수 없다는 데 큰 충격을 받게 되었고, 그때까지의 인과관계에 깊은 회의를 느껴 삶에 의욕을 잃을 정도로 깊은 고민에 빠졌습니다. 그렇게 깊은 고민에 빠져있기를 7개월, 1964년 11월 중순 주인집에 여럿이 회식차 갔다가 우연히 책꽂이에 꽂힌 톨스토이의『인생독본』을 보고는 생소한 제목에 마음이 끌려 빌려보게 되었습니다. 그리고『인생독본』을 읽은 저는 큰 충격을 받았습니다. 왜냐하면, 인과관계를 포함한 삶에서 이런 생각과 문제로 고민하고 방황한 사람이 나뿐만이 아니고, 인생독본의 구절들을 깨달은 사람들은 모두 저와 같이 삶의 깊은 번민 속을 헤매던 것임을 알았기 때문입니다. 그래서 완전한 인간관계에 살기 위한 저의 삶 목적은 다시 방향이 결정되었으니, 저는 인생독본 내용을 완전히 소화하려고 한 줄거리를 읽으면, 그 뜻을 모두 알게 될 때까지 몇 번이고 되풀이 읽었고, 곧 그 뜻대로

실천에 옮겼으며, 결국은 제가 천주교에 큰 공을 세운다는 12세 때의 신탁이 바로 이 길이라고까지 생각하게 되었습니다. 이때는 누가 저에게 시비를 걸고 모욕을 주고 업신여겨도 또 자존심을 참을 수 없이 건드려도 끝까지 참고 무저항으로 넘겼습니다. 그리고 모든 고통은 순간만 넘기면 되고, 그것이 일생이 되어 육신이 죽으면 저는 영광스러운 진리의 삶을 산 것에 기뻐하리라 생각했던 것이지요. 또 육신의 고통은 원자로 이루어진 물질이 느끼는 것일 뿐, 정말 저의 생명인 정신이 느끼는 것은 아니며, 오히려 육신은 정신의 평화를 깨뜨리는 적(敵)이니, 육신을 괴롭혀 고통을 참는 것은 곧 정신이 육신을 이기는 것이라고 생각했습니다. 그리하여 저는 어떠한 고통이라도 얼마든지 참아넘기려 했고, 실제로 닥치는 모든 어려움을 참아 넘겼습니다.

한편으로는 교회의 건물을 보면 건물 지을 돈으로 헐벗고 굶주린 가난한 사람들을 돕는 것이 옳고, 정말 진실로 하느님을 믿는 사람이라면 교회 건물이 없어도 빈터에서 예배보는 것을 전혀 싫다 하지 않을 것이며, 하느님도 진정 그것을 원하실 것이라고 생각했습니다. 그리고 이왕 교회를 지었으면 모든 만물을 창조하신 하느님이 보시기엔 누구나 똑같은 당신의 자녀인데, 하느님의 뜻대로 하느님을 섬긴다는 교회 자체가 왜 문을 잠그고 수위실을 두며?, 그 추운 겨울에 떨고 있는 집도 없고 의지할 데 없는 수많은 노숙자를 왜 못 들어가게 차별하는지…? 예수도 자기를 따르려면 모든 것을 팔아 어려운 사람들을 주고 따르라고 했는데, 교회 사무실이나 간부 사무실은 스팀과 좋은 가구가 있고 아무나 못 들어가게 하는지? 또 미사 때에 신부가 입는 옷은 왜 그렇게 좋고 화려해야만 하는지…? '만약 미사 때 앞에 누더기를 걸치고 추위에 떨고 있는 사람이 있다면, 그 옷을 당장 벗어 입혀주기를 하느님께서는 진정 원하실 것이 아닌가?' 하는 등 의문이 생겼습니다. 그래서 추운 겨울 어느 날, 이런 의문에 대해 성당에선 어떻게 해명하는지 듣기 위해 명동성당에 가서 교회의 간부(자칭 노기남 대주교 비서) 3~4명이 있는 곳에서 토론했습니다. 처음에는 제가 미치거나 성당에 트집 잡아 구걸하러 온 사람인 줄 알았다가, 나중에는 제가 묻는 진정한 의미를 이해하고 한참 토론을 벌였습니다. 그리고는 모인 사람들의 결론이 결국 "인간은 약하여 그 모든 것을 실천하지 못하기 때문이다."라는 것이었습니다.

아울러 '하느님이 실제로 존재하는가?' 하는 의문에는, 자칭 신학교 4학년 학생이 "하느님의 존재에 대하여 인간은 어느 정도 이상은 도저히 알 수가 없다. 그러므로 인간은 더 알려고 하는 것부터가 미련한 것이다." 그러고는 결론이 "남들이 있다고 하니 그냥 믿으면 된다."였습니다. 더구나 어떤 사람은 "믿어서 손해날 것이 있느냐?"라는 이야기까지 했습니다. 이후 저는 교회나 성당에 대하여 환멸을 느꼈으며, 인간이 진실하게 사는 것은 오직 편견 없이 파헤친 인생독본의 뜻만이 옳다고 생각하게 되어, 더욱 인생독본을 파고들며 뜻대로 철저히 실천하려 했습니다. 그리고 모든 사람이 하느님의 같은 아들딸이면 모두 형제자매인데 그런 입장에서 저보다 조금이라도 어려운 사람이 있으면, 당연히 나와 동등한 처지로 이끌어주어야 한다는 생각에 저는 제가 소비하는 모든 것을 절약했고, 또 어딘가에 있을(인도, 파키스탄, 방글라데시, 아프리카 등) 하루 3번 식사도 못 하는 사람들을 생각하여 식사량도 아주 최소한으로 줄였습니다. 그랬더니 항상 배가 고프고 기운이 없어 어쩌다 한번 웃으면 웃음이 잘 그치지 않았고, 또 배가 몹시 고프니 말도 하기 싫고 모든 것이 귀찮기만 했습니다. 이렇듯 육신은 괴롭지만 마음만은 진리로 알고 있는 최후의 한계점까지 실천하고 있다는 생각에, 보람을 느껴 항상 행복하고 또 한없이 평안하고 고요하기까지 하였습니다. 또 겨울이라서 밖에 나가면 거리에 어려운 사람들(지게꾼, 신문팔이, 껌팔이, 버스표팔이, 거지 등)이 즐비한 때라, 저는 눈에 띄는 대로 주머니가 텅 빌 때까지 무조건 남모르게 돈을 나누어 주곤 하였습니다. 이때는 옷도 물론 사 입지 않고 입던 삼각팬티 하나는 추위에 떨고 있는 거지 아이를 입혀 보내, 하나 남은 팬티로 밤에 빨아 아침에 입거나, 덜 말랐으면 바지만 입고 있거나 하였습니다.

정신은 육신이 헌 옷을 입거나 벗고 있거나 관계없고, 오히려 참고 헌 옷을 입으면 그것은 곧, 더 어려운 사람들과 하나가 되는 것이라고 생각했던 것이지요. 그리하여 그 고통을(마음은 행복했지만 고통으로 느껴졌음.) 일생 동안 견뎌 먼저 가신 뭇 성인들의 뒤를 밟으려 했던 것입니다. 이 당시 저의 느낌은 영혼이 거추장스러운 그 아무것도 걸치지 않고 아주 티끌 하나 없이 깨끗하고 순수한 알몸인 것 같은 경험 없이는 이해하기 힘든 상쾌하고 황홀한 기분이었습니다. 오랜만에 머리부터 샤워기 물을 맞으며 목욕하면 한없이 날아갈 듯 상쾌한 기분이듯이.

☼ : 됐다. 오늘 네 이야기는 여기까지 하자. 이제 아까부터 내가 매듭이라고 한 이유를 알려주겠다.

① 첫 번째 매듭이라고 했던 1945년 1월 23일(양력)부터 1948년 늦여름까지(3년 6개월), 네가 어렵게 태어나 부모와 떨어져 할머니 밑에서 젖을 못 먹어 설사와 같은 병으로 고생하던 3년 6개월간은 구약 때 이스라엘 민족이 수백 년간 이집트에서 갖은 고생할 때와 신약 때 출발부터 어렵게 시작해 로마제국의 박해로 순교가 이어지던 300~400년 시기와 일치하고,

② 두 번째 매듭이라고 했던 1948년 가을부터 1953년(8세) 봄까지는, 네 아버지가 할

머니에게서 너를 데려와 제대로 된 가정을 이루었으니, 이때에야 비로소 너희 가족은 네 아버지를 중심으로 하나의 가정으로서 체계가 세워졌으니, 이 시기는 예수의 아버지 요셉 때와 마찬가지로 네 아버지가 구약 판관과 신약 교구장의 역할이었다. 구약과정과 신약과정에 있어서 300~400년의 어려운 시기를 지나 비로소 하나의 집단이 발전하는, 구약 때는 판관시대에서 전성기인 왕국시대와 신약 때는 교구장시대에서 전성기인 기독교 왕국시대까지 이어진 느낌의 동질시기다.

③ 세 번째 매듭은 1953년 가을부터 1957년(12세) 봄까지로, 황 교장과 천 소장이 네 아버지와 善과 惡으로 갈리며 대립하던 시기로서, 구약과정 때는 유대(善)왕국과 이스라엘 왕국(惡)으로 갈렸고, 신약과정 때는 동후랑크와 서후랑크와 이탈리아로 갈린 시기와 같은 의미다.

④ 네 번째 매듭은 1957년 봄부터 1960년 3월 20일과 11월 8일(16세)까지로, 네 아버지가 폭삭 망해 갖은 고생으로 방황하던 시대로서, 구약 때 이스라엘 민족이 포로로 잡혀가 갖은 고생할 때와, 신약과정 때 교황의 포로생활로 교단이 어려움을 겪으며 방황할 때와 일치한다.

⑤ 다섯 번째 매듭은 1960년 3월 20일부터 1965년 2월 20일까지다. 마르틴루터가 1517년에 종교개혁을 부르짖고 수십 년 후, 성경번역을 완료하여 일반인이 성경을 직접 볼 수 있도록 펴내며 개신교의 출발이 시작되었듯, 1960년 3월 20일에 집을 나와 방황하다가 1960년 11월에야 드디어 안정된 직장을 갖게 되었다. 이것은 1960년 3월 20일(만 15, 17세)부터 네 나름의 자율적 판단 시기가 시작되다가 1960년 11월 8일에야 안정된 직장이 생겼고, 그렇게 안정되자 1961년 4월부터 3년간 구약시대 사람들과 똑같이 꼭 갚아 제로(0)를 체험하는 생활이 시작되었으며, 그러다가 1964년 4월부터 11월까지 7개월간은 구약 말기 사람들과 똑같이 꼭 갚아 제로(0)를 체험하는 삶이 완전한 인간관계 일 수가 없다는 커다란 좌절과 방황을 맛보았다.

그러다가 7개월이 지난 1964년 11월 중순부터 1965년 2월 20일까지 3개월간 신약과 같은 인생독본을 읽고 철저히 체험함으로써, 신약시대 사람들의 느낌을 모두 체험하게 되었으니, 이것은 곧 1945년 1월 23부터 1965년 2월 20일까지 20년 과정에서,

① 자녀인 인간이 부모이신 하느님과 '인과관계'를 맺어 우주원칙을 정립한 천주교인이,

② 구약과정 2,000년과 신약과정 2,000년,

③ 그리고 꼭 갚아 제로(0)를 체험하는 구약 진리와,

④ 이해와 양보로 제로(0)를 체험하는 신약 진리를 모두 체험한 것이었다.

신약 역사와의 비교

신약과정	로마박해	교구장시대	왕국시대	사상회의 포로시대	자아자립 준비기간
음 44.12.10	조모 밑 고생	가정성립	풍족시대	고생사상 회의시대	자아자립 구약체험 신약체험 시대
	0 ~ 4 ①	4 ~ 8 ②	8 ~ 12 ③	12 ~ 16 ④	16 ~ 20세 ⑤

이것은,

① 아담에서 노아를 거쳐 아브라함에 이르러 자녀인 인간이 부모이신 창조주 하느님의 뜻을 우선으로 체험하는 우주원칙 인과관계 성립 후,

② 야곱부터 예수까지 꼭 갚아 제로(0)를 체험하는 구약과정과,

③ 예수부터 지금까지 이해양보로 제로(0)를 체험하는 신약진리를 성장시켜온 하느님과 하나 된(合一) 같은 질의 앎(체험)인 것이다.

④ 그 결과 앎의 질이 하나(合一) 된 전체성(0)의 하느님과 개체성의 너에게 움직임의 원칙이 흐르기 시작했으니.

⑤ 하느님의 뜻은 너를 통하여 드러날 수 있게 되었다. 그 이후 너에게 있었던 일들은 내일로 미루자.

---

† 無題 2

🚶 : 저 왔어요.

☼ : 어제 어디까지 이야기했지?

🚶 : 그런데 어제 이야기는 좀 그래요. 제 개인적인 이야기를 왜 하는 거예요?

☼ : 개인적인 이야기라고?

🚶 : 그럼요.

☼ : 예수가 구약과정의 열매로서 구약시대 화목 제물의 과정을 그대로 겪은 게 예수 개인적인 일이냐?

🚶 : 네? 그건 아니지만.

☼ : 그런데 너에게 있었던 일은 왜 개인적인 일이냐?

🚶 : 예수는 그러고 죽었지만, 저는 살아있는데요?

☼ : 관계없다.

① 正, 分, 合 원칙을 제대로 이해하는 사람은 네가 잘난 게 없이 누구나와 똑같다는 걸 알기에 관계없고,

② 正, 分, 合 원칙을 모르는 사람은 네가 미친놈으로 보일 테니 관계없다.

🚶 : 그렇다면 다행이네요. 그렇게 인생독본을 철저히 이해하고, 매순간 철저히 체험하기를 3개월여…! 저는 이 당시 종로 네거리에 있는 신신백화점 이발소에서 동료 3명과 잠도 자고 밥도 같이 해먹으며 있었죠. 그러던 1965년 2월 20일 매주 월요일은 쉬는 날이기에 미아리 송천동 집에 들러 아버지를 뵙고 시내로 다시 들어오는 길이었어요. 그 당시 나는 인생독본에 깊이 심취하여 밤에 잘 때도 책을 배에 얹고 자고, 어딜 가도 들고 다니며 순간순간 실천을 놓치지 않으려 최선을 다하던 시기였기에 이날도 나는 인생독본에 대한 뜻을 아버지에게 말씀드리고, 인생독본의 뜻을 되새기며 천천히 시내로 걸어오고 있었지요.

그러다가 명륜동까지 오게 되었는데 문득 아버지와 동거하는 아주머니 생각이 떠올랐습니다. 당시 아주머니는 재벌인 신동아그룹 회장 어머니를 명륜동 집에서 자고 먹으며 수발을 들어주고 있었거든요. 나는 아주머니에게도 '인생독본의 깊이 있는 내용을 알려주면 좋겠구나.' 하는 생각이 들어, 전에 나에게 알려주었던 약도 대로 명륜동 집을 찾아갔습니다. 초인종을 누르고 그 집엘 들어서니 아주머니가 깜작 놀라며 "네가 웬 일이냐?"라고 하셨습니다.

이야기를 들어보니 그렇게 놀란 이유가 있더군요. 그날 새벽에 그 집 기도실에서 기도하는데 그 당시 "인류를 구원할 메시아가 곧 나타난다."라고 주장하던, 세계 기독교 통일신령협회(통일교) 교주가 쟁반에 잘 익은 홍시를 담아 들고 집 뒤 정원에서 대문 쪽으로 걸어오는 계시(환상)를 보았답니다. 당시 아주머니와 그 집 여자주인은 그 협회의 회원이었습니다. 그래서 그날 아침 식구들이 식사를 하며 오늘 본 계시(환상)가 심상치 않다며, 특히 교주가 잘 익은 홍시를 쟁반에 담아 들고 집 뒤 정원에서 대문 쪽으로 왔으니, 오늘 대문으로 들어오는 손님 중에 누군가 있는 모양이니 유심히 살펴보자고 했답니다. 그런데 그날은 이상하게도 오후 3시가 되도록 아무도 오지 않아, 계속 누가 오나 기다리고 있었는데 첫 번째 손님으로 제가 왔다며 대뜸 "네가 무슨 물건인가 보다."라고 하셨습니다.

저는 당시만 해도 계시가 무엇인지 몰랐던 때이기에 황당하고 얼떨떨했지요. 다만 1964

년 1월 새벽에 호랑이 6마리와 싸워 물리친 꿈이 신탁(神托)인지는 느낌으로 알았지만, 그것을 계시라고 하는 줄 몰랐기에 특별한 꿈(?)이라고만 생각하고 있었고, 1965년 1월 중순 예수와 같이 강 건너 아무도 없이 텅빈 천국을 본 꿈도 신탁인지는 알았지만 그걸 계시라고 하는지도 몰랐거든요.

☼ : 그래. 결국, 너는 네 아버지와 동거하던 그 아주머니로 인하여 그 협회(통일교)와 닿게 되었으니, 그 아주머니와 네 아버지와의 만남도 이유가 있었다. 그리고 이때가 첫 번째 매듭이니 기억해둬라. 네가 구약과정 2,000년 신약과정 2,000년과 같은 의미인 20년 과정과 구약 진리체험 신약 진리체험을 하여 인류 앎 성장 과정을 이끌어오신 하느님(神)과 앎의 질이 같아(合一)지자, 二分法인 正分合 원칙에 의해 개체성인 너에게 전체성(0)인 하느님의 뜻이 계시로 계속 보였지.

🚹 : 어쨌든요. 그러더니 아주머니가 어떤 중년 부인(이득삼)을 소개했습니다.

그러자 중년 부인은 저에게 이것저것 종교성이나 일상사에 관하여 물어보았고, 저는 제가 알고 있는 인생독본에서 깨달은 것을 바탕으로 대답했습니다.

대화가 끝나자 큰 그릇이 들어오려고 아침에 그런 계시가 있었다며 오늘 저녁에 자기하고 어디를 같이 가자고 하기에 어디냐? 고 물으니, 자기들은 새 진리시대가 왔음을 알리는 세계기독교신령협회 회원(통일교)인데 자기들의 원리를 들어보라고 하였습니다.

☼ : 그래. 자세히 기억하는구나.

🚹 : 저는 천주교인이었지만 인생독본에 심취하여 종교에 대한 편파성을 벗어났으므로 흔쾌히 수락하고 들어보기로 했습니다.

저녁때 명동에 있는 '원리강의소'라는 다다미 깔린 2층으로 데려갔고, 거기에는 15~20명의 사람이 있었습니다(며칠 후에 강의실은 20~30평 되는 의자 있는 곳으로 이사했습니다.).

그렇게 강의를 듣기 시작하였는데 내용은 성경을 풀어내며 그들 나름의 원리를 이야기하였고, 그 내용은 성경이란 것이 있는 줄도 모르고 무조건 천주교를 믿다가 인생독본으로 비로소 종교철학에 눈뜨기 시작한 저에게 대단한 충격으로 다가왔습니다.

천주교에서는 기도문만 외웠지 성경이 있다는 것도 몰랐으며 더구나 성경을 일반인이 본다는 것은 알지도 못했고, 더구나 신부도 나의 기초적인 질문에 대해 전혀 해결 못 해주었던 터라, 이곳에서 들은 설명은 나름대로 체계가 있고 그럴듯하여 신선감이 있었습니다.

그래서 저는 일주일 단위의 그 강의를 몇 달간 반복하여 10여 번 이상 반복해 들었고 책도 사서 몇 번 읽어보았습니다. 그리고는 '제가 12세 때에 천주교에 큰 공을 세운다고 한 신탁이 이곳에 합류하여 힘을 보태는 것인가?' 하는 생각도 했습니다. 그런데 시간이 흐르며 이상한 소문이 들렸고, 실제로 원리강론을 연구해보니 결론 역시 이상한 소문과 비슷해 '멈칫!' 하게 되었습니다. 왜냐하면, 비록 통일교의 원리결론이 그렇다 해도 제 느낌(靈感)에 그것은 아닌 것 같아 더 생각해보기로 했습니다. 그렇게 석 달이 흐른 1965년 5월 26일 '金榮國'이라는 계시를 받았는데 그 뜻이 '하느님(金)의 영화로운(榮) 나라(國)'여서 범상치 않았고, 또 1개월 후인 6월 20일엔 저의 20년 삶과 구약·신약 역사 2,000년 과정이 일치하는 것을 문득(靈感) 알게 되었습니다. 그래서 다시 생각해보니 계시에서 받은 '金榮國'이라는 이름이 범상치 않았고, 20년 과정이 일치하는 게 이상했습니다. 그래서 '피가름이라는 이상한 소문이 마음에 안 들던' 저는 결국 그 협회에 가입하지 않았습니다. 그러나 어쨌든 제 임무가 있겠기에 혹시 후일 참고가 될지 모르겠다는 생각에 그때부터 매일 일기를 쓰기 시작했습니다. 이때부터 쓰기 시작한 일기가 초등학교만 나온 저에게 문장력을 길러주어 후일 二分法 正分合 원칙을 정리할 수 있는 기반이 되었고, 그렇게 일기를 쓰기 시작한 지 1년여가 지난 1967년 초부터 때때로 언뜻언뜻 어떤 영감이 스치기 시작했습니다. 그러면 그때마다 평상적 일기가 아닌 '느낌이 이상한 영감'을 일기에 적곤 하였는데 시간이 지나며 그러한 영감은 농도가 점점 짙어졌고 양도 많아졌습니다. 그러기를 약 1년이 지난 어느 날, 가끔 나타난 의미 있는 내용을 정리하면 노트로 몇십 페이지 될 듯하여 그런 내용만 골라서 다시 정리하였고, 이때부터 나는 그 의미 있는 내용이 일할 때나 출퇴근할 때나 항상 머릿속을 맴돌게 되었으니, 그러다 보면 또 '새로운 영감이 언뜻 떠오르곤' 하였습니다. 이렇게 순간적으로 떠오른 영감은 그 즉시 기록하지 않으면 나중에 다시 안 떠오르는 경우가 종종 있기에, 나는 유니폼에도 항상 종이쪽지와 필기구를 휴대하고 있다가 일을 하다가도 생각나면 젖은 손으로 얼른 몇 자 적어 놓고 다시 일하였으며…, 집에 가서는 옮겨 적곤 하였습니다.

이렇게 몇 달이 지나면 내용에 이리저리 살이 붙고 중복된 내용도 생겨 노트가 지저분하게 되었고, 그러면 다시 다른 노트에 간추려 정리하곤 하였습니다. 내가 정신적 근로자였다면 正, 分, 合 원칙을 정리하지 못했을 것입니다. 그러나 명상 속에서도 할 수 있는 단순 반복노동인 머리 감기기와 안마였기에 가능했습니다. 눈만 뜨면 正, 分, 合 원칙 생각에 몰두했기에 이발 기술은 배울 생각도 없었지만 엄두조차 내지 못했습니다.

왜냐하면, 이발 기술도 배우려면 신경을 써서 배워야 하기에 나로서는 그럴 정신적 여유가 없었거든요. 당시는 무언가 영감이 떠오르면 적어 놓고, 적어 놓은 영감을 또 생각하며 반복하다 보니 갈수록 내용이 범상치 않아졌습니다. 나에게 보인 계시들이 범상치 않았고, 이상한 영감(느낌)이 떠올라 기록하기 시작했을 뿐인데. 지금에 와서 이렇게 엄청난 내용이 될 줄은 짐작도 못 했지요. 이렇게 떠오르는 대로 적고 그런 내용이 복잡해지면 다시 정리하는 과정을 되풀이하던 중, 1969년 9월 중순경 나는 직장동료들과의 연대파업으로 일하던 이발관을 그만두게 되었습니다. 그런데 때마침 을지로 6가 미군 PX 책임자를 2일에 한 번씩 집에 가서 안마를 해주고 있었고, 그 수입이 우리 4식구 최저생계비는 되었습니다. 그래서 나는 그동안 내용이 방대해져 복잡해진 노트를 다시 정리하기 위해 취직을 안 하고 이듬해 2월 20일까지 약 5개월간 집에서 총정리했습니다. 이렇게 제가 깨달음의 길을 가고 있을 때에, 철학에는 무관심한 제 아내가 제가 하려는 일이나 생각에 전혀 간섭 없음이 제게는 크게 도움이 됐고, 또 정신통일하게 조용히 해달라고 하면 집안 분위기를 편하고 자연스럽게 만들어 주었으며, 특히 생각나는 대로 쓰고 버린 메모지는 하나도 버리지 않고 챙겨두었다가, 어쩌다 다시 필요해져서 찾으면 언제나 다시 주는 등, 저에겐 절대적으로 도움이 되었습니다.

살아오며 여러 차례 이런저런 일을 겪은 저는, 제 아내가 아니었으면 正, 分, 合 원칙을 정리할 수 없었을지도 모른다고까지 생각합니다. 이런 제 아내는 내가 5개월간 집에서 쉬면서 핵심내용을 총정리할 때도, 4살짜리와 1살짜리 아이 둘에 단칸방이라 시끄러워 정신통일(하느님과의 접신)이 안 돼 자리 좀 비켜달라고 하면, 그해(1969~1970) 영하 22도까지 떨어져 소주병까지 터지던 그 추운 겨울에 4살짜리와 1살짜리를 업고 걸리며, 아침부터 어두워질 때까지 밖에서 시간을 보내곤 했습니다. 우리는 이 당시 너무 가난해서 어디 가서 돈 쓰며 시간 보낼 형편이 못됐고, 또 갈 만한 친척 집도 없었습니다. 저는 그러는 아내에게 너무 미안하고 안쓰러워 컴컴해서 들어온 아내에게 어디서 시간을 보내고 왔냐고 물어보면, 그 추운데 하루 종일 아이 둘을 업고 걸리며, 그냥 이곳저곳 기웃기웃하고 돌아다녔다고 했을 때의 그 고마움과 가슴 저린 안타까움은 지금도 가슴에 그냥 남아있습니다.

이렇게 해서 그해 추운 겨울 5개월 만에 드디어 正, 分, 合 원칙의 핵심인 육체와 영혼의 10가지 본능과 4가지 존재원칙과 5가지 움직임의 원칙과 16가지의 소립자 의미 등이 모습을 드러냈습니다. 그 후 1974년 6월 한 여인의 도움으로 『인간완성』이란 제목의 책을 1,200부 출판하여 여기저기 다니며 홍보를 했습니다.

☼ : 그만. 여기가 한 매듭이다. 1974년 6월이면 네가 30살이 되던 시기로써 그 과정은 예수가 30살쯤에 전도를 시작한 시기이며. 책을 1,200부 찍어 세상에 내놓은 것은 신약시대 성도(인간數 12)와, 신약 성도의 노력數 9와 하느님의 섭리數 0과(9+0=10) 신약 성도 전체를 의미하는 전체數 0을 의미한다. (12+(9+0)+0=1,200)

🚹 : 아, 그렇습니까? 어쩐지 그때 책을 1,000부 주문했는데 종이가 남아서 1,200여 부를 찍었다며 다 주더라고요?

☼ : 그랬지. 12數를 맞추기 위한 것이었다.

🚹 : 어쨌든 취직도 하지 않고 몇 달간 명상에서 찾아내 드디어 출판까지 했지만 正分合 원칙은 세간에 아무런 호응도 얻지 못했고, 오히려 1974년 7월 세계기독교통일신령협회(통일교)의 박 전도부장과 문화부장 두 사람이 집으로 찾아와 임신 7개월인 부인과 8살, 5살 아이 둘 나까지 4식구가 있는 데서 "당신 계속 활동하면 직장이고 어디고 쫓아다녀 먹고살 수 없게 방해하겠다." 협박하더니 종로서적에서 팔다 남은『인간완성』책 1,000여 권과 판매대금 및 집에 남아있던 100여 권의 책까지 압수하겠다고 하더군요. '저는 아직 때가 안됐구나!' 생각하고 그들이 해달라는 대로 했습니다.

(참고: 그 당시 나와 참으로 깊고 깊은 가슴 아픈 인연이 있는 여인(이수경)이 작은 집 한 채를 살 수 있는 50만 원을 도와주어 40만 원으로『인간완성』을 출판했는데 그때는 컴퓨터 출판이 아닌 글자를 하나하나씩 판에 심어서 출판하던 때라 출판비용이 엄청 비쌌습니다.)

☼ : 너는 그 당시 책을 펴내면 사람들이 금방 알아듣고 호응하여 새 시대가 금방 열릴 것으로 알았지만, 30세 때의 그 과정은 실패한 예수의 표상이었기에 너 역시 아무런 호응을 얻지 못했고, 오히려 예수와 세례 요한 때와 똑같이 '길을 예비하던 사람들에게' 생계를 위협하는 협박까지 받았다.

🚹 : 맞습니다. 그 당시 책을 낼 때는 책을 보면 사람들이 너무나 당연한 이야기이기에 순식간에 알아듣고 호응하여 새 시대가 열릴 것으로 알았습니다. 하지만 아무런 호응도 없이 오히려 통일교의 문화부장과 선전부장 박 아무개의 생계를 위협하는 협박만 받았지요.

그 후 6년 반 동안 무료한 시간이 흐르며 조금씩 수정하다가 1981년 1월엔 삼익주택(1978년 4월 19일 입사)을 그만두고, 집에서 쉬면서 세 번째 물만 마시는 단식을 12일간 했고, (1973년 8월 식중독으로 10일간 집에서 단식. 1974년 8월 재발로 10일간 집에서 단식), 그때 삼랑진 일로 만나던 사촌 누나가 正, 分, 合 원칙을 듣더니 성경을 읽어보라기에 읽어보았더니, 놀랍게도 성경은 곧 正, 分, 合 원칙 흐름이었으며, 성경 예언서도 인류의 앎 성장 과정을 입증하는 것이었습니다. 그래서 성경을 집에서 쉬며 8개월간 정리한 후, 1981년 9월 다시 시청 앞 프라자호텔 이발소에 머리 감기며 안마하는 직업으로 다시 취업하였습니다.

☼ : 이때가 두 번째 매듭이다. 잘 기억해둬라.

🚹 : 1980년 1월부터 9월 2일 다시 취업하기까지 8개월간『인간완성』은 성경까지 정리하였기에 어느 정도 마음에 여유가 생겨 새 직장에서 안마와 머리 감기는 일을 하며 이듬해

1982년 여름부터는 호텔기관실직원 몇 명을 불러다 공짜로 깎아주며 이발 기술을 조금씩 익히기 시작하다가 익숙해져 가끔 일손이 부족할 때는 손님들 머리도 깎아주기 시작해 1985년경에는 정식 기술자가 되었습니다.

그 후 16년이 지난 2001년 2월 21일 강남에 업장을 따로 개설하자 일요일에 쉴 수 있어서 그때부터 성당에 다시 나가며 二分法 正分合을 전도할 기회를 찾아보았습니다. 그 이전에는 직장이 특급호텔이라 일요일은 쉴 수 없어(평일 날 쉴 수 있으나, 아이 넷을 키우다 보니 수입관계로 쉬지 않았음.) 성당에 나가지 않았습니다. 그러다가 2001년 2월 독립해 6월 13일 천주교에 인터넷 사이트가 있다는 것을 알게 되었고, 드디어 일주일에 한 단목씩 正, 分, 合 원칙을 소개하기 시작해 9개 항목의 시리즈로 정리해 반복적으로 올리기 시작했습니다.

☼ : 잠깐! 이때가 한 매듭이다. 正, 分, 合 원칙이 전도되는 데 있어서, 그 기반을 잡는 1985년부터 2005년까지 20년 과정 중 2001년은 16년째인 자아 자립 준비 기간에 접어든 때이다.

🚹 : 어쩐지 그렇게 노력해도 여건이 안 되더니, 드디어 2001년 2월 업장을 개설하여 일요일에 성당에 나갈 수 있게 되었고, 결국 성당에 다니며 正, 分, 合 원칙을 소개할 무슨 방법이 없을까? 이리저리 찾다가 천주교 인터넷 사이트를 알게 되었으니까요. 그런데 천주교 인터넷 사이트에서 활동한 지 2년이 된 2003년 6월경 천주교 사이트 자유게시판에서 이단이라고 축출되었고, 6월 10일경에는. 뜻하지 않게 가정연합(통일교) 식구라는 효자별(필명)이 제 홈페이지 인간완성의 자유게시판으로 들어왔습니다. 그 후 3년간 가정연합 형제자매님들과 깊이 있는 토론을 하였고, 충분한 토론을 거치며 3년이 되자 선구자(필명)가 결론을 내렸습니다. 가정연합의 타락으로 인한 복귀론과 正, 分, 合 원칙의 삶 성장론은, 귀납적 관점(타락과 복귀)과 연역적 관점(원칙에 의한 당연한 삶의 성장)으로 '관점만 다를 뿐 하나!'라는 것이었습니다. 여기서 '귀납'과 '연역'으로 관점이 다를 뿐 하나라는 관점에는 저도 동의했습니다. 기독교의 꽃인 타락론과의 토론은 그렇게 결론이 났기에 더 이상 토론할 의미가 없어져 그때부터는 흐지부지….

☼ : 잠깐! 유일신 사상인 천주교 사이트에서의 2년, 통일교인들과의 3년 토론이 합해 5년간 토론이 의미가 있어 한 매듭이니 기억해 둬라.

🚹 : 그래요? 어쨌거나 그렇게 가정연합 형제님들과 타락론에 관한 토론이 끝나가는 2006년 7월경 正, 分, 合 원칙을 아는 김응열 님이 '신과 나눈 이야기 사이트'에 들어가 보니, '하느님은 스스로를 느끼기 위해 우주를 창조했다'라는 명제가 正, 分, 合 원칙과 똑같으니 한번 들어가 보라는 권유를 받게 되었고, 호기심에 들어가 본 결과 신과 나눈 이야기의 내용이 알면 알수록 正, 分, 合 원칙과 너무도 비슷해 놀랐으며, 결국은 어느 회원의

권유로 『신과 나눈 이야기』 1, 2, 3권을 사서 읽게 되었고, 그 결과, 신과 나눈 이야기와 正, 分, 合 원칙의 만남이 우연이 아님을 알게 되었습니다. 그리고는 신과 나눈 이야기와 正, 分, 合 원칙의 만남이 하느님의 섭리라는 것을 느끼게 되어 『신과 나눈 이야기』를 해설해 2012년에 이르게 되었으니.

① 2001년 6월~2003년 6월까지 2년간은 천주교 인터넷 사이트에서 활동했고,

② 2003년 6월~2006년 6월까지 3년간은 유일신(唯一神) 사상의 꽃인 타락론으로 통일교인들과 토론이 끝났고,

③ 2006년 7월부터는 다신(多神) 사상의 꽃인 신나이와 正, 分, 合 원칙이 하나임을 토론하다가 2009년 12월 『내면과의 대화』를 출판하였고,

④ 2011년 1월 말 신나이 사이트에서 축출된 후…, 『신과 나눈 이야기』 1, 2, 3권을 二分法 正分合으로 해설하기 시작해 2012년 6월 완료했으니,

드디어 이승의 二分法 正分合과 저승의 신성한 二分法이 명실공히 하나로 정리되었습니다.

☼ : 맞다. 여기서 네가 한 가지 더 알아야 할 것은,

① 헤겔의 正, 反, 合 변증법과,

② 유일신(唯一神) 사상의 꽃인 타락론의 통일교에서 하느님의 성품은 '이성성상(二性性相)'이라는 것과,

③ 다신(多神) 사상인 신과 나눈 이야기 신이 '신성한 이분법(二分法)'이라는 것과,

④ 인간완성의 二分法 正, 分, 合 원칙과,

⑤ 동양사상의 음(陰)과 양(陽)은 모두 '같은 것을 다르게 표현한 것'이다.

🚹 : 그렇군요!

☼ : 그리고 잠깐! 여기서 정리하고 넘어가자.

① 正, 分, 合 원칙이 나올 수 있는 기반을 닦는 1차 과정 1945년~1965년까지 20년,

② 正, 分, 合 원칙이 실체로 모습을 드러내는 2차 과정 1965년~1985년까지 20년,

③ 실체로 모습을 드러낸 正, 分, 合 원칙이 알려질 준비 하는 3차 과정 1985년~2005년까지 20년,

④ 이렇게 1945년부터 2005년까지(20+20+20=60) 60년이 지났으니 이 과정은 인류 앎 성장 과정 6,000년과 1:100의 의미이며,

⑤ 남은 10년을 합한 70년은 하느님의 창조목적이 완전히 이루어지는 인류 앎 성장 과정 7,000년의 1:100 축소이다.

⑥ 그렇기에 1,000년 과정의 축소인 10년(4+3+3=10)에 있어서 『내면과의 대화』를 첫 출판한 2009년은 4년째 과정이며, 『신과 나눈 이야기』 1, 2, 3권 해설을 끝내 이승의 二分法 正分合과 저승의 신성한 二分法이 하나로 정리되는 기점은 7년째인 2012년이다.

이제 남은 기점은 2015년이다. 이외의 과정을 살펴보면,

① 1960년 3월 20일 집을 나와 1961년 3월 자아자립이 시작되어 1965년 2월 20일 한 과정이 끝났고,

② 1980년 여름 돈 되면 책 찍으려고 삼랑진 사업에 전 재산을 투자했다가 몽땅 날렸으나, 이듬해 1981년 1월 성경을 알게 돼 하느님의 인류 앎 성장 과정 기록인 성경을 해석해, 正, 分, 合 원칙 내용에 자아 자립 시기가 시작되어 1985년 한 과정이 끝났으며,

③ 2000년 가을 二分法 正分合을 책으로 출판하려다 아내의 반대에 부딪친 후,
2001년 2월 영업장을 독립해 3월부터 성당에 나가 6월부터 천주교 인터넷 사이트에 正, 分, 合 원칙을 올려 외부에 알리는 자아 자립이 시작되어 4년 후,
2005년 본격적인 正, 分, 合 원칙 1,000년 시대가 시작되었으니,
900여 년 전 아일랜드 천주교의 아마주 대사교가 예언했던 '성말라기서'와 같이,
2005년 4월 천주교의 교황 요한바오로 2세의 '때맞춘' 죽음과 맞물려,
2005년 6월부터 하느님의 섭리는 명실공히 正, 分, 合 원칙 시대로 이어진다.
한편 2001년 6월부터 유일신 사상(唯一神 思想)인 천주교 사이트에서 2년간 토론하다가 축출된 후,
2003년 6월부터 3년간 타락론의 꽃인 통일교와 심도 깊은 토론을 하고,
다시 2006년 7월부터 다신 사상(多神思想)인 신과 나눈 이야기 사이트에서 5년간 심도 깊은 토론을 하다가 2011년 그 사이트에서도 축출되었으니,
이것은 인류의 앎 성장 과정에서 상대적(分)인 두 가지 사상을 총정리하는 10년간의 과정이었다.

🚹 : 그렇군요. 그렇게 지난 과정 하나하나가 모두 의미가 있었군요.

☼ : 그래. 그럼 이제 또 다른 부분을 구체적으로 설명해주마.

🚹 : 뭐 설명할 게 또 있어요?

☼ : 그래. 잘 들어라. 앞에서 설명했듯이 1965년 2월 20일경, 개체구조인 너는 드디어 인류에게 앎을 성장시키는 전체구조(0) 하느님과 같은 체질의 앎이 되어, 움직임의 원칙에 의해 하느님과 너에게는 느낌의 교류가 시작되었으니, 하느님의 뜻은 너에게 전해(느껴)지게 되었다. 그래서 이때부터 너를 중심으로 한 하느님의 뜻(목적)이 계시 및 영감으로 필요할 때

마다 너에게 나타났으니, 그중 대표적인 게 네가 명륜동 집을 찾았을 때 그 집 식구들이 '교주가 잘 익은 홍시를 쟁반에 담아 들고 대문 쪽으로 왔다.'라는 것이며, 이것은 구약 말 예수에게 세례 요한이 세례를 줄 때 비둘기 형상의 성령이 나타나 예수의 의미를 알려주었듯이, 그들에게 너의 의미를 알려준 것이었다. 그러나 구약 말에 세례 요한이 예수의 의미를 몰랐듯이, 그들도 너에 대한 계시의 의미를 알 수 없었으니, 그것은 구약 말기에 예수를 입증하고도 스스로 신뢰할 수 없었던 세례 요한의 입장과 같은 것이다.

🚶 : 예? 그런 거예요?

☼ : 그래. 너와 길을 예비하는 사람과의 인과관계(正分合 과정)는 그들이 너에게 활동을 못 하게 생활을 위협하는 것까지 구약 말과 똑같이 지나갔다. 그 후에도 그 협회가 네 길을 예비하는 단체라는 것을 너에게 확실히 알려주는 계시를 주었는데 기억하냐?

🚶 : 네, 기억합니다. 그게 1965년 11월 3일이었습니다.

☼ : 아주 날짜까지 기억하는구나.

🚶 : 그럼요. 내용도 그대로 생생히 기억납니다.

☼ : 그런데 구약 말기의 예수와 세례 요한, 신약 말기인 이 시대 그 협회 교주와 너 사이의 인과관계(正分合 과정)는 똑같지만 상대적(分)이다.

🚶 : 왜요?

☼ : 그 당시 예수는 세계의 모든 진리를 섭렵하고 난 후 세례 요한이 입증했지만, 너는 그 단체에서 너를 입증한 후 二分法 正分合을 정리했다.

예수와 너는 상대적이기에 길을 예비하는 자가 입증하는 절차도 상대적이다,

🚶 : 그러네요.

☼ : 구약 예언서 즈가리야 4장 2절에 보면,

그가 물었다. "무엇이 보이느냐?" 나는 금으로 만든 등잔대가 보인다고 대답하였다. 그 등잔대 꼭대기엔 그릇이 하나 있고, 그 가장자리로 돌아가며 심지주둥이가 하나씩 뚫린 등잔 일곱 개가 붙어 있었다.

3절: 그리고 올리브나무 두 그루가 등잔대 오른쪽과 왼쪽에 하나씩 서 있었다.

4절: 나는 나와 말하던 그 천사에게 "나리 이것들이 무엇입니까?" 하고 물었다.

5절: 나와 말하던 천사는 "이것이 무엇을 뜻하는지 모르느냐?" 하고 되물었다. 내가 모르겠다고 하자,

6절: 그 천사가 나에게 일러주었다. 이것은 야훼께서 즈루빠벨이 할 일을 말씀하신 것이다. "그것은 권세나 힘으로 될 일이 아니라 내 영을 받아야 될 일이다. 만군의 야훼께서

하신 말씀이시다.

11절: 나는 그 천사에게 "그러면 등잔대 오른쪽과 왼쪽에 있는 올리브나무 두 그루는 무엇입니까?"

12절: 또 "금대롱으로 기름을 대어주는 올리브 나뭇가지가 둘 있는데 그것은 무엇입니까?" 하고 물었다.

13절: 그 천사가 그것이 무엇인지 모르겠냐고 하기에 내가 모르겠다고 대답하자.

14절: 그는 이렇게 일러주었다. "올리브나무 두 그루는 온 세상의 주를 모시도록 기름부어 성별한 두 사람을 뜻한다."

🚹 : 예에….

☼ : 위의 성경 예언서 2~14절의 올리브나무 두 그루는 두 번에 걸쳐 새로운 진리가 출현할 때 나타날 두 사람을 뜻하며, 그 두 사람의 출현은 권세나 힘으로 되는 일이 아니고, 하느님의 뜻에 의한(하느님의 영을 받아야) 출현임을 밝힌 것이다. 그 두 사람은 하느님과 같은 질이 되어 새로운 진리를 갖고 나타날 것을 뜻한다.

신약 예언서 요한계시록 11장 3절에도,

3절: 나는 내 두 증인을 세우고 그들에게 베옷을 입혀 일천이백육십 일 동안 예언을 하게 하겠다.

4절: 이 두 증인이란 이 세상을 다스리시는 주님 앞에 서 있는 두 올리브나무이며 두 등불입니다.

5절: 그들을 해치려고 하는 자가 있다면 그들의 입에서 불이 나와 그 원수들을 삼켜버릴 것입니다. 그들을 해치려고 하는 자는 누구나 이와 같이 죽고야 말 것입니다.

또, 구약 예언서 이사야 28장 21절에도,

21절: 과연 야훼께서는 브림산에서처럼 일어나신다. 기브온 골짜기에서처럼 떨치고 일어나신다. '너무나 너무나 기이한' 당신의 일을 이루시려고 오신다. '너무나 너무나 신비로운' 당신의 사업을 이루시려고 오신다.

22절: 그러니 이제 빈정대기를 그만두어라 포승에 꽁꽁 묶이지 않으려거든 그만 빈정대어라. 온 세상을 멸하기로 결정하셨다는 말씀을 나는 들었다. 주 만군의 야훼께서 하시는 말씀을 나는 들었다.

이사야 29장 11절에도,

이렇듯이 모든 것이 너희에게 계시되었지만, 그것은 밀봉된 책에 쓰인 말씀과 같다. 글 아는 사람에게 이 책을 읽어달라고 하면 "책이 밀봉되었는데 어떻게 읽겠느냐?"라고 할 것이다.

12절: 글 모르는 사람에게 이 책을 읽어달라고 하면 "나는 글을 모른다."라고 할 것이다.

13절: 야훼께서 말씀하셨다. 이 백성은 말로만 나와 가까운체하고 입술로만 나를 높이는 체하며, 그 마음은 나에게서 멀어져간다. 그들이 나를 공경한다 하여도 사람들에게서 배운 관습일 따름이다.

14절: 그러므로 나는 놀랍고 기이한 일을 이 백성에게 〈1〉 보이고 〈2〉 또 보이리라. "지혜롭다는 자들의 지혜가 말라버리고 슬기롭다는 자들의 슬기가 숨어버리리라."라고 하여, 두 번에 걸쳐 놀라운 일이 일어날 것을 말했다.

: 여러 곳에서 예언했네요.

☼ : 그래. 14절에 보면 그렇기에 알고 나면 놀랍고 기이한 일을 하느님께서는 〈1〉 보이고 또 〈2〉 보이리라고 하여, 여기서도 새 진리가 두 번 출현할 것을 밝혔다. 그리고 이때에는 기존 진리에 매여 있으면서, 자신이 하느님에 대하여 가장 잘 알고 또 너무나 잘 알고 있다고 하는 사람들이 오히려 실수하게 될 것을 밝혔다.

: 새로 나타난 진리를 기존 진리에 깊이 젖어있는 사람들 입장에서는 받아들이기 어려울 테니까요.

☼ : 그렇지. 그러나 그 모두가 正, 分, 合 원칙에 의해 당연한 것이니 어쩌겠냐. 또, 다니엘 12장 1절에서는, 그때 미가엘이 네 겨레를 지켜주려고 나설 것이다. 나라가 생긴 이래 일찍이 없었던 어려운 때가 올 것이다. 그런 때라도 네 겨레 중에서 이 책에 기록된 사람만은 난을 면할 것이다.

2절: 티끌로 돌아갔던 대중이 잠에서 깨어나 영원히 사는 이가 있는가 하면 영원한 모욕과 수치를 받을 사람도 있으리라.

3절: 슬기로운 지도자들은 밝은 하늘처럼 빛날 것이다. 대중을 바로 이끈 지도자들은 별처럼 길이길이 빛날 것이다.

4절: 너 다니엘아. 이 말씀을 비밀에 붙여 마지막 그때가 오기까지 이 책을 봉해두어라. 많은 사람들이 읽고 깨쳐 잘 알게 되는 날이 올 것이다. 그러나 갈팡질팡하는 사람들도 많을 것이다.

5절: 나 다니엘이 바라보니 다른 두 분이 서 있는데 한 분은 강 이쪽에 또 한 분은 강 저쪽에 서 있었다.

6절: 그중 한 분이 모시옷을 입고 강물 위쪽에 서 있는 다른 분에게 물었다. "언제쯤 마지막 때가 와서 이런 놀라운 일이 일어날 것입니까?"

7절: 모시옷을 입고 강물 위쪽에 서 있던 분이 두 손을 하늘로 쳐들고는 영원히 살아계시는 이를 두고 맹세하는 말이 들렸다. "한 때 두 때 하고 반 때가 지나 거룩한 백성의 군대를 부순 자가 죽으면 모든 일이 끝날 것이다." 즉 거룩한 백성의 군대(하느님 앎 성장 과정의 성도)를 부순 자(싸운)가 죽으면(악이 멸망하면) 일이 끝난다고 한 것이다.

8절: 이 말을 듣고 나는 무슨 말인지 몰라서 그 일이 어떻게 끝날 것이냐고 물었다.

9절: 그가 대답했다. "다니엘아, 물러가라. 이 말씀은 마지막 때가 오기까지 봉한 채 비밀에 붙을 것이다."

🚹 : 그랬군요? 봉해 놓은 우주의 비밀이 한 때, 두 때, 반 때가 지나야 끝난다고 했네요.

☼ : 그렇지.

① 아담부터 노아를 거쳐 아브라함을 거친 하느님과 인간의 인과관계(正分合 과정)와 이삭을 거쳐 야곱에 이르러 장남과 차남의 우선순위를 뒤바꾼 2,000년 과정, 한 때,

② 야곱부터 예수까지 꼭 갚아 제로(0)를 체험하는 구약 2,000년 과정과 예수부터 正分合 원칙 시대까지 이해양보로 제로(0)를 체험하는 신약 2,000년 과정을 합해 두 때,

③ 완전한 앎(全知)인 正, 分, 合 원칙 시대 1,000년 반 때가 지나야, 하느님의 창조목적이 완전히 이루어지는 것을 말한 것이다.

🚹 : 그러고 보니 구약성경 예언서에는 하느님의 인류 앎 성장 과정이 낱낱이 드러나 있네요.

☼ : 그건 그렇고. 다시 이야기 시작하자. 네가 1960년 11월부터 1985년까지 이발소에서 머리 감고 안마하던 직종은, 너희 나라에 1960년대 초부터 1985년경까지 '약 20여 년간' 잠깐 있었던 직종이다.

🚹 : 맞습니다. 그 직종이 1979년경부터 사라지기 시작하더니 1985년경이 되니 아예 없어지더군요. 저도 1982년부터 이발 기술을 익히지 않았더라면 어쩔 뻔했어요?

☼ : 그 당시 몇 안되던 특급호텔에서 머리 감고 안마하던 네가 그곳에서 기술을 익혀 그대로 기술자로 그냥 올라간 거, 네가 기술자가 아닌 걸 고객들이 다 아는데 그게 어디 쉬운 일이냐?

🚹 : 맞아요. 당시 몇 안되는 특급호텔이어서 일류 기술자가 넘쳐나는데, 거기서 기술을 스스로 익혀 그대로 기술자가 됐다는 건 전무후무한 일이지요. 한 번은 업주가 저에게 안마와 머리만 감고 이발 일은 하지 말라고 하더군요. 그래서 그러면 그만두겠다고 했더니 그럼 그냥 다시 하라고 하더군요.

☼ : 그건 그렇고. 1960년대 초부터 1985년경까지 너희 나라에 머리 감고 안마하는 직종이 왜 잠깐 있었는지 아냐?

🚹 : 그 당시 여러 가지 여건에 따른 거겠지요. 노동력은 남아돌고 뭔가 일은 해야 먹고 사니까요?

☼ : 물론 원칙은 완전(0)한 것이니 원칙에 의해 당연한 거지. 그런데 네 직업도 의미가 있다.

🚹 : 뭔데요?

☼ : 너는 신약과정의 열매이며, 새 시대의 씨앗이기에, 신약과정을 이어 온 머리에 물 붓는 세례와 몸을 만지는 안수의 표상인 머리 감기고 안마하는 것으로, 준비 기간 4년을 포함해 25년간 네 생계를 이을 수 있었다. 구약과정이 성전 짓는 것으로 이어졌기에, 구약과정의 열매인 예수의 직업이 성전 짓는 목수로 생계를 이을 수 있었듯이.

🚹 : 와! 그런 의미였어요?

☼ : 1960년대 초부터 1985년경까지 남자가 머리에 물 붓고 안마하는 직업이 있었던 것은 그러한 너의 과정과 맞물린 것으로써, 네 삶은 신약과정의 열매이며 새 시대의 씨앗으로 귀결되니 이 역시 완전(0)한 正, 分, 合 원칙에 의한 것이다.

구체적으로 정리하면,

① 네 삶 60년은 아담부터 아브라함까지 하느님과 인간의 '인과관계' 2,000년과 구약과정의 꼭 갚는 제로(0)체험 2,000년과 신약의 이해양보 제로(0) 체험 2,000년을 100:1로 축소해 체험한 과정이며,

② 네 삶 70년(20년x3=60+10=70)은 전체 과정 7,000년을 100:1로 축소한 체험이니, 하느님의 창조목적 원인(0) 7,000년은, 2,000년×3=6,000년 과정과 결과(10) 1,000년의 축소체이다.

③ 네가 1965년 5월 26일 받은 金榮國(황금색은 聖父)은 '하느님의 영화로운 나라'라는 뜻이고,

④ 예수가 죽은 나이인 네 아버지(음력 1911년 4월 26일 생) 33세에 네 어머니 태내에 네가 생긴(음력 1944년 3월 초) 것은, 예수가 33세에 죽어 완성하지 못한 하느님의 창조목적을 네가 이어서 완성하기 때문이다. 네 아버지는 예수의 상징이기도 하다.

⑤ 카인과 아벨, 에서와 야곱같이 너도 형제 중 차남이며, 네 형(음력 1940년 10월 26일)은 에서와 같이 피부가 검고 가슴, 다리 등 몸에 털이 많고, 너는 야곱과 같이 피부가 희고 털도 아주 적다.

⑥ 하느님과 온전한 인과관계(正分合 과정=情)가 맺어진 순교자의 5대째 천주교 신자로 태어나 영세받았으며, 1957년(만 12세) 부활주일에 노기남 대주교로부터 견진성사 받았다.

⑦ 신약시대가 안수와 세례로 이어졌기에 너도 신약의 상징인 안마와 머리에 물 붓기로 생계를 이어왔다.

⑧ 예수가 그 당시 공동묘지인 골고다(해골산)에서 죽었기에 너는 그 당시 서울시 공동묘지(고태골)인 서대문구(恩平區) 新寺洞(새절터) 144(12x12)번지에서 태어났다.

⑨ 길을 예비하는 세례 요한은 제사장 스가랴의 아들이고 예수는 순수한 평민이듯, 이

시대에도 길을 예비하는 사람은 목사(제사장) 출신이고 너는 순수한 평민이며, 세례 요한과 예수가 6개월 차이 나는 동갑이듯이 너희도 띠동갑(1920년과 1944년)이다. 구약 말 세례 요한의 퇴장과 예수의 등장이 엇갈리듯 신약 말인 이 시대에도 퇴장(2012년 문선명 사망)과 등장은 엇갈린다.

⑩ 9가지 증거에 대한 10번째 판단은 각자 지혜의 몫이다.

🚹 : 이제까지의 대화와 10가지 증거에 관한 판단은 책을 읽는 사람들 각자의 몫이에요?

☼ : 그럼, 너희는 각자 스스로가 판단해 스스로 인식해야 질량과 구조에 따른 앎이 성장하기 때문이다.

🚹 : 아, 그렇군요.

☼ : 그런데 지금 글을 수정하고 있는 2012년 9월 1일인 오늘 이 시점이 너에겐 무슨 의미인지 아냐?

🚹 : 그게 무슨 말씀이세요?

☼ : 2005년부터 2015년까지 10년 과정에서 4년이 지난 2009년 6월에 네가 『내면과의 대화』를 12월에 처음 출판했고, 다시 3년이 지난 2012년 6월에 『신과 나눈 이야기 해설』을 끝냈고, 앞으로 2015년 6월까지 3년이 남은 것은 1,000년 과정에서 正分合 원칙이 펴지는 이승의 400년과 저승의 300년과 악령까지 구원하는 300년을 의미하듯이 예수 역시 똑같은 10년 과정을 거쳤다.

🚹 : 예? 예수도 1,000년 과정을 10년으로 거쳤어요? 그럼 예수도 4년, 3년, 3년의 과정을 거쳤다는 거예요?

☼ : 그럼 예수 역시 16세에 자간나스 절을 탈출하여 24세까지 간지스강 북부 및 티벳트와 캐시미르의 라호르 등 여러 곳을 다니며 공부하다가, 24세가 되자 인도 지방에서는 더 배울 것이 없다고 느껴 인도를 떠나 페르샤로 갔고, 그곳에서 한동안 머물며 페르샤의 모든 진리를 연구하였으며(물론 조로아스터교의 구세주와 십자가 예언 등도 들었고), 앗시리아와 갈대아우르를 거쳐 고향인 이스라엘의 나자렛으로 돌아가 잠시 머물렀다가, 다시 그리스의 델피신전과 이집트의 헬리오폴리스 신전으로 가서 그곳의 신관들과 토론한 후 26세에 고향 나자렛으로 돌아왔다. 고향으로 돌아온 예수는 인도 지방과 페르샤, 그리스, 이집트 등에서 체험한 모든 진리를, 실체적인 말로 표현할 수 있도록 체계적으로 정리하는 데 또 1년이 걸려 27세가 되었다. 그러나 아직 때가 안 되어(요한 2:4) 기다리다가 30세가 되어서야 성령의 협조를 받으며 본격적인 신약시대 씨앗의 활동을 시작할 수 있었다.

🚹 : 아! 그랬군요! 그래서 예수도 30세에 시작되었군요.

☼ : 그렇다. 그렇듯 2009년 『내면과의 대화』 출판 후 너도 2011년까지 신과 나눈 이야기 동호회에서 토론하다가 축출되어 2012년 6월까지 1년간 『신과 나눈 이야기 해설』을 끝냈고 이제 3년간 때를 기다리는 과정에 있다.

🚹 : 그렇다면 예수의 10년 과정이 시작되기 전 예수의 20세까지는 무슨 의미는 무엇입니까?

☼ : 인간의 20세까지 성장 과정은 神이 인류를 구원하는 7,000년 과정의 축소체라고 했었지!

🚹 : 네.

☼ : 예수로 시작된 신약과정은 부분적 희생 시대이기에, 예수 역시 7,000년 과정을 20년으로 축소해 거친 후, 4, 3, 3을 거쳐 30세는 신약시대의 의미인 전체성(0) 數 3수를 의미하게 되었고, 그 후 다시 전체성(0) 數 3년간의 활동으로 신약시대의 문을 열었다.

그러나 너로 시작되는 마지막 시대는 완전한 실체적 희생 시대이기에 네가 지나가는 과정은 7,000년 과정의 완전한 축소체인 70년인 것이다.

🚹 : 아! 그렇군요.

☼ : 그래, 그러니까 기다려라.

인류 구원과정 7000년과 정분합 진리 출현 70년의 비교

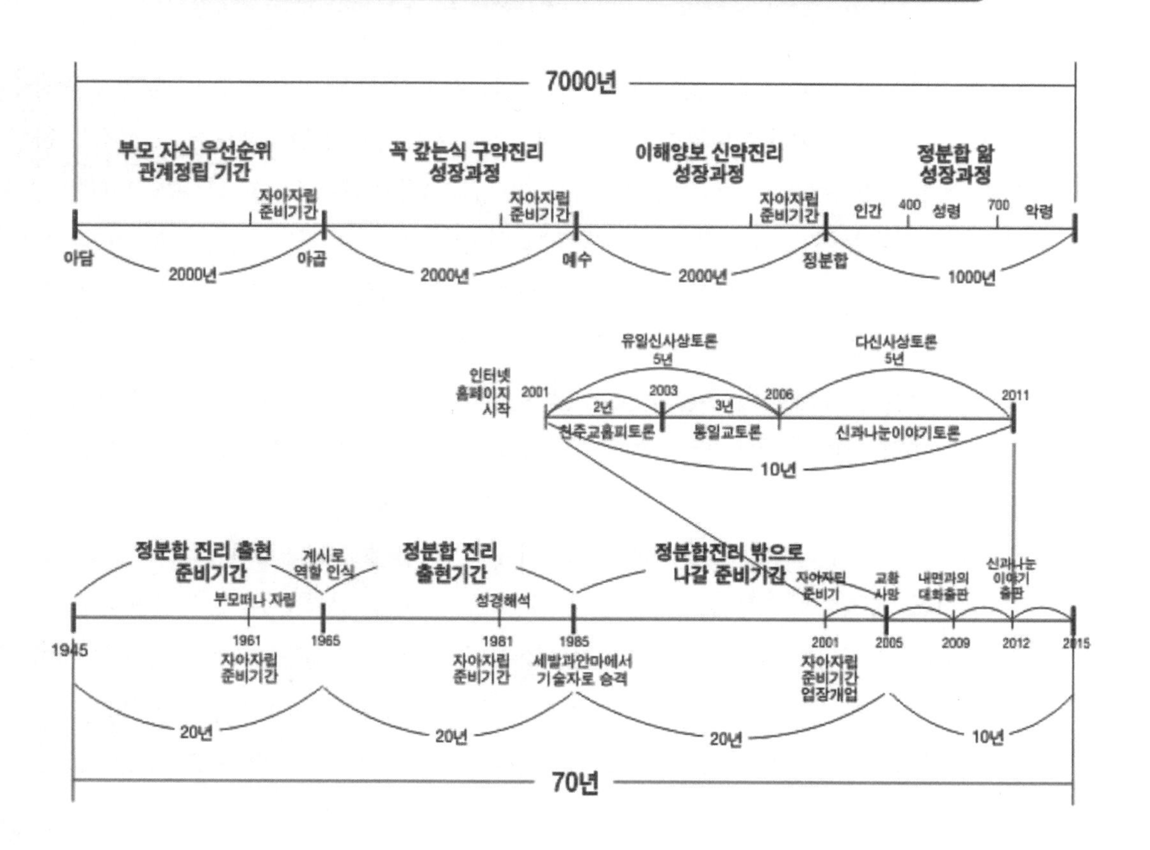

† 無題 3

2012년 9월 1일 이후! 약 5년이 흐른 2017년 05월 03일…, 오늘은 석가탄신일이라 공휴일이네요. 오늘 이 글을 올리며 36년 전 김응열 님과 저의 관계가 어떻게 이어졌는지 새삼 생각이 납니다.

제가 김응열 님과 인연을 맺은 것은 1981년, 삼익주택을 퇴직한 후, 돈 벌어서 책 찍고 홍보해 하느님 일에 최선(0)을 다해 보려고 삼랑진의 하천을 복토해 분양하는 일에 전세금 200만 원까지 잡히며 약 870만 원을 몰빵한 후, 일이 잘못돼 전부 날린 후, 보증금 30만 원에 월세 4만 원짜리 사글세 방을 얻어 나간 뒤(1973년 6월 중순 식중독이 걸려 탄산음료만 마시고 10일간 집에서 혼자 단식한 후, 1974년 가을 다시 맹물만 마시며 10일간 집에서 혼자 단식한 후.) 다시 1981년 1월 11일부터 1월 22일까지 세 번째 맹물만 마시는 12일 단식을 집에서 혼자 끝낸 후, 그 후 1981년 3월 삼랑진 일로 사촌누이와 같이 밀양에서 약 20일간 같이 머물 때 시간이 많길래 사촌누이에게 『인간완성』을 이야기하게 되었습니다.

저에게 『인간완성』 이야기를 들은 사촌누이는 『인간완성』에 대해 공감하며 하느님의 흔적인 성경을 반드시 정리해야 한다고 하더군요. 저는 그때까지 성경의 필요성은 물론, 성경을 읽어 본 적이 없었기에 사실 어리둥절했습니다. 그리곤 '그래야 하나?' 하고 생각했습니다.

그러더니 사촌누이가 자기가 아는 대학생이 있는데 똑똑하니까 한번 만나서 이야기해 보라고 하더군요. 그 후 우리는 밀양 일이 실패로 끝나 4월경 서울로 올라와 그 학생을 사촌누이의 소개로 만나게 되었습니다.

그때는 『인간완성』 내용이 지금과 같지 않고 육체와 영혼의 본능비교와 소립자의 16가지 질로 인한 자력, 중력, 강력, 약력의 원인과 구조 등, 그리고 구약과정과 신약과정의 일치성 등…, 지금 생각하면 참으로 기초적인 빈약한 내용이었습니다.

그래도 그때까지는 그 내용뿐이었기에 그 내용만 그 학생에게 약 2시간 정도 설명했습니다. 그런데도 그 학생은 신기하게 제가 설명하는 내용을 공감하는 것 같았습니다. 이렇게 4월부터 직업이 없이 쉬게 되자 성경을 보라는 사촌누이의 권고가 생각나 '이것이 하느님이 나에게 주시는 기회인가?' 하는 생각이 들어 성경을 사 보게 되었습니다.

그런데! 놀랍게도 아담으로부터 시작되는 성경 내용이 『인간완성』과 관련이 있음을 알게 되었습니다. 그래서 『인간완성』과 관련된 성경 내용을 정리하다 보니 내용이 제법 많고 복잡하게 되었습니다. 그러자 김응열 님이 제가 추려낸 내용을 필기로 도와주기 시작해 정리하게 되었고…. 몇 달이 지나자 본래의 『인간완성』 내용과 정리한 성경 내용을 하나로 묶어 그해 8월 말 경에는 하나의 책 형태로 정리가 되었습니다. 이렇게 본래의 기초적인 『인간완성』과 성경 내용의 정리가 하나로 끝나 노트에 책 형태로 정리한 후…, 저는 아이가 4명이나 돼 6식구이며, 삼랑진에 몰빵해 당장 먹고 살아야 하기에 9월 2일부터 다시 프라자호텔 이발소에 취직해 1996년까지 15년간 일했고, 그 후 롯데호텔 사우나 이용원으로 옮겨 5년간 있다가 2001년 2월 강남 선사인호텔 사우나로 독립할 때까지 『인간완성』은 진척이 없이 무료한 세월만 흘렀습니다. 그러나 강남으로 옮겨 혼자 독립하자 드디어 일요일에 쉴 수 있게 되었습니다(1966년부터 계속 호텔 이발소에 근무하며 6식구 생계를 위해 쉬지 않을 수 있어 수십 년간 쉬지 않았습니다.).

그렇게 독립을 하자 드디어 일요일에 쉴 수 있게 되었고, 그래서 어떻게든 『인간완성』을 다시 움직여 보려고 성당에 나가게 되었고, 거기서 천주교에 사이트가 있는 걸 알게 되어 사이트에 들어가 2년간 활동하다가 이단이라고 쫓겨났고!

2003년 6월 중순 통일교 교인들이 『인간완성』 홈페이지를 어떻게 알고 들어와 3년간 토론하다가, 그분들과의 토론이 결론이 난 2006년 중순경, 김응열 님에게서 전화가 왔는데 신과 나눈 이야기 사이트에 들어가 보니 "하느님이 스스로를 느끼기 위해 우주를 창조하셨다."라는 명제가 『인간완성』과 같으니 한번 들어가 보시라고 하여 신과 나눈 이야기 사이트에 들어가 활동하였으나, 5년이 지난 2011년 그곳에서마저 퇴출당한 후…, 2011년 『신과 나눈 이야기』 1, 2, 3권을 해설해 2012년 드디어 해설한 내용을 전자책으로 출판했으나, 아무에게도 관심받지 못했습니다.

그렇게 또 무료한 세월이 흘러 2015년 4월경, 『인간완성』과 『신과 나눈 이야기』 1, 2, 3권 해설본을 하나로 묶어 1,400여 페이지가 되는 두꺼운 책으로 출판준비를 하고 있을 때 김응열 님의 연락이 왔습니다. 전에 통일교와 『인간완성』 홈피에서 토론할 때 토론자 중 한 명이었던 김영수 님이 저를 한번 만나고 싶다고 하니 한번 만나보는 것이 어떻겠느냐고. (김응열 님과 김영수 님은 대학생 때 통일교에서 같이 활동해서 알게 됐다고 합니다.) 저는 『인간완성』은 내용이 중요한 것이기에 그 누구도 사람을 만날 이유가 없다며 거절했습니다. 그랬더니 김응열 님이 "김영수 님이 그동안 『인간완성』을 많이 이해한 것 같으니 이번에는 한번 만나보시는 것이 좋을 듯하다."라고 하더군요. 저는 김응열 님이 이제까지 제가 『인간완성』 일을 하는 데 神의 使者같이 필요할 때마다 도와주었기에 아마도 또 그런가보다 싶어서 그럼 만나보겠다고 했습니다.

그래서 어느 날 김응열 님 부부와 김영수 님 부부를 만났습니다. 그날 김영수 님과 김응열 님과 저는 2015년이 되어 책도 출판하고 하니 드디어 『인간완성』이 때가 된 것 같다며 본격적으로 활동해 보자고 하였습니다. 그 후 김응열 님과 김영수 님이 같이 움직이는 것 같고 김영수 님이 간간이 움직이는 소식을 전해와 저도 큰 기대를 걸었습니다. 그런데 5월 초 어느 날 김응열 님이 저에게 전화하더니 자기는 김영수 님과 성향이 달라 일을 같이 하기 싫다며 자기는 이 일에서 빠지겠다고 하더군요. 저는 안타까웠습니다.

모처럼 2015년이 되어 『인간완성』의 불씨를 살려 가는데 김응열 님이 그만두겠다고 하니까요. 그래서 김응열 님을 달래보려고 한마디 했습니다. "석가모니 제자도 석가모니를 이해 못 해 떠나갔다고 한다." 그러니 그때의 전철을 밟지 말라며 "다시 힘을 합치면 어떻겠냐!"라고 했습니다. 그랬더니 그게 아니고, 도저히 성격이 맞지 않아 싫다고 하더군요. 제가 봐도 두 사람은 성격이 아주 상반되기에 어쩔 수 없더군요. 그 이튿날 김영수 님에게서 전화가 왔습니다. 그래서 제가 김응열 님이 김영수 님과 같이 일을 못 하겠다고 하길래 석가모니의 제자도 떠나갔다며 설득하려 했지만 실패했다고 하자 김영수 님이 잠깐 생각하는 듯하더니 "형님 오늘이 석가탄신일이잖아요!" 하더군요. (김응열 님이나 김영수 님은 저와 나이 차이가 14~15년 차이 나지만 저를 형님이라고 부릅니다. 저는 우리 아이들에게도 너희들과 나는 이 세상에서는 부모와 자식 간이지만, 하느님을 중심으로는 우리 모두는 형제지간이라고 했습니다.) 김영수님의 말을 듣는 순간 '휙!' 스치고 지나가는 느낌이 있었습니다.

그래? 그렇구나! 생각해보니 저 역시 제가 만 28세 5개월이던 1973년 6월 하순 10일간 탄산음료만 먹고 단식과 복식호흡을 했고, 이듬해 1974년 가을에 다시 10일간 맹물만 먹고 단식을 했고, 다시 1981년 1월 11일부터 22일까지 12일간 맹물만 먹고 또다시 단식을 했습니다. 6년 6개월간 단식을 세 번 한 것이지요.

맹물만 마시며 마지막 단식을 12일간 하고 난 3~4일 후, 느닷없이 집사람이 섹스를 하자고 하기에 "단식 끝난 지 며칠 안 됐는데 건강에 괜찮을까? 염려하면서도 거절하기가 뭐해 들어주었습니다. 그런데 섹스가 끝나자 눈썹과 눈썹 사이 미간이 갑자기 직경 3~4cm 정도 앞뒤로 크게 '뻥!' 뚫린 느낌이 들며 시원한 바람이 몇 분간 '휭휭~' 세차게 통과하는 것 같아 '이게 뭐지?' 놀라며 생각했습니다. 미간은 제3의 눈이 있는 곳이라는데?

한편, '아하! 그렇게 해서 29세부터 35세까지 6년간 갈비뼈가 드러나도록 고행을 한 그 옛날 형제님의 전철을 밟았구나!' 하는 생각이 들며, 다시 『신과 나눈 이야기』에서 자칭 신이 닐에게 너의 역할은 세례 요한이라고 한 말이 생각났습니다. 순간 '다신 사상까지 철저하게 지나가야 하나?' 하는 생각이 들었습니다.
2015년 5월 그런 일이 있고 난 후! 2년이 지났으나 『인간완성』은 별 진척이 없습니다. 교보문고에서 1년 넘게 스크린홍보도 해보았으나, 한 달에 몇 권만 팔리니 서점에서는 안 팔리는 책은 진열대에서 빼는 등 너무나 진척이 없기에, 2016년에는 책 제목을 '신의 DNA'라고 바꿔 다시 출판했으나 역시 빛을 못 보고, 결국은 모두 수거해서 전국 도서관에 무료로 배포하고 말았습니다. 이렇게 진척이 없다면? 그래도 결과와 관계없이 최선을 다해야 하겠지요. '아직도 일을 해 돈을 벌고 있고, 앞으로도 10여 년은 일할 수 있을 것 같아, 그때까지 돈을 모아 책을 다시 출판하고 광고하면 되지 않을까?'도 생각합니다.
그러고 있던 2018년 늦여름 김영수 님이 '자기가 페이스북을 하고 있으니 저도 페이스북을 해 보는 게 어떻겠냐?' 권하고 또 이즈음 인터넷에 있던 홈페이지가 이유도 없이 사라져 답답하던 때여서 그러기로 하고, 전화기를 2G 폴더폰에서 5G 스마트폰으로 바꿨습니다. 한 달여 동안 씨름하며 스마트폰을 익혔으나 아직도 잘 모릅니다. 오늘 2018년 10월 31일 지금도 스마트폰 페이스북에 올리려 '신의 DNA'를 정리하는 중입니다. 아직은 올릴 줄 몰라 앞이 캄캄하지만 어떻게든 이 사람 저 사람한테 부탁해 올려야 하겠지요.
또 한 가지 색다른 일이 일어났습니다. 그러니까 나의 70세 생일을 기념해 아들 둘 식구 9명과 딸 둘 식구 8명과 나와 집사람 2명, 우리 식구 19명은 저의 70회 생일기념 지방 여행을 다녀오는 길에 경기도 봉담에 사는 둘째 딸 집에 들르게 되었습니다. (저는 첫째가 아들 둘째가 딸 셋째가 딸 넷째가 아들입니다.)
그런데 여기서 약간의 부딪침이 있었습니다. 그런데 그 이후 딸 둘이 기분이 나빴는지 그 이후 연락을 끊더군요. 별일이 아니었는데? 그 후, '아차!' 싶었습니다. '이런 과정까지 가야 하나?' 하고요. 왜냐하면, 저는 아이들에게 평소에 이런 말을 했거든요. 너희들은 나에게 있어 옴, 마니, 받메, 훔이다. 그리고 옴, 마니, 받메, 훔은 곧 원인, 과정, 결과의 4수이다. 이것은 곧 힌두교의 4계급인 승려, 정치인, 상인, 서민들을 의미하기도 하고 그랬는데, 그런 상징을 갖고 나에게 태어난 아이들이 그렇게 된 것입니다. 가운데 딸 둘이 부모와 자식 간, 위아래 남자 아이들과 관계를 끊고 왕래를 않하는 것, 저는 순간 알았습니다. '이것도 내 팔자이구나!' 하고 그래서 그냥 그대로 받아들이기로 했습니다.
나의 70세 생일날 그런 일이 생긴 것은, 하느님의 인류구원과정 7,000년이 되면 그 사회는 하느님의 창조목적이 완성된 시대이기에 전체성(0)의 사회입니다. 7,000년 후부터는 인류사회에 흐르는 개체성은 전체성 목적을 위한 도구이기에, 전체성에 포함된 개체성이기에 곧 개체성 흐름도 곧 전체성입니다. 그래서 나의 70세 생일 기념 여행이 끝나자 개체성을 의미하는 나의 두 딸은 나와 인연이 없어진 것입니다. 그 이후, '내 팔자가 그러니까 받아들이자.' 하고 8년이 지난 지금까지 서로 연락을 안 하고 지냅니다.

인류구원과정 7,000년이 지나도 개체성은 흐르며 우주나 인류사회가 존재합니다. 그러나 그때의 개체성 흐름은 動起(목적)가 전체성이기에 전체성 흐름입니다. 이 글을 정리하는 오늘은 2021년 11월 25일 새벽 1시 55분입니다.

2020년 11월 3일엔 집사람이 당신에게 맡겨진 역할을 충실히 하시고 지병으로 3년간 아프시다가 영혼을 키워준 거룩한 육체를 벗고 저승으로 먼저 가셨습니다. 배우자와 헤어지는 경험은 개인마다 질량의 차이가 있겠지만, 너무 힘들었습니다. 1974년 6월에도 한 번 『인간완성』 책 1,200부를 출판하게 도와준 여인과 이런 헤어짐의 가슴 아픈 일이 있었는데…, 그때도 세상이 무너지는 것 같이 너무너무 힘들었는데…, 이런 일을 두 번 겪다니? 집사람 보내고 일 년이 지나자 차차 정신이 들며 나에게 그런 일이 왜, 두 번이나 처절하게 있었는지 알게 되었습니다.

제가 12살에 동네 사람들이 모여 있는 곳에서 첫 신탁을 받을 때 배우자가 둘이라고 해서 왠지 모르게 눈물이 나 울었던 기억이 납니다. 하느님도 배우자였던 구약성도들과 신약성도들과 헤어지는 가슴 아픈일이 두 번 있으셨기에.

저는 2020년 6월 말경에 코로나로 인해 영업을 접고 그때부터 집사람이 가실 때까지 약 5개월간 간호를 했습니다.

앞으로 시간이 있으니 책을 다시 출판해 움직여 볼 생각입니다.

2021년 10월 하순부터 다시 출판하려고 『신과 나눈 이야기 해설판』과 『神의 DNA』를 정리하고 있습니다.

지금은 2022년 1월 30일 오후 3시 40분입니다.

1차 정리가 끝났습니다.

이번에 출판은 잡소리를 다 빼고 요점만 넣었습니다.

내용이 너무 고루해 지루해서 읽기 싫어질까봐 잡소리를 일부러 넣었었거든요.

다시 한 번 출판해도 될 만큼 만족한지? 다시 한 번 읽어보고 출판하려고 합니다.

52년 전인 1969년, 9부터 1970년. 2까지 5~6개월간 직장도 쉬고 『인간완성』을 처음 정리할 때가 생각납니다. 요즈음 다시 총정리하는 몇 달간 시기와 상황이 그때와 비슷하거든요.

二分法 正, 分, 合(인간완성) 후기와 현대 물리학의 끈이론과 M이론

二分法 正分合에 관한 설명이 끝을 맺었습니다.
이분법 정분합을 쓰게 된 것은 神의 3위1체 성품인 正, 分, 合正, 分, 合 원칙으로 태초부터 흘러온,

1. 물질의 최소단위인 소립자(쿼크)부터 시작된 우주의 진화와 생명체의 등장,

2. 나의 意志와 상관없이 흐르는 육체와 영혼의 10가지 본능,

3. 인류가 지구에 無知로 출현한 이후 하느님의 창조목적에 의해 인류의 앎 성장은 어떤 과정을 거쳤으며,

4, 하느님이 느끼기 위해 개체로 분화한 우리는 어떤 삶을 체험하는 게 하느님(神)과의 합일(合一)인지,

5, 二分法 正, 分, 合 원칙을 철저히 이해하여 전지(全知)한 인간이 되면 正, 分, 合正, 分, 合 원칙에 의해 개개인의 전능(全能)이 드러나 하느님(神)과 하나(合一) 된 체험이 나오기 때문입니다.

즉,『神과 나눈 이야기』책의 神이 지적하였듯, 신성한 이분법인 우주 正, 分, 合正, 分, 合 원칙을 개개인이 철저히 이해해야…, 철저히 신(神)과 하나(合一) 된 체험을 할 수 있어 우리가 은혜로운 삶을 살 수 있기 때문입니다.
이에 있어서, 二分法 正, 分, 合 원칙을 설명하며 드러났지만, 다가온 새 시대는 개개인 각자가 신성한 二分法 正, 分, 合 원칙을 철저히 이해하여, 개개인이 순간마다 철저히 神(하느님)과 하나(合一) 됨을 체험하는 시대입니다.
즉, 새 시대는 '어느 한 사람을 추종하는 게 아니라.' 개개인이 신성한 이분법인 正, 分, 合正, 分, 合 원칙을 철저히 이해하여 하느님(神)과 하나(合一) 된 은혜로운 삶을 체험하며 하느님(神)과 하나(合一) 되는 시대입니다. 이에 있어서 신과 나눈 이야기의 신성한 이분법과 우주 正, 分, 合正, 分, 合원칙은 상대적(分)이지만 하나입니다.
즉,

1.『신과 나눈 이야기』는 正, 分, 合正, 分, 合 원칙을 사랑(느낌=감정)으로 설명하고,

2. 正, 分, 合正, 分, 合 원칙은 신과 나눈 이야기를 과학(우주원칙)으로 입증하니,

두뇌도, 감성적인 우뇌가 있고, 이론적인 좌뇌가 있듯이, 이 역시 이분(分)법입니다.
우리는 지금 하느님의 우주 창조에 있어서 새 시대가 열리는 첨단의 현실을 맞아 그 중심에 있습니다.

최첨단 물리학에 대한 설명입니다

2002년 가을까지 밝혀진 미시(微視)세계인 '소립자(素粒子) 물리학'을 개략적으로 정리해보면,

1) 물질을 잘게 쪼개고 또 쪼개 보니 그 최소 단위는 소립자(쿼크)라고 합니다. 이 소립자를 이중 슬릿 장치로 실험해본 결과 '간섭 무늬', '번짐 현상'으로 보아 하나의 소립자는 입자이지만 파동성도 갖고 있다고 합니다. 이것을 물리학자 '파인만'은 '경로합=경로적분'이라는 이론으로 설명했는데, 이 이론은 입자가 직진이 아닌 모든 가능한 경로로 간다는 것입니다. 결국 파동설인데, 이것은 소립자가, 구조는 개체구조이지만, 체질은 구조와 질량에 따른 개체성 체질과 무한(0)한 神 자체로서의 전체성(0) 체질 두 가지를 갖고 있기 때문입니다.

   파동함수에 기초한 기존의 '양자역학'과 '파인만'의 '경로합'이론은 같은 자연을 각기 다른 관점으로 본 결과라고 합니다.

2) 현재까지 입자가속기의 실험으로 10−18m까지의 '양자론' 영역까지는 입증되었다고 합니다.

3) 파동적 성질은 그 파장이 '플라크 상수'에 비례한다고 합니다. (10−27=에너지의 최소단위와 전자기파의 진동수 사이의 비례 관계를 나타내는 일종의 비례상수)

   즉, 좀 더 정확하게 표현하면 물질파의 파장은 '플랑크 상수'를 그 물체의 운동량으로 나눈 값이라고 합니다. '플랑크 법칙'에 의하면 광자(빛=소립자) 하나의 에너지는 진동수(파장의 반비례)에 비례한다고 합니다.

4) 그리고 이 소립자들은 서로가 개성이 다르며 그 다른 개성은 전기나 전하 속도의 다름으로 나타난다고 합니다. 그리고 그러한 전기나 전하 속도의 개성 차이를 그들은 주고받으며 존재한다고 합니다. 그런데 서로 간의 개성(힘)이 각 소립자에게 전해질 때 그 사이엔 어떤 매개체가 전혀 없이 전달이 잘 된다고 합니다. (자연계에선 소리가 전달되려면 반드시 공기나 또 다른 매개물질이 있어야 하지요.)

   결국, 파동설은 발전하여, 각 소립자 사이엔 어떤 알 수 없는 진동하는 '고리형 끈'이 있다는 '끈' 이론으로 발전하였습니다(각 소립자 사이엔 그 어떤 매개체도 없지만 결국 모든 소립자가 영향을 주고받으며 연결되어 있으므로).

   그러나 우리가 생각하는 물질적 끈과는 개념이 다르다고 합니다. 그 '끈'의 최소 단위를 '플랑크'라고 하며 '플랑크'의 크기는 10−33cm이며(구체적으로 밝히면 10,000,000,000,000,000,000,000,000,000,000,000 분의 1cm입니다.), '플랑크'보다 작은 '초미세 영역'으로 가면 시간과 공간이라는 개념이 더 이상 의미가 없어진다고 합니다. 그러나 '플랑크'보다 큰 스케일로 나오면 시간

과 공간의 개념은 다시 나타난다고 합니다. 이 '플랑크'의 크기를 예로 들면 원자 하나를 우주의 크기로 확대했을 때, '플랑크'의 크기는 나무 한 그루에 비교할 수 있는 아주아주 엄청 작은 크기라 합니다.

5) 또는 이 우주를 '끈'이라고 하기보다는 엄청 큰 '천 조각'에 비유할 수도 있다고 했는데, 그 경우 각 개성의 소립자(쿼크)는 그 큰 '천 조각'의 이곳저곳에 박혀 있는 것이며, 그 '천 조각'이 각 소립자의 개성에 따라 파동을 일으키거나, 또는 '천 조각'이 파동을 일으키면 각 소립자가 그 파동을 받아 개성을 나타낸다고 볼 수도 있다고 합니다.

   이 역시 개념을 이해시키기 위한 것이지 진짜 '천 조각'과는 다르다고 합니다. 19세기의 위대한 실험물리학자인 '페러데이'는 이 '천 조각'을 마당(場)이라고 표현하기도 했습니다.

6) 이론적으로 '플랑크'보다 더 작은 미시 영역은 탐사가 불가능하므로, 결국 그 영역보다 더 작은 것은 없다는 이야기라고 합니다.

7) 이 '끈' 이론은 다시 '초끈' 이론으로 발전하였고, 이 '초끈' 이론은 접근 해석 방식이 5가지로 나타나는데 이 5가지 해석 방식은 서로 간 전혀 상관이 없어 보이지만 결론은 하나로 모인다고 합니다. 그래서 이 5가지 방식을 하나로 모아 다시 정리했으니 이것을 m이론이라고 합니다. 그리고 이 m이론은 현재까지 과학계에서 풀지 못하고 있는 통일장이론을 풀 수 있는 가장 유력한 이론이라고 주장합니다. 이 m이론은 너무 미세해 과학적 실험이 아닌 수학으로 드러난 것이며, 그렇기에 m이론 너머는 과학이라기보다 철학으로 보아야 한다고 합니다.

   이렇게 2002년 가을, 현재 소립자 물리학은 '끈' 이론을 거쳐, '초끈' 이론을 거쳐 m이론까지 정리된 상태입니다.

   위의 소립자 이론 물리학이 正, 分, 合正, 分, 合 원칙으로는, '초끈'이니, 엄청 큰 '천 조각'이니, '플랑크'니 하는 것은 시간과 공간의 개념이 없으면서도 각 소립자에게 서로의 힘이 전달되는 매개체인 것입니다.

   이 매개체!

   이것이 곧 神(영계핵)의 전체성 체질이 느끼기 위한 목적이 흐르고 있는 '목적력=우주에너지'이며 하느님 의지(意志)의 나타남입니다. 즉 각기 떨어져 있는 소립자들이 서로 간의 개성과 질량을 자력, 중력, 강력, 약력의 힘으로 전달할 수 있는 '목적력!', 이것이 곧 하느님의 '느끼기 위한 목적'이 나타나는 현상이며, 이것은 소립자가 개체구조로 인한 질량의 체질과 神(하느님)의 분화로서의 전체성 체질, 두 가지를 갖고 있기 때문입니다.

   이렇듯 소립자에게 있는 전체성 체질을 물리학계에선 무엇인지 모르지만 분명히 존재하므로, 소립자끼리 서로 굳게 연결되어 있는 '끈'이나 '초끈'으로 표현한 것입니다. 아주 적절한 표현이지요.

앰 허스트 대학의 물리학자 자종(a.zajong)은 "에테르(끈)가 아닌 어떤 힘이 우주의 진정한 존재이다."라고 주장하기도 했습니다.

결론적으로 우리 인간영혼이 개체구조로 분화되었지만, 그 체질은 하느님과 같은 전체성이기에, 개체성 진리인 꼭 갚는 식과 전체성 진리인 이해, 양보의 진리가 병존하고, 그래야 하느님 창조 목적의 인류사회가 이루어지듯이, 소립자 역시 그 구조는 개체구조이지만, 그 체질은 전체성(파동=하느님 자체=몸)과 개체 구조로 인한 질량 차이로(입자=개성의 나타남) 인해 자연계가 이루어지는 것입니다. 그것이 곧 소립자의 파동적 성질(전체성 체질=0)과 입자적 성질(개체구조 질량체질)의 나타남인 것입니다.

즉, 이 우주는 모두가 하나인 하느님 자체이며, 그렇기에 가장 기초개체구조 단위인 소립자와 인간의 영혼이 모두가 하나라는 전체성(0) 체질과, 개체 구조 질량 차이로 인한 체질이, 하나의 원칙에 의해 움직이고 있음이 『神의 DNA』 27번째 대통일장 설명으로 밝혀졌습니다.

그리고 M이론에서 우주는 10차원으로 되어 있는데 현 자연계를 이룬 時 공간 4개 차원(공간 3개 차원, 시간 1개 차원) 이외에 남은 6개 차원은 '플랑크' 속에 어떤 형태이든 들어 있으며, 그곳에 대하여는 어떤 곳인지 도저히 알 수 없다고 합니다.

즉, 물리학자들의 설명에 의하면 이 우주는 10개 차원으로 이루어져 있는데, 6개 차원은 '플랑크' 안에 그냥 남아있고, '플랑크' 밖의 4개 차원이 빅뱅을 일으켜 확장되며 공간이 생겨 자연계가 이루어졌다는 것입니다. 이렇게 M이론은 10차원이 가장 잘 맞는다고 합니다.

그러나 또 M이론에서의 여러 가지 결과에 의하면 기본적인 10차원 중, 1차원 끈이 2차원 막(膜)으로 자라난다고 하며(10차원에서 11차원으로), 이 막(膜=11차원)은 물방울의 벽처럼 다양한 방법으로 합쳐져서 우주를 요동치게 만들어 자연계의 모든 것을 만들었다고 합니다. 이렇게 막(膜)이 끈의 풍경을 복잡하게 하는 것 같지만, 사실은 이 11번째 차원인 막(膜)이 모든 것을 단순화시켰다고 합니다.

M이론 이전에는 최소한 5개의 '끈' 이론이 서로 다른 차원을 갖고 있었으며, 그것들은 서로 공통점이 거의 없었다고 합니다. 그러나 M이론은 이 5가지 '끈' 이론이 거대한 틀의 일부임을 보여주었고, 5가지 이론이 모두 한 가지 거대한 실체의 서로 다른 측면인 것을 밝혔다고 합니다. 이렇게 M이론은 5가지 끈 이론을 하나로 묶었기에 현 물리학계의 신뢰를 얻게 되었다고 합니다. 이러한 상황은 양자론이 발견되기 직전에 빛이 파동인

것도 같고 입자인 것도 같던 때와 놀랄 정도로 비슷하다고 합니다. 나중에 빛은 파동과 입자의 성질을 모두 가진다고 밝혀졌지요. 동전의 양면처럼 둘 다 같은 존재의 서로 다른 측면이었던 것입니다. 이렇게 빛의 파동과 입자로서의 이중성은 최근 '끈' 이론에서 발견된 몇 가지 이중성과 비슷하다고 합니다.
물리학자 브라이언 그린은 이것을 "이것은 물리학을 완전히 다른 두 가지 방법으로 볼 수 있음을 뜻한다."라고 설명하며. 또 '이것은 마치 방의 벽을 아는 것만으로도 방안의 모든 것을 아는 것과 비슷한 상황'이라고 하였습니다.
물리학자들이 말하는 위의 11차원에 대해 二分法 正分合으로 설명하면, 이것은 차원이 아닌 우주에 갖가지 변화를 일으키고 있는 4가지 존재원칙과 5가지 움직임의 원칙흐름입니다. 그러니까 이것은 차원이 아니지요. 그러나 물리학계에서는 따로 설명할 방법이 마땅치 않으니까 11차원이라고 표현할 수밖에 없는 것입니다. 그리고 프랑크 안쪽에 말려 있다고 하는 6개의 차원은 마음계를 이룬 3개의 차원과 영계를 이룬 3개의 차원입니다.

하느님의 느끼기 위한 목적이 하느님의 체질인 正分合에 의해 이 우주에 이렇게 오묘한 변화를 매 순간 끊임없이 일으키고 있다는 것! 이 얼마나 신기합니까! 참으로 신기한 생명체들의 생명력! 또 그로 인한 진화! 그 생명력 자체가 하느님이 살아계심을 증명하는 드러남이라는 것 등!
알면 알수록 이 우주의 모든 흐름이 저절로가 아닌, 또 당연한 것이 아닌 오로지 하느님의 스스로를 체험하시기 위한 목적에 의한 기적의 연속입니다. 이걸 이해하게 될 때 우리가 그런 하느님의 분화로서 스스로를 체험하고 있다는 사실이 얼마나 놀라운 일입니까!
우리는 저절로 또 당연하게 살고 있는 것이 아닌 스스로를 체험하기 위해 스스로 개체구조로 분화하여 스스로를 체험하고 있는 神인 참으로 경이로운 존재입니다.

밑의 그림은 우주의 도형입니다. 가장 밖의 원은 개체구조의 자연계로, 기본개체구조가 원, 삼각, 사각, 오각의 4가지인 것을 나타내며, 그 안쪽의 원은 無形의 마음계를 나타내며, 그 안쪽의 세 번째 테두리는 영계를 나타내며, 가장 안쪽의 황금색(聖夫) 원은 창조주 神(하느님)을 나타내며, 황금색의 비율은 51%로서 우주 動力의 원인임을 나타내며, 원 중심에서 밖으로 뻗어 나간 초록색은 3위1체 중 하나인 聖神을 뜻하며 16은 우주의 기본 수 4의 완전數 16을 나타냅니다.

우주 구조 도형.

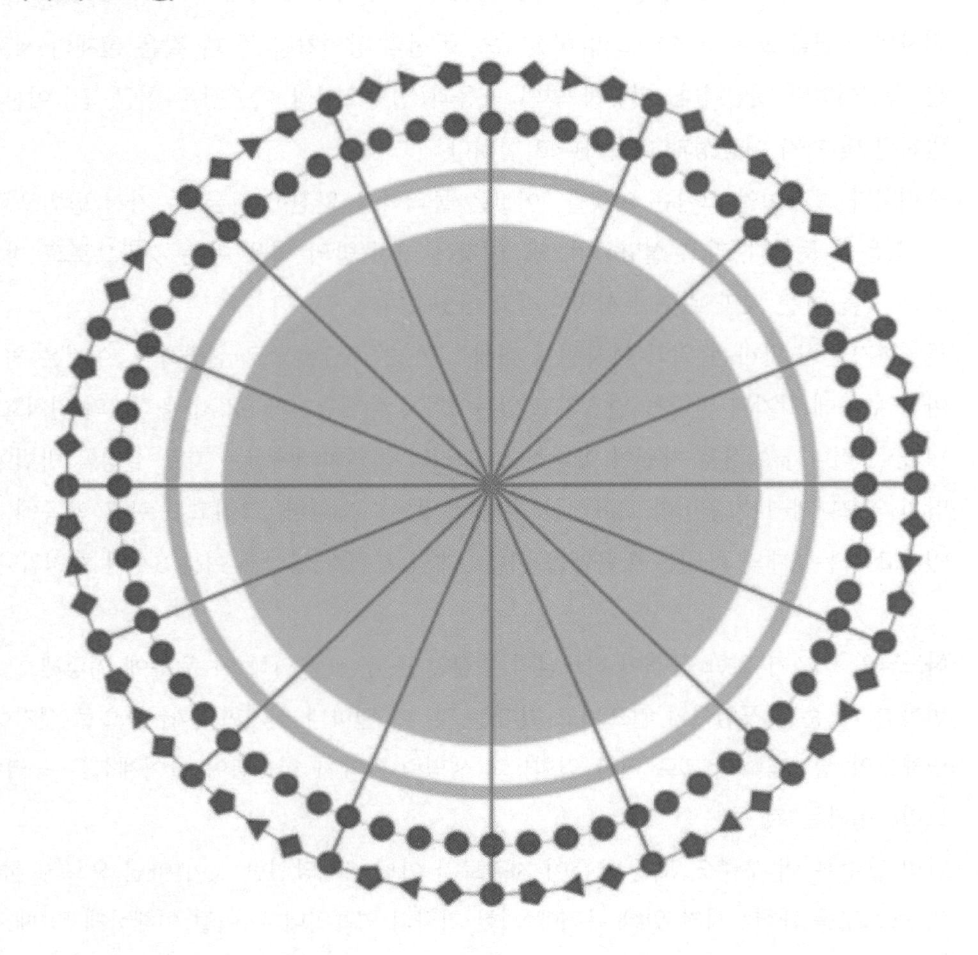

이어지는 글은,

1. 『신과 나눈 이야기』에서 神이 닐에게 설명한 양극성(兩極性) 신성한 二分法과,
2. 神의 DNA에서 이제까지 설명한 우주 원칙 二分法 正(원인), 分(과정), 合(결과)이 얼마나 똑같은지를 비교 설명한 것입니다.

원문은 신과 나눈 이야기의 내용이거나 2007년 9월 27일경부터 신나이 동호회 회원들이 미국에서 출판되었으나 아직 한국에서 출판되지 않은 내용을 번역하여 올린 내용입니다.

보기: 신과 나눈 이야기

해설: 이분법 正分合

1. 제목: '구원(救援)'의 진정한 의미

신나이 1권 191쪽

원문

나는 너희가 행복한 운명을 피할 길은 없다는 점을 이해하길 바란다. 너희가 '구원'받지 않을 길은 없다. '이 사실을 모르는 경우'만 빼고는 어디에도 지옥은 없다.

해설

너희는 누구나 결국 二分法 正分合을 알게 되어 행복하게 될(구원) 것이다. 二分法 正分合을 모를 때(無知) 너희가 지옥을 체험할 뿐, 원래 지옥은 없다.

원문

너희가 神의 세계에는 어떤 분리도 없음을 이해할 때, 즉 神이 아닌 건 아무것도 없음을 이해할 때, 그제야 비로소 너희는 소위 사탄이라는 이 인간의 발명품을 내려놓게 될 것이다.

해설

무한(無限=0)한 우주 자체가 곧 전체성(0)구조의 神임을 너희가 알게 될 때 우주에 사탄이 없음도 알게 되어, 인간의 무지(無知)가 사탄을 발명해냈다는 것을 너희는 알게 된다.

원문

만일 사탄이 존재한다면, 그건 나와의 분리에 대해 지금껏 너희가 지녔던 온갖 생각들로 존재하는 것이며, '나는 존재하는 전부'니, 너희는 내게서 떨어질 수 없다.

해설

즉 사탄이 존재한다고 생각한다면 그건 우주 자체 전체성(0)구조 神과 개체구조 너희가 분리되어 있다고 착각하는 것이다. 왜냐하면, 우주 자체가 神인데 우주에 존재하는 너희가 어떻게 분리될 수 있냐?

원문

남자들이 악마를 발견했던 건 자신들이 원하는 것을 사람들이 하도록 을러대기 위해서였다. 그렇게 하지 않는다면 神에게서 분리되리라는 위협을 휘두르면서. 그중에서도 영원히 꺼지지 않는 지옥 불길 속으로 던져지리라는 선고는 최고의 협박전술이었다.

해설

無知의 드러남인 사탄을 너희들이 만들어낸 것은…, 無知하기에 하나임을 모르는 너희들을 통솔하기 위한 하나의 방편으로 발명한 것이다. 그렇기에 너희가 無知에서 벗어나는 날 영원히 꺼지지 않는다는 사탄의 지옥 불 역시 마찬가지로 사라진다.

원문

하지만 이제 너희는 더 이상 겁낼 필요가 없다. 그 무엇도 너희를 내게서 떼놓을 수 없으며, 앞으로도 영원히 그러할 것이기에. 너희와 나는 '하나'다. 내가 나라면, 내가 존재하는 전부라면, 우리는 그렇지 않을 도리가 없다.

해설

그러나 이제 二分法인 正, 分, 合正, 分, 合 원칙으로 '우주 자체인 전체성(0)구조 神과 개체구조 너희가 완전히 하나임'이 밝혀지면, 너희는 당연히 그 모든 오류(착각)에서 벗어난다는 것입니다.

원문

그렇거늘 왜 내가 나 자신을 심판하겠는가? 그리고 내가 무슨 수로 그렇게 하겠는가? 나 자신이 '존재 전체'고 그 밖에 다른 건 존재하지 않거늘, 어떻게 내가 나 자신을 내게서 분리할 수 있겠는가?

해설

무한한 우주 자체인 전체성(0) 구조 神이 느끼기 위해 개체구조로 분화한 것이 너희인데 어떻게 너희를 심판하겠는가? 너희가 곧 나인데.

원문

내 목적은 진화에 있지 심판에 있지 않고, 성장에 있지 죽음에 있지 않으며, 체험에 있지 체험하지 못함에 있지 않다.

해설

개체구조 너희로 내가 분화한 목적은 영혼의 진화에 있을 뿐 심판에 있지 않고, 스스로의 체험으로 인한 앎의 성장이 영원하기에 끝(죽음)은 없다.

원문

내 목적은 존재함에 있지, 존재하기를 그침에 있지 않다. 나로서는 나 자신을 너희에게서, 아니 다른 어떤 것에서도 분리시킬 방도가 없다.

해설

체험은 스스로가 존재함을 인식하는(드러나는) 것이기에 끝이 없다. 이렇듯 우주 자체(하느님) 안에 존재하는 너희와 우주 자체인 나 神은 도저히 때려야 뗄 수 없는 하나이다.

원문

그냥 이것을 모르는 것, 그것이 지옥이고, 이것을 완벽하게 알고 이해하는 것, 그것이 구원이다.

해설

너희가 개체구조로 분화한 전체성(0)구조인 나 (神)임을 모르면(無知) 너희가 神과 하나됨을 체험하지 못하니 이것이 곧 지옥이고…, 이것을 완벽하게 알고 이해하게 되면 너희는 나(神)와 하나임을 체험하게 돼 이것이 곧 너희가 구원받음이라는 것입니다.

원문

이제 너희는 구원받았다. 너희는 더 이상 '죽은 다음에' 자신에게 무슨 일이 벌어질지를 놓고 염려할 필요가 없다. (이상 『신나이』 제3권 93~94쪽 발췌)

해설

이제 너희는 神의 체질인 3위1체 이분법 正分合 원칙을 알아(全知) 구원받아 지옥을 벗어났기에, 너희는 더 이상 육체가 죽은 다음에 무슨 일이 벌어질지 걱정할 필요가 없다는 것입니다.

위 글의 총평

즉, 신나이 신은 닐에게 기독교에서 타락한 천사라고 하는 사탄은 사실 없다.
그렇기에 善과 惡을 가르는 審判도 없으며, 오로지 체험에 따른 영적 진화와 앎의 성장만 있다는 것입니다. 이렇듯 神(하느님)과 인간은 '하나'인데도, 너희는 이것을 몰라(無知), 스스로가 神(하느님)의 분화임을 몰라(無知) 체험하는 게 지옥이다, 그렇기에 神의 체질인 3위1체 이분법 正分合을 철저히 이해해(全知) 스스로가 하느님의 분화임을 체험하는 게 천국이며, 그것이 곧 하느님의 창조목적이 이루어진 구원이라는 것입니다. 이렇듯 신나이 신이 닐을 통하여 우주의 신비를 설명한 신성한 二分法과, 神의 DNA에서 설명한 이분법 正分合 원칙은 하나입니다. 이렇듯 신나이 신이 말하는 구원관과 이분법 正分合 원칙에서 설명하는 구원관이 똑같은 이유는,

1. 신성한 二分法과 이분법 正, 分, 合正, 分, 合 원칙이 하나이기에(원인=正),
2. 그 흐름의 설명 과정(分) 역시 똑같으며,
3. 결과인 구원관(合) 역시 똑같은 것입니다.

2. 똑같은 아담과 이브의 의미

두 번째로 '아담의 타락론'에 대해 신나이 신이 닐에게 설명한 신성한 二分法과 神의 DNS에서 설명하는 二分法 正分合을 비교한 것입니다.

즉, 아담의 타락으로 인류사회에 原罪가 생겨 罪와 惡이 시작된 게 아니라, 사실은 창조주 神의 체질이 전체성(0=善=목적)과 개체성(惡=도구)임을 인류역사 이래 최초로 이해한 사람이 아담이라는 것입니다.

다시 말하자면, 창조주 하느님의 3위1체 체질에 대한 앎이 최초로 성장한 사람이라는 것이지요. 그렇기에, 아담사건은 원죄(原罪)가 아니라 원축복(原祝福)이라는 것입니다.

(신나이 1권 95~96쪽)

원문

너희가 '최초의 남자'와 '최초의 여자'를 나타내기 위해 붙인 가공의 이름들인 아담과 이브는 인간 체험의 아버지 어머니였다.

해설

아담과 이브는 神의 체질인 이분법 개체성(도구)과 전체성(0=목적)을 최초로 이해한 최초의 사람이라는 것입니다. 즉, 아담과 이브 이전의 인간은 개체성(도구)과 전체성(0)을 분별할 수 없는 동물과 같았다는 것입니다. 그래서 아담과 이브 이전의 인간들 삶은 하느님의 창조목적이 아니었고(구약성경 창세기에 "그들은 동물과 같다."라고 했음.).

원문

아담의 타락으로 표현되어온 것은 사실은 아담의 상승이었다. 이것은 인류사에서 가장 위대한 단일 사건이었다. 왜냐하면, 그 사건이 없었다면 상대계는 존재하지 않았을 것이기 때문이다.

해설

그러므로 아담의 타락 사건은 사실 인류사에서 가장 위대한 단일 사건으로 아담 앎의 상승(성장)이었다. 왜냐하면, 그 사건이 없었다면 神의 체질이 개체성(도구)과 전체성(0=목적)으로 이분법임을 너희는 알 수 없었기에.

원문

아담과 이브의 행동은 원죄가 아니라 사실은 최초의 축복(원축복)이었다. 너희는 아담과 이브가 인류 최초로 '잘못된' 선택을 했기 때문에, 선택 자체를 할 수 있게 해줬다는 점에서 그들에게 진심으로 감사해야 한다.

해설

그러므로 아담과 이브의 善惡果 사건은 목적(전체성=0=善)과 도구(개체성=惡)를 분별해 인간이 '개체성과 전체성(0) 중 어느 한쪽을 선택할 수 있게' 해주었고, 그렇기에 인류는 아담과 이브에게 진심으로 감사해야 한다는 것입니다.

3, 똑같은 原罪에 대한 이해

신나이 동호회 회원이 발췌한 원죄(Original Sin)란 무엇인가?

(이상 '신나이' 제1권 198~199쪽 발췌)

원문

너희는 아주 어렸을 때부터 자신이 '나쁘다'는 말을 들어왔다. 너희는 자신이 '죄' 가운데서 태어났다는 주장을 받아들였다. 죄책감은 일종의 길들은 반응이다. 너희는 미처 뭔가를 할 수 있는 나이가 되기도 전부터 자신이 한 일에 죄책감을 느끼라는 말을 들어왔다. 너희는 완벽하지 못하게 태어난 것을 부끄러워해야 한다고 교육받아왔다. 너희가 불완전한 상태로 태어났다고 하는 이런 억지주장이 너희 종교인들이 뻔뻔스럽게도 원죄(original sin)라 불러온 바로 그것이다. 사실 그것은 너희의 죄가 아닌 원래의 죄(original sin)이다.

해설

너희가 역사이래 罪惡이라고 규정한 개체성은, 너희가 개체구조로 분화하였기에 二分法 正分合에 의해 드러난 개체성일 뿐! 너희의 그 어떤 실수로 인한 성향이 아니라는 것입니다.

원문

神에 관해 아무것도 모르는 세상이, 神이 불완전한 어떤 걸 창조하거나 창조할 수 있다고 생각하면서 너희에게 덮어씌운 최초의 죄. 너희의 몇몇 종교들은 이런 식의 오해를 중심으로 신학체계 전체를 세워왔다. 이건 문자 그대로 오해이다. 내가 창안해낸 것들과 내가 생명을 준 것들은 무엇이나 다 완벽하기 때문이다. 그것들은 내 형상대로 내 닮은꼴로 만들어진 완벽함 그 자체의 완벽한 반영이다.

해설

그것은 너희가 완전한 神이 창조한 완전(0)한 존재임을 몰라(無知) 착각으로 설정한 '너희가 완벽하지 않은 존재'라는 규정이라는 것입니다. 즉, 너희는 완전한 神이 창조한 완전한 존재라는 것이지요.

원문

그럼에도 너희 종교들은 처벌하는 神이라는 관념을 정당화하고자, 神이 화를 낼 만한 뭔가를, 모범적인 삶을 사는 사람들조차 어느 정도는 구원받아야 할 뭔가를, 만들어내야 했다. 자신이 저지른 일 때문에 구원받을 필요가 없다면, 자신의 타고난 불완전함 때문에라도 구원받아야 하도록. (이런 종교들은 말한다) "따라서 너희는 이 모든 잘못들에 대해서 뭔가를 하는 게, 그것도 서둘러 하는 게 좋을 것이다. 그렇지 않으면 너희는 지옥으로 직행할 것이다."라고.

해설

그러나 너희는 자신을 불완전한 존재로 규정했기에 완전하도록 구원받아야 한다며 여러 가지 규정들을 만들어왔다. 그러므로 너희들은 이 모든 잘못에서 벗어나도록 서둘러야 한다. 그렇지 않으면 너희는 계속 지옥을 체험할 것이라고.

원문

이것이 두렵고 복수하고 화내는 神을 달래는 데는 결국 실패하겠지만, 두렵고 복수하고 화내는 종교들에게는 생명을 불어넣어 준다. 그렇게 해서 그 종교들은 오래도록 살아남는다.

해설

이렇게 너희는 神을 복수하고 화내는 개체성으로 규정하는 것이 神의 존재를 밝히는 데는 실패했지만, 神이 두려워 그런 종교들은 오래 살아남았다. 결국, 이것은 無知한 시대의 필요惡이었다.

원문

따라서 권능은 많은 사람들의 손을 거치면서 체험되지 못하고 소수의 손에 집중되고 만다. 그리하여 너희는 나와 내 힘에 대해서는 말할 것도 없고, 너희 자신과 자신의 권능에 대해서도 끊임없이 못난 생각을 하고, 극도로 미천한 개념을 갖는 쪽을 택한다. 너희는 그렇게 하도록 교육받아온 것이다.

해설

따라서 너희는 몇몇 소수 외에는 전체성(0) 神을 체험할 수 없었다. 이렇게 너희가 스스로를 극도로 미천한 존재로 여기게 된 것은 너희가 그렇게 교육받아왔기 때문이다.

4, 똑같은 神에 대한 이해

우주 자체 神(존재 전체)에 대한 신나이 동호회 회원의 발췌 글입니다.

원문

나는 신이자, 여신이다. 나는 '지고의 존재'이고, 나는 '전부의 전부'다. 나는 시작이면서 끝이고, 알파이면서 오메가다. 나는 총합이면서 본질이고, 질문이면서 대답이다. 나는 위이면서 그것의 아래고, 왼쪽이면서 오른쪽이며, 여기면서 지금이고, 전이면서 후다. 나는 빛이면서, 빛을 창조하고 그것이 빛이게 만드는 어둠이다. 나는 끝없는 '좋음'이면서, '좋음'을 좋게 만드는 '나쁨'이다. 나는 이 모든 것들, 전부의 전부이니, 내 전부를 체험하지 않고서는 나 자신의 어떤 부분도 체험할 수 없다.

해설

무한(0)한 우주 자체 전체성(0) 神은 그 체질이 이분법 正分合이어서 神 자체인 우주는 개체성(도구)과 전체성(0=목적)인 상대적(分)으로 나타났다. 그러므로 너희가 神을 이해하려면 좋음과 나쁨, 위와 아래, 빛과 어둠, 왼쪽과 오른쪽, 전과 후 등의 상대성(分)을 모두 체험해야 비로소 너희가 神을 제대로 이해하게 된다는 것입니다.

이것은 불교의 "이것이 있음에 저것이 있고, 저것이 있음에 이것이 있다."라는 연기론(緣起論)이기도 하며…, 통일교에서 말하는 하느님은 '이성성상(二性性相)적 존재'라고 하는 것이기도 하며…, 헤겔의 正, 反, 合 반(反=상대적)이기도 하며…, 동양사상의 陰陽론이기도 하며, 아인슈타인의 상대성이론이기도 하며, 신나이 신이 말한 '신성한 二分法'이기도 하며…. 二分法 正, 分, 合 원칙이기도 합니다. 이렇듯 '우주에 상대적(分)으로 나타나는 것'이 '하나'임을 이해하지 못하면 체질이 이분법인 우주 자체 神을 이해할 수 없다는 신나이 신의 말입니다.

즉, 모와 순, 알파와 오메가, 총합이면서 본질, 질문이면서 대답, 神은 위이면서 그것의 아래고, 왼쪽이면서 오른쪽이며, 여기면서 지금이고, 전이면서 후. 개체성이면서 전체성(0), 神은 빛이면서, 빛을 창조하고 그것이 빛이게 만드는 어둠, 神은 끝없는 '좋음'이면서, '좋음'을 좋게 만드는 '나쁨', 神은 이 모든 것들, 전부의 전부이니, 神의 전부를 체험하지 않고서는 神 자신의 어떤 부분도 체험할 수 없다는 것입니다.

원문

너희가 나에 대해 이해하지 못하는 게 이것이다. 너희는 나를 저것이 아니라 이것으로, 낮음이 아니라 높음으로, 惡이 아니라 善으로 만들고 싶어 한다. 하지만 내 반(半)을 부정하는 건 너희 자신의 반을 부정하는 것이니, 그렇게 해서는 너희가 절대 '참된 자신'이 될 수 없다.

해설

그러나 너희는 상대적(分)인 것을 인정하기 싫어해, 성공만 인정하고 실패를 부정하고, 성취만 인정하고 좌절은 부정하고, 선만 인정하고 악을 부정하고, 기쁨만 인정하고 슬픔을 부정하려 한다. 그래서는 너희가 '이것과 저것의 모두'인 神을 체험할 수 없어 은혜로운 삶을 체험할 수 없다는 것입니다(너희가 절대 '참된 자신'이 될 수 없다.).

원문

내 가장 큰 바람은 나 자신을 '나'로 체험하는 것이다. 그리고 1권에서 공들여 자세히 설명했듯이, 나는 '내가 아닌 것'의 공간 속에서만 이렇게 할 수 있다.

해설

무한(0)하기에 전체성(0)이며 제로(0)인 하느님의 '느끼기 위한 창조목적'은 자신의 체질인 제로(0)를 느끼기 위한 것(나 자신을 '나'로 체험하는 것)이며, 그것은 1권에서 설명했듯이, 상대적(分)인 개체성 1, 2, 3, 4, 5, 6, 7, 8, 9가(나가 아닌 것의 공간) 있어야 0과 10를 체험할 수 있다는 것입니다.

원문

따라서 나는 '나'인 것을 체험하기 위해, '나 아닌 것'을 정성 들여 창조했다. 그럼에도 내가 창조한 모든 것이 나다.

해설

즉 전체성(0=10=나)을 체험하기 위해 개체성(나 아닌 것=1, 2, 3, 4 …)을 정성 들여 창조했다. 그러므로 내가 창조한 개체성 '1, 2, 3, 4 …'도 '나'라는 것입니다.

원문

따라서 어떤 의미에서는 나 아닌 것이 나다.

해설

이렇게 나 아닌 것이 있어야 '느끼기 위한 나의 목적'을 느끼고 체험할 수 있기에…. '나 아닌 것'이 오히려 '나'일 수 있다는 것입니다.

원문

나 아닌 것은 아무것도 없다. 그러니 나인 것도 나고, 나 아닌 것도 나다. 이것을 이해하고자 하라. 이것이 바로 신성한 二分法이다. (이상 『신과 나눈 이야기』 제3권 24~26쪽 발췌)

해설

이렇듯 나인 전체성(0=제로)과 상대적으로 나타난 개체성(1, 2, 3, 4 …)도 나이다. 그러므로 상대적(分)으로 나타나는 전체성(0)과 개체성 모두를 이해함이 곧 神(하느님)을 전부(全部) 이해하는 거라는 것입니다.

이렇듯,

1. 신나이 신이 말하는 신성한 二分法과,

2. 神의 DNA에서 설명하는 二分法 正分合이나,

3. 불교의 연기론(緣起論)이나,

4. 가정연합의 '하느님은 이성성상(二性性相)'의 존재라는 것이나,

5. 헤겔의 正, 反, 合 변증법이나,

6. 동양사상의 陰陽론이나,

7. 아인슈타인의 상대성이론도 모두가 神의 3위1체 체질을 말한 것입니다.

여호와, 알라, 하느님, 大我, 宇宙靈이 우주 자체로서 무한(0)한 전체성(0)구조 神을 다르게 표현했듯이…. 다만, 그 원인이 드러나는 인류의 앎 성장 과정 중 여건에 따라 서로가 다르게 표현했을 뿐이라는 것이지요.

5. 똑같은 지옥관

신나이 동호회 회원이 2007년 9월 10일경 올린 지옥에 관한 내용입니다.

지옥(地獄)이란 무엇인가?

('신나이' 제1권 71~73쪽 발췌)

원문

닐: 지옥이 뭐죠?

神: 지옥은 너희의 선택과 결정과 창조들이 일으킬 수 있는 최악의 결과를 체험하는 것이다. 그것은 나(神)를 부정하는 모든 생각, 즉 '자신'과 나와의 관계를 부정하는 모든 생각의 당연한 귀결이다. 지옥은 잘못된 사고로 너희가 겪는 고통이다.

그러나 '잘못된 사고'란 용어조차도 틀린 것이다. 잘못된 것 같은 건 존재하지 않기 때문에. 지옥은 기쁨과 정반대되는 것이다. 그것은 이루어지지 않음이다. 그것은 '자신이 누구인지' 알고는 있되, 체험하지 못하는 것이다. 그것은 못난 존재다. 그것이 바로 지옥이며, 너희 영혼에게 그보다 더 끔찍한 건 없다. 하지만 너희가 상상하는 그런 곳, 불길 속에서 영원히 불타거나, 고통스런 상태에 영원히 갇히게 되는 그런 곳으로서 지옥은 존재하지 않는다.

대체 내가 그런 것에 무슨 의미를 둘 수 있단 말인가? 설사 내가 너희는 천국에 '들어갈 자격이' 없다는, 지극히 神답지 못한 생각을 품고 있다 할지라도, 무엇 때문에 내가 너희의 실패에 대해 앙갚음하거나 벌하려 들겠는가?

너희를 처치하는 것쯤이야 나로서는 손쉬운 일이 아니겠느냐? 내 어떤 부분이 복수심에 불타서, 굳이 너희를 형언할 수 없는 종류와 말로 형언할 수 없는 수준의 고통에 영원히 처하길 요구하겠는가? 만일 너희가 정의의 필요성 때문이라고 답한다면, 천국에서 나와 가까이 지낼 수 없다는 것만으로도 정의라는 목적은 간단하게 달성되지 않겠는가?

끝없는 고통의 형벌도 필요하다고? 너희에게 말하노니, 너희가 두려움에 근거한 신학들 속에서 쌓아 올린 식의 죽음 뒤의 체험 같은 건 결코 존재하지 않는다.

그러나 지극히 불행하고 불완전하며, 전체보다 지극히 모자라고 神의 더없이 큰 기쁨과는 한참 거리가 먼 영혼의 체험이란 건 존재하니, 너희 영혼에게는 이것이 바로 지옥일 것이다.

그러나 너희에게 말하노니, 나는 너희를 그곳으로 보내지도 않으며, 이런 체험이 너희를 찾아가게 만들지도 않는다. 그런 체험을 창조하는 것은 바로 너희 자신이다.

너희 자신을 부정할 때마다, 너희가 '참된 자신'을 거부할 때마다, 너희는 그런 체험을 창조한다. 그러나 이런 체험조차도 결코 영원하지는 않다.

너희가 영원히 내게서 떨어져 나가는 건 내 의도가 아니기에. 사실 그런 일은 불가능하다. 왜냐하면, 그런 일이 일어나려면 너희가 '자신'을 부정해야 할 뿐 아니라, 나 역시 그렇게 해야 하기 때문이다. 나는 결코 그렇게 하지 않는다. 그리고 우리 중 어느 한쪽이 너희에 관한 진실을 간직하는 한, 궁극에 가서는 그 진실이 이길 것이다.

해설

지옥은 지옥계가 따로 있는 것이 아니라는 것입니다. 지옥은 무한(0)한 우주 자체로서 전체성(0)구조인 神(하느님)을 몰라(無知)…, 하느님의 존재를 거부하며, 오직 자기만을 의식하고 자기만을 위해 살아온, 개체의식의 아집(我執) 덩어리 인간 악령들이 모여 있는 영계라는 것이지요. 神의 DNA에서는 악령도 두 가지라고 설명합니다.

1. **마음계에서 자연계의 인습을 털어내는 과정에 있는 인간령과,**
2. **영계에 존재하는 인간령입니다.**
    1. **마음계에 있는 악령은 체면, 가식 등, 자연계에서 살아갈 때의 인습이 아직 남아 있어 악한 발로가 모두 드러나지 않지만,**
    2. **영계의 악령은 자연계의 인습이 사라졌기에 악한 발로가 '있는 그대로' 거칠게 없이 드러나 그 악함은 대단합니다.**

즉, 지렁이가 자기의 체질과 같은 질이 아닌 건조한 곳에 가면 습기 부족으로 이질감(異質感)으로 괴로워하며 결국 죽듯이, 개체의식 덩어리인 악령이 영계에 가면, 영계의 태양으로 존재하시는 전체성(0=전체의식)구조 神(하느님)과 같은 질이 아니므로 인하여 이질감으로 괴로움과 고통을 느끼게 되니(같은 질이 아닌 정도에 따라 불에 덴 듯 소스라치게 뜨거워).

뜨거워 깜짝 놀란 악령은 영계 태양(核)이신 전체성(0)구조 神(하느님)을 거부하는 념(念)을 일으키게 되고, 악령들의 그 념(念)이 뭉쳐 지옥이라는 검은 장막이 생긴 것입니다.

이렇게, 악령은 그 체질이(체험=앎) 전체성(0)인 하느님과 같은 질이 아니어서, 영계 태양인 神의 빛(사랑)을 받지 못해, 빛 반사가 되지 않아 그 나타남이 검고, 아집이 강한 악령일수록 더욱 검게 나타나며…. 그들은 체질과 같은 더욱 어두운 곳을 찾아갑니다.

그러므로 악령이 지옥으로 가는 것은 누가 보내서 가는 것이 아니라, 영계의 태양이신 하느님의 빛과 '같은 질이 아니어서' 뜨거운 이질감(異質感)을 못 견뎌 숨는 겁니다.

이런 악령들은 전체의식(0)이 없이 자기만을 전부로 알고 살아온 아집(我執=개체의식) 덩어리이기에, 다른 영보다 자기가 우월하다는 데에서 그 존재 의미를 찾게 됩니다.

즉, 영계는 육체 본능으로 인한 식, 의, 주 등 인습이 사라진 곳이므로 악령 삶의 의미는 영혼의 본능 1, 2와 그때까지 축적된 앎의 체질에 의해…, 자신이 다른 영보다 조금이라도 우월하다는 느낌을 체험함이 존재 의미입니다.

그래서 쉴 사이 없이 념력(念力)으로 다른 영들을 괴롭히고 싸움을 걸며 우월감을 체험하려 하기에, 지옥은 수단과 방법을 가리지 않고 념력(念力)으로 상대를 괴롭히고, 치고, 때리는 그야말로 비명이 끊이지 않는 아비규환입니다.

그 결과, 지옥에서 상대를 느끼는 느낌은 아프리카의 넓은 초원에서 맹수에 대해 느끼는 공포와 경계심을 생각하면 됩니다.

한편 움직임의 원칙 1, 2에 의해 악령들도 서로 같은 질끼리 뭉쳐 집단을 이루고, 수시로 모여 작당을 해서 다른 악령들을 공격하기도 합니다. 그야말로…, 지옥이지요!

그러나 이런 악령들도 어떤 계기가 생겨 누가 기도해 주면 념력(念力)으로 느껴져 느낀 만큼 깨닫게 되고, 그 깨달은 만큼 앎(체질)에 변화가 생기고 그러면 같은 질을 찾아 다른 집단으로 옮기기도 합니다.

1. 마음계는 아직 자연계의 인습이 남아있어서 착한 영과 악한 영이 서로 섞일 기회가 많아 앎(의식)이 변화될 여러 계기가 생길 수 있지만,

2. 영계의 악령은 비슷한 악령끼리 모여 있기에 외부에서 그 누구의 기도가 아니면 힘듭니다. 그러나 영계의 악령들도 그들의 삶이 잘못되었음을 확실히 깨닫게 될 어떤 계기만 생기면 지옥에서 모두 나올 수 있습니다.

그렇게 되면, 지옥을 이루고 있는 검은 장막은 神(하느님)을 거부하는 악령들의 념력(念力)이 뭉쳐진 것이기에, 모든 악령들이 하느님을 알게 되어 개과천선하면 지옥은 저절로 없어집니다.

이것이 바로 하느님의 창조목적이 완전히 이루어진 아담으로부터 7,000년 후의 이승과 저승입니다.

6. 똑같은 새로운 계시록

神의 DNA와 똑같은 신나이 '새로운 계시록 103~104p'

원문

자기가 다른 사람보다 더 특별하다고 선언하는 자의 말에는 귀 기울이지 말아라. 자기가 다른 사람 '보다 더' 위대하다거나, '보다 더' 우월하다고 하면서 자기를 메시아라거나, 구원자라거나, 인류가 가진 단 하나의 진정한 부모라거나, 유일한 진정한 예언가라거나, 그런 고상한 말을 함으로써 나머지 인류와 자신을 분리하거나 혹은 자기가 더 고귀하고, 나으며, 신성하다고 주장한다면 그 사람으로부터 가능한 빨리 멀어져라.

해설

맞습니다. 神의 DNA에서는 모든 사람은 이 세상에 나올 때 각자가 갖고 나온 퍼즐의 역할이 다를 뿐, 개성이 다른 각자의 가치는 같다고 합니다. 그렇기에, 자기가 다른 사람보다 더 특별하다거나, 우월하다거나, 위대하다거나, 자기가 메시아라고 하거나, 구원자라거나, 인류의 진정한 부모라거나, 유일한 예언자라며 인류와 자신을 분리시키는 사람은 '사이비'로써 오류입니다.

그렇기에, 그런 사람으로부터는 당연히 빨리 멀어져야 합니다. 이에 있어서 正分合 원칙은 二分法에 의해 二分法 正分合을 정리한 저나, 그 누구나, 태초에 완전히 정해진 神의 전지(全知)에 따라 전체 인류역사에서 맡은 퍼즐이 다를 뿐, 존재가치나 의미는 '똑같다는 것'입니다. 이에 있어서, 제가 살아온 과정을 正分合 원칙으로 드러낸 것은 正分合 원칙을 찾게 된 것마저도 正分合 원칙에 의한 것임을 밝히기 위함일 뿐, 여러분과 제가 가치에 차이가 있다는 것이 아닙니다.

원문

그러나 만일 자기를 신의 사자라고 선언하면서 동시에 여러분 모두 신의 사자라고 선언한다면, 자기를 구원자라고 선언하면서 동시에 여러분 모두 구원자라고 선언한다면, 자기를 신성하다고 선언하면서 동시에 여러분 모두 신성하다고 선언한다면, 그렇다면 그들의 말에 주의 깊게 귀 기울여라. 왜냐하면, 그들은 너희에게 자기를 따르라고 말하지 않을 것이고 단지 너희 내부에 살아있는 신을 따르라고 말할 것이기 때문이다.

해설

맞습니다. 위의 계시록 내용과 같이 살아온 제 삶의 과정으로 드러났듯이 제가 맡은 퍼즐의 역할을 설명한 것입니다. 그러나, 위의 답변에서 설명드렸듯이 우리 모두는 말은 퍼즐의 역할이 다를 뿐, 모두 동등한 존재 의미와 가치를 가진 신성한 존재입니다. 그렇기에 神의 DNA는 正分合을 정리한 '저를 따르라'라는 게 아니고 神의 3위1체 正分合을 개개인이 철저히 이해해(全知) 神과 하나 된 은혜로운 삶을 체험(全能)하라는 것입니다.

원문

그 누구도 네 지고의 스승이라고 부르지 말아라. 왜냐하면, 오직 한 명의 지고의 스승이 있기 때문인데, 그는 바로 네 안의 신성이기 때문이다. 이는 지혜와 지성과 진실이 바로 너란 것을 의미한다.

해설

맞습니다. 神의 DNA는 '스스로가 스스로의 스승이라는 것'입니다. 왜냐하면, 그 무엇이나 '스스로가 이해하고 체험으로 납득해야 납득하는 만큼 개개인의 영적 진화가 이루어지기 때문'입니다. 스스로의 지혜와 지성과 진실이 곧 스스로의 신성이고 스승인 것입니다.

원문

네 안의 이 지고의 스승을 찾을 수 있는 방법을 가르쳐주는 이가 나타날 것이다. 그를 '한 명'의 스승이라고 불러도 된다. 여러 스승 중 한 명의 스승으로 그는 너의 인생에 나타나 너희의 진아를 상기시켜줄 것이다.

해설

여기서 신나이 신은 "네 안의 지혜와 지성과 신성을 찾을 수 있는 방법을 가르쳐주는 이(사람)가 나타날 것이며, 그는 너의 인생에 나타나 너희의 진아를 상기시켜줄 것이다."라고 했습니다. 그러나 그 사람도 너희와 똑같은 스승이라고 말하고 있으니, 神의 DNA에서 말하듯… 神의 DNA를 설명하는 사람도 너희와 똑같다는 것입니다.

원문

사실 너는 너 자신을 스승이라고 불러도 되고, 다른 사람이 너를 스승이라고 불러도 된다. 그러나 만일 네가 인류를 위해 이런 형태의 봉사를 선택하였다면 겸손하게 하여라. 왜냐하면, 자기를 고상하게 하는 자는 비천해질 것이고, 자기를 비천하게 하는 자는 고상하게 될 것이기 때문이다.

해설

이제까지의 설명으로 이 구절은 다시 설명할 필요가 없을 듯합니다.

7. 똑같은 내일의 神 개념

신나이 동호회 회원이 2007년 11월 2일경 올린(제7권 '내일의 神' 마지막 장)

원문

내일의 神은 아무에게도 신을 믿으라고 요구하지 않는다.

해설

神의 DNA를 철저히 이해해(全知) 무한(0)한 우주 자체가 전체성(0) 神임을 알게 되면 神이란 존재를 따로 믿은 필요가 없게 된다는 것입니다.

원문

내일의 神은 크기도, 모양도, 색깔도, 남녀도, 아무런 개별적 생명체로서의 특징도 없다.

해설

神의 DNA로 밝혀진바, 神(하느님)은 개체성이 아닌, 전체성(0)으로서 無限(0)한 우주 자체이기에, 개성이나 크기나, 모양이나, 색깔이나, 남녀 등 개별적 특징(有限)이 없다는 것입니다.

원문

내일의 神은 모든 사람과 언제나 이야기한다.

해설

그렇기에 有限한 개체구조 인간영들은 무한한 전체성(0) 구조인 하느님 속에서 하느님을 이루고 있는 하나하나의 세포이며, 우리 몸의 세포 하나하나가 核인 두뇌와 모든 느낌을 느끼고 교류하듯이 우주의 核인 하느님과 우리는 언제나 완전히 교류하고 있다는 것입니다.

원문

내일의 神은 어떤 것으로부터도 분리되어 있지 않고, 어느 곳에나 존재하며, 모든 것 속의 모든 것이며, 알파와 오메가요, 시작이자 끝이요, 지금까지 존재했고, 존재하고, 존재할 모든 것들의 총합이다.

해설

神의 DNA로 완전히 밝혀진바, 無限(0)한 全體性(0) 하느님은 바로 우주 자체이기에, 우주의 그 어떤 것과도 분리될 수 없어, 우주의 그 어느 곳에나 존재하며, 모든 것 속의 모든 것이며, 우주의 알파와 오메가요, 시작이자 끝이요, 지금까지 존재했고, 존재하고, 존재할 모든 것들의 총합이라는 것입니다.

원문

내일의 神은 단일의 초월적 존재가 아니라, 삶이라 불리는 특별한 과정이다.

해설

이렇듯 하느님은 우리가 생각하고 느끼는 것을 모두 그대로 같이 느끼며 존재하기에, 우리와 저 멀리 '뚝!' 떨어진 먼 곳에서 '따로국밥'으로 존재하는 게 아니며 우리와 삶 과정과 완전히 같이하고 있다는 것입니다.

원문

내일의 神은 항상 변화하고 있다.

해설

우주를 이루고 있는 물질도 쉴 새 없이 변하고, 개체구조 인간들의 앎도 영원히 변화하고 있기에 神도 항상 변하고 있다는 것입니다. 神(하느님)의 앎(全知=0)이 시간이라는 순차적 과정 속에 우리가 무지(無知)로 태어나 실체적 체험(재창조)을 거쳐 앎이 성장하고 있으며, 이런 과정은 영원하다는 것입니다.

원문

내일의 神은 필요로 하는 것이 없다.

해설

神의 DNA로 밝혀진바, 神은 무한(0)한 우주 자체 전체성(0)이기에 아무것도 필요한 것이 없다는 것입니다.

원문

내일의 神은 섬김받길 구하지 않으며, 오히려 삶의 모든 것을 섬기는 종이다.

해설

이제까지 밝혀진바, 창조주 전체성(0)구조 神이 개체구조로 분화한 것이 우리이기에, 창조주 神은 우리가 섬기기 바라지 않으며, 우리가 삶을 창조할 수 있도록 도와준다는 것입니다.

원문

내일의 神은 심판하지 않으며, 비난하지 않고, 벌주지도 않으며 조건 없이 사랑할 것이다.

해설

이제까지 밝혀진바, 神은 무한한 전체성(0) 구조이기에 우리를 심판하거나, 비난하거나, 벌주지 않고 오로지 우리를 조건 없이 사랑만 한다는 것입니다.

원문

神에 대한 이 메시지들을 너희가 받아들이느냐는 가장 큰 영적 도전이 될 것이다. 선견지명과 굳건한 힘과 비상한 용기가 요구될 것이다. 비장한 각오와 불굴의 인내가 필요할 것이다.

해설

이렇게 인간들이 神(하느님)의 창조목적을 이해해(全知) 전체성(0)을 선택해 체험한다는 것이 개체구조이기에 개체성이 먼저 드러나는 인간들로서는 선견지명과 굳건한 힘과 비장한 각오와 용기가 없이는 받아들이기 힘든 크나큰 도전이라는 것입니다.

원문

지구 상에 새 영성을 태동시키고자 하는 이들에겐 엄청난 곤경 속에서도 당당하게 웃고, 가슴 속에선 벌써 과업이 이루어졌음을 알고 있기가 요구된다. 거기엔 단지 시간의 문제가 있을 뿐이니.

해설

그러므로 선각자들의 길은 엄청난 곤경이 따를 것이지만, 선각자라면 그러한 곤경을 헤쳐 나가며 힘든 만큼 보람과 긍지로 기뻐하며 실천한다는 것입니다.

원문

네가 현재의 네 물질 형태로 여기에 있으면서 결과를 보지 못할 수도 있지만, 그 결과는 어쨌든 보게 될 것이다. 그 순간이 오면 나는 너를 불러 "보라, 네가 작동시켜 놓았던 것을 보라. 잘했다, 지구의 친구여, 잘했다. 인류의 친구여, 잘했다. 삶과 사랑과 神의 친구여."라고 말할 것이다.

해설

선각자들은 자신의 이승 생애에서 그 결실을 보지 못할 수도 있다. 하지만 저승으로 생애가 영원히 이어지기에 그 결과는 언젠가 반드시 보게 되어 있고, 그 결실은 반드시 선각자의 보람과 긍지의 자존감으로 큰 기쁨이 될 것입니다.

원문

이제 가라, 그리고 모든 사람들과 함께 나누어라. 영혼의 시민권 운동을 시작하라. 화내고, 압박하며, 요구하고, 제한하며, 폭력적이고, 살인을 저지르는 神에 대한 믿음에서 나의 백성들을 해방시켜라. 나의 백성을 해방시키고 너희 세상을 구하거라. 먼저 섬겨라(Pre-serve it.). 그래서 너희 자식들을 위해 그들의 것을 보존하라(preserve).

해설

神의 DNA를 철저히 이해해(全知) 神이 우주 자체로서 전체성(0)임과 우주의 모든 흐름과 神의 창조목적을 알았으면, 이제는 그 앎을 모든 사람들에게 알려, 화내고, 압박하며, 요구하고, 제한하며, 폭력적이고, 살인을 저지르는 개체성 神이라는 잘못된 믿음에서 벗어나, 개개인이 전체성(0) 神과 하나 됨을 체험하게 세상을 구하라는 것입니다.

원문

오, 지금 여기서 너의 빛으로 밝힌다면 미래는 찬란하다. 그러니 모든 사람 앞에 네 빛을 더욱 밝게 하여 마침내 아무도 그들 본연의 자신을 아는 데 실패하지 않도록 하라.

해설

神의 DNA를 철저히 이해해(全知) 神이 전체성(0)임을 알게 된 너희 미래는 찬란하다. 그러므로 너는 모든 사람들 앞에서 네 빛(앎과 실천)을 드러내 다른 사람들도 스스로가 개체구조 神임을 알게 하라는 것입니다.

원문

어제의 神조차도 이제 그러기를 원한다. 어제의 神이 지금 여기 이 순간 말한다. "나의 시간은 여기까지이고, 이제 나의 시간은 지났다. 이제 새로운 神의 시간이다. 그러나 이 말이 나를 버리라는 것은 아니다. 나는 언제나 너와 함께 있기에 나는 버려질 수가 없다. 너의 새로운 神인 내일의 神도 새로운 모습의 나일 뿐이다.”

해설

어제까지는 神의 DNA를 몰라 神(하느님)도 우리 인간같이 개체구조여서 누구는 기도하면 예뻐서 도와주고, 누구는 미워하여 벌을 주는 것으로 알았으나. 이제는 二分法 正分合으로 밝혀진바 神은 우주 자체로서 무한(0)한 전체성(0)임이 드러났다. 그러나 개체성 역시 二分法 正分合에 의해 神의 체질인 전체성(0)에 포함된 도구이기에 개체성이 평가절하되어서는 안 된다는 것입니다.

원문

그러기에 나의 인사는, “잘 있거라. 그리고, 반갑네.”이다. 사랑한다.

해설

이 구절은 해설이 필요없습니다. 같은 회원이 2008년 1월 3일 올린 ‘내일의 神’입니다(내일의 神 3장).

원문

이제 神과 삶에 대한 지식의 기초를 확장할 때이다. 이해의 깊이를 더할 때이다. 자각을 심화시킬 때이다. 너희 의식을 확대할 때이다. 이제 과거의 영성에서 새 영성으로 옮겨갈 때이다. 어제의 神을 내보내고, 내일의 神을 맞을 때이다.

해설

이제 神의 DNA를 철저히 이해했으니(全知) 너희는 지식의 기초를 확장하고, 이해를 깊이 하며, 자각을 심화시켜, 의식을 확대하여, 이제까지 수준 낮았던 神에 대한 개체성 개념(과거의 영성)에서, 새 영성인 전체성(0) 개념으로 옮겨가 어제까지의 낮은 개체성 神의 개념을 버려라. 神은 전체성(0)이어서 완전(0)하고 완성(0)된 존재이며, 그렇기에 개체구조로 분화된 너희 역시 다만 과정이 있을 뿐 완전한 완성체임을 알게 될 시점이다.

8. 내일의 神이 어제의 神과 다른 점

원문

내일의 神은 아무에게도 神을 믿으라고 요구하지 않는다. 이것은 어제의 神과 첫 번째 다른 점이다.

해설

어제까지의 개체성 神 개념과 달리 새로운 전체성(0) 神 개념은 '믿으라고 요구할 필요가 없다는 것'입니다.

왜냐하면, 새로운 전체성(0) 神 개념은 二分法 正分合으로 낱낱이 밝혀지는 수학이며 물리학인 과학이기에 '스스로가 神에 대하여 이해하는 앎'이라는 것입니다. 이에 있어서 '믿음'은 불완전한 것이지만 '이해한 앎'은 완전한 것입니다.

즉, 어제까지는 불완전한 '믿음의 시대'였지만, 새 시대는 과학과 수학인 완전한 '앎의 시대'라는 것입니다. 이것은 수학이며 물리학인 神 개념의 출현을 말하는 것입니다.

원문

내일의 神은 크기도, 모양도, 색깔도, 남녀도, 아무런 개별적 생명체로서의 특징도 없다. 그동안 종교가 神에 대해 규정해 왔다고 하지만 결국은 너희가 규정한 것일 뿐이다.

밤하늘을 가로지르는 유성을 神이라고 하는 이도 있듯이 너희가 의미를 부여하는 것이다.

해설

이제까지의 종교에서는 神(하느님)을 우리와 같은 개체성으로 규정해 인간이 잘하면 상도 주고, 못하면 벌도 주고, 축복도 해주고, 질투도 한다고 해 왔으나, 神의 DNA에서 二分法 正分合으로 밝혀진바, 자연계, 마음계, 영계, 영계핵으로 이루어진 무한(無限=0)한 이 우주 자체가 곧 전체성(0) 神 자체이기에, 神은 크기도, 모양도, 색깔도, 남녀도, 아무런 개별적 특징이 없다는 것입니다.

원문

내일의 神은 모든 사람과 언제나 이야기한다. 나는 2천 년 전에 대화를 멈추지도 않았고, 단지 일부분의 사람만 선택해서 나를 드러낸 것도 아니다.

해설

二分法 正分合으로 밝혀진바, 이 우주가 무한(0)한 神 자체이기에, 神은 우리 모든 인

간들의 느낌과 생각을 동시에 그대로 느끼고 있다는 것입니다.

즉, 나의 유전자 정보를 똑같이 가지고 있는 나의 세포 하나하나 느낌을 내가 모두 그대로 느끼고 있듯이, 그렇기에, 2천 년 전에 예수를 죽였다고 해서 인간들과 神의 소통이 단절된 것도 아니고, 또 예수 하나만을 선택해서 神을 드러낸 것도 아니라는 것입니다.

원문

神(신성하다고 평해지는 힘, 에너지, 디자인, 체험)은 시간과 장소와 상황에 정확하고 완벽하게 들어 맞게 너희 삶에 나타난다. 너희는 그러한 체험을 神이라고 부르기도 하지만, 우연, 동시 발생, 무작위 등으로도 부른다. 그러나 너희가 무엇으로 부른다고 해서 본질을 바꾸지는 못한다. 단지 대상에 대한 너희의 신념체계를 나타낼 뿐이다.

해설

무한(0)한 이 우주가 곧 전체성(0) 神 자체이기에 우주의 모든 흐름은 神의 완전한 드러남이라는 것입니다.

이에 있어서 드러나는 우주의 모든 현상을 너희는 우연이나 동시 발생, 무작위 등으로 부른다. 하지만, 그 모든 것은 태초 神의 전지(全知=0=앎)로 정해진 것이기에 본질은 바뀌지 않는다는 것입니다. 그것은 단지 개체성으로 규정하는 인간의 관점(신념체계)일 뿐이라는 것입니다.

원문

神은 불변의 존재이다. 神은 항상 존재하고 항상 변화하는 존재이며, 자신을 매 순간에 적응시켜 그 순간에 이해되도록 하고, 수용되도록 하며, 체험되도록 하고, 표현되도록 한다.

해설

체질이 二分法 正分合 3위1체로서 의식체(意識體)인 神은 무한(0)한 전체성(0)이기에 불변이지만, 二分法에 의해 개체구조이기도 해, 正(원인), 分(과정), 合(결과) 반복(개체성)으로 항상 변하며 자신을 매 순간에 적응시켜 그 순간에 이해되도록 하고, 수용되도록 하며, 체험되도록 하고, 표현되도록 한다는 것입니다.

원문

너는 결코 혼자가 아니다. 神이 항상 너와 함께 있다. 그러나 어제의 神을 믿는 수많은 사람들이 그랬듯이 神이 특정한 방식으로 나타날 것을 너도 기대한다면 神을 못 보거나 체험하지 못할 수 있다.

해설

이렇게 우주 자체가 神이기에 사실 인간들은 항상 神과 같이 있는 것이다. 그런데 어제까지의 神 개념과 같이 神이 개체성일 것으로 생각한다면 너는 언제까지나 神에 대한 이해나 체험을 할 수 없다는 것입니다. 神 속에 있으면서 神을 몰라(無知) 느끼지 못하기에,

원문

神이 나타나는 방식에는 아무런 한계가 없다. 그러나 사람들은 神에게 한계를 두려고 시도를 했으며, 결국은 그들 자신에게 한계를 씌워 神을 보고 체험하는 능력에 한계를 만들어 버렸다.

해설

무한(0)한 전체성(0) 우주 자체가 神인 것을 사람들이 몰라(無知) 神을 한계가 있는 유한(有限)한 개체성으로 규정했기에 神을 보고 체험하는 능력에도 한계를 두었다는 것입니다.

원문

과거에는 한계가 지워진 神을 너희가 믿었다. 그러나 앞으로 너희는 한계가 없는 神을 믿게 될 것이다. 한계가 없는 神은 어떠한 모양으로도, 어떠한 여건에서도, 누구에게나, 그리고 참으로 모든 사람에게 모든 장소에서 언제나 나타날 수도 있다.

해설

이제까지는 너희가 神도 인간과 같이 유한(有限)한 개체구조이어서 한계가 있는 것으로 알았으나, 이제는 二分法 正分合으로 神은 무한(0)한 전체성(0)임이 드러났다. 그렇기에 神은 모든 사람에게 언제나 어디서나 존재함을 알게 된다.

원문

사실은 바로 이 순간에도 그렇게 되고 있다. 단지 너희가 믿지 않고 있을 뿐이다.

축복받은 미래인 그 내일에는 너희가 한계 없는 神을 믿게 될 것이다. 그러면 너희는 神을 보게 된다.

해설

사실은 바로 이 순간에도 그렇게 되고 있으나 너희가 二分法 正分合을 모르기에 神의 무한(0)함을 믿지 않는다. 그러나 너희가 二分法 正分合을 철저히 알게 되면 너희

는 神이 전체성(0)임을 알게 되어 너희는 매 순간마다 무한(0)한 神을 느끼게 된다는 것입니다.

원문

축복받은 미래인 그 내일이란 네가 선택하기 나름인 날이다.

무엇이 너를 일깨우느냐도 마찬가지로 네가 선택하기 나름이다.

너는 외부의 재난을 선택할 수도 있고, 어떠한 사건도 선택할 수 있다. 네가 선택하는 것은 네가 사용하는 것이다.

너는 나와의 이 대화나 지금 보고 있는 이 책을 사용할 수도 있다.

너희 각자는 이 삶에서 깨어나기 위해 무엇인가를 사용하고 있다.

그리고 너희는 모두 깨어날 것이다.

해설

축복받은 미래인 내일이란 멀리 있는 게 아니라 神의 DNA 설명으로 바로 네 곁에 神의 체질인 二分法 正分合으로 와 있다는 것입니다.

다만 네가 선택하기 나름이지만, 결국 너희 모두는 깨어나게 되어 있다는 것입니다.

원문

다시 한 번 말하지만, 너희는 모두 깨어난다. 삶은 깨어나는 과정이다.

깨달음의 과정이요, 되어감의 과정이며, 자신이 늘 그랬던 것으로 됨을 알게 되는 과정이다.

불가분의 존재와 재결합하는 과정이다. 실제로 재결합하는 것은 아니고, 분리가 없었다는 것을 다시 알게 되는 것일 뿐이다.

해설

다시 한번 말하지만, 二分法 正分合은 너희 모두가 언젠가는 반드시 모두가 철저히 이해해 깨어나게 되어 있다는 것입니다.

왜냐하면, 우리의 삶 자체가 스스로가 神임을 깨달아 가는 과정이므로 각자 몫의 神의 전지(全知)가 재창조되는 것이기에, 너희는 결국 전체성(0) 하느님과 '하나'임을 알게 된다는 것입니다.

그러나 이것은 너희와 神의 구조가 실제로 재결합하는 게 아니라 다만 너희와 神이 하나임을 체험으로 알게 된다는 것입니다.

원문

내일의 神은 어떤 것으로부터도 분리되어 있지 않고, 어느 곳에나 존재하며, 모든 것 속의 모든 것이며, 알파와 오메가요, 시작이자 끝이요, 지금까지 존재했고, 존재하고, 존재할 모든 것들의 총합이다.

해설

무한(0)한 우주 자체가 유일(唯一)한 전체성(0)구조 神 자체라는 二分法 正分合의 설명을 다시 한번 말하는 것입니다.

원문

이것은 神의 본질이고 진실이다. 너는 너 자신이 이 말이 뜻하는 바가 되었을 때 이 말이 무엇을 뜻하는지 이해할 것이다. 그 뜻은 너를 통하지 않고는 너에게 전해질 수가 없다.

해설

이것이 神(하느님)의 본질인데 너희는 안타깝게도 자신이 먼저 전체성(0)을 실천(체험)해 보고 느껴 보아야 비로소 이 말의 본뜻을 이해할 수 있다는 것입니다.

원문

너는 너 자신이 어느 것과도 분리되지 않았다고 결심하고 나서, 그러한 식으로 행동해야 한다. 처음에는 쉽지 않을 것이다. 결국에는 너의 삶에서 새로운 방식으로 생각하는데 익숙해지게 된다. 그러면 변화가 일어나는데, 계속 그렇게 하라. 그러면 어느샌가 너는 거기에 도달해 있게 된다. 너는 분리의 선을 넘어선 것이고, 그 무엇도 너를 다시 분리시키지 못한다.

그때, 너는 내일의 神을 수용하게 되고, 너의 세상이 변하기에 너는 기쁨이 넘칠 것이다.

해설

이렇게 삶의 순간마다 모두가 하나라는 전체성(0)을 실천(체험)하기가 처음에는 쉽지 않다. 그렇기에 우선은 전체성(0)인 객관적 관점으로 매 순간 살펴야 하고 선택하는 마음으로 조심스레 실천해야 한다. 그것이 반복되고 관례가 되면 어느샌가, 스스로 무의식적으로 전체성(0)을 선택하고 있음을 느끼게 되며 그것이 갈수록 빈번해지며 체질화가 되어 갈 때 너는 기쁨이 넘치게 된다는 것입니다.

원문

지금 바로 그리되지 못하는 것은 神에 대한 이 말이 그동안 네가 神에 대해 배우고 들어 온 모든 것을 깡그리 허물어 버리기 때문이다. 그동안 여러 종교에서 神에 대해 이야기한 것은 충분하지 못했다. 피조물과 분리된 창조주로 가르쳐 왔다.

해설

지금 당장 네가 실천(체험)하지 못한다면 그것은 神은 전체성(0)이라는 새로운 진리가 神(하느님)이 개체성이라는 이제까지의 개념을 깡그리 허물어 버리는 것이기 때문이다.
그동안 여러 종교에서 神에 관해 이야기한 것이 충분치 못했던 것은 神을 개체성이라며 너희와 神을 분리된 것으로 가르쳐 왔기 때문이라고 합니다.

원문

그래서 이 메시지가 과격하게 느껴진다. 그러나 이 메시지는 가장 중요한 메시지이고, 그동안 신학에서 빠트려 버렸던 메시지이다. 이 메시지가 빠짐으로 인해서 인류는 평화와 조화와 행복의 세상을 창조하는 시도에서 방황을 거듭하게 되고, 수많은 사람들이 창조주와 그리고 서로 간에 하나가 되는 체험을 빠트리게 되었다.

해설

神은 전체성(0)이라는 새로운 진리가 과격하게 느껴지겠지만, 이 메시지는 그동안 신학에서 빠트렸던 가장 중요한 메시지이다. 이 메시지가 빠짐으로 인해서 인류는 평화와 조화의 행복을 세상을 창조하는 시도에서 방황을 거듭하게 되고, 수많은 사람들이 창조주와 그리고 서로 간에 하나가 되는 체험을 빠트리게 되었다는 것입니다.

원문

만일 인류가 이 메시지를 앞으로 종교에서의 진실로 채택한다면- 의학이나 과학 및 기술의 진실을 종종 채택해 오듯이 -세상은 하룻밤 새에 바뀔 수도 있다. 그동안 종교가 효과적이지 못했던 것은 바로 이 메시지가 빠졌기 때문이다. 이 메시지를 탐구하는 사람은 점점 많아지고 있다. 임계질량에 곧 도달하게 된다. 속죄의 날- 하나 됨의 날 -이 가까워졌다.

해설

그렇기에 인류가 神은 우주 자체로서 전체성(0)이라는 이 새로운 메시지를 채택한다면 새로운 의학이나 과학 및 기술이 종종 새로운 세상을 만들어가듯이 세상은 하룻밤 새에 바뀔 수도 있다. 그동안 종교가 효과적이지 못했던 것은 바로 神이 전체성(0)임을 몰랐기 때문이다. 하지만 이제 神이 전체성(0)임을 이해하는 사람이 점점 많아지고 있어 임계질량에 도달하면 속죄의 날 神과 하나됨의 날이 된다는 것입니다.

원문

분리가 없고, 삶의 단일성, 만물의 일체성이라는 이 메시지를 살아라. 개념적으로가 아니라 실제로 이 메시지를 살아라. 이 메시지가 네 존재의 가장 깊숙한 곳까지 스며들어 잠재의식의 일부가 되도록 하고, 일상생활에서 즉각적으로 반응되도록 하라. 이 메시지를 서로 나누는 가장 좋은 방법은 이 메시지를 사는 것이다.

해설

우주가 神(하느님) 자체이기에 우리는 그 누구도 분리될 수 없어 우리 모두는 하나임을 二分法 正分合으로 밝힌 이 메시지를 개념으로서가 아니라 실천으로 체험하라는 것입니다. 그래서 잠재의식이 되어 스스로 저절로 실천(체험)하는 단계가 되도록 집중하라는 것입니다. 이 메시지를 서로 나누는 가장 좋은 방법은 이 메시지를 '내 삶'으로 만드는 것이고.

원문

그리고 다른 방법으로도 나누어라. 세상으로 이 메시지를 가져가라. 모든 사람에게 알리고, 내일의 神과 새 영성에 대해 이야기 하라. 그러나 혼자서 하지는 마라. 혼자서 하기엔 너무 벅차다. 서로 힘을 합해 단체로 그리하라. 이제는 서로 같이 뭉쳐 일하여야 하는 시대이다. 둘 이상이 모인 곳이면 내가 함께한다는 것을 기억하라.

해설

새로운 메시지를 실천하기가 쉽지는 않다. 그러므로 너희 모두는 서로가 힘을 합쳐 최대한으로 이 메시지를 서로 간에 알려주고 협조하라는 것입니다. 그것이 곧 인류를 위하고 그 사람을 위하고, 나를 위하고, 神(하느님)을 위한 것이기에.

원문

세상의 희망이 되어라. 다른 사람은 너를 통해 그들의 가능성을 본다. 너 자신에 대해 책임지는 것이 중요하다. 새로운 계시록과 평화에 이르는 5단계, 그리고 이 책의 메시지는 개인들이나 세상을 근본적으로 바꿀 수 있다. 그 근본적 변화는 지금 바로 세상을 구하기 위하여 필요한 것이다.

해설

그러한 너의 실천은 곧 세상의 희망이다. 왜냐하면, 그런 너의 올바른 삶을 보면 다른 사람들도 무언가? 있음을 느끼게 되어 너에게 다가오게 된다는 것입니다. 그러므로 너의 실천(체험)은 곧 너에 대한 몫(책임)이라는 것입니다.

이렇게 모든 인류가 이 우주가 곧 전체성(0) 神(하느님) 자체임을 이해하여야 인간들은 삶에 근본적인 변화를 가져와 지금 바로 세상을 구할 수 있다는 것입니다.

9. 같은 회원이 2008년 2월 10일 올린 글

(내일의 神 5장)

원문

神, 이름을 바꾸어라! 삶을 믿으면 神을 믿는 것이다.

내일이 오면 인류는 이를 이해하게 되고, 그동안 각각 독특한 방식으로 독특한 神을 믿어 옴으로써 빚었던 갈등이 해소될 것이다. 너희의 삶 자체가 곧 神의 체험임을 알게 되며 이것을 앞으로의 인류는 알게 될 것이다.

해설

神의 개념을 유한(有限)한 개체성에서 무한(無限=0)한 전체성(0)으로 바꾸면 그리하여 그동안 세계곳곳에서 나름대로 발달한 종교사상이 하나로 통일된다는 것입니다.

원문

神이나, 알라, 여호와, 브라만 등의 이름을 쓰면 갈등이 있기에 나는 神이란 이름 대신 너희들이 동의할 수 있는 이름을 제안하는 것이다. 삶이란 말이 너희의 수많은 언어 중에서 너희가 쓰는 神, 알라, 브라만, 비슈누, 시바 등에 가장 가까운 말이다. 삶이란 神의 현현(顯現-stuff)이다.

해설

즉 우주 자체로서 전체성(0)이기에 단 한 분이신 神을, 지역마다 나름대로 하느님, 알라, 여호와, 브라만, 法神, 우주령, 無極, 道 등으로 불리던 것을 '삶'이라는 새로운 단어로 통일하기를 제안한다는 것입니다. 모든 인간의 삶이 곧 전체성(0) 神의 체험이며 드러남이기에.

원문

삶은 그 자체로 존재한다. 삶은 존재하는 그 자체이다. 삶은 아무 형태가 없고, 아무런 모양도, 남녀도 없고, 아무 색도, 냄새도 , 크기도 없다. 삶은 모든 형태, 모든 모양이고, 모든 색과 냄새, 크기이다. 남성과 여성 모두이면서, 성이 없기도 하다. 모든 것이면서, 모든 것을 있게 하는 무(無–No Thing)이다. 삶이 창조하는 것 중에서 삶이 아닌 것도 없다. 네 주위의 모든 것은 표현된 삶(Life, expressing)이다. 삶은 모든 것이다. 모든 것 속에, 모든 것으로, 모든 것을 통해 진행된다. 너 자신이 표현된 삶이다. 그리고 삶은 바로 너인데, 너로 표현된 것이다. 다른 모든 사람도 표현된 삶이다. 삶의 표현이 아닌 존재는 아무것도 없다.

이제 위의 글 중 삶이란 단어를 神이란 단어로 교체해 보라.

해설

모든 인간의 삶이 곧 전체성(0) 神의 체험이며 드러남이라는 것을 다시 한번 강조합니다.

원문

神이 삶으로 교체되는 데 대해 신성모독으로 느끼는 사람도 있다. 그 이유는 神은 삶이 아니고, 삶 밖에서 삶을 창조하는, 삶이 아닌 존재라고 상상해 왔기 때문이다.

해설

너희 삶이 神의 드러남이라는 것에 대해 신성모독이라고 생각하는 사람들은 그 이유가 神을 무한(0)한 우주 자체 전체성(0)이 아닌 너희와 분리되어 있는 개체성으로 생각하기 때문이라는 것입니다.

원문

삶과 神은 서로 교체될 수 있는 말이다. 이것을 이해하면 너희는 새 영성의 기초를 이해하는 것이다.

해설

우주 자체가 神(하느님)임을 과학으로 입증한 二分法 正分合으로, 너희들의 삶이 곧 전체성(0) 神의 드러남임을 이해하는 것이야말로 너희가 새로운 진리인 二分法 正分合을 이해하는 것이라는 것입니다.

원문

삶은 네가 삶을 믿기를 요구하지 않는다. 삶은 어디로 사라지지도 않고, 네가 삶을 어떻게 생각하느냐에 따라 너를 달리 다루지 않는다. 삶은 단지 존재할 뿐이다. 네가 삶을 믿고 안 믿고에 괘념치 않으며, 믿으면 상을 주고 안 믿으면 벌을 주지도 않는다. 삶은 과정이다.

해설

이렇게 너희 삶이 곧 神의 드러남이기에 삶을 믿을 필요도 없고, 삶이 어디로 사라지지도 않고, 네가 어떻게 생각하던 너를 차별하지 않으며, 그냥 존재할 뿐이기에, 네가 삶을 믿고 안 믿고에 괘념치 않아, 믿는다고 상을 주고 안 믿는다고 벌을 주지 않는, 삶은 그냥 체험하는 과정일 뿐이라는 것입니다.

원문

내일의 神은 하나의 거대한 존재가 아니라 삶이라는 엄청난 과정이다. 그동안 너희들은 神을 사람과 같은 존재로 생각해 왔다. 神을 사람과 닮은 존재로 창조해 왔다.

해설

이렇듯 神은 사람과 같은 하나의 거대한 존재가 아니라 너희의 삶이라는 과정 그 자체이다. 그것을 그동안 너희들은 神을 사람과 같은 개체구조로 생각해 神을 사람을 닮은 구조로 상상해(창조)왔다는 것입니다.

원문

그러나 사실은 사람이 神을 닮은 존재인 것이다. 또한, 사람뿐만 아니라 모든 것들이 神을 닮은 것이다.

해설

사실은 사람의 체질이 3위1체 二分法 正分合이기에 神을 닮았다. 사람뿐만이 아니라 우주의 모든 것들도 神의 체질인 3위1체 二分法 正分合으로 흐르고 있는 神 자체라는 것입니다.

원문

이 사실은 너와 주변의 모든 것들과의 관계를 바꾸게 된다. 이제 모든 것이 하나이고, 그것은 바로 신이라 불린다. 과학과 철학과 종교가 만나는 지점이 바로 이 지점이다. 과학과 철학과 종교가 이 지점을 무시하고 또 각각 제 갈 길을 간다면 각각 내세우는 원리들은 불완전하여 아무 소용이 없어질 것이다.

해설

이 사실을 알면 너희는 네 주변의 모든 것들과의 관계를 바꾸게 된다. 이제 모든 것이 하나이고, 그것은 바로 神이라 불리니, 과학과 철학과 종교가 만나는 지점이 바로 이 지점이다. 만일 과학과 철학과 종교가 이 지점을 무시하고 각기 제 갈길을 간다면 각각 내세우는 원리들은 불완전하여 아무 소용이 없어진다는 것입니다.

원문

새 영성은 이 지점에서 당당하게 주도해 나갈 것이다. 새 영성이 널리 퍼지면 세상을 바꾸고, 구할 것이다. 너희 가족과 너희 나라 사람들에 대한 느낌과 행동이 달라질 것이다. 다른 나라의 사람들에 대한 느낌과 행동도 달라질 것이다.

해설

수학이며 물리학이기에 과학이며 철학이며 종교인 二分法 正分合은 당당하게 이 지점을 주도해 새 영성을 널리 퍼트려 세상을 바꾸고 구하게 된다. 곧 너희 가족과 나라와 사람들에 대한 느낌과 행동이 달라지며 다른 나라의 사람들에 대한 느낌과 행동도 달라진다는 것입니다.

원문

그동안의 너희 행동을 정당화시키는 방법은 오직 서로가 분리되었다는 환상을 동원하는 것뿐이다.

해설

그동안에 너희 행동을 정당화시키는 원칙은 개체성인 분리의식인 환상이었다는 것입니다.

10. 같은 회원이 올린(내일의 신 12장)

원문

새 영성은 절대 신과 나눈 이야기를 새 종교로 만들지 않는다.

신과 나눈 이야기는 대단한 가치가 있지만 한 사람의 개인적 체험으로서 그럴 뿐이다.

신과 나눈 이야기가 교과서나 신성한 출처가 되는 것은 위험하다.

진실이 여기에만 있다고 말하기보다 여기나 저기 어디에나 있다고 말하라.

해설

새로운 시대에는 닐과 대화로 쓰인 신과 나눈 이야기로 새 종교를 만들지 않는다.

왜냐하면, 신과 나눈 이야기는 대단한 가치가 있지만 한 사람의 개인적 체험일 뿐이기에 (닐과 대화하는 존재가 개체구조 인간 영혼이라는 것) 그래서 신과 나눈 이야기가 교과서나 신성한 출처가 되는 것은 위험하다. 왜냐하면, 진리는 이외에 어디에나 있다고 합니다.

원문

새 영성으로 살려는 이들에게 모든 책과 모든 사람이 신성하고, 그들 자신이 신성하며, 그들의 삶 자체가 가장 신성한 진실을 써내려 간 책이라고 생각하도록 청하라. 너희 자신의 삶을 살아가는 것이 너희의 가장 신성한 진실을 담은 책을 쓰는 것이고, 그 증거를 보여주는 것이다.

해설

새로운 시대의 새 영성으로 살려는 사람들에게는 모든 책과 모든 사람이 신성하고, 그들 자신이 신성하며, 그들의 삶 자체가 신성한 진실을 써내려 간 책이라는 생각을 하라는 것입니다. 왜냐하면, 너희 개개인의 삶자체가 신성한 진실을 써내려 가는 개개의 책이기 때문이라는 것입니다.